Lothar Schmidt-Atzert

Lehrbuch der Emotionspsychologie

Verlag W. Kohlhammer
Stuttgart Berlin Köln

In Erinnerung an meine Mutter

Die Deutsche Bibliothek – CIP-Einheitsaufnahme

Schmidt-Atzert, Lothar:
Lehrbuch der Emotionspsychologie / Lothar Schmidt-Atzert. -
Stuttgart ; Berlin ; Köln : Kohlhammer, 1996
  ISBN 3–17–011847–1

Alle Rechte vorbehalten
© 1996 W. Kohlhammer GmbH
Stuttgart Berlin Köln
Verlagsort: Stuttgart
Typoskript: L. Schmidt-Atzert
Gesamtherstellung:
W. Kohlhammer Druckerei GmbH + Co. Stuttgart
Printed in Germany

Vorwort

Im deutschen wie auch im englischen Sprachraum sind umfassende Darstellungen zur Emotionspsychologie selten anzutreffen. Die vorliegenden Werke sind ungewöhnlich heterogen. Mit etwas Übertreibung könnte man feststellen, die größte Gemeinsamkeit bestehe darin, daß sie das Wort "Emotion" im Titel tragen. Der Grund für diese Vielfalt dürfte darin liegen, daß man sich dem Thema aus sehr unterschiedlichen Richtungen nähern kann. Emotionspsychologie wird nicht nur in der Allgemeinen Psychologie betrieben, sondern u.a. in der Sozialpsychologie, der Klinischen Psychologie und der Entwicklungspsychologie. Neben experimentellen und anderen empirischen Ansätzen existieren auch phänomenologische. Die Lager können ferner danach unterteilt werden, ob etwa kognitive oder biologische Erklärungsansätze bevorzugt werden.

Der Anlaß für dieses Buch war, daß ein beim gleichen Verlag erschienenes Werk des Verfassers zum Thema "Emotionen" vergriffen war. Es stellte sich schnell heraus, daß es nicht möglich war, dem heutigen Stand der Forschung auf diesem Gebiet mit einer bloßen Überarbeitung gerecht zu werden. Was ursprünglich als überarbeitete Neuauflage konzipiert war, entwickelte sich sehr bald zu einem völlig neuen Lehrbuch. Bei dessen Abfassung hatten zwei Ziele einen hohen Stellenwert, die sich zwar nicht ausschließen, aber doch schwer zu vereinbaren sind. Der Text sollte verständlich sein, wie man das zu Recht von einem Lehrbuch erwarten darf, und er sollte der Komplexität des Gegenstandes gerecht werden und über eine bloße Einführung hinausgehen. Es bleibt zu wünschen, daß das Resultat dieser Bemühungen sowohl in den Augen der Studierenden als auch vor dem kritischen Urteil der Fachkolleginnen und -kollegen bestehen kann.

Auch beim Verfassen eines Lehrbuchs ist es nicht möglich, über den Dingen zu stehen und von einer neutralen Position aus zu urteilen. Der Verfasser fühlt sich der empirischen Forschung verpflichtet und ist dabei überzeugt, daß wissenschaftliche Ergebnisse wesentlich von den Methoden abhängen, mit denen sie gewonnen wurden. Die Botschaft dieses Buches soll aber keinesfalls lauten, daß alles relativ sei und man nichts Genaues wisse! Manche Ergebnisse sind eben besser gesichert als andere, und das soll deutlich gemacht werden. Auf dem Weg zu Erkenntnissen können Theorien sehr hilfreich sein. Aber gerade in der Emotionspsychologie scheint der Nutzen einer bloß theoriegeleiteten Forschung doch sehr begrenzt zu sein. Diese Erkenntnis spiegelt sich im Aufbau des Buches wider. Theorien wurden inhaltlichen Fragen untergeordnet.

Zielgruppe dieses Lehrbuchs sind in erster Linie Studierende, die sich vielleicht zum ersten Mal im Rahmen einer Lehrveranstaltung mit dem Thema "Emotionen" befassen. Aber auch für fortgeschrittene Psychologiestudenten, die sich etwa in ihrer Diplomarbeit mit Fragen der Emotionspsychologie auseinandersetzen, sollen Grundlagen und Forschungsmethoden vermittelt werden. Besonders für diese Gruppe sind die Hinweise auf weiterführende Literatur gedacht. Darüber hinaus können auch Vertreter anderer Disziplinen wie Medizin, Soziologie, Ökonomie oder Pädagogik, die bei ihrer Forschung auf Emotionen stoßen, eine Orientierung finden.

Psychologiestudentinnen haben Teile des Manuskripts kritisch gelesen und mich auf schwer verständliche Ausdrücke oder Passagen aufmerksam gemacht. Dafür danke ich Hyun-Sook Park, Martina Erdle und Renate Stark. Wertvolle Hinweise stammen auch von Michaela Pirkner sowie von Dr. Manfred Holodynski. Mit PD Dr. Michael Hüppe hatte ich anregende Diskussionen über einzelne Themen. Besonderer Dank gebührt meiner Frau, die häufig auf gemeinsame Freizeit verzichten mußte und die bei der Überarbeitung des gesamten Textes geholfen hat.

Die Fertigstellung des Manuskriptes hat sich länger hingezogen, als ursprünglich geplant war. Dem Lektor des Verlags, Herrn Dr. Heinz Beyer, danke ich für seine Geduld.

Würzburg, im März 1995   Lothar Schmidt-Atzert

Inhaltsverzeichnis

Einleitung

Emotionen wurden schon vor langer Zeit totgesagt. Meyer (1933) prophezeite, daß der Begriff aus der wissenschaftlichen Terminologie verschwinden werde. Seine Prognose, daß der Begriff schon 1950 als Kuriosität der Vergangenheit belächelt werde, hat sich als falsch erwiesen. Vielmehr ist in der Psychologie seitdem ein zunehmendes Interesse für Emotionen festzustellen. Eine Recherche in der Literaturdatei *Psychlit* ergab, daß allein von 1974 bis März 1994 insgesamt etwa 13.000 Zeitschriftartikel erschienen sind, die in irgendeiner Weise Emotionen betreffen (mit dem Suchwort "emotion" versehen sind).

Es liegt auf der Hand, daß ein Buch zum Thema "Emotionen" selektiv sein muß. Der Aufbau des vorliegenden Buches wurde durch sachlogische Überlegungen bestimmt und nicht durch die Masse von Publikationen zu einzelnen Bereichen. Nach der unumgänglichen Klärung von Begriffen, verbunden mit einem kurzen historischen Abriß und einem Blick auf wichtige Strömungen in der Emotionsforschung (Kapitel 1) folgt ein Block, der sich in ein Reiz-Reaktions-Schema einordnen läßt. Wodurch werden Emotionen ausgelöst (Kapitel 2), welche Faktoren beeinflussen die Wirkung solcher Auslöser auf die emotionale Reaktion (Kapitel 3), wie sehen die emotionalen Reaktionen aus, und wie können sie gemessen werden (Kapitel 4). Anders als man das erwarten sollte, hängen emotionales Erleben, physiologische Veränderungen und der Ausdruck von Emotionen kaum zusammen. Diesem Phänomen gilt Kapitel 5. Es befaßt sich mit der Beschreibung und Erklärung der Zusammenhänge zwischen diesen drei Meßebenen. Wenn sich jemand in einem emotionalen Zustand befindet, so kann das Auswirkungen auf das Individuum selbst wie auch auf andere Personen haben (Kapitel 6). Emotionsforschung wird, wie die meiste psychologische Forschung, überwiegend mit jungen Erwachsenen (oft Studenten) als Versuchspersonen betrieben. Die Ausführungen über die Entwicklung der Emotionen (Kapitel 7) sollen diesbezüglich einen gewissen Ausgleich schaffen. Die entwicklungspsychologische Betrachtung wird auch hilfreich sein für das Verständnis emotionaler Reaktionen bei erwachsenen Versuchspersonen. Schließlich werden im 8. Kapitel Anwendungsmöglichkeiten der Emotionsforschung aufgezeigt.

Vielleicht sind einige Leserinnen und Leser enttäuscht, weil die Darstellung von Methoden und empirischen Ergebnissen im Vergleich zu theoretischen Erörterungen einen großen Raum einnehmen. Theorien helfen oft, komplexe Sachverhalte zu verstehen. Die Zurückhaltung bei der Darstellung von Theorien hat einen besonderen Grund. Die zahlreichen Theorien auf dem Gebiet der Emotionspsychologie stehen in einem schlechten Verhältnis zur empirischen Forschung. Die Konzepte sind meist nicht gut definiert. Deshalb ist es oft nicht klar, welche Hypothesen aus einer Theorie abgeleitet werden können. Werden dann zur Überprüfung einer Hypothese empirische Daten erhoben, erweisen sie sich in der Regel als widersprüchlich. Dazu ein Beispiel.

William James hatte bereits 1890 geschrieben: "My theory ... is, that *the bodily changes follow directly the perception of the exciting fact, and that our feeling of the same changes as they occur IS the emotion*" (S. 449). Die körperlichen Veränderungen, welche nach einem erregenden Ereignis auftreten, sollten also vom Individuum wahrgenommen und als Emotion erlebt werden. Sherrington (1900) leitete daraus ab, daß man nur die Rückmeldung der körperlichen Reaktion zum Gehirn unterbrechen muß, um "Emotionen" zu verhindern. Hunde, deren afferente Nerven durchtrennt wurden, zeigten weiterhin Anzeichen von Wut und Angst. Sherrington und viele andere Emotionsforscher nach ihm waren davon überzeugt, daß Ausdrucksverhalten (z.B. Bellen) ein Indikator für Emotionen ist und daß die Theorie damit widerlegt sei. Später haben Schachter und Singer (1962) in einem vielbeachteten Experiment den Erregungszustand von Versuchspersonen durch Adrenalin variiert. Wie stellten sie fest, ob sich der körperliche Erregungszustand auf die Emotionen ausgewirkt hatte? Auch sie erfaßten neben dem subjektiven Erleben das Ausdrucksverhalten ihrer Versuchspersonen. Bemerkenswert ist, daß später aus der gleichen Theorie die Hypothese abgeleitet wurde, das Ausdrucksverhalten habe einen Einfluß auf die Emotionen (siehe dazu Kapitel 5.2). Was ist von einer Theorie zu halten, bei der Ursachen und Wirkungen so leicht verwechselt werden können?

Dabei ist die James-Lange-Theorie zumindest insofern eine sehr nützliche Theorie, als sie die Forschung inspiriert hat. Obwohl sie eine der ältesten Emotionstheorien ist, kann sie auch nach über hundert Jahren nicht endgültig beurteilt werden. Theorien, die auf unpräzise definierten Konstrukten aufbauen, sind wenig nützlich. Sie bringen eine beliebige und nicht eine optimale Struktur ins Chaos.

Leserinnen und Leser, die primär an Theorien interessiert sind, können auf andere Werke verwiesen werden. Bei Strongman (1987) finden sich knappe Darstellungen von insgesamt 31 Emotionstheorien, ohne daß damit ein vollständiger Überblick möglich ist. Eine gut verständliche und kompetente Einführung in ausgewählte Emotionstheorien haben Meyer, Schützwohl und Reisenzein (1993) vorgelegt.

Die Struktur des vorliegenden Werkes richtet sich nach empirisch untersuchbaren Phänomenen und Fragestellungen. Theorien werden auch behandelt, doch kommt ihnen keine zentrale Bedeutung zu.

Kapitel 1 Das Konzept der Emotion

In einem kurzen Streifzug durch die Geschichte der Emotionspsychologie werden wir auf die Vorläufer der heutigen Forschung zum Ausdruck, Erleben und zu den körperlichen Veränderungen von Emotionen eingehen. Diese drei Komponenten spielen auch in vielen Emotionsdefinitionen eine Rolle. Die Frage, was eine Emotion überhaupt ist, wird in einem Abschnitt über Definitionen behandelt. Eine Arbeitsdefinition wird vorgeschlagen und erläutert. Durch eine Abgrenzung zu verwandten Konstrukten soll die Begriffsunsicherheit weiter reduziert werden. Schließlich wird versucht, den Forschungsgegenstand "Emotionen" durch einige zentrale Fragen näher zu bestimmen.

1.1 Historische Entwicklung der Emotionspsychologie

Die Philosophie hat sich schon seit mehr als 2000 Jahren mit Emotionen befaßt (siehe dazu Gardiner, Metcalf & Beebe-Center, 1937; Schmidt-Atzert, 1981, S. 14 ff.; Solomon, 1993; Ulich & Mayring, 1992, S. 11 ff.). Viele dieser Gedanken fanden vor allem über die frühen Psychologen, von denen viele Lehrstühle für Philosophie innehatten, Eingang in die Psychologie. Wir wollen hier nur einige wichtige Wurzeln aufzeigen, die für das Verständnis der heutigen Emotionsforschung nützlich sind.

Ausdruck. Zur Mimik hat der Detmolder Arzt Theodor Piderit eine frühe wissenschaftliche Abhandlung mit dem Titel "Wissenschaftliches System der Mimik und Physiognomik" geschrieben (ein Wiederabdruck wurde von Prinz & Bulst, 1989, herausgegeben). Darin können wir lesen: "Die Mienensprache ist die stumme Sprache des Geistes. Die Wortsprachen der Völker sind verschiedenartig und wechselnd, die Sprache der Mienen aber ist allerorten und bei allen Menschen dieselbe; in den Gesichtszügen des Wilden wie des europäischen Culturmenschen, des Sclaven wie des Königs, des Kindes wie des Greises äussern sich Gefühle und Stimmungen, Begierden und Leidenschaften auf gleiche Weise". Piderit vertrat also die Auffassung, daß sich Emotionen in der Mimik zeigen. Weiterhin nahm er an, daß der mimische Emotionsausdruck, so würde man heute sagen, universell oder kulturübergreifend ist.
Piderit bemühte sich um eine genaue Beschreibung der mimischen Erscheinungen und deren muskulärer Grundlagen. Sein eigentliches Anliegen war die "physiologische Untersuchung und Erklärung der mimischen Muskelbewegungen" (Piderit, 1886, S. 135). In seinen Ausführungen zur Mimik nahm er daher

oft auf die Anatomie der Gesichtsmuskeln Bezug. Folgen wir seinen Ausführungen über den Ausdruck der Verachtung (Abbildung 1.1).

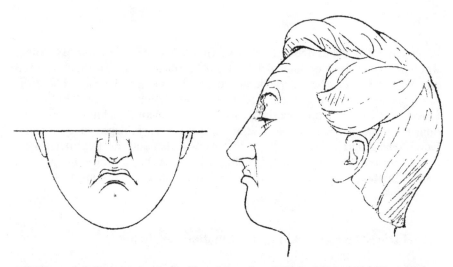

Abbildung 1.1 Der Ausdruck der Verachtung (aus Piderit, 1886, Abb. 35 und 36).

Verachtung zeigt sich Piderit zufolge teils in den Augen und teils im Mund. Die Augenbrauen sind in die Höhe gezogen, auf der Stirnhaut bilden sich horizontale Falten. Die Augendeckel senken sich. Die Unterlippe wird durch die beiden Kinnhebermuskeln aufwärts gezogen. Zusätzlich bewirken die dreieckigen Kinnmuskeln, daß die Unterlippe vorgestoßen wird.

Mehr Einfluß auf die heutige Emotionsforschung hatte sicherlich Darwins Werk (1872) "The expression of the emotions in man and animals", dessen deutsche Übersetzung "Der Ausdruck der Gemüthsbewegungen bei dem Menschen und den Tieren" im gleichen Jahr erschien. Darwin kannte das Buch Piderits und fand darin neben kritikwürdigen Aussagen "manche gute Bemerkungen" (Darwin, 1884, S.6). Bemerkenswert war sein Vorgehen. Eigene Beobachtungen, Literaturstudium und Auskünfte, die er auf seine Fragen von Missionaren, Kolonialbeamten, Forschungsreisenden und anderen Leuten aus der ganzen Welt bekommen hatte, ergänzten sich. Hier sind einige Beispiele für die 16 von ihm verschickten Fragen (Darwin, 1884, S. 13f.):

 1. Wird das Erstaunen dadurch ausgedrückt, daß die Augen und der Mund weit geöffnet und die Augenbrauen in die Höhe gezogen werden?
 9. Wird Verachtung durch ein leichtes Vorstrecken der Lippen, durch Emporheben der Nase, verbunden mit einer leichten Expiration ausgedrückt?
14. Wenn Kinder mürrisch oder eigensinnig sind, lassen sie dann den Mund hängen oder strecken sie die Lippen vor?

Wie Piderit versuchte auch Darwin, die sichtbaren mimischen Veränderungen mit der Aktivität bestimmter Gesichtsmuskeln zu erklären. Seine anatomischen Kenntnisse bezog er aus zeitgenössischen Anatomiebüchern (vgl. Abbildung 1.2).

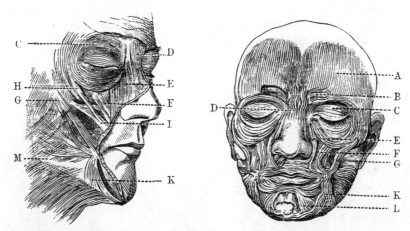

Abbildung 1.2 Anatomie der Gesichtsmuskeln nach alten Darstellungen (aus Darwin, 1884, S. 20). Die Buchstaben kennzeichnen einzelne Gesichtsmuskeln. Der Zygomaticus (G) beispielsweise bewirkt das Hochziehen der Mundwinkel.

Darwin beschrieb den Ausdruck zahlreicher Emotionen, aber auch den anderer "Seelenzustände" wie Nachdenken oder Bescheidenheit. Seine Ausführungen wurden durch zahlreiche Fotos und Zeichnungen illustriert. Abbildung 1.3 zeigt ein Beispiel.

Abbildung 1.3 Ausdruck von Entsetzen und Todesangst (aus Darwin, 1884, S. 268).

Emotionen zeigen sich Darwin zufolge nicht nur in der Mimik. Er wies auch auf typische Verhaltensweisen (z.B. Herumwälzen und Schreien bei Wut) und körperliche Veränderungen (z.B. schnellere Atmung) hin.

Darwin suchte nach allgemeinen Gesetzmäßigkeiten zur Erklärung der Herkunft und der Funktion des Ausdrucks. Dazu befaßte er sich auch ausführlich mit dem Ausdruck bei Tieren (siehe Abbildung 1.4). Durch die Fragen, die er an Missionare, Kolonialbeamte und Forschungsreisende verschickt hatte, wußte er, daß viele Ausdruckserscheinungen auch bei Mitgliedern anderer Kulturen und Rassen vorkommen.

Abbildung 1.4 Emotionsausdruck bei Tieren. Links eine Katze, die vor einem Hund erschreckt, rechts ein enttäuschter und mürrischer Schimpanse (aus Darwin, 1884, S. 112 und S. 122).

Erleben. Wilhelm Wundt (1903) hat sich den "Affecten" mit Verweisen auf Aristoteles, Kant und andere Philosophen genähert. Als einflußreich erwies sich seine hauptsächlich auf Selbstbeobachtung fußende Unterscheidung von drei Hauptdimensionen der Gefühle: Lust-Unlust, Erregung-Beruhigung und Spannung-Lösung. Sein Grundgedanke war, daß man das emotionale Erleben mit Hilfe dieser drei Dimensionen beschreiben kann. Wundt nahm anhand dieser Dimensionen eine Einteilung der Emotionen vor. Freude ist nach Wundt durch Lustgefühle gekennzeichnet, Traurigkeit zum Beispiel durch Unlustgefühle. Bei Vergnügen und verschiedenen Formen des Mißvergnügens (z.B. Ärger, Wut und Zorn), so nahm er an, kommen deutliche Erregungsgefühle zur Lust bzw. Unlust hinzu. Spannungsgefühle spielten etwa bei freudiger Überraschung (Lösung der Spannung) oder Angst eine Rolle. Durch Selbstbeobachtung kam Wundt (1903) zu der Erkenntnis, daß bei einem bestimmten Gefühl jede Komponente über die Zeit einen eigenen Verlauf haben kann (siehe Abbildung 1.5).

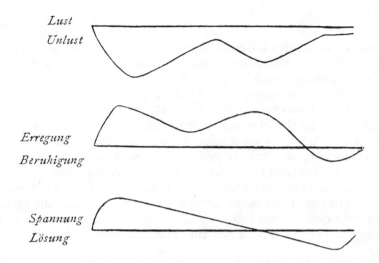

Abbildung 1.5 Schematischer Verlauf der drei Komponenten eines Gefühls (hier Zorn) über die Zeit (aus Wundt, 1903, S. 223).

Körperliche Veränderungen. Schon früh hatte man bemerkt, daß bei starken Emotionen auch körperliche Veränderungen wie eine Erhöhung der Pulsfrequenz auftreten können. Solche Hinweise finden sich etwa bei Darwin. Mit der Verfügbarkeit von Registriergeräten bemühte man sich um die objektive Messung der körperlichen Begleiterscheinungen von Emotionen. Selbst Wundt (1903), der heute überwiegend für seinen introspektiven Ansatz bekannt ist, hatte Versuche mit Kaninchen durchgeführt, in denen er die Wirkung von Schmerz- und Angstreizen auf die Pulsfrequenz untersuchte.

Mit den physiologischen Veränderungen bei Emotionen haben sich jedoch überwiegend andere Forscher befaßt. Die Meßgeräte waren damals einfacher als heute und viele Registriermethoden, die heute zum Standard gehören, waren um die Jahrhundertwende noch nicht verfügbar. Schon bald lagen viele Untersuchungen zu körperlichen Begleiterscheinungen "seelischer Vorgänge" vor, so daß Leschke (1911) dazu eine Literaturübersicht verfassen konnte.

Als sehr einflußreich haben sich die unabhängig voneinander entwickelten Emotionstheorien des Amerikaners William James und des Dänen Carl Lange erwiesen. Beide Theorien wurden erstmals 1884 bzw. 1885/1910 veröffentlicht. Der Kerngedanke der "James-Lange-Theorie" (siehe auch Kapitel 5.2.2) ist, daß die körperlichen Veränderungen nicht, wie allgemein angenommen, eine Folge des Gefühls sind, sondern dessen Ursache. Für eine psychologiegeschichtliche Abhandlung sei auf Mandler (1979) verwiesen.

1.2 Definitionen

Emotion ist nicht gleich Gefühl. Das Wort "Emotion" hat in unserer Umgangssprache zwei Bedeutungen, was sich auch auf die wissenschaftliche Auseinandersetzung ausgewirkt hat. Die eine Bedeutung bezieht sich auf das Erleben, z.b., wenn jemand sagt, er habe Angst. Dafür sollte besser der Begriff "Gefühl" reserviert werden. Die andere Bedeutung ist globaler und schließt neben dem Gefühl auch den körperlichen Zustand und den sogenannten Ausdruck ein. Auf die Notwendigkeit, Gefühl und Emotion zu unterscheiden, hat schon McDougall (1923) hingewiesen. Die inadäquate Verwendung beider Begriffe sorgt aber noch immer für Verwirrungen (vgl. Bischof, 1989). Bleibt man bei der begrifflichen Trennung mit "Emotion" als Oberbegriff und "Gefühl" als Teil oder Komponente der Emotion, so ist es falsch, die Mimik als Indikator für *Gefühle* anzusehen. Allerdings kann es eine interessante Frage an die empirische Forschung sein, wie Mimik und Gefühl zusammenhängen.

Definitionsprobleme. Bislang ist kein Konsens festzustellen, was man unter einer Emotion zu verstehen hat. Wenger, Jones und Jones (1962, S. 3) haben eine treffende Bemerkung zur Definitionsproblematik gemacht: "Emotion ist ein seltsames Wort. Fast jeder denkt, er versteht, was es bedeutet, bis er versucht, es zu definieren. Dann behauptet praktisch niemand mehr, es zu verstehen" (Übers. d. Verf.). Eine andere aufschlußreiche Beobachtung stammt von Carlson und Hatfield (1992, S. 5): Psychologen tendieren dazu, in ihrer Definition die Aspekte von Emotionen zu betonen, die sie interessieren. In dieser Hinsicht seien sie mit Blinden zu vergleichen, die einen Elefanten anfassen und berichten, was ein Elefant ist. Je nachdem, wo sie den Elefant berühren, kommen sie zu unterschiedlichen Feststellungen. Betrachten wir einige Definitionsvorschläge, wird die von Carlson und Hatfield (1992) unterstellte Beziehung zwischen Sichtweise und Definitionselementen deutlich. Ortony und Turner (1990) etwa sehen die Bewertung der Ereignisse, die zu einer emotionalen Reaktion führen, als wichtigstes Definitionselement an. Lazarus (1991b) führt ebenfalls die Bewertung als Definitionselement auf, nennt aber weitere, so auch Verhaltensimpulse. In vielen anderen Definitionen fehlen Bewertung und Verhaltensimpulse.

Insgesamt sind die Definitionsversuche, die sich in der Literatur finden, ausgesprochen heterogen. Kleinginna und Kleinginna (1981) haben 92 (!) Definitionen gesammelt, davon alleine 63 aus den letzten 10 Jahren vor Abfassung ihres Beitrags. Sie haben dann versucht, diese Definitionen in 10 Kategorien einzuteilen, wobei eine einmal klassifizierte Definition auch Aspekte weiterer Kategorien ansprechen kann (siehe Tabelle 1.1).

Tabelle 1.1 Eine Einteilung von Emotionsdefinitionen

Kategorie[a]	Beispiel für eine Definition[b]
Affektiv (Gefühl)	... ein Zustand, in dem das Individuum Gefühle erlebt
Physiologisch	... Verhalten, primär durch viszerale Reaktionen beeinflußt
Kognitiv	... schließen Bewertungen ein
Ausdruck	... Emot. und ihr Ausdruck bilden eine existentielle Einheit
Multiple Aspekte	... komplexes Konzept mit neurophysiologischen, muskulären und phänomenologischen Aspekten
Motivational	... motivationale Zustände
Externe Reize	... werden allgemein durch externe Reize ausgelöst
Abgrenzend	... primär Gefühlszustand, während Motivation ...
Adaptiv	... Signal, das den Organismus ... vorbereitet
Disruptiv	... führt zur Unterbrechung der üblichen Verhaltensmuster

Anmerkungen. Modifiziert nach Kleinginna und Kleinginna (1981, S. 354).
[a] Geordnet nach der Auftretenshäufigkeit der Definitionen nach 1970.
[b] Definitionen möglichst aus neueren Büchern und stark gekürzt.

Konsequenzen. Wenn es nicht gelingt, einen Konsens herzustellen, so hat das enorme Auswirkungen auf die Forschung und den damit verbundenen Erkenntnisgewinn. Gelegentlich werden Emotionen nicht durch Fragen zum eigenen Befinden erfaßt, sondern durch Einstufung der emotionsauslösenden Reize. Wahrscheinlich wird dabei angenommen, solche Angaben seien weniger verfälschbar. Aussagen über die externe Welt (z.B. "das Bild ist lustig") sind nicht gleichzusetzen mit Beschreibungen des inneren Erlebens (z.B. "ich bin belustigt"). Untersuchungen, die sich dieser Methode bedienen, sind für die Emotionspsychologie völlig wertlos. Sie tragen unter Umständen sogar zur Verwirrung bei, wenn ihre Resultate zu anderen im Widerspruch stehen. Vielleicht bereichern sie dafür die Einstellungsforschung. Ein zweites Beispiel ist die Diskussion zwischen Lazarus (1982, 1984) und Zajonc (1980, 1984) über die funktionale Beziehung zwischen Kognitionen und Emotionen, die im Grunde fruchtlos blieb, weil beide implizit von unterschiedlichen Definitionen ausgingen und damit aneinander vorbei argumentiert haben (vgl. Kleinginna & Kleinginna, 1985). Die Diskussion um die Frage, welche "Grundemotionen" es gibt (z.B. Stein & Oatley, 1992), sei als drittes Beispiel genannt. Bevor entschieden werden kann, welche Emotionen primär sind und welche sekundär, muß eine Einigung darüber erzielt werden, was die wesentlichen Elemente einer Emotion sind. Die Diskussion macht deutlich, daß diesbezüglich (noch) kein Konsens besteht. Analoges gilt für die Abgrenzung der Emotionen von anderen Zuständen. Bei verschiedenen Zuständen wie etwa Schreck (s. Ekman,

Friesen & Simons, 1985) wurde die Frage aufgeworfen, ob es sich dabei um eine Emotion handelt oder nicht. Die Antwort hängt natürlich davon ab, welche Merkmale man Emotionen zuschreibt.

Klärung zentraler Fragen. Eine Definition setzt voraus, daß man bereits etwas über das Phänomen weiß, das man definieren will. Je mehr man weiß, desto besser begründet und desto konsensfähiger wird die Definition sein. Eine verbindliche Definition von "Emotion" wird daher erst am Ende eines langen Forschungsprozesses möglich sein (vgl. Frijda, 1986, S. 1). Bis dahin gilt es, für Forschungsarbeiten oder ein Lehrbuch deutlich zu machen, was man angesichts des begrenzten Wissens unter dem Phänomen versteht, auf das man sich bezieht. Eine solche Definition kann man als Arbeitsdefinition bezeichnen. Bevor eine solche Definition gegeben wird, sind einige Frage zu diskutieren.

1. *Ist eine Emotion eine Reaktion auf einen Reiz?* Es ist wohl unstrittig, daß eine Emotion durch eine spezifische Veränderung der externen Umwelt ausgelöst werden kann (vgl. Kapitel 2). Der Umkehrschluß, daß jede Emotion eines externen Auslösers bedarf, ist aber nicht gerechtfertigt. Die externe Situation kann konstant bleiben, während sich im Individuum etwas verändert und eine Emotion auslöst. Auf der kognitiven Ebene kann das die Imagination einer bestimmten Situation sein (vgl. Kapitel 2.4). Auf der somatischen Ebene kommen etwa hormonelle Veränderungen in Frage. Beispielsweise führen manchmal bei Frauen die hormonellen Umstellungen nach einer Geburt zu Depressionen. Wenn es nicht möglich ist, immer einen spezifischen externen oder internen Reiz auszumachen, ist es nicht sinnvoll, von einer Reaktion zu sprechen. Stattdessen sollten Emotionen als *Zustände* verstanden werden. Der Begriff "Zustand" impliziert keine Annahme über eine bestimmte Ursache. Ein Zustand kann näher beschrieben werden durch seine Dauer, den Zeitpunkt seines Beginns (bei Verwendung externer Reize kann die Latenzzeit bestimmt werden), seines Endes sowie durch seinen Verlauf. Zustände (engl. *states*) sind von Eigenschaften (engl. *traits*), also zeitlich stabilen Merkmalen, zu unterscheiden.

2. *Welche Veränderungen sind charakteristisch für Emotionen?* Die Konzeption als Zustand mit einem Beginn und einem Ende verlangt, daß angegeben wird, was sich ändert. Eine verbreitete Auffassung besagt, daß Emotionen nach ihren Erfassungsmöglichkeiten auf drei Ebenen beschreibbar sind. Es handelt sich um die verbale, die physiologische und die motorische Meßebene (vgl. Hugdahl, 1981; Öhman & Birbaumer, 1993). Diese pragmatische Einteilung nach Meßansätzen ist problematisch. Es besteht keine eindeutige Beziehung zwischen den Phänomenen und den Methoden zu ihrer Erfassung. Was wird etwa mit verbalen Angaben erfaßt? Sie können sich auf das eigene emotionale Erleben beziehen ("ich habe Angst"), aber auch auf wahrgenommene körperliche Veränderungen ("mein Herz klopft schnell"). Gefühle können, müssen aber nicht notwendigerweise verbal mitgeteilt werden. Es gibt auch andere Kommunikationsmöglichkeiten (vgl. Kapitel 4.1). Mit physiologischen Meßmethoden

lassen sich nicht nur innere körperliche Vorgänge erfassen. Sie können auch dazu verwendet werden, mimische (also motorische) Reaktionen zu registrieren (vgl. Kapitel 4.3). Bestimmte physiologische Veränderungen wie die Erweiterung der Blutgefäße im Gesicht können mit physiologischen Meßmethoden erfaßt werden. Sie lassen sich aber auch genauso wie motorische Vorgänge beobachten. Es erscheint deshalb angemessener, nach den Phänomenen zu unterteilen. Ein emotionaler Zustand hat drei Komponenten: Gefühl (emotionales Erleben), (innere) körperliche Veränderungen und von außen wahrnehmbare Veränderungen ("Ausdruck"). Wie jede dieser Komponenten gemessen werden kann, ist für eine Definition nicht von Bedeutung.

In welcher Beziehung stehen diese Komponenten zueinander? Die Forschung zeigt, daß sie in der Regel nur schwach kovariieren (vgl. Kapitel 5.1). Deshalb sollte nicht gefordert werden, daß beim Vorliegen einer Emotion gleichzeitig Veränderungen in allen drei Komponenten vorhanden sein müssen. Eine Begründung, warum sie sich dennoch auf das gleiche Phänomen "Emotion" beziehen, fällt schwer (siehe Kapitel 5.2). Der unbefriedigend schwache Zusammenhang sollte Konsequenzen für eine Definition haben.

Verschiedene Autoren möchten weitere Komponenten in eine Definition aufnehmen. Insbesondere die Bewertung der auslösenden Ereignisse wird immer wieder als Definitionselement vorgeschlagen (vgl. "Definitionsprobleme", S. 18 f.). Dem ist entgegenzuhalten, daß eine Bewertung impliziert, daß ein Reiz vorhanden sein muß. Diese Annahme wurde bereits als gegenwärtig nicht sinnvoll bezeichnet. Folglich sollte eine Reizbewertung nicht als notwendige Voraussetzung für eine Emotion angesehen werden.

3. *Können verschiedene Emotionsqualitäten unterschieden werden?* Ganz offensichtlich handelt es sich bei den Emotionen um qualitativ verschiedene Zustände. Benannt werden sie als Angst, Ärger, Traurigkeit, Freude etc. Die Unterscheidung verschiedener Qualitäten ist auf der Ebene der Gefühle und des "Ausdrucks" empirisch gut begründet. Auf der somatischen Ebene bleibt sie vorerst spekulativ (vgl. Kapitel 4.2). Allerdings besteht kein Konsens, welche Emotionsqualitäten zu unterscheiden sind. Eine verbindliche Liste gibt es bislang nicht; Einigung besteht allenfalls bezüglich einiger prototypischer Qualitäten (z.B. Freude, Angst, Traurigkeit).

Eine Arbeitsdefinition. Nach der Diskussion dieser Fragen wird folgende Arbeitsdefinition verständlich sein: *Eine Emotion ist ein qualitativ näher beschreibbarer Zustand, der mit Veränderungen auf einer oder mehreren der folgenden Ebenen einhergeht: Gefühl, körperlicher Zustand und Ausdruck.*
Diese Defintion nennt zwei notwendige Bedingungen: Eine Emotion ist immer ein Zustand und damit zeitlich begrenzt, und sie ist immer qualitativ näher bestimmbar. Diese beiden Feststellungen treffen im übrigen auch auf einige andere Konstrukte zu, die definitorisch schwer von Emotionen abzugrenzen sind (siehe Kapitel 1.3). Die drei Komponenten, anhand derer die Intensität und Qualität der Emotion bestimmt werden können, sind dagegen fakultativ.

Klassische Definitionen kennen nur notwendige und hinreichende Bedingungen für ein Konstrukt. Eine Alternative dazu stellt der "Prototypen-Ansatz" dar (z.B. Russell, 1991a). Ein Merkmal kann charakteristisch für etwas sein - ohne zugleich die harte Anforderung der klassischen Definition zu erfüllen, eine notwendige Bedingung darzustellen. Ein Beispiel (Russell, 1991a) macht deutlich, was damit gemeint ist: Großmütter haben oft graue Haare; die grauen Haare sind als klassisches Definitionselement aber unbrauchbar (daß Großmütter die Mütter von Eltern sind, ist dagegen eine notwendige Bedingung). Im Gegensatz zu vielen klassischen Definitionen, die Gefühl, körperlichen Zustand und Ausdruck als notwendige Bedingungen aufführen, wird hier eine Abschwächung vorgenommen. Diese Veränderungen sind typisch für eine Emotion, aber nicht notwendig.

Diese Definition trifft keine Annahmen über die zentralnervösen Ursachen dieser Veränderungen, und sie schließt kognitive Prozesse (auch Bewertungen) ebenso wie Verhalten aus. Es ist trivial festzustellen, daß die emotionalen Veränderungen vom Gehirn ausgehen (von wo sonst?). Die dabei ablaufenden Prozesse und die daran beteiligten neuroanatomischen Strukturen und neurochemischen Substanzen gilt es zu erforschen. Finden sich hier emotionsspezifische Veränderungen, sollten sie in eine Emotionsdefinition aufgenommen werden. Analoges gilt für die kognitiven Prozesse. Menschliches Verhalten ist komplex und kann viele Funktionen haben. Es besteht kaum eine Chance, so feste Beziehungen zwischen Verhaltensweisen und anderen Emotionskomponenten zu finden, daß Verhalten in einer Definition zu berücksichtigen wäre.

Emotion wird also als ein hypothetisches Konstrukt verstanden, das als solches nicht beobachtbar ist. Mit den Annahmen über die Komponenten können aber Messungen begründet werden, die sich auf Beobachtbares beziehen.

Ziel der Forschung und Theorienbildung sollte eine klassische Definition sein, in der notwendige Bedingungen für das Vorliegen einer Emotion genannt werden. Eine solche Definition ist noch nicht in Sicht.

1.3 Beziehung zu verwandten Konstrukten

Betrachtet man Eigenschaftsbegriffe, so wird deutlich, daß sich ein Teil von ihnen eindeutig auf Emotionen bezieht (z.B. "wütend"), bei einem weiteren Teil ist der Bezug zu Emotionen nicht eindeutig (z.B. "angespannt"), und nur der dritte Teil (z.B. "dick") hat offensichtlich nichts mit Emotionen gemeinsam. In welche Kategorien die Wörter aus den beiden ersten Teilbereichen fallen, ist aufschlußreich für die Frage, welche Konstrukte von den Emotionen abzugrenzen sind. Ortony, Clore und Foss (1987) haben ungefähr 500 Wörter aus dem Emotionsbereich zu klassifizieren versucht. Abbildung 1.6 zeigt eine in grober Anlehnung an Ortony et al. (1987) erstellte Einteilung von Eigenschaftsbezeichnungen.

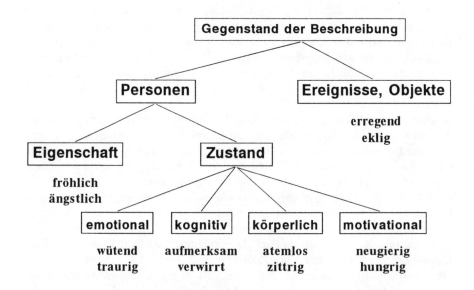

Abbildung 1.6 Einteilung von Eigenschaftsbegriffen aus dem Umfeld der Emotionen

Die in Abbildung 1.6 dargestellten Kategorien von Eigenschaftsbezeichnungen weisen einen Bezug zu bestimmten psychologischen Konstrukten auf, die im folgenden erläutert werden. Im Anschluß daran sind mit "Affekt", "Stimmung", "Wohlbefinden" und "Streß" weitere Begriffe zu diskutieren, die einen engen Bezug zu Emotionen haben.

Reizbewertung. Ereignisse oder Objekte (auch Personen), die bei uns Emotionen auslösen, beschreiben wir manchmal mit Begriffen wie "bedrohlich", "angenehm" oder "ekelerregend". Bei einigen dieser Bezeichnungen (z.B. "ekelerregend") ist die emotionale Wirkung auf die Person bereits genannt. Es gibt Theorien, die eine kausale Beziehung zwischen der subjektiven Bewertung eines Ereignisses und der emotionalen Reaktion der Person annehmen. Demnach hängt die Emotion davon ab, wie der Reiz bewertet wird (siehe Kapitel 3.3). Umgekehrt kann auch die Bewertung vom emotionalen Zustand abhängen; jemand erlebt etwas als bedrohlich, weil er Angst hat (siehe Kapitel 6.2). Die Unterscheidung zwischen Reizbewertung und Emotion bleibt aber in beiden Fällen eindeutig. Der eine Begriff bezieht sich auf ein (meist) externes Ereignis, der andere auf einen Zustand der Person.

Persönlichkeitseigenschaften. Zur Beschreibung überdauernder Merkmale von Menschen werden nicht nur Begriffe wie "intelligent" oder "vertrauenswürdig" verwendet, sondern auch solche, die bei anderen Gelegenheiten zur Zustandsbeschreibung herangezogen werden. Man kann den Charakter einer Person mit Eigenschaften wie "ängstlich", "zornig" oder "traurig" beschreiben und meint damit, daß bestimmte Emotionen (etwa Zorn) leicht auszulösen sind und oft vorkommen oder daß eine Emotion (etwa Traurigkeit) überwiegend oder gar ständig in schwacher Ausprägung vorliegt. Das zentrale Unterscheidungskriterium ist der zeitliche Bezug; Emotionen sind als Zustand von begrenzter Dauer (vgl. S. 20).

Andere Zustandsformen. In Abbildung 1.6 werden kognitive, körperliche und motivationale Zustände genannt, die von Emotionen abzugrenzen sind. Kognitive und körperliche Zustände fallen teilweise unter den Begriff der Stimmung (siehe S. 24 f.). Der körperliche Zustand von Versuchspersonen wird manchmal auch erfragt, um (je nach Auffassung) etwas über eine "Begleiterscheinung" oder die "körperliche Komponente" von Emotionen in Erfahrung zu bringen. Dabei finden Symptomlisten mit Items wie "Herzklopfen", "schneller Atem" oder "Zittern" Verwendung.

Motivation ist ein Konstrukt, das der Erklärung von Verhalten dient. Auch Emotionen werden oft mit Verhaltensweisen in Verbindung gebracht, die für sie charakteristisch sein sollen. Beispiele sind Angst und Fliehen oder Schutz suchen, Wut und Attackieren. Schon McDougall (1923) nahm an, daß eine enge Beziehung zwischen Emotionen und Instinkten (heute würde man Motivation sagen) besteht. Er postulierte, daß mit jedem von vierzehn Instinkten eine bestimmte Emotion verknüpft sei. Die Verhaltensimpulse würden dem Individuum als Gefühl (z.B. Gefühl der Wut) erfahrbar. Das Individuum erhalte damit die Möglichkeit, seine Impulse bis zu einem gewissen Grade zu kontrollieren. Zugleich würden diese Antriebe über den Emotionsausdruck den Mitmenschen angezeigt. In neuerer Zeit betont etwa Frijda (1986) eine enge Beziehung zwischen Motivation und Emotion. Er nimmt an, daß die *Bereitschaft* zu einem bestimmten Verhalten dem Individuum bewußt werden kann und dann von ihm als Emotion erlebt wird. In Fragebogenstudien läßt sich ein Zusammenhang zwischen spezifischen Emotionen und bestimmten Arten der Verhaltensbereitschaft aufzeigen. So wird etwa Ekel mit einer Vermeidungstendenz oder Scham mit dem Wunsch, anderen aus dem Blick zu verschwinden, in Verbindung gebracht (Frijda, Kuipers & ter Schure, 1989). Weitere Ansätze, die sich mit der Beziehung zwischen Emotion und Motivation befassen, werden von Toates (1988) dargestellt.

Stimmung. Emotion und Stimmung werden nicht immer klar unterschieden; einige Autoren verwenden beide Begriffe sogar austauschbar. Soweit eine Differenzierung angestrebt wird, tauchen immer wieder drei Unterscheidungsmerkmale auf (vgl. Morris, 1992; Thayer, 1989): Stimmungen gelten allgemein als (1) schwächer und weniger variabel, (2) länger andauernd und (3) fehlt ein klarer Bezug zu einem Auslöser. Ärger als Emotion kann durch ein konkretes Ereignis, etwa das Vordrängeln in einer Warteschlange, ausgelöst werden. Für eine gereizte Stimmung können beispielsweise viele kleine Ereignisse oder ein zeitlich weit zurückliegendes bedeutendes Ereignis verantwortlich sein - ohne daß die Person dies als Ursache identifizieren kann. Von weiteren Beschreibungsmerkmalen, die Ewert (1983) nennt, ist die Figur-Grund-Metapher besonders zu erwähnen. Stimmungen stellen eine Art Dauertönung des Erlebens dar. Vor diesem Hinter-"Grund" können sich andere Erlebnisinhalte als "Figur" abheben.

Betrachtet man die Stimmungsqualitäten, die in der Literatur genannt werden, wird deutlich, daß sie sich nicht nur auf den emotionalen Zustand beziehen, sondern auch auf kognitive, körperliche oder motivationale Prozesse (vgl. Abbildung 1.6). In deutschsprachigen Stimmungsfragebögen finden sich Skalen wie Gute Laune oder Ärger, die sich offensichtlich auf emotionales Befinden im engeren Sinne beziehen. Konzentriertheit oder Benommenheit etwa betreffen den kognitiven Zustand. Aktiviertheitsskalen haben meist einen Bezug zum körperlichen Zustand. Skalen zum motivationalen Zustand (Beispiele: Kontaktbereitschaft, Anstrengungsbereitschaft) sind eher selten.

Die Alltagssprache kennt Wörter, die überwiegend zur Kennzeichnung von Emotionen verwendet werden und solche, die überwiegend eine Stimmung bezeichnen. Daneben gibt es Begriffe, die einen Bezug zu beiden Konstrukten haben. Schimmack (1993) hat zahlreiche Begriffe danach einstufen lassen, wie typisch sie für Emotionen und Stimmungen sind. In Tabelle 1.2 sind ausgewählte Ergebnisse aufgeführt.

Tabelle 1.2 Typizität ausgewählter Begriffe

Begriff	Wie typisch ist der Begriff?[a]	
	für Emotion	für Stimmung
Angst	6.1	4.3
Liebe	6.3	3.7
neidisch	4.9	2.4
brummig	3.7	5.9
nachdenklich	3.2	5.8
vergnügt	4.9	6.2
ärgerlich	6.1	6.0
bedrückt	6.3	6.3
euphorisch	6.5	6.7

Anmerkung. Ausgewählte Begriffe und Einstufungen aus Schimmack (1993).
[a] Einstufung auf einer Skala von 1 (gar nicht) bis 7 (bestimmt). Je höher der Wert ist, als desto typischer gilt der Begriff für eine Emotion bzw. eine Stimmung. (Mit freundlicher Genehmigung des Autors).

Wenn jemand seinen Zustand beispielsweise als "Angst" bezeichnet, versteht er darunter sehr wahrscheinlich eine Emotion und keine Stimmung. Eine typische Stimmungsbezeichnung ist etwa "brummig". Dieser Begriff ist ziemlich unpassend für eine Emotion. Soweit weisen die Typizitätseinstufungen darauf hin, daß Emotion und Stimmung in der Alltagssprache unterschiedliche Bedeutungen haben. Die Schwierigkeit, Emotion und Stimmung definitorisch scharf abzugrenzen, zeigt sich aber auch in der Alltagssprache. Es finden sich zahlreiche Wörter wie "ärgerlich" oder "bedrückt", die gleichermaßen geeignet sind, eine Emotion oder eine Stimmung zu bezeichnen.

Wohlbefinden. Gefühle können auf einem Kontinuum von positiv bis negativ beschrieben werden. Für den positiven Bereich wird auch global der Begriff "Wohlbefinden" verwendet. Becker (1991) unterscheidet zudem noch zwischen psychischem und körperlichem Wohlbefinden und innerhalb der beiden Bereiche zwischen einem aktuellen und habituellen Aspekt.

Affekt. Im Deutschen versteht man unter Affekt oft eine kurze und heftige Emotion (so auch in der Psychiatrie; siehe Huber, 1987, S. 205). In der heutigen Emotionsforschung findet der deutsche Begriff jedoch kaum Verwendung. Der englische Begriff "affect" hat eine völlig andere Bedeutung. Manchmal wird er synonym für Emotion oder Gefühl verwendet, gelegentlich wird darunter aber auch nur das Erleben von Lust oder Unlust, ohne eine weitere Differenzierung von Gefühlsqualitäten, verstanden (z.B. Frijda, Mesquita, Sonnemans & van Goozen, 1991). Diese letztgenannte Bedeutung entspricht weitgehend dem Begriff "Erlebnistönung" in der älteren Emotionspsychologie (siehe dazu Ewert, 1983, S. 403 ff.).

Streß. Ähnlich wie bei der Emotion existiert hier keine allgemein anerkannte Definition (vgl. Laux & Weber, 1990). Ursprünglich wurde unter Streß eine unspezifische körperliche Reaktion auf einen physischen oder auch psychischen Reiz verstanden. Die körperlichen Veränderungen, die etwa bei Hitze oder Kälte auftreten, wären nach dieser älteren Auffassung eine klassische Streßreaktion. Der Begriff wurde jedoch auch auf den psychischen Bereich erweitert. Oft wird darunter eine länger dauernde und intensive Veränderung des Organismuszustandes verstanden, wobei die Erlebniskomponente anders als bei Emotionen qualitativ nicht näher bestimmt werden muß. In der Regel geht man aber von einem negativ getönten Zustand aus. Wenn ausnahmsweise doch ein positiver Zustand gemeint ist, wird auch von *Eustreß* gesprochen. Der Begriff ist inzwischen auch in die Alltagssprache eingedrungen und so kann es vorkommen, daß jemand einen unangenehmen Zustand als Folge eines belastenden Ereignisses oder aufgrund von Dauerbelastung als "Streß" bezeichnet.

1.4 Zentrale Fragen der Emotionspsychologie

Die Emotionspsychologie befaßt sich, wie die Psychologie insgesamt auch, mit der Beschreibung und Erklärung menschlichen Verhaltens und Erlebens.

Beschreibung von Emotionen. Emotion ist ein hypothetisches Konstrukt. Eine Beschreibung kann nur an Phänomenen ansetzen, die der Beobachtung zugänglich sind. Bei jeder der drei Emotionskomponenten wird nach Beschreibungs- und damit auch potentiellen Unterscheidungsmerkmalen gesucht. Besonders der Ausdruck und die physiologischen Veränderungen werden intensiv untersucht. Eine wichtige Frage ist dabei, worin sich Freude, Angst, Traurigkeit und andere Emotionen unterscheiden. In Kapitel 4 werden wir uns ausführlich damit befassen.

Jeder Versuch, Emotionen zu beschreiben, führt zwangsläufig zu der Frage, welche Emotionen es überhaupt gibt und wie man sie einteilen kann. In neuerer Zeit ist eine Tendenz zu erkennen, einen harten Kernbereich "primärer" oder "grundlegender" Emotionen zu suchen (siehe Izard, 1992; Ortony & Turner, 1990; Stein & Oatley, 1992). Als Vorbild mag dabei die Chemie mit ihrer Unterscheidung zwischen chemischen Elementen und daraus zusammengesetzten Verbindungen gedient haben. Die Frage hatte schon McDougall (1923) bewegt, der die Emotionen als primär ansah, die sich direkt mit seiner Liste von vierzehn Instinkten in Verbindung bringen ließen. Andere wie Verachtung, Neid oder Dankbarkeit sah er als gemischte und damit sekundäre Emotionen an. Die "richtige" *Klassifikation* der Emotionen ist noch immer ein Thema der Emotionsforschung. Klassifikationsansätze liegen für die Mimik und für das Erleben vor (siehe dazu Kapitel 4.1.1 und 4.3.1).

Auch die entwicklungspsychologische Forschung (siehe Kapitel 7) bemüht sich um eine Beschreibung von Emotionen. Daneben wird aber auch versucht, die beobachtbaren altersbedingten Veränderungen zu erklären.

Erklärungsversuche. Wie Emotionen entstehen, ist eine faszinierende Frage. Die Erklärungsversuche lassen sich grob in zwei Gruppen einteilen. Einmal wird versucht, Emotionen auf andere Variablen zurückzuführen. Naheliegend ist es, sich mit den Ereignissen oder anderen externen Bedingungen zu befassen, die eine Emotion auslösen (siehe dazu Kapitel 2). Theoretisch ist dies aber eher unbefriedigend. Die Beziehung zwischen Ereignissen und Emotionen ist nämlich nicht so eng, wie man zunächst vermuten würde. Es sind Zusatzannahmen nötig, um den Weg vom Reiz zur Reaktion zu verstehen. So nehmen einige Autoren an, daß auf die Wahrnehmung emotionsauslösender Reize kognitive Prozesse folgen. Diese seien dafür verantwortlich, mit welchen Emotionen das Individuum reagiert (siehe Kapitel 3.3). Eine Reduktion auf andere Variablen liegt auch vor, wenn versucht wird, Emotionen auf neurophysiologische Prozesse zurückzuführen (siehe Kapitel 5.2.4).

Die andere Gruppe von Erklärungsansätzen läuft darauf hinaus, daß eine Teilkomponente (z.B. das Erleben) auf eine andere (z.B. den Ausdruck) zurückgeführt wird (siehe Kapitel 5.2.2). Daneben liegen auch gemischte Erklärungsansätze vor. Eine Teilkomponente der Emotion (z.B. die körperliche Erregung) führt in Kombination mit einer anderen Variablen (z.B. Kognitionen) zu einer anderen Teilkomponente (z.B dem Erleben).

Die Emotionsforschung ist auf unterschiedliche Weise mit anderen Disziplinen der Psychologie verknüpft. Daß etwa kognitive oder biologische Variablen zur Erklärung von Emotionen herangezogen werden, wurde bereits erwähnt. Manchmal wird aber auch der umgekehrte Weg beschritten und andere Phänomene werden auf Emotionen zurückgeführt. Beispiele dafür finden sich etwa in der Gedächtnisforschung (siehe Kapitel 6).

Folgt man dem alten Schema der Dreiteilung der Psyche nach Platon in die Bereiche Denken, Wollen und Fühlen (oder moderner ausgedrückt: Kognition, Motivation und Emotion), so ist eine starke Vernachlässigung motivationaler Prozesse festzustellen. In den sechziger Jahren kam mit der "kognitiven Wende" der Psychologie auch ein verstärktes Interesse für die Beziehung zwischen Kognitionen und Emotionen. Einflußreich war die Emotionstheorie von Schachter und Singer (1962). Ihr Kerngedanke ist, daß es ohne Kognitionen keine Emotionen geben kann und daß die qualitative Vielfalt der Emotionen von Kognitionen über die Umwelt gesteuert wird. Zu den einflußreichen kognitiven Ansätzen gehört auch die Bewertungshypothese, der zufolge die subjektive Bewertung eines Ereignisses für die emotionale Reaktion des Individuums ausschlaggebend ist. Umgekehrt ist auch ein starkes Interesse festzustellen, Emotionen zur Erklärung von kognitiven Prozessen, vor allem von Gedächtnisleistungen und Urteilsprozessen, heranzuziehen.

Biologische Ansätze haben eine sehr lange Tradition. Viele der heutigen Ausdrucksforscher berufen sich gerne auf Darwin. In der Ausdrucksforschung ist seit den siebziger Jahren ein verstärktes Interesse an einer objektiven Erfassung (versus Beschreibung des Eindrucks) zu verzeichnen. Das Interesse an den physiologischen Veränderungen scheint sich neuerdings zu wandeln. Die Registrierung peripherphysiologischer Variablen wie Hautleitfähigkeit und Herzfrequenz hat zumindest für bestimmte Forschergruppen einen festen Platz in der Emotionsforschung. In neuerer Zeit liegen die Neurowissenschaften in einem Aufwärtstrend, und so werden die neuroanatomischen, -chemischen und -physiologischen Grundlagen von Emotionen zunehmend stärker beachtet. Eine andere biologisch orientierte Forschungsrichtung, die gegenwärtig stark an Bedeutung gewinnt, ist die Verhaltensgenetik. Die Frage möglicher genetischer Ursachen von Emotionen wurde allerdings (bisher) kaum beachtet. Die Verhaltensgenetik befaßt sich (bisher) fast nur mit der Intelligenz und Persönlichkeitsmerkmalen.

1.5 Zusammenfassung und Schlußfolgerungen

Die Emotionsforschung hat sich schon lange mit dem Ausdruck, dem Erleben und körperlichen Veränderungen von Emotionen befaßt. Das sollte durch einen kurzen historischen Rückblick deutlich gemacht werden. Die heutige Ausdrucksforschung wurde stark durch Darwins Werk (1884) geprägt. Die objektive und detaillierte Beschreibung insbesondere der mimischen Reaktion und Vergleiche zwischen den Angehörigen verschiedener Kulturen sind noch immer aktuelle Themen der Forschung. Der Ansatz Wundts (1903), das Erleben durch einige wenige grundlegende Dimensionen zu beschreiben, spielt auch heute noch eine Rolle. Bemerkenswert ist, daß zwei der drei von ihm vorgeschlagenen Dimensionen heute auch mit völlig anderen Forschungsmethoden nachweisbar sind. An den frühen Versuchen, die körperlichen Veränderungen bei Emotionen aufzuzeigen, hat sich im Grunde wenig geändert. Neu sind im wesentlichen nur die verbesserten und erweiterten Meßmethoden. Und die alte James-Lange-Theorie der Emotionen, die versucht hatte, Erleben, Ausdruck und somatische Veränderungen miteinander in Beziehung zu setzen, lebt heute in verschiedenen Varianten weiter. Selbst die alten terminologischen Schwierigkeiten, die schon früher zu Mißverständnissen geführt hatten, sind noch nicht überwunden.

Definitionsvorschläge gibt es inzwischen so viele, daß man sie gezählt und sortiert hat. Auf die Forschung wirkt sich der fehlende Konsens, was eine Emotion genau ist, negativ aus. Viele Fragen können nicht sinnvoll empirisch beantwortet werden, wenn die Begriffe nicht geklärt sind. Die Frage, ob zwei Forschungsergebnisse im Widerspruch zueinander stehen, reduziert sich manchmal auf Definitionsfragen. In dem Kapitel wurde eine Arbeitsdefinition vorgeschlagen und begründet. Emotionen werden als zeitlich begrenzte Zustände verstanden, die qualitativ näher bestimmt werden können (als Freude, Angst, Ärger etc.). Sie lassen sich auf drei Ebenen beschreiben: der Ebene des Erlebens (Gefühle), des Ausdruck und der körperlichen Veränderungen. Es wird nicht gefordert, daß zugleich auf allen drei Ebenen Veränderungen stattfinden müssen.

Verschiedene andere Konstrukte stehen dem der Emotion nahe. Besonders zu Stimmung und Affekt gibt es keine scharfen Grenzen. Teilweise schwierig ist auch die Unterscheidung zwischen anderen (kognitiven, körperlichen oder motivationalen) Zustandsformen und Emotionen. Eine Abgrenzung gegenüber Reizbewertungen, Persönlichkeitsmerkmalen (beispielsweise Ängstlichkeit), Wohlbefinden und Streß gelingt dagegen leichter.

Abschließend wurde kurz skizziert, womit sich die Emotionspsychologie befaßt. Eine zentrale Frage ist die Beschreibung von Emotionen. Das geschieht, indem einzelne Komponenten analysiert werden (Beispiel: mimische Veränderungen bei Freude) und indem versucht wird, Emotionen in irgendeiner Weise zu ordnen. Der andere große Fragenkomplex betrifft ihre Erklärung. Zum einen wird zu erklären versucht, wie die einzelnen Komponenten (z.B. Ausdruck und Erleben) kausal zusammenhängen. Zum anderen gibt es Bestrebungen, Emotionen auf andere Variablen (z.B. bestimmte Denkprozesse) zurückzuführen. Manchmal dienen umgekehrt Emotionen auch der Erklärung anderer Phänomene. Bei einer globalen Betrachtung lassen sich zwei Positionen erkennen, welche die Forschungsansätze wesentlich bestimmen. Diese können kurz als kognitive und als biologische Ansätze charakterisiert werden.

Kapitel 2 Auslöser von Emotionen

Emotionen sind zeitlich begrenzt, haben also einen Beginn und ein Ende. Vorher und nachher befindet sich die Person in einem neutralen oder in einem anderen emotionalen Zustand. In diesem Kapitel wollen wir der Frage nachgehen, aus welchen Anlässen Emotionen wie Freude, Angst oder Ärger auftreten. Die ebenfalls interessante Frage, warum ein solcher Zustand bald wieder beendet ist, wird hier ausgeklammert. Die Dauer emotionaler Reaktionen wurde ohnehin bisher wenig beachtet (siehe dazu Frijda et al., 1991).

In der lerntheoretischen Terminologie können wir die Auslöser als Reize und die Emotionen als Reaktionen beschreiben. Ob eine Reaktion stattfindet und wenn ja, welche, hängt auch vom Organismus ab. Jeder weiß aus eigener Beobachtung, daß Menschen auf ein und dasselbe Ereignis emotional sehr unterschiedlich reagieren können. Dieses Phänomen ist Gegenstand des folgenden Kapitels (Kapitel 3). Hier geht es allein um die Frage der externen oder internen Reize, die eine emotionale Reaktion auslösen können.

Wodurch werden Emotionen wie Freude, Angst oder Ärger ausgelöst? Zunächst denken wir dabei an Auslöser im alltäglichen Leben (Kapitel 2.1). Von den kleinen alltäglichen Ereignissen unterscheiden wir die großen, die nur selten auftreten. Ein Beispiel wäre eine Naturkatastrophe (Kapitel 2.2). Schließlich gibt es überdauernde Lebens- und Umweltbedingungen, die nicht den Charakter von zeitlich klar eingrenzbaren Ereignissen haben (Kapitel 2.3). Soweit werden mit dieser Unterteilung Bereiche festgelegt, in denen nach Auslösern von Emotionen zu suchen ist, die völlig unabhängig vom Untersucher auftreten. Es gilt, den Einfluß der "natürlichen" Variation von Lebensbedingungen auf die Emotionen zu untersuchen. Als Forschungsmethode spielt die Befragung eine große Rolle.

Aus zwei Gründen sind für die psychologische Forschung aber auch "künstliche" Veränderungen im Labor von Interesse. Für viele Fragestellungen ist es erforderlich, den emotionalen Zustand von Versuchspersonen unter kontrollierten Bedingungen zu verändern. Wir brauchen also Methoden, um unter Laborbedingungen Emotionen auszulösen. Der zweite Grund ist, daß schlüssige Aussagen über die kausale Beziehung zwischen Ereignissen und Emotionen nur durch Experimente erbracht werden können. Wir werden deshalb in Kapitel 2.4 Methoden der Emotionsinduktion in Laborsituationen behandeln.

Forschungsergebnisse sind immer vor dem Hintergrund der Methode zu sehen, mit der sie gewonnen wurden. Bei der Erforschung der auslösenden Bedingungen von Emotionen werden unterschiedliche Methoden eingesetzt. Deshalb wird in diesem Kapitel neben der Darstellung von Ergebnissen auch das Vorgehen der Untersucher einen relativ großen Raum einnehmen.

2.1 Ereignisse im Alltagsleben

Naheliegend ist es, die Leute zu fragen, welche Ereignisse bei ihnen bestimmte
Emotionen ausgelöst haben. Vielleicht werden teilweise ähnliche Ereignisse
berichtet, so daß man ermitteln kann, welche Ereignisse oft und welche seltener
als Auslöser einer bestimmten Emotion fungieren. Jedenfalls erfahren wir so
etwas darüber, was die Befragten über die Auslöser ihrer Emotionen wissen
(oder zu wissen glauben). Will man sich nicht so sehr auf ihre Erinnerung und
Interpretationen verlassen, kann man Ereignisse und Befinden direkt im Alltag
protokollieren lassen. Aber auch hier beziehen sich die Angaben auf mehr oder
weniger weit zurückliegende Zeiträume. Nur bei einigen wenigen Ereignissen,
die vorhersehbar sind (z.B. Prüfungen), können emotionale Veränderungen
direkt erfaßt werden.

Wissen über die Auslöser von Emotionen. Fast jeder kennt aus eigener
Erfahrung Ereignisse, die mit starken Emotionen einhergingen. Die Ereignisse
können weit zurückliegen und selten sein oder auch immer wieder auftreten.
Mit der Erfassung solcher Ereignisse haben sich einige Untersuchungen beschäftigt.   Die dabei anfallenden Angaben können außerordentlich vielfältig sein,
wie eine Studie von Cason (1930) über Ärgernisse zeigt. Die 659 Befragten
nannten 2581 verschiedene Anlässe, die sehr unterschiedlichen Bereichen ange-
hörten, überwiegend aber etwas mit dem Verhalten oder mit Eigenschaften von
Menschen zu tun hatten (Beispiele: Jemand betrügt beim Spiel, jemand spricht
ständig über seine Krankheit, der Geruch schmutziger Füße).
     In mehreren Untersuchungen wurde nach Ereignissen gefragt, die verschie-
dene spezifische Emotionen auslösen. Die Befragten sollten sich jeweils an eine
Situation erinnern, in denen ein vom Untersucher genanntes Gefühl vorkam
und dann das Ereignis angeben, welches das Gefühl ausgelöst hatte. Die dabei
genannten Situationen oder Ereignisse wurden anschließend von Beurteilern zu
Gruppen jeweils ähnlicher Situationen zusammengefaßt. Untersuchungen dieser
Art stammen z.B von Scherer, Summerfield und Wallbott (1983), Shaver,
Schwartz, Kirson und O'Connor (1987) und Wallbott und Scherer (1986). Die
Ergebnisse können wegen der Verwendung unterschiedlicher Kategorien nur
bedingt miteinander verglichen werden. Die in den drei Untersuchungen am
häufigsten berichteten Ereignisse bzw. Situationen sind in Tabelle 2.1 aufgeführt.
     Bei den in Tabelle 2.1 aufgeführten Anlässen für Emotionen fällt auf, daß
viele nur im Kontakt mit anderen Menschen möglich sind. Die Interaktion mit
anderen Menschen ist demnach als eine wichtige Quelle emotionalen Erlebens
anzusehen. Nichtsoziale Ereignisse (z.B. gute oder schlechte Nachrichten,
eigene Krankheit, Dinge verlieren oder erwerben) tauchen in diesen Untersuchungen zwar auch auf, werden aber relativ selten als Auslöser für Emotionen
genannt.

Tabelle 2.1 Emotionsauslösende Ereignisse (Befragungsergebnisse)

Emotion	Häufig genannte Ereignisse oder Situationen

Angst

    a) Verkehrssituationen; Gewaltverbrechen; Risiken eingehen
    b) Gefahr von Schaden oder Tod; neue Situationen; Gefahr sozialer Zurückweisung
    c) Verkehrssituationen; Interaktion mit Fremden; neue Ereignisse

Traurigkeit

    a) Probleme mit Beziehungen; Mißerfolg; Tod eines nahestehenden Lebewesens
    b) Tod einer geliebten Person; Abbruch einer Beziehung; unerwünschtes Ergebnis
    c) Probleme mit Freunden oder Verwandten; vorübergehende Trennung; Mißerfolg

Ärger

    a) Persönl. Beziehungen; Beschädigung von Eigentum; zwischenmensch. Probleme
    b) Ungerechtigkeit; realer oder angedrohter Schmerz; Verletzung von Erwartungen
    c) Rücksichtsl. Verhalten, das soz. Normen verletzt; ungerecht behandelt werden

Freude

    a) Beziehungen zu Freunden; Erfolgserlebnisse; Bedürfnisbefriedigung
    b) Bekommen, was man wollte; Erfolg; Achtung, Respekt, Lob erhalten
    c) Beziehungen zu Freunden und Verwandten; Begegnungen/Treffen; Erfolg

Anmerkung. Auflistung der in drei Untersuchungen am häufigsten genannten Ereignisse und Situationen: a) Scherer et al. (1983; N = 636 Studenten aus 7 Ländern), b) Shaver et al. (1987; N = 120 amerikanische Studenten), c) Wallbott und Scherer (1986; N = 779 Studenten aus 9 Ländern).

Gegen diese Befragungsmethode kann man einwenden, daß durch die Beschränkung auf ein Ereignis pro Emotion wahrscheinlich die Angabe besonders typischer Ereignisse angeregt wird. Ein anderer Einwand ist, daß die Befragten falsche Vorstellungen über die wahre Ursache ihrer Gefühle haben können. Weiterhin werden die Erinnerungen oder die Angaben darüber möglicherweise durch die Erwartung verfälscht, was idealerweise sein sollte.

Protokollierung von Ereignissen und Befinden im Alltag. Anders als bei der zuvor besprochenen Methode sollen die Befragten meist keine Kausalbeziehungen zwischen Ereignissen oder Aktivitäten und Emotionen herstellen. Sie sollen nur angeben, welche Ereignisse und welche Gefühle in einem bestimmten Zeitraum vorkamen. Die Methoden variieren erheblich zwischen den einzelnen Untersuchungen. Bevor wir auf die Ergebnisse zu sprechen kommen, sind einige Bemerkungen zu den Untersuchungsmethoden angebracht.

Die Versuchsteilnehmer können die Ereignisse und ihr Befinden frei beschreiben oder standardisierte Fragebögen ausfüllen. Bei der freien Protokollierung müssen die Antworten nachträglich zu Kategorien zusammengefaßt
werden. Für die Befindensmessung stehen verschiedene Instrumente zur Verfügung (siehe Kapitel 4.1). Zur Erfassung von Alltagsereignissen wurden eigens
Listen erstellt. Die Befragten kreuzen an, welche der aufgeführten Ereignisse
bei ihnen vorgekommen sind. Manchmal wird auch nach der Häufigkeit der
Ereignisse gefragt. In der Regel wird bei den Ereignissen nur zwischen angenehmen oder erwünschten und unangenehmen oder unerwünschten unterschieden. Ein Beispiel für solche Listen sind die "Hassles and Uplifts Scales" von
Kanner, Coyne, Schaefer und Lazarus (1981) mit 117 unangenehmen und 135
angenehmen Erfahrungen. Itembeispiele sind "Lärm", "ein Geschenk bekommen" oder "freundliche Nachbarn". Nicht alle Items dieser Skalen haben den
Charakter von Ereignissen (Beispiele: "genug Schlaf bekommen", "einsam
sein"). Da solche Listen unterschiedlich differenziert und umfangreich sind,
kann die Häufigkeit der erfaßten Ereignisse je nach Instrument sehr unterschiedlich ausfallen. Beispielsweise gaben die "normalen" Kontrollpersonen in
einer Untersuchung von Lewinsohn und Graf (1973) durchschnittlich 32 angenehme Aktivitäten pro Tag an, wobei die verwendete Liste aus 160 Items
bestand. Bei Stone und Neale (1984), die eine Liste von 66 positiven und negativen Ereignissen vorgaben, lag die mittlere Ereignishäufigkeit dagegen bei nur
5.3 pro Tag und Person. Ähnliche Unterschiede finden sich bei der freien
Protokollierung von Ereignissen. Hier hängt das Ergebnis davon ab, was die
Befragten unter einem "Ereignis" verstehen sollen. So ermittelte Rehm (1978)
pro Person für jeden Tag etwa so viele negative Ereignisse wie Eckenrode
(1984) für einen Monat.

Negative Ereignisse können unterschiedlich schlimm, positive unterschiedlich angenehm sein. Über solche Unterschiede wird hinweggesehen, wenn nur
die Häufigkeit von Ereignissen ermittelt wird. Rehm (1978) hat die frei berichteten Ereignisse zusätzlich danach einstufen lassen, wie angenehm oder
unangenehm sie waren. Die berichteten Ereignisse wurden anschließend nach
ihrer Valenz gewichtet. Sehr unangenehme Ereignisse erhielten ein großes
Gewicht, weniger unangenehme ein kleineres. Erstaunlicherweise hatte diese
Gewichtung keinen nennenswerten Einfluß auf die Korrelation zwischen der
Anzahl der Ereignisse und dem Befinden. Ein ähnliches Ergebnis berichten
Lewinsohn und Libet (1972). Demnach ist hauptsächlich die Anzahl der Ereig-
nisse wichtig und nicht, wie negativ sie sind.

Je nach Untersuchung können die Angaben zum Befinden und zu den Ereignissen von einmal im Monat bis zu mehrmals täglich erhoben werden. So ließ
Brandstätter (1991) zahlreiche Versuchspersonen 30 Tage lang viermal täglich
in einer Art Tagebuch eintragen, wie sie sich gerade fühlen, was sie machen
und warum sie sich so fühlen (hier wurde also eine Kausalinterpretation verlangt). Sowohl für die Gefühle als auch für die Ereignisse und Aktivitäten
fallen dabei freie Beschreibungen an, die nachträglich in Kategorien eingeteilt

werden müssen. Csikszentmihalyi und Wong (1991) verwendeten ebenfalls eine Zeitstichproben-Methode, wobei sie ihre Versuchspersonen alle zwei Stunden mit einem elektronischen Piepser, den die Versuchspersonen bei sich trugen, an das Ausfüllen des Fragebogens erinnerten. Anders als Brandstätter (1991) erfaßten sie das emotionale Erleben aber nur relativ grob durch eine Einstufung auf einer siebenstufigen Skala von "traurig" bis "glücklich". Bei Rehm (1978) bezogen sich die Angaben auf den zurückliegenden Tag. In zwei Untersuchungen protokollierten Studenten zwei Wochen lang abends ihre positiven und negativen Tagesereignisse und stuften ihr Befinden auf einer bipolaren Valenzskala ein. Auf den Zeitraum der letzen sieben Tage bezogen sich die Angaben bei Schmidt-Atzert (1989). Die Befragten machten Angaben zur Häufigkeit bestimmter Emotionen und zum Vorkommen verschiedener Ereignisse. Kanner et al. (1981) ließen sogar einen ganzen Monat beurteilen. Die Untersuchungsteilnehmer stuften die Schwere angenehmer und unangenehmer Erlebnisse sowie ihr psychisches Wohlbefinden ein.

Die Ergebnisse lassen sich in zwei Gruppen unterteilen. Von den zahlreichen Ergebnissen zum *qualitativen* Zusammenhang zwischen Ereignissen und Emotionen können hier nur einige herausgestellt werden. Positive Gefühle treten im Alltag vor allem dann auf, wenn die Befragten mit Freunden zusammen sind, Traurigkeit vor allem, wenn sie alleine sind (Brandstätter, 1991; Csikszentmihalyi & Wong, 1991). Amerikanische und italienische Teenager sind besonders glücklich, wenn sie mit Sport und Spiel beschäftigt sind, eher traurig sind sie dagegen, wenn sie sich ausruhen (vielleicht weil sie sich dabei von dem Piepser gestört fühlten), studieren, nachdenken oder fernsehen (Csikszentmihalyi & Wong, 1991). Bei japanischen Studenten, die 90 Tage lang dreimal täglich ihr Befinden einstuften und Ereignisse protokollierten, stand das positive Befinden am deutlichsten mit sozialen Ereignissen (besonders Parties, Essen und Trinken, Sport), das negative Befinden u.a. mit Streit, Beziehungsproblemen und Gesundheitsproblemen in Beziehung (Clark & Watson, 1988).

In mehreren Untersuchungen wurde der *quantitative* Zusammenhang zwischen positiven und/oder negativen Ereignissen oder Aktivitäten und dem emotionalen Befinden im Alltag erfaßt. Es geht hier um die Frage, wie eng das emotionale Befinden mit der Häufigkeit von positiven bzw. negativen Ereignissen zusammenhängt, die in einem bestimmten Zeitraum aufgetreten sind. Der Zusammenhang wird durch eine intra- oder interindividuelle Korrelation (zu den Korrelationstechniken siehe Kapitel 5.1.1) zwischen Befinden und Ereignishäufigkeit ausgedrückt. Erwartet wird, daß der emotionale Zustand desto schlechter ist, je öfter negative Ereignisse vorgekommen sind. Umgekehrt sollte das Befinden um so positiver sein, je mehr angenehme Ereignisse aufgetreten sind. Angaben zur Methode und den Ergebnissen solcher Untersuchungen sind in Tabelle 2.2 zusammenfassend dargestellt.

Tabelle 2.2 Zusammenhang zwischen Alltagsereignissen und Befinden

Autor(en)	Methode			Korrelation[a] mit dem emotionalen Befinden	
	Messung der Ereignisse	Anzahl der Messungen	N	pos.	neg.
De Longis et al. (1988)	rev. Hassles Scale	20	150	-	.27
Eckenrode (1984)	freie Protokollierung	28	83	-	.28
Rehm (1978; Unters. 1)	freie Protokollierung	14	30	.58	.45
Rehm (1978; Unters. 2)	freie Protokollierung	14	14	.51	.35
Lewinsohn & Libet (1972)[b]	Pleasant Activities	30	10	-	.30
Lewinsohn & Graf (1973)[b]	Pleasant Activities	30	30	.25	-
Stone & Neale (1984)	Daily Experience	86	50	.48	.39
Stone (1987)	Daily Life Experience	110	79	.34	.29

Anmerkungen. Mittlere intraindividuelle Korrelationen zwischen der täglich eingestuften Häufigkeit von Ereignissen und der ebenfalls täglich eingestuften Valenz des emotionalen Befindens; bei Eckenrode (1984) interindividuelle Korrelation.
[a] Korrelation pos. Ereignisse - pos. Emotionen / neg. Ereignisse - neg. Emotionen.
[b] Hier nur "normale" Personen berücksichtigt.

Zum besseren Verständnis der in Tabelle 2.2 gegebenen Übersicht soll eine dort aufgeführte Untersuchung erläutert werden. Stone (1987) verwendete zur Messung des Befindens eine Kurzform eines bekannten Stimmungsfragebogens von Nowlis (siehe Kapitel 4.1.2) und berechnete daraus je einen Gesamtwert für negatives und positives Befinden (beim negativen Befinden etwa über fünf Adjektive wie "ärgerlich" oder "traurig"). Zur Erfassung der Tagesereignisse diente eine Liste mit 80 Items (Daily Life Experience Inventory). Alle Angaben bezogen sich, wie in den übrigen Studien, jeweils auf einen ganzen Tag. Hier lieferten die Teilnehmer Angaben für 84 bis 112 (im Durchschnitt 110) aufeinanderfolgende Tage. Für jeden der 79 Probanden wurde über alle Tage die Korrelation zwischen der Häufigkeit erwünschter bzw. unerwünschter Ereignisse und den beiden Befindensmaßen berechnet. Diese 79 Koeffizienten wurden gemittelt. Auf diese Weise erhielt man eine durchschnittliche Korrelation von .34 zwischen der Häufigkeit von erwünschten Ereignissen und positiven Emotionen. Die entsprechende Korrelation zwischen der Häufigkeit unerwünschter Ereignisse und negativen Emotionen lag bei .29. Diese Werte finden sich unten in den beiden rechten Spalten von Tabelle 2.2. Dieses Ergebnis besagt, daß das tägliche emotionale Befinden geringfügig damit zusammenhing, wieviele positive und negative Ereignisse ein Tag mit sich gebracht hatte. Die durchschnittliche Versuchsperson fühlte sich um so schlechter, je mehr negative Ereignisse und um so besser, je mehr positive Ereignisse vorgekommen waren.

Insgesamt zeigen diese Untersuchungen, daß der korrelative Zusammenhang zwischen der Häufigkeit von emotionsrelevanten Alltagsereignissen und dem emotionalen Befinden in die erwartete Richtung weist. Je mehr negative Ereignisse berichtet wurden, desto schlechter fühlten sich die Befragten. Umgekehrt korreliert die Häufigkeit positiver Ereignisse mit positivem Befinden. Daß die Korrelationen nicht höher ausfallen, ist eigentlich erstaunlich. Immerhin stammten sowohl die Angaben zum Befinden als auch die zu den Ereignissen von den gleichen Personen. Außerdem wurden sie fast gleichzeitig erhoben. Beide Faktoren sollten eher hohe Korrelationen begünstigen. Mit der Anzahl angenehmer und unangenehmer Ereignisse allein kann man den Gefühlszustand einer Person also nicht befriedigend erklären.

Ergänzend sei auf zwei Studien hingewiesen, in denen sich die Einstufungen auf größere Zeiträume als einen Tag beziehen und die dennoch zu ähnlichen Ergebnissen führen. Schmidt-Atzert (1989) erfaßte mit einem Fragebogen das Vorkommen von 17 positiven (Itembeispiel: "Jemand hat mir ein nettes Kompliment gemacht") und 19 negativen Ereignissen (Itembeispiel: "Ein(e) Freund(in) zieht sich von mir zurück"). Die Versuchspersonen gaben an, welche Ereignisse bei ihnen in den letzten sieben Tagen vorgekommen waren. Außerdem stuften sie ein, wie häufig sie im gleichen Zeitraum bestimmte Emotionen erlebt hatten. Ein Gesamtwert für positive Emotionen (z.B. Freude, Zuneigung) korrelierte .56, ein Gesamtwert für negative Emotionen (z.B. Angst, Traurigkeit) .38 mit der jeweiligen Summe von Ereignissen. Bei Kanner et al. (1981) betrug der Beurteilungszeitraum einen Monat. Hier korrelierte ein Gesamtwert für positive Erfahrungen .33 mit positivem Befinden. Zwischen negativen Erfahrungen und negativem Befinden bestand eine Korrelation von .34.

Der korrelative Charakter der Untersuchungsergebnisse zur Beziehung zwischen Ereignissen und Befinden muß betont werden. Auch wenn die berichteten Ereignisse zeitlich vor der Befindensmessung liegen, ist das noch kein Garant dafür, daß die Ereignisse kausal für das Befinden verantwortlich sind. Es gibt alternative Erklärungen. So könnten sich die Befragten, je nach emotionalem Zustand, selektiv an positive oder negative Ereignisse erinnern (vgl. Kapitel 6.5). Denkbar wäre auch, daß sich der emotionale Zustand darauf auswirkt, welche Situationen man aufsucht und welche man meidet. Viele der verwendeten Listen enthalten neben Ereignissen im engeren Sinne auch Aktivitäten (Beispiele: "mit glücklichen Leuten zusammensein", "gutes Essen zu sich nehmen"; Lewinsohn und Graf, 1973), bei denen nicht davon auszugehen ist, daß sie ohne Zutun des Individuums zustande kommen. Vielleicht suchen gutgelaunte Menschen den Kontakt zu fröhlichen Menschen. Dann wäre das Ereignis nicht Auslöser, sondern Folge des Befindens.

Exkurs: Selbst herbeigeführte Befindensänderungen. Manche Ereignisse kommen ohne Zutun des Individuums zustande, bei anderen ist eine Mitwirkung nicht auszuschließen, und einige werden offensichtlich vom Individuum herbeigeführt. Die Frage der Verursachung von Ereignissen wird in Untersuchungen über Alltagsereignisse oft nicht gestellt. Wir wollen hier gesondert auf emotionsauslösende Ereignisse hinweisen, die vom Individuum selbst initiiert werden und die man besser als eigene Aktivitäten bezeichnen sollte. Dazu gehört zum Beispiel die Ausübung einer Sportart, das Betrachten von Filmen, das Anhören von Musik, Sex, Spiele, die Einnahme von Pharmaka, Genußmitteln oder Drogen.

Die Ausübung bestimmter Sportarten wie Auto- oder Motorradrennen, Fallschirmspringen, Drachenfliegen, Tiefseetauchen oder extremes Bergsteigen ist mit einem Risiko für Leib und Leben verbunden. Dennoch gibt es viele Menschen, die solche Sportarten gerade deshalb betreiben, weil sie den damit verbundenen Nervenkitzel suchen (siehe dazu auch Kapitel 3.2).

Das Befinden kann Csikszentmihalyi zufolge (siehe Csikszentmihalyi & Csikszentmihalyi, 1988) im Prinzip durch jede Tätigkeit verändert werden (vgl. Kapitel 3.2). Voraussetzung für positive Gefühle ist, daß die Fähigkeiten des Individuums genau den Anforderungen der Tätigkeit entsprechen. Dabei kann es sich, entsprechend den Interessen und Fähigkeiten der Personen, um ganz verschiedene Aktivitäten im Arbeits- oder Freizeitbereich handeln. Beispiele sind Lesen, Studieren, Bergsteigen oder Malen.

Leichte und moderate körperliche Betätigung, etwa schnelles Gehen für die Dauer von zehn Minuten, bewirkt eine Verbesserung des Befindens. Für diesen Effekt sprechen mehrere Feld- und auch Laborexperimente (siehe Otto, 1991; Thayer, 1989, S. 88 ff.).

Auf dem Markt befinden sich zahlreiche Medikamente, die zur Veränderung des emotionalen Befindens eingesetzt werden oder die zumindest als eine Wirkung Befindensänderungen zeigen. Je nach Präparat führen sie zu Angstreduktion, Stimmungsaufhellung oder Steigerung des Wohlbefindens (siehe Janke, 1983). Der große Umsatz bei diesen Präparaten spricht dafür, daß sie einen bedeutenden Faktor für Befindensänderung darstellen.

Schließlich ist die Einnahme von Genußmitteln und Drogen zu erwähnen, die sogar zum Teil wegen der damit verbundenen Befindensänderung erfolgt. Die einzelnen Substanzen unterscheiden sich erheblich in ihrer euphorisierenden Wirkung. Henningfield (1984; nach Warburton, 1988) hat die euphorisierende Wirkung verschiedener Substanzen bei erfahrenen Konsumenten im Doppelblind-Versuch untersucht. Gegenüber einem Placebo erwiesen sich Morphine und Amphetamine als besonders stark euphorisierend. Alkohol erreichte einen mittleren Rangplatz, und Nikotin stand am Ende. Warburton (1988) berichtet über eine Befragungen von Konsumenten. Diese sollten angeben, wie stark angenehm-stimulierend und wie stark angenehm-entspannend verschiedene Substanzen bei ihnen wirken. Den Erfahrungen der Befragten zufolge hatten Kaffee, Tabak und Schokolade etwa gleichermaßen moderate Effekte auf beide Aspekte des Befindens. Die Wirkung von Amphetaminen und Kokain wurde als primär stimulierend, die von Tranquilizern erwartungsgemäß als primär entspannend beschrieben. Relativ hohe Werte auf beiden Dimensionen erhielten

Alkohol, Marihuana und Heroin. Auch die zum Vergleich herangezogenen Aktivitäten (Spielen bei Henningfield, Sex bei Warburton) wurden als sehr lustvoll beurteilt.

Insgesamt liegen also zahlreiche Befunde dafür vor, daß man sein emotionales Befinden im Alltag durch bestimmte Aktivitäten und durch die Einnahme von Medikamenten, Genußmitteln oder Drogen verändern kann. Bisher war von "Ereignissen" die Rede, die im alltäglichen Leben Emotionen auslösen. Ereignisse sollten nicht als etwas verstanden werden, das über uns hereinbricht. Für bestimmte Ereignisse mag das zwar zutreffen. In vielen Fällen werden Ereignisse wohl vom Individuum selbst herbeigeführt, um das eigene Befinden zu verändern.

Untersuchungen in natürlichen emotionsauslösenden Situationen. Bestimmte emotionsauslösende Situationen sind vorhersehbar. Wenn es sich auch noch um Situationen handelt, denen man sich nicht (oder nur schwer) entziehen kann, liegt eine quasi experimentelle Anordnung vor. In diesen Fällen kann man also untersuchen, wie sich ein Ereignis kausal auf den emotionalen Zustand auswirkt. Ein gutes Beispiel dafür sind Prüfungen, zu deren emotionalen Effekten auch viele Untersuchungen durchgeführt worden sind. Exemplarisch sei eine Untersuchung von Smith und Ellsworth (1987) genannt. Vor einem Examen berichteten die Studenten vor allem, daß sie Angst hatten. Nach der Ergebnisrückmeldung hatte die Angst stark abgenommen. Dafür war die Freude, aber auch der Ärger, intensiver als zuvor.

Andere potentiell emotionsauslösende Alltagssituationen wurden bisher wenig beachtet. Dabei gibt es einige Situationen, in denen sich Verlaufsuntersuchungen zum emotionalen Befinden anbieten würden. Außer dem Befinden könnten auch andere Emotionsindikatoren, etwa die Mimik, erfaßt werden. Beispiele sind Zahnarzt- oder Arztbesuche, das Warten an Grenzübergängen oder in Verkehrsstaus, die aktive Teilnahme an sportlichen Wettkämpfen oder auch die passive als Zuschauer. Im schulischen und im akademischen Bereich sind nicht nur Prüfungen potentiell emotionsauslösend, sondern auch die Leistungsrückmeldung in Form von Zeugnissen. Bei Kindern wurde vereinzelt die emotionale Reaktion auf Impfungen untersucht.

2.2 Große Ereignisse

Bestimmte Ereignisse können wegen ihrer Seltenheit und ihrer starken Auswirkung auf die Betroffenen nicht zu den alltäglichen Ereignissen gezählt werden. Dazu gehören Katastrophen und Kriege, Gewaltverbrechen, Verlust von Angehörigen durch Krankheit oder Unfall. Die Forschung zu den sogenannten Lebensereignissen kennt auch (meist) erwünschte Ereignisse wie die Geburt eines Kindes, Heirat oder berufliche Beförderung. Während bei Befragungen zu

Alltagsereignissen und deren emotionalen Auswirkungen Zweifel erlaubt sind, was Ursache und was Wirkung ist, stellt sich die Frage nach der Kausalität hier oft nicht. Viele der großen Ereignisse können von den Befragten weder herbeigeführt werden, noch ist es plausibel, daß sie etwa in Abhängigkeit vom Befinden aufgesucht werden. Wir können in solchen Fällen ähnlich wie bei Untersuchungen im Labor davon ausgehen, daß emotionale *Effekte* von Ereignissen erfaßt werden.

Die psychologischen Effekte von Katastrophen auf die betroffenen Menschen wurden vor allem unter dem Gesichtspunkt langfristiger Veränderungen wie Entwicklung psychischer Störungen untersucht (siehe Gist & Lubin, 1989). Emotionale Effekte, wie wir sie aus der Forschung über Alltagsereignisse kennen, wurden kaum erforscht. Deshalb sind hier nur allgemeine Erörterungen möglich.

Angesichts der Vielfalt von Katastrophen, unterschiedlicher Phasen solcher Ereignisse und der Art und dem Ausmaß der individuellen Betroffenheit (vgl. Gist & Lubin, 1989) sind sehr unterschiedliche emotionale Reaktionen denkbar. Katastrophen können von Menschen direkt herbeigeführt werden (z.B. Terroranschläge) oder durch Versagen verursacht werden (z.B. Reaktorunfall), es kann sich aber auch um eine Naturkatastrophe handeln, bei der sich die Frage einer menschlichen Mitverursachung nicht stellt (z.B. Vulkanausbruch). Unabhängig von der Frage der Verursachung können die Folgen einer Katastrophe von menschlichem Verhalten abhängen. Hierbei ist die Unterscheidung verschiedener Phasen wichtig: Warnung (soweit möglich), direkte Auswirkung der Katastrophe, Hilfeleistung, indirekte Auswirkung der Katastrophe (Umsiedlung). Katastrophen können Menschen sehr unterschiedlich betreffen, etwa indem sie zum Verlust von Angehörigen, zu einer Beeinträchtigung der Gesundheit, dem Verlassen des Wohngebietes oder zum Verlust von Eigentum führen. Frederick (1987) hat darauf hingewiesen, daß Emotionen wie Angst, Trauer, Schuldgefühle oder Wut sowohl von der Art des Ereignisses (z.B. Naturkatastrophe, Geiselnahme) wie auch von der jeweiligen Phase abhängen können.

Der Einfluß von bedeutenden politischen Ereignissen und von Krieg auf das emotionale Befinden wird in einer umfangreichen israelischen Studie belegt (Guttman & Levy, 1983). Einwohner von vier großen Städten wurden erstmals im Juni 1967 kurz vor Ausbruch des Sechs-Tage-Krieges befragt. Eine Frage bezog sich auf die Stimmung in den letzten Tagen ("die ganze Zeit sehr gut" bis "die ganze Zeit nicht gut"). Die Erhebungen wurden in unterschiedlichen Zeitabständen durchgeführt, teilweise sogar täglich. Der Verlauf des Befindens steht in engem Zusammenhang mit wichtigen Ereignissen, die in dieser Zeit vorkamen. Bemerkenswert ist die Tatsache, daß die Antizipation großer negativer Ereignisse (Yom Kippur Krieg, Arafats Auftritt vor der UN-Vollversammlung) stärkere Befindensänderungen bewirken können als die Ereignisse selbst. Nach allen negativen Ereignissen trat schon sehr bald eine Stimmungsverbesserung ein. Bei verschiedenen Terroranschlägen konnte schon nach wenigen Tagen eine Normalisierung des Befindens beobachtet werden. Große positive

Ereignisse wie der Besuch Sadats in Jerusalem vom 19. bis 21. November 1977 bewirkten ausgeprägte Stimmungsverbesserungen. Die Stimmung kehrte hier langsamer auf "normale" Werte zurück als nach antizipierten negativen Ereignissen.

Große politische Ereignisse und Katastrophen betreffen viele Menschen zur gleichen Zeit. Andere bedeutende Ereignisse können ebenfalls viele Menschen betreffen, aber zu unterschiedlichen Zeitpunkten. Dazu gehören der Verlust von Angehörigen oder der Eintritt schwerer körperlichen Schäden. Wortman und Silver (1987) berichten von zwei Untersuchungen zu solchen Ereignissen. Sie interviewten Unfallopfer und Opfer von Gewalttaten, die schwere Rückenverletzungen erlitten hatten. Viele dieser überwiegend jungen Personen waren durch die Verletzung auf Dauer gelähmt. Die Fragen bezogen sich auf das emotionale Befinden in der letzten Woche und wurden eine, drei und acht Wochen nach Eintritt der Verletzung gestellt. In der ersten Woche dominierte Angst. Die deutlichsten Veränderungen fanden von der ersten zur dritten Woche statt. Angst, Depression und Wut kamen weniger häufig vor als in der ersten Woche, während sich die Betroffenen wieder häufiger glücklich fühlten. Als Ursache für ihr positives Befinden gaben sie übrigens an erster Stelle soziale Ereignisse wie Briefe und Anrufe von Freunden oder Bekannten an. Bemerkenswert ist, daß die Häufigkeit positiver Gefühle in keinem Zusammenhang mit der Schwere der Verletzung stand.

Eine zweite Untersuchung galt den Befindensveränderungen von Eltern, die ihr Kind durch plötzlichen Kindstod verloren hatten. Die Erhebungen wurden erstmals drei Wochen nach dem Verlust und dann nach drei und nach 18 Monaten durchgeführt. In der dritten Woche wurden positive und negative Gefühle etwa gleich häufig berichtet. Später kamen positive Gefühle zunehmend häufiger und negative zunehmend seltener vor. Anders als bei den Rückenverletzten wurde außer der Häufigkeit auch die Intensität von Emotionen erfaßt. Zum ersten Meßzeitpunkt fanden sich keine Unterschiede zwischen positiven und negativen Gefühlen. Zu den späteren Meßzeitpunkten war die Intensitität der positiven Gefühle schon größer als die der negativen.

Insgesamt zeigen diese Untersuchungen, daß schwere Verluste langfristige emotionale Folgen haben. Ein bzw. drei Wochen nach Eintritt des Ereignisses war das emotionale Befinden der Betroffenen noch deutlich negativer als zu einem späteren Zeitpunkt, der zum Vergleich herangezogen wurde.

Die emotionale Wirkung großer Ereignisse ist besser zu verstehen, wenn man bedenkt, daß große Ereignisse oft viele kleine Ereignisse nach sich ziehen. Der Tod eines Angehörigen etwa kann eine Trauerfeier, die Erledigung von Formalitäten bei Behörden, Besuche oder Anrufe von Freunden und Verwandten, eine Veräußerung von Mobilar, den Umzug in eine andere Wohnung nach sich ziehen. Darüber hinaus können sich die äußeren Lebensbedingungen (finanzielle Situation, Wohnverhältnisse, Berufstätigkeit) und die Alltagsroutine ändern. Deshalb ist zu erwarten, daß die emotionalen Effekte großer Ereignisse langfristig und komplex sind. Mit Folgeereignissen allein lassen sich die emotionalen Veränderungen aber nicht erklären. Opfer von Geiselnahmen oder Rettungspersonal bei Katastrophen können anschließend wieder in ihren gewohnten Alltag zurückkehren, ohne körperlich oder materiell geschädigt worden zu sein. Dennoch werden bei derart Betroffenen manchmal später starke emotionale Reaktionen beobachtet (siehe Hodgkinson & Steward, 1991).

2.3 Lebens- und Umweltbedingungen

Zufriedenheit mit verschiedenen Lebensbereichen. Das emotionale Befinden wird möglicherweise nicht nur von einzelnen Ereignissen beeinflußt, sondern auch von Lebens- und Umweltbedingungen, die sich über die Zeit wenig ändern. Beispielsweise könnte sich die Beziehung zu einem Lebenspartner langfristig auf das Befinden auswirken. Denkbar wäre, daß eine gute Beziehung viele kleine positive Erlebnisse mit sich bringt. Eine schlechte könnte dagegen Quelle zahlreicher negativer Ereignisse sein.

Wie kann man feststellen, ob die erwarteten Zusammenhänge zwischen zeitlich relativ stabilen Lebensbedingungen und Emotionen existieren und wie eng sie sind? Michalos (1991) ließ Studenten aus 39 Ländern einstufen, wie glücklich sie sind. Weiterhin erfaßte er die Zufriedenheit mit verschiedenen Lebensbedingungen wie finanzieller Situation oder Lebenspartner. Aussagekräftiger als Korrelationen zwischen Glück und den einzelnen Zufriedenheiten sind die Gewichte dieser Variablen in einer multiplen Regression. Das Betagewicht einer Variablen zeigt den Zusammenhang mit dem Ausmaß des Glücks an, wobei der Einfluß aller anderen Variablen auf das Glück herausgenommen wird. Abbildung 2.1 zeigt die Ergebnisse, die auf einer Befragung von 2416 Studentinnen und 2700 Studenten basieren.

In Abbildung 2.1 ist dargestellt, wie gewichtig die einzelnen Lebensbereiche für die "Vorhersage" des Glücks sind. Es handelt sich hier jedoch um keine Vorhersage im Sinne einer Prognose, sondern nur um korrelative Zusammenhänge. Je größer ein Gewicht (Betagewicht) ist, desto enger hängt das Glück der Befragten mit ihrer Zufriedenheit mit diesem Lebensbereich zusammen. Demnach ist es für das Glück der Studierenden besonders wichtig, wie zufrieden sie mit ihrem Lebenspartner sind. An zweiter und dritter Stelle leisten die Zufriedenheit mit der eigenen Selbstachtung und der finanziellen Situation einen Beitrag zur "Erklärung" des Glücks. Andere Lebensbereiche sind dagegen von untergeordneter Bedeutung. So steht die Zufriedenheit mit den Verkehrsmitteln in keinem signifikanten Zusammenhang mit Glück (die Variable fehlt daher in Abbildung 2.1). Die Zufriedenheit mit den Wohnverhältnissen spielt bei Frauen eine untergeordnete Rolle. Bei Männern findet sich kein signifikanter Zusammenhang zwischen Glück und Zufriedenheit mit den Familienbeziehungen.

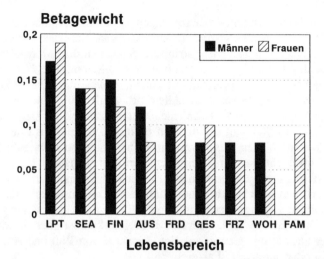

Abbildung 2.1 Gewichtungen der Zufriedenheit mit verschiedenen Bereichen bei der Vorhersage von Glück. Lebensbereiche: Lebenspartner (LPT), Selbstachtung (SEA), Finanzen (FIN), Ausbildung (AUS), Freundschaften (FRD), Gesundheit (GES), Freizeitaktivitäten (FRZ), Wohnverhältnisse (WOH), Familienbeziehungen (FAM). (Modifiziert nach Michalos, 1991, Tab. 5.6).

Demographische Variablen wie Alter, Familienstatus oder Studiendauer leisteten in der Studie einen vergleichsweisen geringen Beitrag zur Vorhersage von Glück. Übrigens stellte Michalos (1991) auch Vergleiche zwischen den Ländern an. Die deutschen Studenten stuften sich auf einer Skala von 1 für "sehr unglücklich" bis 7 für "sehr glücklich" durchschnittlich mit 4.97 ein. Sie lagen damit etwas über dem Gesamtdurchschnitt von 4.71.

Bei der Würdigung der Befunde von Michalos (1991) ist zu beachten, daß nicht die objektive Qualität der Partnerbeziehung, das Einkommen oder der tatsächliche Gesundheitszustand herangezogen wurden. Es war die (subjektive) Zufriedenheit mit diesen Lebensbereichen, die in einem deutlichen Zusammenhang mit dem Glück der Studierenden stand. Objektive Merkmale wie der Familienstatus und die Studiendauer, die theoretisch auch in einem Zusammenhang mit dem Glück stehen könnten, erwiesen sich als relativ unwichtig. Daß gerade die subjektive Zufriedenheit mit bestimmten Lebensumständen so wichtig ist und nicht die Lebensumstände an sich, ist auch das Ergebnis einer Literaturübersicht von Diener (1984) zum Wohlbefinden. Subjektive Zufriedenheitsurteile hängen enger mit dem Wohlbefinden zusammen als objektive Lebensbedingungen. In einer Untersuchung erwiesen sich Lotteriegewinner als genauso glücklich wie Vergleichspersonen. In anderen Studien fand sich kein Unterschied zwischen Behinderten und Kontrollpersonen (siehe Diener, 1984). Offenbar sind scheinbar günstige Lebensbedingungen keine hinreichende Voraussetzung dafür, daß man sich glücklich fühlt. Ausschlaggebend ist, wie zufrieden man mit diesen Bedingungen ist.

Klimatische Bedingungen. In Befragungen zu Alltagsereignissen taucht gelegentlich das Wetter als möglicher Auslöser von Befindensänderungen auf. Clark und Watson (1988) ließen japanische Studenten drei Monate lang täglich ihr emotionales Befinden und Ereignisse protokollieren. Die Versuchsteilnehmer, die selbst "Regen" protokolliert hatten, gaben für diese Meßzeitpunkte negativeres Befinden als sonst an. Allerdings fanden die Autoren keinen Zusammenhang zwischen dem tatsächlichen Wetter (zahlreiche, nicht näher spezifizierte Variablen) und dem emotionalen Befinden. In anderen Untersuchungen wird jedoch von solchen Zusammenhängen berichtet, so etwa eine Beziehung zwischen Luftfeuchtigkeit und negativem Befinden (Thayer, 1989, S. 39 f.). Bekannt ist auch ein Zusammenhang zwischen Temperatur und Befinden. Versuchspersonen berichten bei starker Hitze von einem negativerem Befinden als unter kühlen Bedingungen (Anderson, 1989). Bei Hitze steigt gleichzeitig die Bereitschaft zu Gewalt (Anderson, 1989). Unklar ist aber, ob die mit der Temperatur ansteigende Gewalt auf eine Zunahme von Wut und Ärger zurückzuführen ist oder auf andere Faktoren.

Die Beziehung zwischen Wetter und Befinden ist komplex. Bestimmte Veränderungen des Wetters können sehr unterschiedliche Konsequenzen für die Menschen haben. Regen kann bei einem Landwirt ein Anlaß zur Freude sein, während sich ein Tourist vielleicht darüber ärgert. Manche Aktivitäten (z.B. Ausübung bestimmter Sportarten oder beruflicher Tätigkeiten) sind unmittelbar vom Wetter abhängig. Bestimmte Wetteränderungen erzwingen somit Verhaltensänderungen, was wiederum emotionsauslösend wirken kann. Auch über somatische Prozesse herbeigeführte Befindensänderungen sind möglich. Eine erhöhte Konzentration positiver Ionen, wie sie zum Beispiel bei Föhn auftritt, kann (selbst unter kontrollierten Laborbedingungen) zu erhöhter Reizbarkeit führen (s. Thayer, 1989, S. 40).

2.4 Induktionsmethoden in Laborexperimenten

Für die Forschung ist es wünschenswert, standardisierte Methoden zur Induktion von Emotionen zur Verfügung zu haben. Standardisierung bedeutet, daß die Durchführungsbedingungungen (insbesondere die Instruktion) und das Material (z.B. Bilder) festgelegt sind. So kann ein Forscher sicher sein, genauso vorzugehen wie andere auch. Zudem sollte bekannt sein, welche Emotionen damit ausgelöst werden, wie stark die Veränderungen auf verschiedenen Meßebenen ausfallen, bei wieviel Prozent der Versuchspersonen der erwünschte Effekt eintritt und wie lange die emotionale Veränderung andauert. Wichtig ist auch, ob eine neutrale Kontrollbedingung realisierbar ist. Weiterhin von Interesse ist, für welche Personen (z.B. Kinder, Studierende, ältere Menschen) die Induktionsmethode geeignet ist, ob sie auch in Gruppenversuchen realisierbar ist und schließlich, wie durchschaubar sie ist. Das sind aber noch weitgehend Wunschvorstellungen. So kann hier nur berichtet werden, welche Methoden erprobt wurden und was über ihre Wirkung bekannt ist. Vergleichende Darstellungen verschiedener Induktionsmethoden wurden von Gerrards-Hesse, Spies und Hesse (1994) sowie Martin (1990) vorgelegt.

Dias oder Bilder. In vielen Experimenten wurden Dias zur Induktion bestimmter Emotionen eingesetzt. Aus eigener Erfahrung kann berichtet werden, daß es relativ einfach ist, in medizinischen Werken (insbesondere aus dem Bereich Dermatologie und Gerichtsmedizin) Abbildungen zu finden, die relativ starke negative Gefühle, vor allem Ekel/Abscheu, auslösen (Schmidt-Atzert, 1993). Weitaus schwieriger ist es, mit Bildmaterial positive Gefühle zu induzieren. In Büchern und Zeitschriften zum Thema Fotografie finden sich aber Motive, die Belustigung oder Zuneigung (hier besonders Aufnahmen von kleinen Kindern oder von jungen Tieren) auslösen. Hamm und Vaitl (1993) beschreiben eine Serie von Dias, die danach ausgewählt worden sind, daß sie unterschiedlich angenehm und unterschiedlich erregend sind. Es handelt sich dabei z.B. um Aufnahmen von Schlangen, Waffen, Blumen, Tieren, erotischen Darstellungen, wobei es sich als schwierig erwies, sehr unangenehme und zugleich wenig erregende Dias zu finden. Allerdings wurde hier nicht das emotionale Befinden, sondern die Stimuli beurteilt. Es liegen aber auch Angaben zu physiologischen Reaktionen und zur Aktivität bestimmter Gesichtsmuskeln beim Betrachten einzelner Bilder vor.

In Untersuchungen mit phobischen Versuchspersonen wurden verschiedentlich Aufnahmen von Objekten (z.B. Schlangen, Spinnen, Verletzungen) verwendet, die für diese Personen angstauslösend wirken (z.B. Spinnenbilder: Hare & Blevings, 1975).

Filme. Zur Induktion verschiedener Emotionen wurden Filme verwendet, wobei sich aber kein bestimmter Film als Standardinduktionsmethode etabliert hat. Einige Filme wurden jedoch mehrfach verwendet, vor allem innerhalb einer Forschergruppe. Das trifft etwa auf einen Film zu, in dem Beschneidungsrituale bei einem australischen Volksstamm gezeigt werden (z.B. Lazarus, Speisman, Mordkoff & Davison, 1962; Lazarus, Tomita, Opton & Kodama, 1966). Dieser Film löst im Vergleich zu einem neutralen Kontrollfilm negative Gefühle, insbesondere Angst, sowie verschiedene physiologische Reaktionen aus (Lazarus et al., 1962, 1966).

Andere Beispiele für angstauslösende Filme finden sich bei Klorman (1974), Rogers und Deckner (1975) oder Öst, Sterner und Lindahl (1984). Diese Untersuchungen sind zudem Beispiele dafür, daß die Filme nach ihrer emotionalen Bedeutung für eine bestimmte Probandengruppe ausgewählt wurden. Klorman (1974) verwendete bei Studentinnen mit Schlangenfurcht Filmaufnahmen von Schlangen. Rogers und Deckner (1975) zeigten Rauchern das Porträt eines Rauchers, dem vom Arzt eröffnet wird, daß er Lungenkrebs hat und der schließlich von der Kamera auf seinem Weg zum Operationssaal begleitet wird.

Öst et al. (1984) führten Blutphobikern einen Film vor, in dem eine blutige Operation zu sehen war.

In anderen Untersuchungen wurden Filme verwendet, die bei "normalen" Versuchspersonen primär andere Emotionen als Angst induzierten. So wurden Filme zur Induktion von *Traurigkeit* (Averill, 1969; Philippot, 1993; Tourangeau & Ellsworth, 1979), *Heiterkeit* bzw. *Freude* (Averill, 1969; Philippot, 1993) und *sexueller Erregung* (Morokoff, 1985) verwendet.

Hesse, Spies, Hänze und Gerrards-Hesse (1992) untersuchten die Wirkung verschiedener Filme bei deutschen Studierenden. Die Beurteilung der Filme basiert auf einem Vergleich der relativ global erfaßten Stimmung vor und nach der Darbietung. Ein Ausschnitt aus einem Film von Otto Waalkes ("Der Film") erwies sich unter den drei Stimuli zur Induktion einer positiven Stimmung als am effektivsten. Negative Stimmung konnte mit einem Ausschnitt aus dem Atomkriegsfilm "The Day After" induziert werden. Zwei als neutrale Kontrollfilme erprobte Lehrfilme führten wider Erwarten zu leichten Stimmungsveränderungen.

Filme wurden auch bei Kindern zur Emotionsinduktion verwendet. So zeigte Sternbach (1962) Achtjährigen den Walt Disney Film "Bambi". Durch nachträgliche Befragung konnt er Szenen identifizieren, bei denen die Kinder sich fürchteten, sich traurig oder glücklich fühlten oder die sie besonders lustig fanden. Eisenberg et al. (1988) konnten mit sehr kurzen Filmszenen (Dauer: 70 Sekunden) überwiegend Angst oder überwiegend Traurigkeit auslösen.

Mit den heute verfügbaren technischen Möglichkeiten können Videoaufzeichnungen problemlos bearbeitet werden. So kann ein Film leicht auf die gewünschte Länge gekürzt werden, oder es können Szenen herausgenommen werden, die andere als die intendierten Emotionen auslösen. Dennoch wird es kaum gelingen, einen Film so zu bearbeiten, daß er bei allen Zuschauern nur eine bestimmte Emotion auslöst. Wie komplex die Reaktion auf einen Film sein kann, dessen Inhalt sehr homogen ist, zeigt Abbildung 2.2. Der Film "Das Blut der Tiere" (Le sang des bêtes; schwarz-weiß, französisch mit deutschen Untertiteln) wurde 1949 von George Franju gedreht und zeigt das Sterben der Tiere auf den Pariser Schlachthöfen in seiner ganzen Grausamkeit. Der Film wurde in leicht gekürzter Form Psychologiestudentinnen vorgeführt. In der Kontrollbedingung sahen andere Psychologiestudentinnen einen emotionsneutralen Film von ebenfalls 15 Minuten Länge.

Abbildung 2.2 veranschaulicht zunächst, daß mit einem Film relativ starke Gefühle ausgelöst werden können (die beiden Filme unterscheiden sich übrigens hoch signifikant im ausgelösten Befinden). Bemerkenswert ist die "breite" Wirkung auf das Befinden; verschiedene negative Emotionen sind erhöht. Dieses Bild kommt übrigens nicht dadurch zustande, daß einige Versuchspersonen etwa mit Ärger, andere vielleicht mit Traurigkeit reagiert hätten. Jede Versuchsperson berichtete im Durchschnitt 2.5 "starke" oder "sehr starke" negative Emotionen (Abneigung, Ärger, Angst, Unruhe, Traurigkeit, Scham oder Schuld).

Emotion

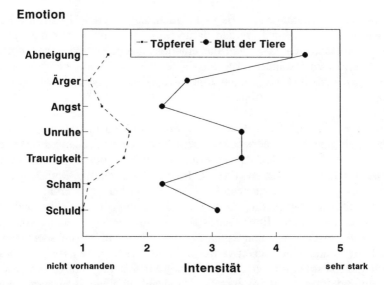

Abbildung 2.2 Emotionales Befinden unmittelbar nach Anschauen eines Filmes. Aversiver Film: Das Blut der Tiere (N = 13); neutraler Film: Dokumentarfilm über Töpferei (N = 11). (Quelle: der Verfasser).

Soweit in anderen Untersuchungen Befindensmessungen nicht nur auf ausgewählte Emotionen eingegrenzt wurden, fanden sich entsprechend "breite" emotionale Reaktionen (z.B. Lazarus et al., 1962, 1966). McHugo, Smith & Lanzetta (1982) stellten bei der Analyse der Befindenseinstufungen nach zahlreichen Filmausschnitten, die nach ihrer emotionalen Wirkung in fünf Gruppen eingeteilt worden waren, fest, daß etwa 60 Prozent der Einstufungen den Erwartungen entsprachen. Eine mit 70 Prozent etwas bessere Trefferquote fand Philippot (1993; bei Verwendung eines standardisierten Fragebogens). Filme lassen sich also nach ihrer überwiegenden emotionalen Wirkung unterscheiden. Ein beträchtlicher Teil der Versuchspersonen macht aber Befindensangaben, die von denen der Mehrheit abweichen. Diese Angaben können sich auf andere Emotionsqualitäten oder auf einen neutralem Zustand beziehen.

Bei der Verwendung aversiver Filme ist zu beachten, daß sich die Versuchspersonen leicht der Stimulation durch Wegschauen oder Schließen der Augen entziehen können. Dem kann durch eine entsprechende Instruktion entgegengewirkt werden. Eine Kontrolle dieses Störfaktors (z.B. mittels einer Videokamera) wird dennoch sinnvoll sein.

Vier Vorteile von Filmen sind zu erwähnen. Filme können gut in Gruppenversuchen eingesetzt werden, sofern sie nicht zum Lachen anregen und damit eine gegenseitige Beeinflussung der Zuschauer nahelegen. Die Versuchspersonen können während der Darbietung ruhig sitzen, was eine wichtige Voraussetzung für verschiedene physiologische Messungen und für die Registrierung

mimischer Veränderungen ist. Es ist möglich, eine neutrale Kontrollbedingung
zu realisieren. Manchmal werden dafür sogar Ausschnitte aus dem gleichen
Film verwendbar sein, aus dem die emotionsinduzierenden Szenen stammen.
Schließlich ist zu erwähnen, daß mit Filmen länger dauernde emotionale Veränderungen herbeigeführt werden können (u.U. über fast die gesamte Darbie-
tungszeit und noch darüber hinaus).

Texte und Hörspiele. Situationen und Ereignisse können auch ohne Bilder,
allein durch Sprache, beschrieben werden. Johnson und Tversky (1983) verwen-
deteten kurze Geschichten zur experimentellen Variation des Befindens. Die
Versuchspersonen sollten sich vorstellen, sie würden die Berichte in ihrer
Lokalzeitung lesen. Neben neutralen Texten wurden Schilderungen vorgegeben, die sich zum Beispiel mit Leukämie oder Kriminalität befaßten und negatives Befinden auslösten. Ein weiteres Beispiel für die Verwendung von Texten
findet sich bei O'Grady und Janda (1989), die ihren Versuchspersonen eine
sexuell erregende, eine "herzerwärmende" und eine traurige Passage vorlasen.
    Hörspiele wurden u.a. von Engel (1986) zur Emotionsinduktion verwendet.
Sullivan und Brender (1986) erstellten Tonbandaufnahmen von kurzen Situationsschilderungen und konnten damit u.a. die sexuelle Erregung der Versuchspersonen variieren.
    Texte sind ein sehr ökonomisches Mittel der Emotionsinduktion. Allerdings
ist dabei zu beachten, daß schwer zu kontrollieren ist, ob die Versuchspersonen
sie aufmerksam lesen oder gut zuhören. Ein grundsätzlicher Vorteil von Texten
oder Hörspielen gegenüber Filmen ist nicht zu erkennen. Allenfalls in Untersuchungen, bei denen Augenbewegungen die Aufzeichnung von Biosignalen
stören können, ist der Einsatz auditiver Reize vorzuziehen.
    Schriftliche oder mündliche Szenenschilderungen können in Kombination mit
einer Imaginationsaufgabe (s.u.) eingesetzt werden.

Musik. In experimentellen Untersuchungen wurde Musik relativ selten zur
Emotionsinduktion verwendet. May und Hamilton (1980) verwendeten Rock-
musik und avantgardistische Musik, die sie als Hintergrundmusik im Versuchsraum abspielten, um bei Studentinnen positive oder negative Gefühle auszulösen. Über eine erfolgreiche Induktion von gehobener oder trauriger Stimmung
durch zwanzigminütige Musikstücke berichten Pignatiello, Camp und Rasar
(1986), die Psychologiestudenten einfach aufforderten, zuzuhören. Allerdings
vermuteten einige Versuchspersonen, daß die Musik der Emotionsinduktion
diente. Andere (z.B. Clark & Teasdale, 1985) unternahmen überhaupt keinen
Versuch, den Grund für das Abspielen von Musik zu verbergen und forderten
die Versuchspersonen ähnlich wie bei der Velten-Technik (s.u.) auf, sich in die
Stimmung zu versetzen. Hier fanden sich deutliche Unterschiede im Befinden
von Versuchspersonen, die Musikstücke zur Induktion von glücklicher versus
trauriger Stimmung gehört hatten. Bei Anwendung einer ähnlichen Methode
kommen Mecklenbräuker und Hager (1986) zu einer anderen Wirksamkeitsein-

schätzung. Sie spielten Versuchsteilnehmern verschiedene Musikstücke von bis zu zehn Minuten Länge vor, die danach ausgewählt worden waren, welche Stimmung sie nach Meinung von Beurteilern ausdrücken. Trotz der Aufforderung, sich mit Hilfe bestimmter Strategien in die Stimmung zu versetzen, die das Musikstück ausdrückt, konnte nur bei maximal 50 Prozent der Zuhörer die gewünschte Stimmungsänderung (positiv oder negativ) herbeigeführt werden. Die Musikinduktionsmethode erwies sich damit als ähnlich (un)wirksam wie eine ebenfalls erprobte Version der Velten-Technik.

Für die Verwendung von Musik spricht, daß die Absicht, das Befinden zu verändern, relativ leicht verborgen werden kann. Die Effekte auf das Befinden sind möglicherweise relativ global. Bisher wurde jedenfalls nur über die Induktion von positiver oder negativer Stimmung berichtet. Nähere Angaben zu den Musikstücken, die zur Induktion von positiver, negativer oder neutraler Stimmung verwendet wurden, finden sich bei Gerrards-Hesse et al. (1994).

Imagination von Situationen. Eine relativ einfach durchzuführende Methode besteht darin, die Versuchspersonen aufzufordern, sich eine emotionsauslösende Situation möglichst lebhaft vorzustellen. Eine Möglichkeit besteht darin, daß sich die Versuchsperson an ein Ereignis erinnern soll, das bei ihr früher eine bestimmte Emotion ausgelöst hatte. Üblicherweise sitzt die Versuchsperson bei dieser Prozedur mit geschlossenen Augen entspannt auf einem Stuhl oder Sessel. Für eine Vorstellungsphase werden meist nur wenige Minuten veranschlagt (drei Minuten bei Schwartz, Fair, Salt, Mandel & Klerman, 1976). Als neutrale Bedingung kann etwa die Vorstellung eines normalen Tagesablaufes verwendet werden. Die Methode der Imagination früher erlebter Ereignisse wurde oft von Schwartz und Mitarbeitern angewandt (z.B. Schwartz et al., 1976).

Bei einer anderen Version stellen sich alle Versuchspersonen die gleichen Situationen vor, die danach ausgewählt worden sind, daß sie bestimmte Emotionen auslösen (z.B. Keltner et al., 1993; Lang et al., 1983; Schwartz, Brown & Ahern, 1980).

Die Durchführungsbedingungen variieren von Untersuchung zu Untersuchung. So findet man den Hinweis, daß sich die Versuchspersonen das Ereignis so lebhaft wie möglich vorstellen sollten. Andere begnügen sich mit der Aufforderung, an die Situation zu denken. Manchmal werden besondere Vorkehrungen getroffen, um die Versuchspersonen in einen entspannten Zustand zu versetzen (z.B. Santibanez & Bloch, 1986).

Als Vorteil der Imaginationstechnik ist zunächst die einfache Durchführung zu nennen. Im Prinzip kann damit jedes beliebige Gefühl herbeigeführt werden. So induzierten Smith und Ellsworth (1985) bei ihren Versuchspersonen in zwei Sitzungen nacheinander 15 verschiedene Emotionen. Ein möglicher Nachteil ist darin zu sehen, daß die Zielemotion genannt wird oder bei Vorgabe von Situationsbeschreibungen leicht erahnt werden kann.

Man könnte vermuten, daß die Befindensangaben nur auf den Aufforderungscharakter der Versuchssituation zurückzuführen sind. Dagegen spricht aber,

daß mehrfach auch mimische und physiologische Veränderungen bei der
Imagination festgestellt worden sind (siehe Schwartz, 1982).

Hypnose. Bower und Mitarbeiter (zusammenfassend Bower, 1981) haben
Studenten mittels Hypnose in einen glücklichen oder einen traurigen Zustand
versetzen können. Die Versuchspersonen waren allerdings zuvor nach ihrer
Hypnotisierbarkeit ausgelesen worden. In Hypnose wurden sie aufgefordert,
sich durch Erinnerung oder Vorstellung eines entsprechenden Erlebnisses in die
gewünschte Stimmung zu versetzen und diese beizubehalten. Bower (1981)
führt als Vorteil dieser Hypnosemethode auf, daß damit nahezu jede Emotion
schnell und in unterschiedlicher Intensität induziert werden kann. Darüber
hinaus kann der Zustand mehrere Minuten lang aufrecht erhalten werden. Der
wesentliche Nachteil besteht darin, daß nur etwa 20 bis 25 Prozent der Leute
gut hypnotisierbar sind. Über weitere Untersuchungen zur Induktion von
Emotionen mittels Hypnose berichtet Barber (1965).

   Ein hypnoseähnliches Verfahren haben Hesse et al. (1992) eingesetzt. Nach
diesem Verfahren werden die Versuchspersonen zunächst mittels einer Ent-
spannungstechnik (progressive Muskelrelaxation) in einen entspannten, auf-
nahmebereiten Zustand versetzt. Dann sollen sie sich einen Punkt vorstellen,
der näher kommt. In der negativen Bedingung ist dieser Punkt dunkel und stellt
eine Bedrohung dar, in der positiven Bedingung ist er hell, und es geht eine
positive Strahlung und Kraft auf die Person über. Dabei werden Gefühle der
Beklemmung, Angst etc. oder Gefühle der Stärke, Freude etc. suggeriert. Das
Verfahren erwies sich als geeignet, eine negative bzw. positive Stimmungsänderung herbeizuführen.

Velten-Technik. Velten (1968) hat eine Prozedur entwickelt, mit deren Hilfe
sich Versuchspersonen selbst in eine traurige oder eine gehobene Stimmung
versetzen können. Dazu lesen sie in jeder Bedingung 60 Aussagen, die auf
Kärtchen stehen, zunächst leise und dann laut. Sie werden aufgefordert, sich in
die Stimmung zu versetzen, die mit den Aussagen suggeriert wird. Eine aktive
Mitarbeit ist also erforderlich. Eine weitere Serie von Aussagen steht für eine
Kontrollbedingung mit neutralem Befinden zur Verfügung. Beispiele für die
Aussagen sind: "Ich fühle mich heute erstaunlich gut", "ich wünschte, jemand
würde gute laute Musik spielen", "ich bin voller Energie" (gehobene Stim-
mung); "ich fühle mich jetzt ziemlich träge", "meine Eltern haben nie wirklich
versucht, mich zu verstehen", "es gibt zu viele schlechte Dinge in meinem
Leben" (depressive Stimmung); "die Pupille reguliert die Lichtmenge, die die
Retina erreicht", "seine Lieblingsfarbe ist ein tiefes Waldgrün", "der Staat
Israel wurde 1948 gegründet" (neutrale Stimmung). Viele der Items zur Induktion von Traurigkeit haben etwas mit Selbstabwertung und körperlichen Symptomen von Depression zu tun.

   Diese Technik wird in der Forschung in der Originalversion oder in einer
modifizierten Form häufig angewandt. Verändert wurde etwa die Anzahl der

Items oder die Art der Darbietung (z.B. nur stilles Lesen). Über eine deutschsprachige Version des Verfahrens berichten Mecklenbräuker und Hager (1986). Angesichts der häufigen Verwendung kann die Wirksamkeit gut beurteilt werden. Kenealy (1986) hat 40 Publikationen mit insgesamt 46 Experimenten, in denen das Verfahren (einschließlich gering modifizierter Formen) verwendet wurde, analysiert. Soweit verbale Befindensmaße verwendet wurden, ergab die größte Zahl der Untersuchungen signifikante Unterschiede zwischen den drei Bedingungen. Bei Verwendung von Verhaltensmaßen (meist Schreibgeschwindigkeit) finden sich etwa gleich viele signifikante wie insignifikante Unterschiede. Zur Beurteilung der Intensität der induzierten Gefühle hat Martin (1990) vier Untersuchungen zusammengestellt, in denen das Befinden auf einer Skala von 0 bis 100 (Maximum) eingestuft wurde. Für die negative Bedingung ermittelte sie einen durchschnittlichen Wert von 47 für depressive Stimmmung. Im Vergleich dazu beurteilten depressive Patienten ihr Befinden im Durchschnitt mit 54, in einer anderen Studie während einer depressiven Phase mit 70. Gemessen am Befinden von klinisch Depressiven wird mit der Velten-Technik also in der Regel eine mittelstarke depressive Verstimmung induziert.

Diese Angaben basieren alle auf Mittelwerten von Versuchspersonengruppen. Problematisch ist jedoch, daß relativ viele Versuchspersonen (30 - 50 Prozent; siehe Kenealy, 1986) überhaupt nicht auf die Prozedur ansprechen.

Den Versuchspersonen kann es nicht verborgen bleiben, daß eine bestimmte Stimmungsänderung herbeigeführt werden soll. Daher stellt sich die Frage, ob die beobachteten Effekte nicht allein auf den Aufforderungscharakter der Prozedur zurückzuführen sind. Verschiedene Befunde sprechen dafür, daß der Aufforderungscharakter zu den Effekten beiträgt, sie aber nicht allein erklären kann (siehe Kenealy, 1986).

Bereits Velten (1968) hatte es für möglich gehalten, daß auch zur Induktion anderer Emotionen, speziell Angst und sexuelle Erregung, entsprechende Items zusammengestellt werden können. Zumindest zur Angstinduktion liegen inzwischen Versionen der Velten-Technik vor (Andrews & Borkovec, 1988; Martin, 1990, S. 671).

Ereignisse im Labor. Selbst unter relativ restringierten Laborbedingungen können viele verschiedene Ereignisse realisiert werden, die bei den Versuchspersonen bestimmte Emotionen auslösen. Hier können nur Beispiele genannt werden.

Angst wurde durch Vortäuschung eines gefährlichen Defektes der Meßgeräte ausgelöst, an welche die Versuchsperson angeschlossen war (Ax, 1953). Andere angstauslösende Bedingungen sind das Halten einer freien Rede vor einem vermeintlichen Publikum (Erdmann, 1983, S. 66 ff.), die Ankündigung von aversiven Reizen wie Elektroschocks (Katkin, 1966) oder plötzliche Dunkelheit im Versuchsraum nach einem Hörspiel (Stemmler, 1984). Bei Versuchspersonen mit einer Phobie kann die Konfrontation mit dem phobischen Objekt (z.B. Spinne, Schlange) eine geeignete Induktionsmethode darstellen (z.B. Lang, Levin, Miller & Kozak, 1983). *Ärger* kann durch Kritik ausgelöst werden. Diese kann vom Versuchsleiter kommen und sich etwa auf eine vermeintlich schlechte Testleistung beziehen (Erdmann, 1983, S. 92 ff.). Eine Provokation kann auch von einem Gehilfen (Ax, 1953) oder einer vermeintlichen Mitversuchsperson (Frodi, 1978) ausgehen. Mehrfach erfolgreich angewandt wurde folgende Provokation: Die Versuchsperson soll rückwärts zählen und wird dabei mehrfach unterbrochen und kritisiert (Gambaro & Rabin, 1969). *Schreck* kann relativ leicht durch ein plötzliches lautes Geräusch, etwa einen Pistolenschuß ausgelöst werden (Wieser, 1961). Durch Manipulation des Erfolgs bei Leistungsaufgaben und eine entsprechende Rückmeldung kann nicht nur *Ärger* (s.o.), sondern auch *Freude* herbeigeführt werden (Erdmann & Janke, 1978). Weitere Beispiele sind die Ankündigung, daß das Versuchspersonenhonorar aufgerundet und auch gleich ausgezahlt wird (Stemmler, 1984) oder kleine Geschenke (z.B. Isen, Daubman & Nowicki, 1987).

Lärm. Im Labor kann Lärm in unterschiedlicher Qualität und Intensität dargeboten werden. Bevorzugt wird "weißes Rauschen" eingesetzt, das sich aus verschiedenen Frequenzbereichen zusammensetzt. Vom Höreindruck ist es den pfeifenden und zischenden Geräuschen vergleichbar, die man mit einem Radiogerät zwischen zwei Sendern empfangen kann. Ab einer gewissen Lautstärke berichten Versuchspersonen, die dem Rauschen ausgesetzt sind, Ärger oder Gereiztheit. Pohl, Janke, Erdmann und Capek (1988) fanden, daß bei 90 dB(A) noch überwiegend Erregtheit angegeben wird. Bei 95 db(A) kommt Gereiztheit hinzu. Dieser Effekt tritt schon nach fünf Minuten auf. Ähnlich berichtet Macht (1993) von einem deutlichen Ärgeranstieg nach bereits dreiminütiger Darbietung. Darüber hinaus zeigen beide Untersuchungen, daß der Effekt von unregelmäßig unterbrochenem weißen Rauschen relativ eng auf Ärger begrenzt ist und daß auch bei längerer Darbietung (20 bzw. 30 Minuten) keine großen Veränderungen der Ärgerintensität auftreten. Damit steht also eine Induktionsmethode zur Verfügung, mit der ein bestimmter Gefühlszustand (Ärger) schnell induziert und dann über längere Zeit aufrechterhalten werden kann. In einer Kontrollbedingung kann der gleiche Lärmreiz mit niedriger Intensität (z.B. 60 dB) dargeboten werden.

Verabreichung von chemischen Substanzen. In der Forschung werden emotionsverändernde chemische Substanzen vor allem aus zwei Gründen eingesetzt: zur Untersuchung von Psychopharmaka und zur Überpüfung von Hypothesen über die Funktion bestimmter körperlicher Vorgänge bei der Entstehung von Emotionen. Wir können hier nur auf den zweiten Bereich eingehen. Weiterhin liegen zahlreiche Untersuchungen zur Wirkung chemischer Substanzen in verbreiteten Genußmitteln vor. Für den erstgenannten Bereich ist *Adrenalin* von herausragender Bedeutung. Breggin (1964) hat die Literatur zur Induktion von Angst durch Injektion von Adrenalin zusammenfassend dargestellt. Sein Fazit ist, daß Adrenalin nicht automatisch zu Angst führt, sondern nur bei Personen mit einer entsprechenden Vorgeschichte (z.B. Angstpatienten) oder wenn auch angstfördernde situative Reize vorhanden sind. Bezüglich der Wechselwirkung von erregungsverändernden Pharmaka mit situativen Reizen sei auf Kapitel 5.2.2 verwiesen.

Von den in verbreiteten Genußmitteln enthaltenen Substanzen wurden Nikotin, Koffein und Alkohol auf ihre emotionale Wirkung untersucht. *Nikotin* hat einen positiven Effekt auf das Befinden. Das wird durch mehrere Untersuchungen belegt. In einer davon hat man das Befinden nach jedem Zug an einer Zigarette erfaßt. Schon nach einigen Zügen fühlten sich die Versuchspersonen ruhiger, entspannter und glücklicher. Dieser Effekt trat bei nikotinfreien Zigaretten nicht auf. Weitere Studien belegen, daß auch negative Emotionen (Angst, Ärger, Depression) durch nikotinhaltige Kaugummis oder Zigaretten reduziert werden (Warburton, 1990). *Koffein* kann ebenfalls die Stimmung verbessern; die Ergebnisse sind aber nicht konsistent. In einigen Untersuchungen wurde das Befinden sogar in die negative Richtung verändert (siehe Griffith & Woodson, 1988). Gut erforscht ist die Wirkung von *Alkohol* auf das Befinden. Einer Metaanalyse von Hull und Bond (1986) zufolge hat Alkohol in insgesamt 14 Untersuchungen einen relativ konsistenten Effekt auf das Befinden gezeigt. Er verändert die Stimmung zum Positiven hin. Die bloße Erwartung, Alkohol getrunken zu haben (wenn das Getränk tatsächlich aber alkoholfrei ist), hat in der Regel keinen solchen Effekt. Die Stimmungsverbesserung ist also auf die pharmakologische Wirkung des Alkohols zurückzuführen.

Veränderung des eigenen Ausdrucksverhaltens. An dieser Stelle soll nur erwähnt werden, daß die Mimik oder die Körperhaltung von Versuchspersonen in Experimenten mit dem Ziel variiert wurde, das Befinden zu verändern. Die Ergebnisse zeigen, daß damit keine Emotionen induziert werden können. Allerdings ist es möglich, bestehende Gefühle zu verändern (siehe dazu Kapitel 5.2.2).

Spezielle Verfahren für kleine Kinder. Einige der hier vorgestellten Induktionsverfahren sind grundsätzlich auch bei Kindern im Schulalter oder auch schon im Vorschulalter anwendbar. So hat man bestimmte Filme bei Kindern zur Emotionsinduktion eingesetzt (s.o.). Für sehr kleine Kinder mußten jedoch spezielle Methoden entwickelt werden (siehe auch Kapitel 7). Bei Neugeborenen wurde mit Geschmacks- und Geruchsreizen gearbeitet. Dabei wurden den Babys etwa süße oder bittere Lösungen auf die Zunge geträufelt oder Tupfer mit angenehmen Lebensmittelaromen unter die Nase gehalten (Steiner, 1979). Damit konnte ein Lächeln oder ein ekelähnlicher Gesichtsausdruck ausgelöst werden. Bei fünf Monate alten Kindern hat sich ein nicht schmerzhaftes Festhalten der Arme zur Auslösung von Unbehagen bewährt (Camras, Oster, Campos, Miyake & Bradshaw, 1992). Eine weitere Methode, die bereits im ersten Lebensjahr eingesetzt werden kann, ist die gezielte Veränderung des Gesichtsausdrucks der Mutter, während sie sich dem Kind zuwendet. So haben

Termine und Izard (1988) die Mütter gebeten, zwei Minuten lang durch Mimik (und Stimme) entweder Freude oder Traurigkeit auszudrücken. In anderen Untersuchungen sahen die Mütter ihre Kinder mit einem starren Ausdruck an. Beide Verfahren sind geeignet, bei den Kleinkindern Veränderungen des Emotionsausdruck hervorzurufen.

Abschließende Bewertung der Induktionsmethoden. Ein direkter Vergleich der Induktionsmethoden anhand empirischer Ergebnisse ist schwer möglich. Es gibt kaum eine Methode, die immer wieder in standardisierter Form angewandt wurde. Selbst die Velten-Technik, die sich eigentlich als standardisiertes Verfahren anbietet, wurde mehrfach modifiziert. Vergleiche zwischen Induktionsmethoden, etwa zwischen Filmen und Musik, basieren daher auf Zufallsstichproben aus beiden Gruppen. Hätte man einen anderen Film oder ein anderes Musikstück verwendet, wäre der Vergleich vielleicht anders ausgefallen. Vor diesem Hintergrund ist auch die Schlußfolgerung zu sehen, zu der Gerrards-Hesse et al. (1994) durch Auszählung signifikanter Ergebnisse gelangen. Die Autoren empfehlen zur Induktion einer positiven Stimmung Filme bzw. Geschichten sowie Geschenke. Eine negative Stimmung kann den Autoren zufolge am besten durch Imagination, Filme oder Geschichten, Mißerfolgserlebnisse und die Velten-Technik herbeigeführt werden.

Eine vergleichende Bewertung muß mehrere Kriterien berücksichtigen. Eine grundlegende Frage ist, ob eine Methode zur Induktion spezifischer Emotionen geeignet erscheint (wenn ja, für welche?). Einige Verfahren sind nur für globale positive oder negative Veränderungen der Stimmung brauchbar. Das gilt besonders für Musik, die Velten-Technik (zumindest in der gebräuchlichen Form) und für die meisten Pharmaka. Mit der Imaginationsmethode und mit Hypnose können wohl am besten mehrere spezifische Emotionsqualitäten induziert werden. Mit geeigneten Filmen, Dias oder Ereignissen werden sich ebenfalls unterschiedliche Emotionen auslösen lassen. Allerdings ist hier eine sehr sorgfältige Auswahl wichtig.

Eine neutrale Kontrollbedingung, die in allen wesentlichen Merkmalen (außer dem kritischen, das zu einer Emotion führt) der Experimentalbedingung gleicht, ist wohl bei Ereignissen im Labor am schwersten zu realisieren. In idealer Weise kann sie bei Verwendung von Pharmaka durch Gabe eines Placebos geschaffen werden.

Für manche Zwecke ist es erforderlich, daß sich die Versuchsperson nicht bewußt ist, daß ihr Befinden manipuliert werden soll. Die Intention der Velten-Technik ist völlig durchschaubar; die Versuchsperson wird sogar um aktive Mithilfe beim Herbeiführen einer bestimmten Stimmung gebeten. Bei einigen Techniken (insbesondere Imagination und Musik) wird oft ähnlich vorgegangen. Das muß aber keineswegs so sein. Am ehesten wird sich die Absicht, ein bestimmtes Befinden herbeiführen zu wollen, bei Ereignissen im Labor verbergen lassen. Bei den übrigen Verfahren, soweit sie starke Befindensveränderungen bewirken, wird sich nicht verbergen lassen, daß emotionale Veränderungen erwartet werden. Der Untersuchszweck kann allenfalls so verschleiert werden, daß die emotionalen Effekte als unbedeutende "Nebenwirkung" hingestellt werden.

Die Wirksamkeit der Verfahren muß unter verschiedenen Gesichtspunkten diskutiert werden. Ein großes Problem kann sein, daß die Populationsvalidität dadurch eingeschränkt wird, daß die Induktionsmethode nicht bei allen Versuchsteilnehmern wirkt. In besonderem Maße gilt das für Hypnose. Aber auch für die Velten-Technik und für Musik ist belegt, daß sie bei vielen Probanden nicht die gewünschten Effekte auf das Befinden haben. Für andere Verfahren stehen solche Angaben noch aus. Ein anderer Aspekt der Wirksamkeit ist die Intensität und Dauer der Emotionen. Mit Dias, Filmen und bestimmten Ereignissen im Labor können zumindest sehr starke negative Emotionen ausgelöst werden. Ethische Gründe verbieten, das auszuschöpfen, was grundsätzlich möglich wäre. Von der Ausdrucksmanipulation und einigen Pharmaka wissen wir, daß sie nur schwache Befindensänderung bewirken. Hull und Bond (1986) haben etwa für Alkohol eine mittlere Effektstärke von 0.2 ermittelt, was einem kleinen Effekt entspricht. Will man emotionale Veränderungen auslösen, die länger andauern (vielleicht zehn Minuten oder länger), kommen am ehesten Filme, Diaserien, Hypnose, Lärm, Pharmaka und Musik in Frage.

Die Entscheidung für oder gegen eine bestimmte Induktionsmethode wird darüber hinaus noch von anderen Kriterien abhängen. Die Verfügbarkeit von bestimmten Geräten (z.B. für die Filmdarbietung), das Vorhandensein von Expertenwissen (z.B. für die Durchführung von Hypnose) oder die Notwendigkeit, bei jeder Versuchsperson nacheinander mehrere Bedingungen realisieren zu müssen, können etwa eine Rolle spielen. In jedem Fall ist es ratsam, sich nach grundsätzlichen Erwägungen zunächst für ein bestimmtes Verfahren zu entscheiden und sich dann eng an einer gut dokumentierten Untersuchung als "Vorbild" zu orientieren.

2.5 Zusammenfassung und Schlußfolgerungen

Durch welche Ereignisse Emotionen ausgelöst werden, kann auf unterschiedliche Weise erforscht werden. Befragungen, in denen man sich die Lebenserfahrung vieler Menschen zu Nutze macht, liefern viele Kategorien von Ereignissen, die teilweise schwer vergleichbar sind. Es lassen sich jedoch einige Schwerpunkte erkennen. So werden Verkehrssituationen oft als Auslöser für Angst, Beziehungsprobleme als Auslöser für Traurigkeit und Ärger genannt. Für Freude wird von vielen Befragten Erfolg verantwortlich gemacht. Läßt man das Befinden und damit zusammen aufgetretene Ereignisse direkt im Alltag protokollieren, ist die Gefahr der Idealisierung und der Verzerrung durch Gedächtniseffekte geringer. Die Methoden zur Erfassung emotionsauslösender Ereignisse variieren erheblich, und so unterscheiden sich auch die Untersuchungsergebnisse. Insgesamt fällt auf, daß soziale Ereignisse einen hohen Stellenwert haben. Der korrelative Zusammenhang zwischen der Anzahl positiver oder negativer Ereignisse und dem emotionalen Befinden ist erstaunlicherweise nicht groß. Einer der Gründe wird darin liegen, daß die Menschen ihr Befinden auch selbst durch bestimmte Aktivitäten und die Einnahme von Substanzen beeinflussen, die sich auf die Stimmung auswirken.

Große politische Ereignisse, Katastrophen und persönliche Schicksalsschläge haben, wie verschiedene Untersuchungen zeigen, einen Einfluß auf das Befinden. Die Effekte können komplex sein und lange anhalten. Weiterhin wurden Lebens- und Umweltbedingungen als Auslöser diskutiert. Wie glücklich sich die Menschen fühlen, hängt weniger mit objektiven Bedingungen zusammen als damit, wie sie diese Bedingungen subjektiv bewerten.

Bei der Interpretation der Befunde ist zu beachten, daß es sich um korrelative Daten handelt. Mit Ausnahme der großen Ereignisse ist es etwa auch denkbar, daß manche Menschen bestimmte Ereignisse oder Lebensbedingungen in Abhängigkeit von ihrem emotionalen Zustand gezielt aufsuchen oder meiden.

Auch wenn man davon ausgeht, daß Ereignisse und Lebensbedingungen den emotionalen Zustand beeinflussen, ergeben sich neue Fragen. Warum lösen bestimmte Reize emotionale Reaktionen aus und andere nicht? Warum ist der Zusammenhang zwischen Ereignissen und Emotionen nicht enger? Zweifellos ist es eine Schlüsselfrage der Emotionspsychologie, wie Emotionen entstehen. Völlig verschiedene Bedingungen können zu der gleichen Emotion führen. Andererseits reichen manchmal kleine Veränderungen aus, damit ein Ereignis seine emotionale Wirkung verändert. Dafür eine Erklärung zu finden, ist eine große Herausforderung für Emotionstheorien.

Lebens- und Umweltbedingungen spiegeln sich meßbar im Befinden wider. Damit eröffnen sich neue Forschungsmöglichkeiten. Das emotionale Befinden von Menschen, die bestimmten Bedingungen ausgesetzt sind, sagt etwas über diese Bedingungen aus. So können Hinweise auf mögliche Auswirkungen von Ernährungsgewohnheiten, Belastungen durch Umweltstoffe, Verkehrslärm, Architektur etc. auf den Menschen gefunden werden. Ebenso können Interventionsmaßnahmen über Befindensmessungen evaluiert werden. Auf Anwendungsperspektiven, die sich daraus herleiten, gehen wir in Kapitel 8 ein.

Induktionsmethoden, die im Labor angewandt werden können, stellen wichtige Forschungswerkzeuge dar. Verschiedene Verfahren, von Dias und Filmen bis zur Verabreichung von chemischen Substanzen, wurden erläutert. Zu bemängeln war, daß es kaum standardisierte Verfahren gibt. Jeder Vergleich zwischen zwei oder mehreren Verfahren basiert deshalb auf einer mehr oder weniger zufälligen Auswahl und liefert nur bedingt generalisierbare Ergebnisse. Für eine vergleichende Beurteilung der Induktionsverfahren können mehrere Kriterien wie Wirksamkeit, Spezifität der emotionalen Effekte oder Durchschaubarkeit herangezogen werden. Es wurde versucht, die Vor- und Nachteile der einzelnen Induktionsmethoden unter Berücksichtigung solcher Kriterien aufzuzeigen.

Kapitel 3 Moderierende Faktoren und Mediatoren

Zwischen natürlichen oder experimentell induzierten Veränderungen der Umwelt und den Emotionen der Menschen besteht oft keine eindeutige Beziehung. Phillips und Whissell (1986) fragten Schulkinder, wodurch bei ihnen verschiedene Emotionen ausgelöst werden. Die Kinder nannten Schulaufgaben sowohl als Auslöser für Glück als auch für Angst; Streit führt ihren Angaben zufolge zu Ärger, aber auch zu Trauer, Angst und manchmal sogar zu Wohlbehagen. Offenbar hängt die emotionale Wirkung der Ereignisse von irgendwelchen anderen Faktoren mit ab. Um das zu verstehen, benötigen wir die Konzepte "Moderatorvariable" und "Mediator".

Ein fiktives Beispiel soll das Problem veranschaulichen. In einem Spielsalon beobachten wir Jugendliche an einem Spielautomaten. Dabei stellen wir fest, daß sie sich um so mehr freuen, je mehr Geld sie gewinnen. Die Größe des Geldbetrags ist jedoch kein sehr guter Prädiktor für Freude. Bei einer genaueren Beobachtung zeigt sich, daß alkoholisierte Spieler sich über den gleichen Gewinn mehr freuen als nüchterne. Alkoholkonsum wäre hier eine *Moderatorvariable*. Ein anderer Moderator könnte das Einkommen sein; je weniger Geld jemand besitzt, desto mehr freut er sich über einen Geldgewinn.

Ein Moderator beeinflußt den Zusammenhang zwischen zwei anderen Variablen. Im Beispiel wird die Beziehung zwischen Geldgewinn und Freude durch den Moderator "Alkohol" beeinflußt. Ohne Alkohol besteht eine schwache Beziehung zwischen Geldgewinn und Freude, unter Alkohol wird der Zusammenhang enger. Alkohol allein könnte auch die Freude anheben. Das wäre aber kein Moderatoreffekt. Damit man von einem Moderatoreffekt sprechen kann, muß der Moderator mit einer anderen Variable (hier die Höhe des Geldgewinns) zusammenwirken. In diesem Kapitel geht es um die Frage, welche Moderatoren den Effekt von Ereignissen auf Emotionen verändern können. Wir suchen Moderatoren unter Zustandsvariablen (Kapitel 3.1) und zeitlich stabilen Merkmalen der Person (Kapitel 3.2). Alkohol im Blut wäre ein Beispiel für eine Zustandsvariable. Als Beispiel für ein Personenmerkmal sei das Geschlecht genannt. Ein Moderatoreffekt würde etwa vorliegen, wenn sich Männer über ein Kompliment ärgern und Frauen sich darüber freuen würden.

Leider lassen es viele Untersuchungen nicht zu, zwischen echten Moderatoreffekten (Wechselwirkungen) und Hauptwirkungen des Moderators zu unterscheiden. Das spiegelt sich teilweise auch in den Ausführungen in diesem Kapitel wider. Es bleibt oftmals eine Aufgabe für die künftige Forschung, beide Effekte klarer zu trennen.

Wie läßt sich erklären, daß die Freude über einen Spielgewinn auch vom Einkommen abhängt? Vielleicht liegt die Erklärung in der subjektiven Bedeu-

tung, die jemand dem Geldgewinn beimißt. Wir vermuten, daß hier ein bestimmter Prozeß abläuft. Die Spieler beurteilen den Gewinn danach, welche
Wünsche sie sich mit dem Geld erfüllen können. Die Bewertung hat hier die
Funktion eines *Mediators*. Wenn wir die Bewertung ermitteln, können wir die
Freude besser erklären. Ein Mediator unterscheidet sich von einem Moderator
darin, daß er die Beziehung zwischen zwei Variablen erklärt, also eine Antwort
auf die Frage nach dem wie und warum gibt. Der Moderator hilft nur zu
erkennen, wann oder unter welchen Umständen ein bestimmter Effekt auftritt
("wenn Alkohol im Blut ist, dann …). Wir werden uns in diesem Kapitel mit
zwei Arten von Mediatoren befassen, nämlich der kognitiven Bewertung von
emotionsauslösenden Ereignissen (Kapitel 3.3) und der Bewältigung solcher
Ereignisse und ihrer Folgen (Kapitel 3.4). Es wäre auch denkbar gewesen, in
diesem Kapitel auf die zentralnervösen Prozesse bei der Entstehung einer
Emotion einzugehen. Da bisher mehr über die beteiligten Systeme als über die
Prozesse im Gehirn bekannt ist, wird die Gehirnforschung an anderer Stelle
(Kapitel 5.3) behandelt.

Die Unterscheidung zwischen Moderator und Mediator ist nicht so leicht
nachzuvollziehen. Eine Moderatorvariable existiert unabhängig vom Ereignis,
das die Emotion auslöst. Eine Person ist männlichen oder weiblichen Ge-
schlechts, und zwar unabhängig davon, ob sie gerade einem emotionsauslösenden Ereignis ausgesetzt ist. Moderatorvariablen können die Person betreffen
(z.B. Alter, Geschlecht, Persönlichkeit, Zustandsvariablen wie Müdigkeit),
aber auch die Situation (z.B. Anwesenheit anderer Menschen). Die Mediatoren
hängen dagegen mit dem emotionsauslösenden Reiz zusammen (z.B. löst der
Reiz neurochemische oder kognitive Prozesse aus). Bei einer prozessualen
Betrachtung stehen sie zwischen Reiz und emotionaler Reaktion. Für eine differenzierte Auseinandersetzung mit diesen Begriffen sei auf Baron und Kenny
(1986) verwiesen.

3.1 Psychischer und körperlicher Zustand

Der Zustand, in dem sich eine Person befindet, wenn sie mit einem emotionsauslösenden Ereignis konfrontiert wird, kann ihre emotionale Reaktion auf
unterschiedliche Weise modifizieren.

Emotionaler Zustand. Emotionen können sich wie die meisten Variablen, mit
denen sich die Psychologie befaßt, nur in einem begrenzten Bereich verändern.
Befindet sich jemand bereits in einem extremen Zustand, kann auch durch
weitere Reize kaum noch eine Steigerung erreicht werden (*Deckeneffekt*).
Ärgert sich beispielsweise jemand sehr, wird auch eine weitere Provokation
wenig an diesem emotionalen Zustand ändern. Befindet sich die gleiche Person
in einem neutralen Zustand, wird die gleiche Provokation vielleicht zu einer

starken Zunahme des Ärgers führen. Analog dazu sind Veränderungen nach unten begrenzt. Eine Maßnahme zur Reduktion von Angst wird kaum eine Veränderung bewirken, wenn sich das Individuum in einem nahezu emotionsneutralen Zustand befindet (*Bodeneffekt*). Decken- und Bodeneffekt sind in der Psychologie allgemein bekannte Phänomene und müssen daher auch in der Emotionsforschung beachtet werden. Für die Forschung ist der Ausgangszustand der Versuchspersonen von Bedeutung. Unterscheiden sich zwei Versuchspersonengruppen bereits von Anfang an erheblich in ihrem emotionalen Zustand, sind selbst Veränderungen gegenüber dem Ausgangszustand schwer zu interpretieren.

Neben diesen allgemeinen Gesetzmäßigkeiten sind zwei Annahmen über die Dynamik emotionaler Prozesse zu beachten. Solomon (1980) nimmt in seiner *opponent-process-Theorie* an, daß eine emotionale Reaktion mit der Zeit nicht einfach abklingt, sondern über den neutralen Bereich hinaus in den entgegengesetzten Valenzbereich nachschwingt. Nach einem positiven Zustand folgt demnach automatisch ein negativer, nach einem negativen ein positver. Die *Erregungstransfer-Theorie* (Zillmann, 1978) postuliert, daß die mit dem Ausgangszustand verbundene körperliche Erregung auf einen späteren Zustand "übertragen" werden kann. Das wäre etwa der Fall, wenn jemand gerade ärgerlich erregt war und nun in eine gefährliche Situation kommt. Die noch vorhandene Erregung sollte die Angst verstärken. Die Erregung besteht weiter, das Individuum bringt sie aber fälschlicherweise mit dem neuen Zustand in Verbindung. "Alte" und "neue" physiologische Erregung addieren sich und führen zu einer Intensivierung der Emotionen. Voraussetzung ist allerdings, daß das Individuum nicht merkt, daß seine Erregung teilweise noch vom vorherigen Ereignis oder von einer vorherigen körperlichen Betätigung stammt. Das kann etwa der Fall sein, wenn die Resterregung schwach ist.

Die theoretischen Annahmen implizieren, daß die emotionale Ausgangslage einen Einfluß darauf hat, wie ein Individuum auf ein emotionsauslösendes Ereignis reagiert. Nach Solomon (1980) ist zu erwarten, daß die Valenz des Ausgangszustandes einen Einfluß auf die nachfolgende emotionale Reaktion hat. Nach einem angenehmen Zustand sollte ohne jedes Zutun ein unangenehmer folgen und umgekehrt. Dieses "Nachschwingen" müßte den emotionalen Zustand nach Darbietung eines neuen Reizes mit beeinflussen. Nach Zillmann (1978) wird das Individuum (zumindest unter bestimmten Voraussetzungen) eine stärkere emotionale Reaktion zeigen, wenn Resterregung vorhanden ist. Die empirischen Befunde zu beiden Theorien sind jedoch widersprüchlich (siehe Mauro, 1992). Über die Dynamik emotionaler Prozesse liegen zu wenige gesicherte Befunde vor. Es läßt sich nicht genau vorhersehen, wie jemand, der sich in einem bestimmten emotionalen Ausgangszustand befindet, auf einen neuen emotionsauslösenden Reiz reagieren wird.

Motivationszustand. Ein Hungriger wird sich über etwas Eßbares mehr freuen als eine sattgegessene Person. Ein machthungriger Mensch wird sich stärker über den Verlust von Einfluß ärgern als jemand, dem Macht wenig bedeutet. Ereignisse, die zur Befriedigung oder Nichtbefriedigung von Bedürfnissen beitragen, können Emotionen auslösen. Die emotionale Reaktion wird dabei vom Motivationszustand der Person abhängen. Für die Richtigkeit dieser Überlegung sprechen Befunde von Brandstätter (1991). In mehreren Studien hatten zahlreiche Versuchsteilnehmer etwa einen Monat lang jeden Tag mehrmals ihre Gefühle protokolliert und aufgeschrieben, warum sie sich so fühlten. Die freien Antworten wurden u.a. danach ausgewertet, ob bestimmte Motive frustriert oder befriedigt wurden. In vielen Situationen, in denen die Teilnehmer Freude berichteten, war ihr Streben nach Macht oder nach Geselligkeit befriedigt worden. Traurigkeit, in geringerem Umfang auch Ärger und Angst wurden oft mit der Frustration von Motiven in Verbindung gebracht. Wenn die Versuchsteilnehmer traurig waren, war zuvor oft ihr Bedürfnis nach sozialem Kontakt frustriert worden. Bei Ärger spielte das Machtmotiv und bei Angst das Leistungsmotiv eine besondere Rolle. Dies sind natürlich nur korrelative Ergebnisse. Nötig sind Untersuchungen, in denen der Motivationszustand von Versuchspersonen experimentell variiert wird.

Körperliche Fitneß. Eine verbreitete Annahme ist, daß körperlich trainierte Leute auf psychische Stressoren zumindest physiologisch schwächer reagieren. Körperliches Fitneßtraining soll die Reaktivität vermindern. Die Befunde dazu sind jedoch widersprüchlich (Dimsdale, Alpert & Schneiderman, 1986).

Alkohol im Blut. Alkohol hat einen Einfluß darauf, wie stark man emotional reagiert. Levenson (1986) stellte fest, daß die emotionale Reaktivität durch Alkohol vermindert werden kann. In diesen Untersuchungen wurde Versuchspersonen soviel Alkohol verabreicht, daß sich ein Blutalkoholspiegel von etwa 0.5 oder 1.0 Promille einstellte. Die kardiovaskuläre Reaktion (z.B. Anstieg der Herzfrequenz) auf verschiedene aversive Reize war unter Alkohol vermindert. In einer Studie wurde die mimische Reaktion vor, während und nach der Verabreichung elektrischer Reize untersucht. Auch hier fand sich eine verminderte emotionale Reaktion unter Alkoholeinfluß. Fraglich ist, ob eine Generalisierung auf Situationen möglich ist, in denen positive Emotionen ausgelöst werden. Zumindest auf die sexuelle Erregbarkeit scheint Alkohol im Blut keinen Einfluß zu haben. Eine Metaanalyse von Hull und Bond (1986) ergab, daß der Alkoholspiegel allein die Wirkung erotischer Reize auf die physiologische und subjektive sexuelle Erregung der Versuchspersonen nicht verändert. Was geschieht aber, wenn die Versuchspersonen glauben, Alkohol getrunken zu haben (obwohl sie ein alkoholfreies Getränk bekommen haben)? Die Untersuchungen zeigen deutlich, daß der Glaube, Alkohol zu sich genommen zu haben, die sexuelle Erregbarkeit erhöht.

3.2 Persönlichkeitsfaktoren und andere Merkmale der Person

Um der Komplexität der menschlichen Persönlichkeit gerecht zu werden, wurden unzählige Persönlichkeitsfragebogen und andere Verfahren entwickelt. Möglicherweise lassen sich die vielen vorgeschlagenen Persönlichkeitsfaktoren aber auf einige wenige Faktoren reduzieren (Digman, 1990). Wir wollen uns hier mit den "fünf großen" Persönlichkeitsfaktoren (Digman, 1990) nur soweit befassen, als sie einen klaren Bezug zu emotionalen Reaktionen haben. Die Faktoren können als *Neurotizismus, Extraversion, Verträglichkeit, Offenheit für Erfahrungen* und *Gewissenhaftigkeit* benannt werden.

Diese fünf Faktoren findet man auch, wenn Versuchspersonen sich selbst oder andere Personen mit zahlreichen Eigenschaftswörtern beschreiben (Goldberg, 1990). Viele dieser Adjektive, die zur freien Beschreibung von Personen verwendet werden, haben offensichtlich einen Bezug zu Emotionen. Beispiele sind eifersüchtig, ängstlich, niedergeschlagen, leidenschaftlich, stolz oder fröhlich. Eigenschaftswörter mit einem Bezug zu Emotionen lassen sich ganz überwiegend den drei erstgenannten Faktoren zuordnen (vgl. Goldberg, 1990). Wir werden uns dennoch nur mit den beiden ersten, Neurotizismus und Extraversion, näher befassen. Diese Konstrukte sind in der Forschung gut etabliert, und es liegen einschlägige Untersuchungen dazu vor. Psychotizismus, der in einer (inversen) Beziehung zu Verträglichkeit steht, korreliert nur sehr schwach mit Befindensmaßen (Williams, 1990, 1993). Daneben gilt unser Interesse speziellen Konstrukten, die sich in besonderer Weise auf Emotionen beziehen. Persönlichkeitskonstrukte, die nur einzelne Emotionen wie Angst (siehe dazu Krohne & Kohlmann, 1990, S. 504 ff.) oder Ärger (siehe dazu Hodapp, Bongard, Heinrichs & Oltmanns, 1993) betreffen, bleiben hier unberücksichtigt.

Von den zahlreichen anderen Merkmalen, nach denen man Menschen unterscheiden kann, wollen wir hier nur Alter und Geschlecht sowie Fähigkeiten und frühere Erfahrungen betrachten. In fast jeder empirischen Untersuchung findet sich in der Stichprobenbeschreibung eine Angabe zu Alter und Geschlecht. Diese beiden biographischen Variablen sind von so allgemeinem Interesse, daß ihre Bedeutung für emotionale Reaktion diskutiert werden muß. Daß frühere Erfahrungen eine Rolle spielen, erscheint naheliegend. Auf die Fähigkeiten einer Person gehen wir ein, weil hierzu ein interessanter Ansatz vorliegt.

Neurotizismus. Eine der "großen fünf" Dimensionen steht offensichtlich in einer Beziehung zur emotionalen Reaktion: Neurotizismus (oder "Emotionalität" bzw. "emotionale Labilität"). Eysenck (z.B. Eysenck & Eysenck, 1987) beschreibt emotional labile Personen u.a. als ängstlich, angespannt, bedrückt, voller Schuldgefühle, schüchtern und gefühlvoll. Watson und Clark (1984) haben vorgeschlagen, von "negativer Affektivität" zu sprechen, da verschiedene Verfahren mit teilweise sehr unterschiedlichem Meßanspruch (u.a. Ängstlichkeit, Repression-Sensitization; siehe Seite 64) hoch miteinander korrelieren.

Unabhängig von der Frage, welcher Name für das Konstrukt am besten paßt, ist von Interesse, welche Beziehung zwischen diesem Persönlichkeitsmerkmal und Emotionen besteht. Auf den ersten Blick scheint Neurotizismus eine wichtige Moderatorvariable zu sein. Einer Übersicht von Watson und Clark (1984) zufolge besteht zwischen Neurotizismus und Zustandsangst unter Streßbedingungen eine mittlere Korrelation von .57 (6 Untersuchungen, N = 2449). Je neurotischer die Versuchspersonen sind, desto stärkere Angst haben sie in emotional belastenden Situationen. Der Zusammenhang ist sogar relativ eng.

Können wir dies als Beweis dafür akzeptieren, daß die emotionale Reaktion einer Person von ihrem Neurotizismus abhängt? Ein anderer Befund spricht eindeutig gegen eine solche Interpretation. In neutralen Situationen findet sich ein ähnlich enger Zusammenhang zwischen Neurotizismus und Angst (r = .63; 43 Untersuchungen, N = 6958). Auch andere Maße für negative Emotionen korrelierten in neutralen Situationen relativ hoch mit Neurotizismus (r = .47; 7 Untersuchungen, N = 1536). Möglicherweise reagieren neurotische Personen überhaupt nicht stärker als andere, wenn sie aversiven Reizen ausgesetzt sind. Vielleicht sind sie schon vor der Konfrontation in einem negativen Zustand?

Die Analyse weiterer Untersuchungen durch Watson und Clark (1984) zeigt, daß in Streßsituationen (z.B. Mißerfolg, Gruselfilme, Operation, Zahnbehandlung) die Angst bei hoch und niedrig neurotischen Personen gleichermaßen zunimmt. Ein Befund von Williams (1993) scheint dem zu widersprechen. Williams fand bei einer größeren Versuchspersonengruppe ein Korrelation von .59 zwischen Neurotizismus und "emotionaler Reaktivität" im Alltag. Sein Reaktivitätsmaß erweist sich bei genauer Betrachtung aber als ein Maß für Stimmungsschwankungen. Dann überrascht das Ergebnis nicht und steht auch nicht im Widerspruch zu den Schlußfolgerungen von Watson und Clark (1984). Stimmungsschwankungen sind charakteristisch für Neurotizismus; in dem von Williams (1993) verwendeten Neurotizismusfragebogen finden sich sogar entsprechende Items.

Personen mit hohen Neurotizismuswerten haben also offenbar bei allen möglichen Gelegenheiten mehr negative Emotionen. Folglich werden sie auch nach einer Konfrontation mit aversiven Reizen mehr Angst und andere negative Emotionen zeigen. Diese Beobachtung wird man in Experimenten machen können sowie nach unangenehmen Ereignissen im Alltag. Für die Interpretation ist es wichtig zu wissen, daß die Unterschiede zwischen hoch und niedrig neurotischen Personen nicht auf eine erhöhte emotionale Reaktivität der neurotischen Personen zurückzuführen sind. Der Grund für die beobachteten Unterschiede liegt einfach in ihren erhöhten Ausgangswerten.

Extraversion. In der Eysenckschen Typologie werden Extravertierte als gesellig, lebhaft, sich behauptend, stimulationshungrig (sensation seeking), sorglos, dominierend, aufgeschlossen und abenteuerlustig charakterisiert (siehe Eysenck & Eysenck, 1987). Costa und McCrae (1980) postulieren, daß zwei Dispositionen dafür verantwortlich sind, ob jemand glücklich ist oder nicht: Extraversion und Neurotizismus. Extraversion soll zu positiven Gefühlen, Neurotizismus zu negativen führen. In zwei Untersuchungen mit jeweils mehreren hundert Versuchspersonen fanden sie einen schwachen korrelativen Zusammenhang (r = .16 bis .29) zwischen positivem Befinden im Alltag und Extraversion bzw. deren Teilkomponenten (z.B. Geselligkeit). Williams (1990, 1993) berichtet von etwas höheren Korrelationen (r = .30; N = 167 und .49; N = 262). Für diese Zusammenhänge könnte eine Tendenz der Extravertierten verantwortlich sein, positive Ereignisse selbst herbeizuführen oder aufzusuchen.

Aufschlußreich sind daher Experimente, in denen alle Personen den gleichen emotionsauslösenden Reizen ausgesetzt werden. Larsen und Ketelaar (1989) verwendeten eine falsche Leistungsrückmeldung nach einem Intelligenztest, um positive oder negative Emotionen auszulösen. Bei einer positiven (erwartungsgemäß nicht aber bei einer negativen) Rückmeldung bestand ein schwacher Zusammenhang (r = .25) zwischen Extraversion und positiven Gefühlen. Da aber der Gefühlszustand vor der Leistungsrückmeldung nicht erfaßt wurde, bleibt eine wichtige Frage offen: Haben die Extravertierten stärker reagiert, oder waren sie von Anfang an schon in einer besseren Stimmung?

Der Zusammenhang zwischen Extraversion und positiven Emotionen ist offensichtlich nicht so eng wie der zwischen Neurotizismus und negativen Emotionen. Offen bleibt derzeit noch, ob Extravertierte im Vergleich zu Introvertierten auf positive Ereignisse stärker reagieren oder ob sie sich auch in Abwesenheit emotionsauslösender Reize allgemein besser fühlen.

Affektstärke (affect intensity). Während Neurotizismus offensichtlich mit negativen Emotionen in Beziehung steht, bezieht sich das Persönlichkeitskonstrukt "affect intensity" explizit auf positive und auf negative Emotionen. Personen mit großer "Affektstärke" sollen generell mit intensiveren Emotionen reagieren als solche mit einer kleinen "Affektstärke" (für eine Übersicht siehe Larsen & Diener, 1987). Wie kann man das Persönlichkeitsmerkmal "Affektstärke" messen? Ein Fragebogen zur Erfassung des Merkmals enthält Items wie "traurige Filme berühren mich tief" oder "wenn ich glücklich bin, schäume ich vor Energie über" (siehe Larsen und Diener, 1987). Das Merkmal ist relativ stabil über die Zeit, wie das für ein Persönlichkeitsmerkmal gefordert wird. Es korreliert sowohl mit Neurotizismus als auch mit Extraversion.

Verschiedene Untersuchungen zeigen, daß "Affektstärke" wie erwartet mit intensiveren Gefühlen einhergeht. So forderten Larsen, Diener und Emmons (1986) Studierende auf, sich nacheinander 30 vorgegebene Ereignisse vorzustellen und jeweils anzugeben, wie sie darauf emotional reagieren würden. Je höher der Testwert der Versuchspersonen war, desto stärkere positive oder negative Gefühle gaben sie bei den angenehmen (r = .43) bzw. unangenehmen Ereignissen (r = .32) an. Die beiden Befunde sprechen also dafür, daß man mit dem Persönlichkeitsmerkmal "Affektstärke" vorhersagen kann, wie stark jemand emotional reagiert.

Im Bereich der Persönlichkeitsforschung ist es schwer, ein neues Konstrukt einzuführen und von bereits gut etablierten Konstrukten abzugrenzen. Williams (1989) hat möglicherweise eine einfache Erklärung für die bereits erwähnte Korrelation zwischen "Affektstärke" und Neurotizismus sowie Extraversion gefunden. Er hat die Items des Fragebogens zur Affektstärke einer Faktorenanalyse unterzogen. Er fand vier Faktoren, was zunächst dafür spricht, daß die Items unterschiedliche Aspekte von "Affektstärke" erfassen. Auf dem ersten Faktor wiesen 17 Items, die sich alle auf positive Gefühle beziehen, hohe Ladungen auf. Diese Items korrelierten allein mit Extraversion. Auf zwei anderen Faktoren hatten 15 Items hohe Ladungen, die sich auf negative Gefühle beziehen. Diese Items korrelierten ausschließlich mit Neurotizismus. Möglicherweise besteht der Fragebogen also zum großen Teil aus einem Gemisch von Items, die entweder etwas mit Neurotizismus oder etwas mit Extraversion zu tun haben. Die weitere Forschung muß zeigen, ob das theoretisch interessante Konstrukt "affect intensity" Bestand haben wird oder nicht.

Stimulationssuche (sensation seeking). Des einen Qual ist des anderen Vergnügen - so lautet sinngemäß der Titel eines Beitrags von Zuckerman (1991) zum Thema "sensation seeking". Stimulations- oder Empfindungssuche ist definiert als das Bedürfnis nach neuen, komplexen und unterschiedlichen Empfindungen und Erfahrungen und der damit verbundenen Bereitschaft, dafür auch Risiken einzugehen (Zuckerman, 1979). Das Merkmal korreliert deutlich mit Extraversion und Psychotizismus, nicht jedoch mit Neurotizismus (Zuckerman, 1979). Menschen mit hohen Merkmalausprägungen zeigen eine Vorliebe für Situationen, die andere eher meiden würden (z.B. Ausübung einer gefährlichen Sportart).

Stimulationssuche ist ein Persönlichkeitsmerkmal, mit dem man erklären kann, warum jemand emotionsauslösende Reize aufsucht. Personen mit einer hohen Merkmalsausprägung sollten mehr Erfahrung mit bestimmten aversiven Reizen haben. Folglich sollten sie durch solche Reize nicht mehr so leicht erregbar sein. Es liegen verschiedene Hinweise dafür vor, daß sie tatsächlich auf aversive Reize emotional schwächer reagieren als Personen mit niedriger Ausprägung. In einer dieser Untersuchungen wurde den Versuchspersonen ein Horrorfilm gezeigt (Zuckerman, 1991). Erwartungsgemäß fiel bei den Zuschauern mit ausgeprägter Stimulationssuche die elektrodermale Reaktion auf eine besonders schlimme Szene schwächer aus als bei den übrigen Zuschauern.

Repression-Sensitization. Auf den ersten Blick scheint dieses Konstrukt dem sensation-seeking-Konstrukt ähnlich zu sein. Der eine Pol der Dimension ist nämlich durch eine Hinwendung (Sensibilisierung) zu emotional negativen Reizen gekennzeichnet. Auf der anderen Seite steht deren Abwehr (Verdrängung, Verleugnung). Trotz eines theoretisch reizvollen Ansatzes müssen wir zur Kenntnis nehmen, daß die amerikanische Skala, an die auch ein deutschsprachiger Fragebogen angelehnt ist (Krohne, 1974), weitgehend das gleiche mißt wie gängige Angst- oder Neurotizismusskalen (Watson & Clark, 1984). Das Konstrukt kann nur überleben, wenn neue Meßmethoden etabliert werden. Repression-Sensitization muß empirisch von Neurotizismus abgegrenzt werden, damit es für die Emotionsforschung attraktiv bleibt.

Alexithymie. Das Alexithymie-Konstrukt geht auf psychoanalytisch orientierte Forscher zurück, die sich mit der Erklärung psychosomatischer Erkrankungen befassen (für eine kritische Übersicht siehe Gerhards, 1988). Der Begriff weist auf eine Unfähigkeit hin, die eigenen Gefühle wahrzunehmen und zu verbalisieren (a = Fehlen von, lexos = Wort, thymos = Gefühl). Aus Sicht der Emotionspsychologie handelt es sich um ein theoretisch interessantes Konstrukt. Allerdings ist ein Mißverhältnis zwischen theoretischem Überbau und der Entwicklung und Validierung von Meßinstrumenten, die für die empirische Emotionsforschung brauchbar wären, festzustellen. Einige wenige Forschungsergebnisse, die für die Emotionspsychologie von Bedeutung sind, werden von Buck (1993, S. 48) referiert.

Nonverbale Expressivität. Jeder weiß aus eigener Erfahrung, daß bei manchen Menschen leicht an ihrem Ausdruck zu erkennen ist, ob sie sich freuen, ärgern oder ob sie etwa traurig sind. Andere zeigen ihre Emotionen nicht so deutlich. Im Extremfall zeigen sie ein "pokerface", das den Mitmenschen nichts über innere Regungen verrät. Interindividuelle Unterschiede im Ausdruck von Emotionen können mit verschiedenen Methoden erfaßt werden (für eine ausführliche Darstellung siehe Manstead, 1991). Fragebögen, wie sie zur Erfassung der meisten Persönlichkeitsmerkmale verwendet werden, sind dabei jedoch unüblich. Das Meßprinzip ist einfach: Man verwendet standardisierte emotionsauslösende Reize, meist Dias, und nimmt das Gesicht der Zuschauer mit einer Videokamera auf. Beurteiler können direkt einstufen, wie expressiv die Person ist. Eine andere Möglichkeit besteht darin, die Beurteiler zu informieren, welche Art von Bildern gezeigt wurde (z.B. Verletzungen, erotische Szenen, neutrale Aufnahmen). Sie sollen dann herausfinden, welche Art von Bildern die Person gerade sieht. Eine hohe Trefferquote der Beurteiler bedeutet, daß man bei dieser Person den mimischen Emotionsausdruck gut erkennen kann; die Person gilt dann als nonverbal (oder besser mimisch) expressiv. Daneben kann die mimische Reaktion der Zuschauer auch durch objektive Maße (vgl. Kapitel 4.3.2) beschrieben werden.

Kennt man die nonverbale Expressivität einer Person, läßt sich ihre mimische Reaktion auf andere Emotionsreize besser vorhersagen. Eine Prognose ihrer Gefühle oder ihrer physiologischen Reaktionen ist jedoch so nicht möglich (vgl. Manstead, 1991). In der Literatur wurden zahlreiche korrelative Zusammenhänge zwischen nonverbaler Expressivität und anderen Variablen beschrieben (zusammenfassend DePaulo, 1992, S. 216 ff.; Manstead, 1991). So sind Frauen allgemein expressiver als Männer, und expressive Menschen wirken sympathischer und attraktiver als wenig expressive.

Geschlecht. Die Literatur zu Geschlechtsunterschieden bei Emotionen ist umfangreich und schwer zu überschauen. Oft findet sich eher am Rande der Hinweis, daß auch das Geschlecht als Faktor berücksichtigt wurde. Eine systematische Analyse, die neben der Qualität der emotionalen Reaktion auch die Art des emotionsauslösenden Ereignisses zu berücksichtigen hätte, steht noch aus. Allgemeine Feststellungen wie "Frauen sind emotionaler als Männer" oder "Frauen reagieren leichter mit Traurigkeit als Männer" können vermutlich so nicht stimmen. Wie stark eine Frau oder ein Mann emotional reagiert, hängt mit von dem Ereignis ab. Bestimmte Ereignisse werden Frauen stärker emotional berühren als Männer. Die Studie von Michalos (1991; vgl. Kapitel 2.3) hatte etwa gezeigt, daß die Familienbeziehungen für das Glück von Studentinnen wichtig sind, während sie bei den Studenten kaum eine Rolle spielen. Umgekehrt wird es Lebensbereiche oder Ereignisse geben, die für Männer besonders wichtig sind.

Verschiedene groß angelegte Befragungen lassen den Schluß zu, daß Frauen insgesamt mehr negative Gefühle angeben als Männer. Das gilt zumindest für Angst, Traurigkeit, Scham und Schuldgefühle. Bei Ärger und Verachtung konnten manchmal keine Geschlechtsunterschiede gefunden werden, oder sie gingen in die umgekehrte Richtung (vgl. Brody & Hall, 1993). Bei positiven Emotionen besteht ebenfalls die Tendenz, daß Frauen mehr Gefühle angeben als Männer (siehe Fujita, Diener & Sandvik, 1991). Die Ergebnisse zu den Geschlechtsunterschieden sind aber keineswegs einheitlich. So fanden Fujita et al. (1991) in ihrer Untersuchung mit amerikanischen Studierenden, die ihr Befinden über längere Zeit täglich einstuften, nur kleine Geschlechtsunterschiede. Frauen gaben im Alltag stärkere positive Gefühle an als Männer. Bei negativen Gefühlen bestand kein vergleichbarer Unterschied. Auch Selbst- und Fremdeinstufungen der Häufigkeit positiver und negativer Gefühle, die zweimal im Semester vorgenommen wurden, zeigten keine Geschlechtsunterschiede. Boyle (1989) ließ von über 1000 australischen Studierenden eine Stimmungsskala ausfüllen und fand nur kleine Unterschiede (z.B. höhere Depressivität bei Frauen). Sofern sich mit solchen Methoden überhaupt Unterschiede aufzeigen lassen, sind diese schwer zu interpretieren. Vor allem kann nicht kontrolliert werden, ob Männer und Frauen vielleicht unterschiedlichen Ereignissen ausgesetzt waren.

Aufschlußreicher sind Untersuchungen, in denen die Reaktionen auf für alle identische Ereignisse erfaßt werden. Von besonderer Bedeutung sind dabei Ereignisse, welche die Menschen in ihrem alltäglichen Leben wirklich berühren. Mit dem Einfluß der Strahlenkatastrophe von Tschernobyl im April 1986 auf das emotionale Erleben haben sich Hüppe und Janke (1993) befaßt. Männer und Frauen unterschiedlichen Alters wurden erstmals im Mai/Juni 1986 gefragt, wie die Strahlenkatastrophe gegenwärtig auf sie wirkt. Frauen gaben in einem Fragebogen zum Erleben deutlich stärkere negative Gefühle (Angst, Ärger, Traurigkeit) als Männer an. Vergleichbare Geschlechtseffekte wurden auch in anderen Untersuchungen zu Umweltkatastrophen gefunden (vgl. Hüppe

& Janke, 1993). Während des Golfkrieges wurden im Januar und Februar 1991 in Israel Wohngebiete mit Raketen beschossen. Ben-Zur und Zeidner (1991) verteilten in dieser Zeit Fragebögen an Bewohner einer der betroffenen Städte. In die Auswertung gingen etwa 500 Personen ein. Von den zahlreichen biographischen Merkmalen, die mit erhoben wurden, stand das Geschlecht in der engsten Beziehung zur selbst berichteten Angst und Depressivität. Frauen gaben deutlich stärkere Angst und Depressivität an als Männer.

Es finden sich auch Laborexperimente, die für eine stärkere negative emotionale Reaktion von Frauen sprechen. Beispielsweise fand Woods (1977), daß Studentinnen nach dem Betrachten eines Filmes (neutraler Inhalt oder aversiver Film über Arbeitsunfälle) stärkere Depression und Feindseligkeit angaben als Studenten. Bei Angst war der Unterschied nicht signifikant.

Erhebungen zur Häufigkeit spezifischer Ängste und Phobien weisen auf ausgeprägte Geschlechtsunterschiede hin. Starke Angst vor bestimmten Tieren (z.B Vögel, Spinnen) und Agoraphobie (Platzangst) finden sich überwiegend bei Frauen. Bei sozialen Phobien ist das Geschlechtsverhältnis relativ ausgeglichen (Marks, 1987). Menschen mit einer sozialen Phobie fürchten sich vor Situationen, in denen sie von anderen gesehen oder beurteilt werden. Eine typische Situation wäre, wenn jemand vor einem Publikum sprechen soll.

In Untersuchungen zur mimischen Reaktion auf emotionauslösende Reize zeigen Frauen meist intensivere Reaktionen als Männer (zusammenfassend Manstead, 1991; siehe auch "nonverbale Expressivität", S. 65 f.). Aber auch hier gibt es Hinweise dafür, daß dies nicht bei allen emotionalen Reizen zutrifft.

Festzuhalten bleibt, daß in emotionspsychologischen Untersuchungen immer mit Geschlechtsunterschieden zu rechnen ist, daß die zu erwartenden Unterschiede in der Regel aber nicht sehr groß sind.

Alter. In zwei unter Geschlechtseffekten diskutierten Studien (Hüppe & Janke, 1993; Ben-Zur & Zeidner, 1991) wurden deutliche Alterseffekte gefunden. Bei Hüppe und Janke (1993) zeigte sich, daß jüngere Frauen (Alter 18-39 Jahre) besonders betroffen auf den Reaktorunfall in Tschernobyl reagierten. Bei Ben-Zur und Zeidner (1991) berichteten jüngere Leute (bis 40 Jahre) während der Raketenangriffe auf ihre Stadt von stärkerer Angst als ältere (41-80 Jahre). Für Depressivität fand sich ein ähnlicher Zusammenhang mit dem Alter. Bei der Interpretation ist zu beachten, daß diese Ereignisse nicht nur die befragten Erwachsenen betrafen, sondern auch deren Kinder. Möglicherweise drückt sich in den Ergebnissen die Besorgtheit der Eltern um das Wohl ihrer kleinen Kinder aus. Unter kontrollierten Bedingungen wurden bisher kaum Untersuchungen durchgeführt, die Aufschluß darüber geben könnten, ob ältere Menschen emotional anders reagieren als jüngere. Zumindest gilt das für Experimente, in denen andere als physiologische und biochemische Parameter untersucht wurden (vgl. Janke & Hüppe, 1990). Zu Veränderungen im Kindes- und Jugendalter sei auf Kapitel 7 verwiesen.

Erfahrung mit ähnlichen Situationen. Manchmal kann die emotionale Reaktion auf ein Ereignis mit davon abhängen, wieviel Erfahrung jemand mit solchen oder ähnlichen Situationen hat. Zwei Untersuchungen zur Angst zeigen, daß die Rolle der Erfahrung nicht so einfach ist, wie man zunächst vermuten könnte. Epstein (zusammenfassend 1977) stellte im Vergleich von erfahrenen und unerfahrenen Fallschirmspringern fest, daß der wesentliche Unterschied zwischen beiden Gruppen im Verlauf ihrer Angst liegt. Kurz vor dem Absprung gaben die unerfahrenen Springer deutlich stärkere Angst an als die erfahrenen. Beim Einstieg ins Flugzeug und später, kurz nach der Landung, war dagegen die Angst der erfahrenen Springer größer als die der unerfahrenen. O'Connor, Hallam und Rachman (1985) verglichen die emotionalen Reaktionen von erfahrenen und weniger erfahrenen Experten für das Entschärfen von Bomben in einer angstauslösenden Situation. Die Versuchspersonen erhielten während einer Leistungsaufgabe unvermeidbare Elektroschocks. Die Unerfahrenen berichteten unmittelbar vor dem Test und auch während der Schocks von weniger Angst als die Erfahrenen. Unter den Erfahrenen waren es sogar die am höchsten dekorierten Experten, die während der Schocks die stärkste Angst angaben.

Fähigkeiten. Csikszentmihalyi (siehe Csikszentmihalyi & Csikszentmihalyi, 1988; Csikszentmihalyi & Wong, 1991) postuliert, daß einige Emotionen daraus resultieren, daß wir Dinge tun, die uns unter- oder überfordern (siehe Tabelle 3.1). Besondere Beachtung findet ein positiver emotionaler Zustand, der als *flow*-Erlebnis bezeichnet wird. Voraussetzung für ein *flow*-Erlebnis sei, daß ein Mensch besondere Fähigkeiten auf irgendeinem Gebiet besitzt und sich auf eine Tätigkeit konzentriert, bei der diese Fähigkeiten zum Einsatz kommen. Entscheidend sei, daß er sich dabei an den Grenzen seiner Fähigkeiten bewegt, ohne jedoch überfordert zu sein. Als Beispiel kann man sich einen gut trainierten Bergsteiger vorstellen, der einen schwer zu bezwingenden Berg besteigt. Das Gefühl könne aber bei jeder Aktivität entstehen, etwa beim Sport, bei einer künstlerischen Tätigkeit, bei der Arbeit. Da praktisch jeder auf irgendeinem Gebiet besondere Fähigkeiten besitzt, die er im Beruf oder in der Freizeit einsetzen kann, sollte das *flow*-Erlebnis auch im Alltag auftreten. Nicht im Erfolg, wie man aus der Attributionsforschung (Weiner, 1985) vermuten würde, sondern in der Tätigkeit selbst soll die Quelle des positiven Gefühls liegen.

Tabelle 3.1 zeigt einige Ergebnisse zur Überprüfung dieser Hypothese. Daneben wurden weitere Vorhersagen überprüft, die sich auf die emotionalen Effekte bestimmter Kombinationen von Anforderungen und Fähigkeiten beziehen. Amerikanische und italienische Jugendliche machten in einem Zeitstichproben-Verfahren zahlreiche Angaben zu ihren Aktivitäten und ihrem Befinden im Alltag.

Tabelle 3.1 Befinden bei unterschiedlichen Anforderungen und Fähigkeiten

Ausprägung von Anford./Fähigkeiten	Vorhersage	emotionales Befinden[a] (z-Werte)					
		glücklich		zufrieden		gelangweilt	
hoch/mittel	Erregung	-.06	.19	-.18	.39	-.01	-.36
hoch/hoch	Flow	.12	.38	.16	.73	-.20	-.59
mittel/hoch	Kontrolle	.31	.26	.48	.30	-.13	.05
niedrig/hoch	Langeweile	.07	.10	.14	.07	-.03	.09
niedrig/mittel	Entspannung	.02	.00	-.09	-.31	.09	.29
niedrig/niedrig	Apathie	-.03	-.37	-.03	-.63	.05	.47
mittel/niedrig	Besorgtheit	-.11	-.43	-.12	-.50	.26	.25
hoch/niedrig	Ängstlichkeit	-.14	-.16	-.37	-.25	.23	-.19

Anmerkungen. Angaben zu Aktivitäten und Befinden im Alltag von 75 amerikanischen (1. Wert) und 47 italienischen Jugendlichen (2. Wert). Die z-Werte werden im Text erläutert.
[a] Ausgewählte Skalen; glücklich-traurig, zufrieden, gelangweilt-angeregt.
(Modifiziert nach Massimini & Carli, 1988 und Carli et al., 1988).

Das emotionale Befinden ist in Tabelle 3.1 in Form von z-Werten dargestellt. Ein Wert von Null für "glücklich" würde bedeuten, daß sich die Befragten zu diesem Zeitpunkt durchschnittlich glücklich fühlten. Positive z-Werte besagen, daß der Zustand überdurchschnittlich ausgeprägt ist, negative Werte drücken eine unterdurchschnittliche Ausprägung aus. Z-Werte liegen praktisch (in 99 Prozent der Fälle) zwischen -3 und +3. Ein Wert von 3 kommt nur sehr selten vor und ist als sehr extrem zu werten. Die Werte in Tabelle 3.1 liegen alle in einem Bereich, der von "leicht unterdurchschnittlich" bis "leicht überdurchschnittlich" reicht. Je nach Kombination von Anforderungen und Fähigkeiten weicht das Befinden geringfügig bis leicht in die eine oder andere Richtung von seinem Durchschnittswert ab.

Zu erwarten wäre, daß sich die Befragten als besonders glücklich und zufrieden schilderten, wenn sie sich hohen Anforderungen ausgesetzt sahen und diese mit entsprechend hohen Fertigkeiten bewältigen konnten (2. Zeile in Tabelle 3.1). Die Werte weisen zwar in die erwartete Richtung, sind aber relativ niedrig. Im übrigen beschrieben sich die Jugendlichen als ähnlich glücklich und zufrieden, wenn sie bei hohen Fähigkeiten nur mittleren Anforderungen ausgesetzt waren. Insgesamt fällt auf, daß zwischen den beiden Stichproben oft erhebliche Unterschiede in den Ergebnissen bestehen. Für die Annahme, daß die Jugendlichen gerade dann gelangweilt sind, wenn sie eine an ihren Fertigkeiten gemessen besonders leichte Tätigkeit ausüben, findet sich keine Bestätigung.

Eine Theorie oder Hypothese sollte nicht aufgrund einiger weniger Ergebnisse verworfen werden, die den Erwartungen nicht oder nur teilweise entsprechen. Es sind weitere Untersuchungen nötig, die dann vielleicht zu einer Präzisierung oder Modifikation der theoretischen Annahmen führen. Der Ansatz, die emotionalen Effekte von Tätigkeiten vor dem Hintergrund von Fähigkeiten und Anforderungen zu erklären, sollte weiter verfolgt werden.

3.3 Bewertung des auslösenden Ereignisses

Wie jemand emotional reagiert, hängt nicht vom Ereignis direkt ab, sondern davon, wie die Person dieses Ereignis bewertet. Nicht die objektiven Merkmale eines Ereignisses, sondern die subjektive Interpretation des Ereignisses ist ausschlaggebend. Angenommen, jemand begegnet im Wald einem großen Bären. Die Angst des Wanderers wird nicht direkt davon abhängen, wie groß der Bär ist. Sie wird auch nicht direkt davon abhängen, wie gefährlich Bären wirklich sind. Entscheidend wird sein, für wie gefährlich dieser Wanderer den Bär hält. Die emotionale Reaktion (hier Angst) hängt davon ab, wie der emotionsauslösende Reiz (hier der Bär) bewertet wird. So kann man kurz die Auffassung charakterisieren, der zufolge die Bewertung eines Reizes emotionsrelevant ist.
  Trotz aller Plausibilität dieser Überlegung wollen wir sie doch einer kritischen Überprüfung unterziehen. Es wäre schließlich denkbar, daß die Kausalbeziehung zwischen Bewertung und Emotion eine andere ist als hier postuliert wird. Vielleicht tritt die Angst unmittelbar beim Anblick des Bären auf, während die Bewertung erst später einsetzt - vielleicht sogar als Folge der emotionalen Reaktion ("ich habe Angst, folglich ist der Bär gefährlich"). Zweifel an der Bewertungshypothese kommen auch auf, wenn man sich ihre Implikationen verdeutlicht. Viele Menschen haben Ängste, die offenbar unbegründet sind. Eine Spinnen- oder Schlangenphobie sollte verschwinden, wenn man den Betroffenen davon überzeugt, daß die Spinne oder die Schlange eigentlich nicht gefährlich ist - was aber offensichtlich nicht funktioniert.
  Bevor wir uns mit Fragen der empirischen Überprüfung befassen, wollen wir uns der Hypothese, ihren Wurzeln und ihren Verzweigungen zuwenden.

Entstehung der Bewertungshypothese. Die Überlegung, daß externe Reize nicht automatisch zu einer emotionalen Reaktion führen, sondern zuerst einer Bewertung unterzogen werden, finden wir schon bei Arnold (1950). Arnold argumentiert, daß wir unsere Aufmerksamkeit auf die externen Reize richten und dabei bestimmte Erwartungen hegen. Diese Erwartungen führen dazu, daß wir unseren Sinneseindrücken eine Bedeutung abgewinnen: Wir bewerten das, was wir wahrnehmen. Diese primäre Bewertung führt zu einer Verhaltenstendenz. Die "Wahrnehmung" einer Gefahr kann etwa einen Fluchtimpuls auslösen. Die Verhaltenstendenz erleben wir als Gefühl (z.B. Angst). Dem Gefühl folgt eine peripherphysiologische Reaktion (z.B. Anstieg der Herz- und Atemfrequenz), die vom Individuum ebenfalls wahrgenommen und bewertet wird. Die Bewertung der eigenen körperlichen Reaktion nennt Arnold "sekundäre Bewertung" (siehe Abbildung 3.1). Damit will sie erklären, daß ein Gefühl auch nach der ersten Reaktion auf ein Ereignis noch an Intensität zunehmen kann. Eine starke körperliche Reaktion könnte etwa vom Individuum als weiterer Hinweis auf die Gefährlichkeit verstanden werden und das Gefühl der Angst verstärken.

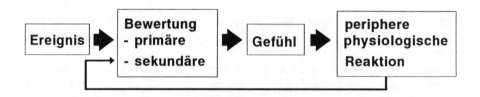

Abbildung 3.1 Entstehung von Gefühlen (modifiziert nach Arnold, 1950)

Aus späteren Ausführungen Arnolds wird deutlich, daß sie die Reizbewertung als ein universelles Phänomen ansieht (Arnold, 1970). Auch ein Tier vermeide schädliche Reize und wende sich nützlichen zu. Dies werde erst durch eine "intuitive" Bewertung der Situation oder des Objektes möglich. Die Bewertung könne durch Hormone verändert werden. Als Beispiel führt sie das Verhalten von Vögeln an, für die Heu- und Strohhalme attraktiv werden, sobald sie mit dem Nestbau beginnen. In der individuellen Erfahrung sieht Arnold einen anderen wichtigen Faktor, der die Bewertung verändern kann.

Varianten der Hypothese und konzeptuelle Klärung. Der wohl bekannteste Vertreter der Bewertungshypothese ist Lazarus (z.B. 1966). Wir beziehen uns hier auf neuere Darstellungen seiner Überlegungen (Lazarus, 1990, 1991a,b). Lazarus sieht Emotionen als eine Reaktion auf bewertende Urteile an. Er unterscheidet dabei zwei Arten von Bewertungsprozessen. Die primäre Bewertung (primary appraisal) bezieht sich, genau wie bei Arnold (1950), unmittelbar auf die Ereignisse der Umwelt. Die sekundäre Bewertung (secondary appraisal) betrifft die eigenen Möglichkeiten der Bewältigung einer problematischen Situation.

Wir wollen uns mit der primären Bewertung genauer befassen. Die Umwelt wird über die Sinnesorgane wahrgenommen. Die dabei entstehenden Empfindungen müssen zunächst verarbeitet werden. Erst die nun vorliegenden Informationen über die Realitäten der Umwelt werden nach ihrer Bedeutung für das eigene Wohlergehen bewertet. Der eigentlichen Bewertung geht also eine Informationsverarbeitung voraus. Das Wissen alleine ist irrelevant für die Entstehung einer Emotion; ausschlaggebend ist dessen *subjektive* Bedeutung (vgl. Abbildung 3.2).

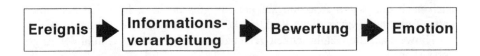

Abbildung 3.2 Kognitives Modell der Emotionsentstehung nach Lazarus

Die initiale Bewertung wird manchmal grob und sogar falsch sein. Sie kann in einem nächsten Schritt spezifiziert oder korrigiert werden; Lazarus nennt das "reappraisal".

Die Bewertung selbst ist ein kognitiver Prozeß, den Lazarus (1991b, S. 832) explizit als Mediator (siehe S. 57 f.) bezeichnet. Daneben gibt es natürlich auch andere kognitive Prozesse, die aber für die Entstehung einer Emotion nicht von Bedeutung sind. Die Feststellung, daß kognitive Prozesse (sogar Bewertungen) auch durch Emotionen beeinflußt werden können (vgl. Kapitel 6), spricht nicht gegen die Bewertungshypothese. Die Hypothese, daß die Bewertung des Ereignisses eine notwendige Voraussetzung für Emotionen ist, wird dadurch nicht berührt.

Mit der Natur des Bewertungsprozesses hat sich Lazarus (insbes. 1991a) ausführlich beschäftigt. Eine grundlegende Frage ist, ob es sich bei der Reizbewertung immer um eine bewußte kognitive Aktivität handelt. Lazarus hält auch eine vorbewußte Bewertung für möglich, bei der sich die Person ihrer kognitiven Aktivität nicht bewußt ist. Selbst eine unbewußte Bewertung im Sinne einer tiefenpsychologischen Auffassung kommt für ihn in Frage. Zwei gegensätzliche Bewertungen, eine bewußte und eine unbewußte, können sogar gleichzeitig ablaufen. Mit dieser Annahme will er etwa irrationale Ängste erklären. Jemand kann trotz der bewußten Überzeugung, daß Fliegen ungefährlich ist, Flugangst haben, weil die unbewußte Bewertung Gefahr signalisiert!

Es stellt sich die Frage, ob eine nichtbewertende Verarbeitung von Umweltreizen überhaupt möglich ist. Hatte Lazarus (1990) noch die genetisch bedingte Fähigkeit eines Huhns, zwischen gefährlichen und ungefährlichen Reizen zu diskriminieren,   als einen nichtkognitiven Prozeß bezeichnet, so hält er es später (1991a) für eine Ansichtssache, ob man unter Bewertung nur erlernte kognitive Prozesse zu verstehen hat. Bei einer derart "weiten" Definition wird die Hypothese, daß ohne vorherige Bewertung keine Emotion entstehen kann, schwer zu widerlegen sein. Bedenken gegen den Einschluß nicht beobachtbarer und damit nicht verifizierbarer Formen der Bewertung, die bereits Zajonc (1984) geäußert hatte, sind noch immer aktuell!

Wie kann man sich eine empirische Widerlegung überhaupt vorstellen? Wie steht Lazarus zu dem Argument, daß auch Tiere und sehr junge Kinder zu

Emotionen fähig sind und daß man mit Drogen Emotionen auslösen kann? Lazarus nimmt an, daß die meisten, wenn nicht sogar alle Lebewesen zumindest eine grobe Bewertung vornehmen können. Bei Neugeborenen fehle die Fähigkeit, allerdings hätten sie auch noch keine Emotionen. Bestimmte Ausdruckserscheinungen wie Lächeln würden fälschlicherweise als Emotionsausdruck interpretiert. Und der Wirkungsmechanismus chemischer Stoffe sei nicht so weit geklärt, daß man eine Beeinflussung der Emotionen über Bewertungsprozesse auschließen könne.

Der Grundgedanke, daß Emotionen von der Bewertung der auslösenden Ereignisse abhängen, hat viele Anhänger. Über die Natur der Bewertungsprozesse, die zu einer Emotion führen, wurde viel nachgedacht. Eine vergleichende Übersicht über verschiedene Varianten von Bewertungshypothesen findet sich bei Scherer (1988).

Gegenpositionen. Einige Autoren bezweifeln die Annahme, daß Emotionen eine Folge von Bewertungsprozessen sind. Zajonc (1980, 1984) hat zahlreiche empirische Befunde vorgetragen, die seiner Meinung nach dafür sprechen, daß Emotionen auch ohne kognitive Prozesse entstehen können. Die Diskussion mit Lazarus (1982, 1984) war im Grunde unfruchtbar, da terminologische Fragen, die vor einer inhaltlichen Argumentation hätten geklärt werden müssen, ungelöst blieben.

Eine klare Gegenposition nimmt beispielsweise auch Izard (1992) ein. Seiner "differential emotions theory" zufolge ist das emotionale Erleben eine direkte Folge neuronaler Prozesse und braucht keine kognitive Vermittlung. Izard postuliert die umgekehrte Kausalbeziehung wie Lazarus: Das emotionale Erleben beeinflußt die Bewertung von Ereignissen, so wie es auch andere kognitive Prozesse verändern kann.

Experimentelle Befunde. Wie könnte man die Hypothese, daß Bewertungsprozesse eine notwendige Voraussetzung für eine Emotion darstellen, überhaupt widerlegen? Jemand könnte den Nachweis erbringen, daß eine Emotion ausgelöst wurde, ohne daß zuvor eine kognitive Bewertung stattgefunden hat. Ein Anhänger der Bewertungshypothese könnte immer argumentieren, daß doch eine irgendwie geartete primitive oder unbewußte Bewertung vorhanden gewesen sein könnte. Die "weiche" Definition der Bewertung durch Lazarus würde eine solche Argumentation rechtfertigen.

Eine andere Möglichkeit wäre, die Latenzzeiten der Bewertung und des Gefühls zu messen. Wenn Gefühle schneller auftreten als Bewertungen, würde dies der Hypothese widersprechen. In einer Untersuchung (Schmidt-Atzert, 1988) sahen Versuchspersonen emotionsauslösende Dias. In einer Bedingung sollten sie eine Taste drücken, sobald sie zu einer Bewertung des Bildes gelangt waren, in einer anderen, sobald sie eine Gefühlsreaktion bei sich feststellten. Die Latenzzeit der Bewertung war im Durchschnitt geringfügig kürzer als die des Gefühls. Die Tatsache, daß die Reaktionszeiten beträchtlich streuten, spricht jedoch gegen eine gesetzmäßige Abfolge. Es gab Fälle von relativ schnell auftretenden Gefühlsreaktionen und solche von langsamen Bewertungen. Gegen den direkten Vergleich der Latenzzeiten von Reizbewertung und Gefühl wird man aber einwenden können, daß er sich notwendigerweise auf bewußte Prozesse bezieht.

Einen kritischen Test für die Hypothese stellen Experimente dar, in denen die Bewertung der emotionsauslösenden Reize variiert wird. Welche Methoden stehen überhaupt zur Verfügung, um isoliert die Bewertung eines Ereignisses zu verändern? In der emotionspsychologischen Forschung wurden bisher relativ plumpe Methoden verwendet. In mehreren Untersuchungen wurden emotionsauslösende Filme mit unterschiedlichen Kommentaren versehen, um so deren Bewertung experimentell zu variieren. Lazarus und Alfert (1964) beispielsweise verwendeten einen Film, in dem blutige Beschneidungsszenen zu sehen waren. In einer Versuchsbedingung wurden durch einen einführenden Kommentar die negativen Aspekte wie der Schmerz der Jungen heruntergespielt und dafür die positiven Seiten betont. Damit konnte die negative emotionale Reaktion der studentischen Versuchspersonen gegenüber einer kommentarlosen Version des Films abgeschwächt werden. Der Effekt zeigte sich im Befinden wie auch in der Herzfrequenz und der Hautleitfähigkeit. Gegen Untersuchungen dieser Art kann man einwenden, daß erstens die Intention des Versuchsleiters leicht zu erkennen ist. Zweitens bleibt unklar, ob der Effekt alleine auf eine Modifikation der Stimulusbewertung zurückzuführen ist. Denkbar wäre auch eine Veränderung der Wahrnehmung und Informationsverarbeitung (vgl. Abbildung 3.2). Drittens kann man den Kommentar selbst als Teil des emotionsauslösenden Ereignisses ansehen.

Als indirekter Beleg für die Bewertungshypothese kann gelten, wenn Personen mit unterschiedlichen habituellen Bewertungsstrategien auf ein und denselben Reiz in der erwarteten Weise unterschiedlich reagieren. So sollten Menschen, die dazu neigen, alles Neue als gefährlich anzusehen, mehr Angst zeigen als andere. Diese Art von Beweisführung ist aber problematisch. Aus einem korrelativen Zusammenhang würde eine Ursache-Wirkungs-Beziehung konstruiert, was nicht zulässig ist. Denkbar wäre auch eine andere Kausalbeziehung: Menschen, die ängstlich sind, wittern überall Gefahren.

Fazit ist, daß die Bewertungshypothese zwar sehr plausibel erscheint, ihre empirische Überprüfung jedoch enorme Schwierigkeiten mit sich bringt. Der Grund liegt darin, daß die Reizbewertung nicht hinreichend präzise definiert ist.

Grundlegende emotionsrelevante Bewertungsdimensionen. Die Umwelt kann objektiv durch Angaben zu Größe, Entfernung, Temperatur etc. beschrieben werden. Wie kann man die subjektive Welt beschreiben, die den Vertretern der Bewertungshypothese zufolge für die Emotionen so bedeutsam ist?

Nach Lazarus (1990) werden eingehende Informationen nach ihrer Bedeutung für das eigene Wohlergehen bewertet. Das Individuum fragt sich: "Ist das

Ereignis gut oder schlecht für mich?" An anderer Stelle hat er diese sehr globale Aussage etwas spezifiziert, indem er drei Bewertungsdimensionen nennt: Zielrelevanz, Zielkongruenz (schädlich-nützlich) und Zielinhalt (oder Art der Ich-Beteiligung) (Lazarus, 1991b). Demnach müßte sich das Individuum drei Fragen stellen (wenn man einmal eine bewußte Verarbeitung unterstellt): "Ist das Ereignis für die Ziele, die ich verfolge, überhaupt von Bedeutung? Wenn ja, hilft es mir beim Erreichen meiner Ziele oder schadet es? Welches Ziel ist betroffen?" Mit der ersten Frage entscheidet sich, ob überhaupt eine emotionale Reaktion erfolgt. Von der Antwort auf die zweite Frage hängt ab, ob die Emotion positiv oder negativ sein wird. Die dritte Frage ist wichtig für die genaue Qualität der Emotion (z.B. Angst, Ärger oder Abscheu).

Andere Theoretiker haben weitere Bewertungsdimensionen vorgeschlagen. Für einen ersten Überblick sei auf Scherer (1988) verwiesen. Die vorgeschlagenen Dimensionen weichen nicht sehr stark von denen ab, die in empirischen Untersuchungen gefunden wurden (s.u.), so daß sich eine separate Darstellung erübrigt.

Wie kann man empirisch untersuchen, auf welchen Dimensionen wir emotionsauslösende Ereignisse bewerten? Eine Forschungsstrategie besteht darin, Versuchspersonen emotionsauslösende Ereignisse zu nennen und sie dann zu bitten, Merkmale zu suchen, in denen sich jeweils zwei zu vergleichende Situationen unterscheiden. Da hier zahlreiche Antworten anfallen, müssen diese von Beurteilern zu Kategorien zusammengefaßt werden (Reisenzein & Hofmann, 1990). Eine andere Methode setzt voraus, daß bereits potentielle Bewertungsdimensionen bekannt sind. Versuchspersonen beurteilen dann emotionsauslösende Situationen anhand von Aussagen, die sich auf diese Dimensionen beziehen. Mit Hilfe einer Faktorenanalyse wird festgestellt, auf welche Dimensionen sich die Fragebogenitems reduzieren lassen (z.B. Smith & Ellsworth, 1985).

Die Ergebnisse einiger solcher Untersuchungen sind in Tabelle 3.2 aufgeführt. Bei den Versuchspersonen handelte es sich um Studenten aus den USA, Holland, Deutschland, China und Japan. Die einzelnen Dimensionen wurden von den Autoren unterschiedlich benannt. Für Tabelle 3.2 wurden einheitliche Begriffe gewählt, damit inhaltliche Übereinstimmungen deutlich werden.

Man sieht, daß einige Dimensionen gut repliziert sind. Das ist allerdings nicht verwunderlich, da mit Ausnahme von Reisenzein und Hofmann (1990) in allen Untersuchungen sehr ähnliche Items verwendet wurden. Fassen wir die in Tabelle 3.2 aufgeführten Ergebnisse zusammen. Emotionsauslösende Ereignisse unterscheiden sich demnach hauptsächlich in folgenden Aspekten: Sie sind für das betroffene Individuum unterschiedlich angenehm (Valenz), wichtig und durchschaubar (Klarheit), erregen unterschiedlich viel Aufmerksamkeit, stehen den Zielen des Indidviduums unterschiedlich stark im Weg (Hindernisse) und erfordern dabei unterschiedlich viel Anstrengung (die beiden letzten Dimensionen sind nicht immer zu trennen). Was geschieht, ist mehr oder weniger von Menschen (vom Individuum oder von anderen) zu verantworten und kann dann unterschiedlich stark beeinflußt werden (Kontrollierbarkeit).

Tabelle 3.2 Untersuchungen zu Dimensionen der Bewertung

Autor(en)	Ereignisse	N	gefundene Dimensionen[a]								Sonstige
			Va-lenz	Ver-ant.	Klar-heit	Auf-mer.	An-str.	Hin-der.	Kon-tro.	Wich-tig.	
Smith & Ellsworth (1985)	erinnerte Ereignisse (15 Emot.)	16	x	x	x	x	x	-	x	-	
Smith & Ellsworth (1987)	vor Examen, nach Mitteil. der Noten	86	x	x	x	x	x	x	-	x	Gerechtigkeit, Schwierigkeit
Frijda et al. (1989) (2 Unters.)	erinnerte Ereignisse (32 Emot.)	120	x	x	-	(x)	x	-	x	x	Spezifität
		60	x	x	x	(x)	-	-	x	x	Interessantheit beide:Zeitpunkt, Vertrautheit
Reisenzein & Hofmann (1990)	beschriebene Ereignisse (23 Emot.)	22	x	x	-	-	(x)	-	x	x	Vertrautheit und 8 weitere
Mauro et al. (1992)	erinnerte Ereignisse (ca. 16 Emot.)	973	x	x	x	x	-	x	x	-	Angemessenheit der Gefühle

Anmerkungen. Verant. = Verantwortung; Aufmer. = Aufmerksamkeit; Anstr. = Anstrengung; Hinder. = Hindernis; Kontro. = Kontrollierbarkeit; Wichtig. = Wichtigkeit; N = Anzahl der Versuchspersonen. In der Spalte "Ereignisse" ist die Anzahl der Emotionen (Emot.) angegeben, zu denen sich die Versuchspersonen an spezfische Ereignisse erinnern sollten bzw. zu denen sie sich Ereignisse vorstellen sollten, die ihnen beschrieben wurden.
[a] Angaben in Klammern: entspricht nur ungefähr der vorgeschlagenen Bezeichnung.

Untersuchungen zum Zusammenhang Bewertung - Emotion. Zahlreiche Untersuchungen haben sich mit der Frage befaßt, welche Emotion mit welcher Bewertung einhergeht. Welche Emotion hat beispielsweise jemand, der ein Ereignis als Hindernis bei der Erreichung seiner Ziele ansieht? Es geht hier nicht um die Frage von Ursache und Wirkung, sondern nur um Zuordnungen oder korrelative Beziehungen zwischen Bewertungen und Emotionen.

Den Untersuchungen ist gemeinsam, daß Versuchspersonen gefragt wurden, wie sie bestimmte Situationen bewertet haben und wie sie sich in diesen Situationen gefühlt haben. Die Antwort auf die eine Frage könnte möglicherweise die auf die andere beeinflußt haben. Weitaus problematischer ist aber, daß es teilweise nicht gelungen ist, Bewertungen und Gefühle eindeutig voneinander abzugrenzen. Bei manchen Fragen ist nicht ganz klar, ob nach einer Gefühls- oder Situationsbeschreibung gefragt wurde. So gab es Fragen zur Situationsbewertung wie "Hatten Sie das Gefühl, die Situation ertragen zu können?" (Frijda et al., 1989) oder "Wie verantwortlich fühlten Sie sich ...?" (Smith & Ellsworth, 1985). Manchmal wurde die Situationsbewertung offenbar aus der emotionalen Reaktion erschlossen (Beispiel: "Wie erfreulich war es, in der Situation zu sein?"; Smith & Ellsworth, 1985).

Wie ist angesichts dieser methodischen Bedenken der folgende Befund zu bewerten? Je erfreuter Studierende nach Mitteilung ihrer Examensnote waren, desto positiver stuften sie diese Situation ein. Zwischen der Freude und der Valenz der Situation bestand eine Korrelation von .87 (Smith & Ellsworth, 1987).

Sicherlich sind nicht alle Ergebnisse darauf zurückzuführen, daß Bewertungen und Gefühle schon in den Fragen vermengt waren. Die Forschungsergebnisse sind aber mit Skepsis zu betrachten. Auf eine umfassende Darstellung wird hier verzichtet. Stattdessen werden die Ergebnisse einer großen Untersuchung von Mauro, Sato und Tucker (1992) exemplarisch aufgeführt. Insgesamt 973 Versuchspersonen aus mehreren Ländern erinnerten sich an emotionsauslösende Situationen und machten Angaben zur Bewertung dieser Situationen und zu ihren damaligen Gefühlen. In Tabelle 3.3 sind die von Mauro et al. (1992) mitgeteilten Ergebnisse in veränderter Form dargestellt.

Tabelle 3.3 Beziehung zwischen Situationsbewertungen und Gefühlen

Gefühl	Bewertungsdimension					
	Va-lenz	Verant-wortung	Klar-heit	Aufmerk-samkeit	Hinder-nisse	Kon-trolle
Traurigkeit	−	−	0	0	+	0
Ärger	−	+	0	0	+	0
Ekel	−	+	0	−	+	0
Furcht	−	0	−	0	+	0
Schuld	+	−	0	−	+	0
Scham	0	0	+	−	+	0
Überraschung	0	0	−	+	−	0
Glück	+	−	0	+	−	+
Stolz	+	0	0	+	0	0

Anmerkungen. Benennung der Bewertungsdimensionen nach Tabelle 3.2.
Ergebnisse zu ausgewählten Emotionen (modifiziert nach Mauro et al., 1992, Tab.7). Werte über .20 wurden als +, Werte unter -.20 als - und solche zwischen .19 und -.19 als 0 codiert. Die Dimension "Angemessenheit der Gefühle" bleibt hier unberücksichtigt, da sie ein Spezifikum dieser Untersuchung ist.

Die Autoren hatten Korrelationen zwischen den Bewertungsdimensionen und Gefühlen berechnet. Für eine vereinfachte Darstellung wurden Korrelationskoeffizienten um Null (-.20 bis +.20) in Tabelle 3.3 als "0" eingetragen. Damit wird zum Ausdruck gebracht, daß hier kein nennenswerter Zusammenhang zwischen einer Bewertung und einem Gefühl gefunden wurde. Beispielsweise hing Traurigkeit nur sehr schwach mit der Klarheit der Situation zusammen. Höhere Korrelationen wurden nach ihrem Vorzeichen als + oder - codiert.

Diesen Ergebnissen zufolge wurden Situationen, in denen die Befragten unterschiedliche Gefühle hatten, auch unterschiedlich bewertet. Die traurigkeitsauslösenden Situationen beispielsweise wurden eher als unangenehm (negative Korrelation mit der Valenz), nicht von anderen verantwortet und voller Hindernisse beschrieben. Auf den übrigen Dimensionen fehlten markante Bewertungen (vgl. Tabelle 3.3, "Traurigkeit"). Vergleicht man die traurigkeits- mit den ärgerauslösenden Situationen, so fällt auf, daß letztere überwiegend als von anderen verantwortet eingestuft wurden. Insgesamt zeigt sich, daß sich die einzelnen Emotionen anhand ihrer Bewertungsmuster unterscheiden ließen.

Sieht man von den geäußerten methodische Bedenken ab, so spricht das Ergebnis für die Bewertungshypothese. Es erscheint möglich, die qualitative Vielfalt der Gefühle mit unterschiedlichen Bewertungen der Situationen in Verbindung zu bringen. Jede Emotion könnte somit durch ein für sie spezifisches Muster von Bewertungen zustande kommen. Es bleiben aber noch immer Fragen offen. Wie stabil sind solche Zuordnungen? Können sie in anderen Untersuchungen repliziert werden? Schließlich bleibt die große Frage nach der Kausalität, auf die es bislang keine befriedigende Antwort gibt.

3.4 Bewältigungsstrategien

Bisher haben wir uns mit der unmittelbaren emotionalen Reaktion auf ein Ereignis befaßt. Die Annahme war, daß das Ereignis bewertet wird und daß vom Ergebnis dieser Bewertung die emotionale Reaktion abhängt. Was geschieht aber danach? In vielen Situationen ist das Individuum nun gefordert, etwas zu unternehmen, um das Ereignis zu bewältigen. An einem Beispiel läßt sich dies erläutern. Nehmen wir an, eine junge Frau erfährt von ihrem langjährigen Freund, daß er sie verlassen will. Ihre erste emotionale Reaktion wird vielleicht Verzweiflung und Entsetzen sein. Damit ist die Tatsache, daß sie verlassen wurde, nicht aus der Welt zu schaffen. Die junge Frau wird irgendeinen Weg finden müssen, damit umzugehen. Vielleicht macht sie sich nun selbst Vorwürfe und sucht den Grund für das Scheitern ihrer Beziehung bei sich. Denkbar wäre auch, daß sie ihren Freund verantwortlich macht und nun erkennt, daß er einen schlechten Charakter hat und daß es eigentlich eher ein Segen ist, sich von ihm zu trennen. Möglicherweise sucht sie bei Freunden Trost, oder sie versucht, ihren seelischen Schmerz mit Alkohol zu lindern.

Solche Reaktionen auf ein Ereignis werden als Bewältigung, Streßbewältigung oder Streßverarbeitung bezeichnet. Oft wird dafür auch der englische Begriff *coping* dafür verwendet. Die Bewältigung eines Ereignisses ist für uns von Interesse, weil von vielen Theoretikern und Forschern die Auffassung vertreten wird, daß sich die Art der Bewältigung auf die Emotionen auswirkt. In unserem Beispiel könnten Selbstvorwürfe zu Schuldgefühlen führen. Die Erkenntnis, daß der schlechte Charakter des Freundes für die Trennung verantwortlich ist, kann Abscheu und Wut hervorrufen. Trost durch Freunde und Alkoholgenuß bewirken vielleicht, daß negative Emotionen zumindest vorübergehend abgeschwächt werden. Der Grundgedanke ist also, daß ein Ereignis nicht automatisch zu bestimmten emotionalen Spätfolgen führt. Vielmehr soll die Art, wie man damit umgeht, die Emotionen bestimmen. Die Bewältigung wird als Mediator zwischen Ereignis und Emotion angesehen (Folkman & Lazarus, 1988). Bevor die Bewältigungsversuche einsetzen, wird bereits eine erste emotionale Reaktion auf das Ereignis erfolgt sein. Insofern ist es besser, von einer Veränderung der Emotionen durch Bewältigung zu sprechen (Lazarus, 1991b).

Eine wichtige Unterscheidung ist die zwischen aktuellen und gewohnheitsmäßigen (überdauernden) Bewältigungsformen. So wird vielleicht jemand normalerweise auf ein schlechtes Prüfungsergebnis mit Bagatellisierungsversuchen reagieren; im konkreten Fall bemüht er sich dennoch, den wahren Grund für sein schlechtes Abschneiden herauszufinden. Für die emotionale Reaktion auf ein Ereignis ist natürlich die aktuell eingesetzte Strategie von Bedeutung. Die Beziehung zwischen Bewältigung und Emotion wird von manchen Autoren auch komplizierter gesehen (siehe dazu Laux & Weber, 1990). Für unsere Überlegungen zu möglichen Mediatoren zwischen Reiz und emotionaler Reaktion müssen wir dies nicht unbedingt berücksichtigen.

Arten der Bewältigung. Die Frage, welche Bewältigungsstrategien es im einzelnen gibt, kann nicht befriedigend beantwortet werden, da verschiedene theoretisch oder empirisch begründete Auflistungen vorliegen (siehe Laux & Weber, 1990). Eine sehr allgemeine Einteilung ist die in problembezogene und emotionsbezogene (oder "kognitive") Bewältigung. Die erstgenannte Form beinhaltet planvolles Handeln, die zweite geschieht nur im Kopf; das Individuum lenkt beispielsweise seine Aufmerksamkeit von dem Ereignis weg oder gibt ihm eine andere Bedeutung (Lazarus, 1991b).

Exemplarisch soll eine der differenzierten Einteilungen von Bewältigungsstrategien vorgestellt und an einem Beispiel erläutert werden. Sie stammt von Stone, Helder und Schneider (1988). Angenommen, ein Arzt teilt seinem Patienten mit, daß er an einer schweren Krankheit leidet. Der Patient wird nun möglicherweise *soziale Unterstützung* suchen. Diese kann durch Rat und Tat, aber auch durch Zuhören und Anteilnahme zeigen erfolgen. Der Patient reagiert vielleicht auch mit *Informationssuche*, indem er sich über Behandlungsmöglichkeiten kundig macht. Eine andere Reaktion könnte *Religiosität* sein. Ein weiterer Patient entwickelt vielleicht die Strategie der *Umdefinition der Situation*, indem er etwa die Diagnose als unsicher oder wenig gravierend interpretiert. Von *Vermeidung* spricht man, wenn der Patient die ärztliche Diagnose ganz ignoriert oder sich gezielt mit anderen Dingen ablenkt. *Spannungsreduktion* kann beispielsweise durch Alkoholgenuß, Einnahme von Pharmaka, spezielle Entspannungsübungen oder Essen erreicht werden. Eine *Problemlösung* ist auf unterschiedliche Weise möglich. In unserem Beispiel könnte eine Lösung darin bestehen, durch veränderte Lebensführung und Ernährung den Gesundheitszustand zu verbessern.

Ein standardisiertes Instrument zur Erfassung von Bewältigungsstrategien ist die "Ways of Coping Scale" von Lazarus und Mitarbeitern (für eine deutschsprachige Beschreibung siehe Laux & Weber, 1990). Die Probanden geben darin an, wie sie mit einem bestimmten Ereignis umgegangen sind. Die 66 Items (Beispiel: "Ich habe weitergemacht, als sei nichts geschehen") werden acht Skalen zugeordnet. Das Itembeispiel gehört zur Skala "Distanzierung". Die anderen Skalen sind "Konfrontative Bewältigung", "Selbstkontrolle", "Suche nach sozialer Unterstützung", "Selbstzuschreibung der Verantwortlichkeit" , "Flucht-Vermeidung", "Planvolles Problemlösen" und "Positive Neueinstellung". Die Skalen wurden durch eine Faktorenanalyse der Items gewonnen. Das bedeutet, daß diese 66 Items aufgrund ihrer Korrelationen zu acht Gruppen zusammengefaßt werden können. Wenn man weitere Items hinzufügt, kann sich die Struktur und die Anzahl der Skalen ändern. So gibt es denn auch Versuche, die Skalen erheblich zu erweitern (siehe Laux & Weber, 1990).

Mit dem Streßverarbeitungsfragebogen von Janke, Erdmann und Kallus (1985) liegt ein standardisiertes deutschsprachiges Verfahren vor. Erfaßt wird die individuelle Art, allgemein auf belastende Ereignisse zu reagieren. Die Probanden kreuzen an, wie wahrscheinlich bestimmte Reaktionen bei ihnen sind (z.B. "neige ich dazu, mich zu betrinken"). Mit dem Verfahren werden 19 habituelle Verarbeitungsstrategien (Beispiele: Bagatellisierung, Bedürfnis nach sozialer Unterstützung, Pharmakaeinnahme) erfaßt. Die Skalen können faktorenanalytisch zu vier oder sechs übergeordneten Bereichen zusammengefaßt werden. Skalen, die hoch auf dem ersten Faktor laden (z.B. Fluchttendenz, Resignation, Selbstbemitleidung), korrelieren hoch mit Neurotizismus.

Zusammenhänge zwischen Bewältigungsstrategien und Emotionen. Wie effizient die einzelnen Bewältigungsstrategien sind und wie sie sich auf den emotionalen Zustand auswirken, ist schwer zu beantworten. Der Grund dafür ist, daß sowohl die zu bewältigenden Probleme als auch die Bewältigungsstrategien sehr unterschiedlich sein können. Stone et al. (1988) stellen folgende Überlegung an: Die zu bewältigenden Probleme können mindestens fünf Inhaltsbereichen (z.B. Arbeit, Ehepartner) entstammen und zudem zu drei Zeitpunkten auftreten; es kann sich um ein "altes" Problem handeln, um ein aktuelles oder um ein künftiges, das bereits erwartet wird. Jedes Problem kann unterschiedlich bewertet werden. Die Autoren gehen von zehn verschiedenen Arten

der Bewertung mit jeweils sechs Abstufungen aus. Es werden nicht alle Kombinationen vorkommen. Die Autoren schätzen, daß es aber über hundert verschiedene Problemtypen gibt. Bei jedem dieser Probleme können theoretisch
viele verschiedene Bewältigungsstrategien eingesetzt werden, manchmal sogar
mehrere gleichzeitig. Hinzu kommt, daß unterschiedliche Meßmethoden zur
Verfügung stehen. Deshalb ist es schwer, in diesem Bereich zu allgemeingülti-
gen Erkenntnissen zu kommen. Wir wollen daher nur zwei ausgewählte Untersuchungen näher betrachten (für weitere Studien zur Wirkung verschiedener
Bewältigungsstrategien siehe Laux & Weber, 1990).

Folkman und Lazarus (1988) untersuchten zwei Personengruppen, Ehepaare
im mittleren Alter und Senioren. Die Versuchsteilnehmer sollten sich an das
streßvollste Ereignis in der vergangenen Woche bzw. im vergangenen Monat
erinnern. Die Art der Bewältigung dieses Ereignisses wurde mit modifizierten
Versionen der "Ways of Coping Scale" (siehe S. 80) erfaßt. Als abhängige
Variable wurde die Intensität verschiedener Emotionen erfragt, die nach dem
Ereignis aufgetreten waren. Die Emotionen wurden später zu vier Gruppen
zusammengefaßt. Zusätzlich wurde das Befinden vor bzw. während des Ereignisses erfragt. Die entscheidende Frage war, ob die Bewältigungsstrategien
einen wesentlichen Beitrag dazu leisten können, die Emotionen am Ende des
Ereignisses vorherzusagen. Ein alternatives Erklärungsmodell war, daß die
Emotionen nach einem Ereignis allein davon abhängen, wie sich die Leute
normalerweise und insbesondere unmittelbar vor dem Ereignis fühlten. Deshalb
wurde für jede Emotionsqualität (z.B. Freude) eine schrittweise multiple Regression durchgeführt, in der die Bewältigungsstrategien erst am Ende als Prädiktoren eingingen. Auf diese Weise war es möglich, sozusagen den "reinen"
Beitrag der Bewältigungsstrategien zur Erklärung des emotionalen Endzustan-
des abzuschätzen. Insgesamt sprechen die Ergebnisse dafür, daß die Bewältigungsstrategien nur wenig zur Erklärung der emotionalen Reaktion nach dem
Ereignis beitragen. Am größten war ihr Beitrag bei Ekel/Wut-Reaktionen der
jüngeren Leuten. Die zusätzliche Varianzaufklärung durch die Bewältigungsstrategien lag hier bei 9 Prozent (bei den Senioren aber nur bei 2 Prozent).
Insgesamt erwiesen sich vier der erfaßten Strategien als wirkungsvoll. Personen, die Distanzierung und konfrontative Bewältigung einsetzten, gaben nachher intensivere Gefühle an. Positive Neueinschätzung des Ereignisses und
planvolles Problemlösen gingen mit einer Abschwächung der Gefühle einher.
Diese Studie liefert also nur schwache Hinweise dafür, daß die Emotionen
davon abhängen, auf welche Art und Weise man ein Ereignis bewältigt. Die
"Effekte" der Bewältigungsstrategien gingen zwar in die erwartete Richtung,
waren aber schwach.

Lobel, Gilat und Endler (1993) führten eine Untersuchung mit israelischen
Zivilisten durch, als während des Golfkrieges im Januar und Februar 1991
irakische Raketen auf Israel abgeschossen wurden. Insgesamt 86 Personen im
Alter zwischen 18 und 73 Jahren bearbeiteten mehrere Fragebögen, darunter
auch einen zu Bewältigungsstragien und einen zur momentanen Angst. Außer-

dem stuften sie ihre Angst in drei Situationen (u.a. Aufsuchen eines Schutz-
raumes) ein. Personen mit einem hohen Ausmaß an "emotionsorientierter
Bewältigung" gaben deutlich mehr Angst an als Personen mit einem niedrigen
Ausmaß. Zwei weitere Strategien, problemorientierte und vermeidungsorien-
tierte Bewältigung, standen in keinem Zusammenhang mit der erlebten Angst.

Bei Untersuchungen dieser Art ist zu beachten, daß der Zusammenhang zwischen Bewältigungsstrategien und Emotionen immer nur korrelativer Art ist.
Sie gestatten keine Schlußfolgerungen über die Auswirkung einer Strategie auf
die Emotionen. Denkbar wäre auch, daß Leute, die zu starken emotionalen
Reaktionen neigen, eine bestimmte Bewältigungsstrategie bevorzugen.

Wünschenswert ist eine experimentelle Variation der Bewältigung emotionsauslösender Reize. Solche Untersuchungen sind aber nur bedingt möglich.
Einen Versuch haben Bloom, Houston, Holmes und Burish (1977) unternommen, die sich zugleich auch sehr kritisch mit den wenigen früheren Experimenten auseinandersetzen. Die Versuchspersonen wurden durch die Ankündigung,
daß sie Elektroschocks erhalten würden, einer realen Bedrohung ausgesetzt.
Die Schockandrohung löste im Vergleich zu einer neutralen Kontrollbedingung
erwartungsgemäß Angst aus. Wie kann man den Umgang mit der bedrohlichen
Situation experimentell verändern? Die Versuchspersonen wurden entweder
durch Lesen in einem lustigen Kinderbuch abgelenkt oder durch Aufschreiben
von Gründen, warum sie sich über die Schocks nicht aufregen sollten, zu einer
Neudefinition der Situation bewegt. In einer weiteren Bedingung unterblieb die
Anregung einer Bewältigungsstrategie. Aufmerksamkeitsablenkung und Neudefinition der Situation schwächten die mit einer Adjektivliste erfaßte Angst
wider Erwarten nicht ab. In der Bedingung mit Aufmerksamkeitsablenkung
zeigten die Versuchspersonen allerdings weniger physiologische Anzeichen von
Streß als unter den beiden anderen Bedingungen. Zumindest in dieser Untersuchung konnte also allenfalls partiell ein Nachweis erbracht werden, daß eine
Bewältigungsstrategie die emotionale Reaktion modifiziert.

3.5 Zusammenfassung und Schlußfolgerungen

Emotionen sind nicht allein auf äußere Ereignisse zurückzuführen, sondern
hängen auch vom momentanen Zustand und von zeitlich überdauernden Merkmalen der Person ab. Wie eine Person sich gerade fühlt, wie sie motiviert ist,
in welcher körperlichen Verfassung sie ist und ob sie unter Alkohol steht,
bestimmen mit, wie sie emotional reagiert. Von den "großen" Persönlichkeitsfaktoren steht Neurotizismus mit negativen und Extraversion mit positiven
Emotionen in Verbindung. Mehrere Befunde sprechen dafür, daß Neurotizismus mit einer erhöhten Bereitschaft einhergeht, nicht nur bei aversiven Reizen,
sondern in allen möglichen Situationen mehr negative Emotionen zu zeigen.
Ein "Affektstärke" genanntes Konstrukt bezieht sich auf die Neigung, generell

mit starken Emotionen zu reagieren. Ein dazu entwickelter Fragebogen erfaßt möglicherweise aber nur eine Kombination aus Neurotizismus und Extraversion. Stimulationssuche, das Bedürfnis nach neuen Empfindungen, und Alexithymie, die Unfähigkeit, die eigenen Gefühle wahrzunehmen, sind zwei theoretisch interessante Konstrukte. Welchen Beitrag sie tatsächlich zur Erklärung emotionaler Reaktionen leisten, ist gegenwärtig schwer abzuschätzen.

Manche Menschen zeigen mehr Emotionen in ihrer Mimik als andere. Nonverbal unterschiedlich expressive Menschen unterscheiden sich zwar in ihren mimischen Reaktionen auf emotionale Reize, nicht aber in ihren Gefühlen und physiologischen Reaktionen.

An biographischen Merkmalen wurden Geschlecht und Alter diskutiert. Frauen geben meist stärkere Gefühle an als Männer und reagieren auch mimisch meist stärker. Geschlechtsunterschiede finden sich aber nicht in allen Situationen. Zum Alter liegen wenige Befunde vor, so daß Verallgemeinerungen voreilig wären. Weiterhin wurde untersucht, welche Rolle frühere Erfahrungen mit ähnlichen Situation sowie Fähigkeiten, die für den Umgang mit dem Ereignis von Bedeutung sind, spielen.

Viele Befunde sind notwendigerweise korrelativer Art. Experimentell variieren kann man den Zustand der Person. Aber auch dann läßt sich schwer beantworten, warum eine Variable die emotionale Reaktion einer Person verändert.

Die Frage nach dem "warum" führte uns zu möglichen Mediatoren. Zwei Erklärungsansätze wurden ausführlich behandelt. Der Reizbewertungshypothese zufolge hängt die emotionale Reaktion entscheidend davon ab, wie das Individuum ein Ereignis bewertet. Die Bewältigungsansätze betonen die Rolle von Strategien, die im Umgang mit belastenden Situationen benutzt werden. Trotz aller Plausibilität ist ein Mangel an überzeugenden experimentellen Befunden zu verzeichnen. Beide Ansätze haben aber zu einer Differenzierung verschiedener Bewertungs- und Bewältigungsdimensionen geführt, deren korrelative Beziehung mit Emotionen untersucht wurde.

Die Erkenntnis, daß die emotionale Reaktion von bestimmten Moderatorvariablen abhängt, hat eine praktische Konsequenz für die Forschung. In emotionspsychologischen Untersuchungen ist darauf zu achten, daß die Versuchspersonengruppen in ihrem emotionalen Ausgangszustand sowie in bestimmten Personenmerkmalen (insbesondere Geschlecht, Neurotizismus, bei positiven Emotionen auch Extraversion) vergleichbar sind.

Für die Theorienbildung stellen die Befunde zu den Moderatorvariablen eine Herausforderung dar. Wenn man die Entstehung von Emotionen erklären will, muß man auch eine Erklärung dafür finden, daß bestimmte Bedingungen fördernd oder hemmend wirken. Mögliche Mediatoren sind in Emotionstheorien stark beachtet worden. Allerdings fehlen gerade hier gute Untersuchungsstrategien. Deshalb liegen die Prozesse, die zwischen der Wahrnehmung eines Ereignisses und der emotionalen Reaktion stattfinden, noch weitgehend im dunkeln.

Kapitel 4 Beschreibung und Erfassung von Emotionen

Die Beschreibung von Emotionen kann auf mehreren Ebenen erfolgen: Erleben (Gefühl), Ausdruck und körperlicher Zustand (vgl. Kapitel 1.2). Diese Unterscheidung von Meßebenen bestimmt auch die Gliederung von Kapitel 4.

In den Ausführungen zur Definition (vgl. Kapitel 1.2) haben wir weiterhin festgestellt, daß Emotionen durch Angaben zu ihrer Qualität und Intensität sowie zu ihrem zeitlichen Verlauf näher charakterisiert werden können. Wie man die Zeit messen kann, bedarf keiner Erläuterungen. Die Standardisierung von Intensitätsangaben bereitet keine besonderen Schwierigkeiten. Hier kann man sich bei Selbst- und Fremdbeurteilungen leicht auf eine mehrstufige Skala einigen. Eine solche Skala kann von "nicht vorhanden" über "schwach" bis "sehr stark" reichen und beispielsweise sieben Abstufungen enthalten. Damit können auch Laien gut umgehen. Die Antworten auf einer solchen Skala sind leicht zu interpretieren. Soweit physiologische Messungen vorgenommen werden, sind die Abstufungen ebenfalls unproblematisch (z.B. Herzschläge pro Minute). Aber wie kann man feststellen, um welche Qualität es sich bei einer Emotion handelt?

Bei der freien Beschreibung eines emotionalen Zustandes werden in der Alltagssprache Formulierungen verwendet wie "ich bin furchtbar sauer", "ich bin ziemlich verärgert", "ich bin sehr froh" oder "ich fühle mich ganz happy". Die gleichen Ausdrücke können sich auch auf die Emotionen einer anderen Person beziehen (z.B. "er ist furchtbar sauer"). Sauer, verärgert, froh und happy sind Angaben zur Qualität der Emotion. Mit Begriffen wie "furchtbar" oder "ziemlich" wird die Intensität näher spezifiziert. Für wissenschaftliche Zwecke sind solche Beschreibungen nur bedingt brauchbar. Bedeuten "sauer" und "verärgert", "froh" und "happy" das Gleiche? Ähnliche Probleme ergeben sich bei der Analyse von Ausdruckserscheinungen. Insbesondere die Mimik kann viele verschiedene Formen annehmen, und es stellt sich die Frage, ob zwei Gesichtsausdrücke geringfügige Variationen eines bestimmten Zustandes darstellen oder ob sie mit unterschiedlichen Zuständen in Verbindung stehen. Bevor Meßinstrumente konstruiert werden können, muß ein brauchbares Strukturmodell der Emotionen vorliegen. Deshalb werden wir uns mit der Frage befassen, welche Emotionen bei der Selbst- und Fremdbeschreibung differenziert werden können und welche Emotionen eventuell zu Gruppen ähnlicher Emotionen zusammengefaßt werden können.

4.1 Emotionales Erleben

Daß man Angst, Freude oder Wut *erleben* kann, wissen Laien und Wissenschaftler aus eigener Erfahrung. Deshalb wird auch kaum jemand die Existenz solcher Empfindungen bestreiten. Für die wissenschaftliche Psychologie stellt die Tatsache, daß Gefühle private, nur dem betroffenen Individuum zugängliche, "innere" Ereignisse sind, ein besonderes Problem dar. Gefühle können nur untersucht werden, wenn das Individuum irgendeine Auskunft darüber gibt. Fälschlicherweise wird oft angenommen, daß diese Auskunft allein über die Sprache erfolgen kann. Selbst im Alltag verwenden wir manchmal andere Ausdrucksmittel. Beispielsweise kann jemand die Frage nach seinem Befinden mit einem sorgenvollen Gesichtsausdruck und einem tiefen Seufzer beantworten. Eine solche nichtsprachliche Antwort wird von anderen Menschen in der Regel verstanden. Um einem Mißverständnis vorzubeugen, muß betont werden, daß hier nicht der spontane Ausdruck einer Emotion gemeint ist, sondern die absichtliche Beschreibung der eigenen Gefühle. Das Individuum muß sich dazu nicht einmal in einem entsprechenden Gefühlszustand befinden. Die gleichen Ausdrucksmittel können auch eingesetzt werden, um einen bereits vergangenen Zustand zu beschreiben. Je nach Talent können auch andere Mittel zur Kommunikation von Gefühlen verwendet werden: Musik, Malerei oder Tanz. Clynes (1977) hat gezeigt, daß Gefühle sogar (von normalen Menschen) durch Fingerdruck beschrieben werden können. Selbst für wissenschaftliche Zwecke wurden Verfahren entwickelt, mit deren Hilfe Versuchspersonen ihre Gefühle ohne die Verwendung von Sprache mitteilen können (siehe Kapitel 4.1.2).

Die Sprache ist dennoch das beste Mittel zur Beschreibung von Gefühlen, da sie eine feine Differenzierung gestattet. In emotionspsychologischen Untersuchungen ist es aus guten Gründen nicht üblich, Versuchspersonen ihre Gefühle frei beschreiben zu lassen. Die Umgangssprache ist manchmal mehrdeutig, redundant oder vage. Deshalb ist es nötig, standardisierte Beschreibungsmethoden zu entwickeln. Da diese Methoden von Menschen verwendet werden sollen, die es nur gewohnt sind, sich umgangssprachlich auszudrücken, muß zur Entwicklung von Meßinstrumenten zunächst die Umgangssprache analysiert werden.

Emotionen und Stimmungen können zwar durch typische Beispiele charakterisiert werden, in ihren Randbereichen überlappen sie sich jedoch. Das bedeutet, daß sich für viele Begriffe keine klare Zuordnung zu Emotionen oder Stimmungen treffen läßt (vgl. Kapitel 1.3). Deshalb werden wir bei der Darstellung von Meßinstrumenten auch Stimmungen berücksichtigen.

4.1.1 Strukturmodelle der Gefühle

Angst und Furcht oder Wut und Zorn bezeichnen offensichtlich ähnliche Gefühle. Angst und Wut unterscheiden sich dagegen deutlich voneinander. Gäbe es nur diese vier Begriffe zur Bezeichnung von Gefühlszuständen, wäre es kein Problem, eine Ordnung in das Gefühlsvokabular zu bringen. Tatsächlich gibt es aber eine Vielzahl von Bezeichnungen und unüberschaubar viele Ähnlichkeitsbeziehungen zwischen ihnen, so daß es nicht einfach ist, ein brauchbares Ordnungssystem zu finden. Wir wollen uns hier nur mit empirischen Ansätzen befassen (für einen nichtempirischen Einteilungsversuch siehe Mees, 1985). Das Vorgehen ist im Prinzip einfach: Zunächst benötigt man eine Liste der Gefühlsbezeichnungen. Dann stellt man die Ähnlichkeiten bzw. Unähnlichkeiten zwischen allen Elementen der Liste fest. Schließlich wendet man ein geeignetes mathematisches Verfahren an, das ein Ordnungssystem findet. Dabei hat man die Wahl zwischen Klassifikationsverfahren, die eine Einteilung in Unterkategorien liefern, und Verfahren, die allgemeine Dimensionen suchen, mit denen sich jedes einzelne Gefühl beschreiben läßt.

Das Ausgangsmaterial: Emotions- und Stimmungswörter. Bevor man irgend etwas ordnen kann, braucht man einen Überblick, was es alles zu ordnen gibt. In unserem Fall handelt es sich um Begriffe, mit denen wir unser Befinden beschreiben. Diese Wörter stellen auch das Ausgangsmaterial für Fragebögen dar. Im Idealfall sollten Untersuchungen zur Struktur von Gefühlen oder Stimmungen auf dem Universum der Gefühls- oder Stimmungsbegriffe basieren. Tatsächlich wurden aber oft mehr oder weniger beliebig zusammengestellte Listen verwendet. Tiller und Campbell (1986) haben das Stimulusmaterial aus zahlreichen Untersuchungen einstufen lassen und kommen zu dem Schluß, daß durchschnittlich 37 Prozent der verwendeten Wörter nicht repräsentativ für Emotionen sind. Die Unterschiede zwischen Untersuchungsergebnissen zur Struktur von Emotionen sind zum großen Teil auf die Verwendung unterschiedlicher Begriffe im Ausgangsmaterial zurückzuführen.

Wie kann man eine vollständige Liste solcher Wörter erstellen? Ein brauchbares Verfahren besteht darin, viele Leute zu fragen, welche Emotionen (oder Stimmungen) sie kennen. Mannhaupt (1983) erhielt auf diese Weise von 200 Studierenden, die einfach einen "Gefühlszustand" nennen sollten, 119 verschiedene Antworten. Am häufigsten kamen Trauer, Freude, Glück, Liebe und Wut vor, die jeweils von mehr als 50 Versuchspersonen notiert wurden. Umfang und Zusammensetzung einer so erstellten Liste hängen dabei von der genauen Instruktion ab. So wird es eine Rolle spielen, ob die Befragten "Gefühle" oder "Emotionen" auflisten sollen. Von Bedeutung wird auch sein, ob sie aufgefordert werden, ein einziges Beispiel zu nennen oder alle Wörter, die ihnen in einer Minute einfallen, oder gar alle, die sie kennen.

In einer so erstellten Sammlung von Emotionswörtern finden sich viele Wörter, die nur sehr selten genannt werden. Beispielsweise stammte von den 383 Wörtern, die Fehr und Russell (1984) durch Befragung von 200 kanadischen Studierenden erhielten, fast die Hälfte nur von einer einzigen Person. Es stellt sich die Frage, ob die seltenen Begriffe überhaupt Emotionen bezeichnen. Deshalb ist es üblich, für Untersuchungen zur Struktur des Wortfeldes der

Emotionsbegriffe die "Rohliste" zu bereinigen. Entweder beschränkt man sich auf die mehrfach genannten Wörter oder man läßt alle Wörter noch einmal danach beurteilen, ob sie eine Emotion bezeichnen oder nicht (weitere Methoden finden sich bei Fehr & Russell, 1984). Dabei zeigt sich, daß Begriffe wie Freude, Angst, Traurigkeit oder Ärger mit hoher Übereinstimmung zwischen den Beurteilern als Emotionsbegriffe eingestuft werden. Gleichgültigkeit, Einsamkeit und Hoffnung beispielsweise erhalten schon deutlich niedrigere Werte. Und bei Wörtern wie Sicherheit, Nervosität oder Geduld herrscht weitgehende Übereinstimmung, daß sie eher keine Emotion bezeichnen (Höge, 1984; Schmidt-Atzert, 1980). Es gibt aber kein hartes, objektives Kriterium dafür, ob ein Wort eine Emotion bezeichnet oder nicht. Wie übrigens in vielen anderen sprachlichen Kategorien auch lassen sich zwar typische Vertreter finden, die Grenze nach außen aber ist verschwommen. So hängt das Ergebnis von Untersuchungen zur Struktur des Emotionsvokabulars auch von der Entscheidung ab, wo die Grenze zur Nichtemotion gezogen wird. Das Problem kann also nicht allein empirisch gelöst werden. Umfangreiche Listen mit deutschsprachigen Emotionswörtern und Angaben zu deren Nennungshäufigkeit oder Typizität finden sich bei Höge (1984), Mannhaupt (1983) und Schmidt-Atzert (1980). Ergänzend sei auf vergleichbare englischsprachige Arbeiten von Averill (1975), Clore, Ortony und Foss (1987) und Shaver, Schwartz, Kirson und O'Connor (1987) hingewiesen.

Ermittlung von Ähnlichkeiten zwischen Emotionen. Bei der Feststellung von Ähnlichkeiten lassen sich zwei grundsätzlich verschiedene Ansätze unterscheiden. Erstens kann man die semantische Ähnlichkeit erfassen. Dabei geht es um die Bedeutung von Emotionswörtern. Angst und Furcht etwa haben eine ähnliche Bedeutung, Angst und Traurigkeit eine sehr unterschiedliche. Der zweite Ansatz befaßt sich mit der Kovariation von Gefühlen. Hier geht es allein um die Frage, wie oft zwei Emotionen zusammen vorkommen oder wie eng sie in ihren Intensitäten zusammenhängen. Bei der Analyse von Emotions- und Stimmungsfragebögen wird oft so vorgegangen, daß Versuchspersonen ihren momentanen Zustand durch Ankreuzen von Items (ängstlich, traurig etc.) beschreiben. Berechnet man Korrelationen zwischen den Items, zeigt sich vielleicht, daß "ängstlich" und "traurig" eng zusammenhängen. Das wird der Fall sein, wenn Angst und Traurigkeit bei vielen Probanden zusammen vorkommen. Beide Ansätze können zu völlig verschiedenen Aussagen führen. Angst und Traurigkeit beispielsweise haben unterschiedliche Bedeutungen. Das wird sich bei der Erfassung ihrer semantischen Ähnlichkeit klar zeigen. Dennoch könnte es sein, daß Angst oft mit Traurigkeit einhergeht.

Die semantische Ähnlichkeit von Gefühlen bzw. Gefühlswörtern kann mit verschiedenen Methoden ermittelt werden. Bei einer kleinen Itemzahl können alle Gefühle paarweise miteinander vergleichen werden. Die Versuchspersonen stufen jeweils die Ähnlichkeit zweier Items ein. Sie sollen etwa angeben, wie ähnlich sich Angst und Traurigkeit sind. Die Methode des Paarvergleichs wurde u.a. von Ekman (1954) angewendet. Bei umfangreicherem Stimulus-material wird oft ein Semantisches Differential eingesetzt. Die einzelnen Emotionen werden auf mehr oder weniger vielen Skalen (z.B. gut - schlecht, anziehend - abstoßend) eingestuft (z.B. Traxel & Heide, 1961). Die Ähnlichkeit zweier Emotionen kann durch den Abstand ihrer Einstufungsprofile bestimmt werden. Eine Methode, die sich bei immerhin 135 Items als praktizierbar erwies (Shaver et al., 1987), besteht im Sortieren von Begriffen. Die Wörter werden dazu einzeln auf Kärtchen gedruckt. Die Versuchspersonen sollen ähnliche Begriffe zusammenlegen, wobei sie beliebig viele Stapel bilden dürfen. Die Ähnlichkeit zweier Items wird durch die Anzahl der Versuchspersonen definiert, die diese zusammengelegt haben. Wenn beispielsweise von 100 Versuchspersonen 90 "Angst" und "Furcht" auf den gleichen Stapel legen, beträgt die Ähnlichkeit dieser beiden Items 90 (oder .90). Weitere Methoden zur Erfassung der Ähnlichkeit von Emotionswörtern in der Umgangssprache finden sich bei Schmidt-Atzert (1987).

Dimensionen. Unabhängig davon, welche Methode zur Bestimmung der Ähnlichkeit eingesetzt worden ist, erhält man eine Matrix der Ähnlichkeiten. Darin kann man ablesen, wie ähnlich sich zwei beliebige Gefühle sind. Bereits bei 50 Begriffen finden sich in der Matrix schon über eintausend (genau 1225) verschiedene Ähnlichkeitskoeffizienten. Es wird daher ein Verfahren benötigt, das die Informationsmenge reduziert. Sucht man nach Beschreibungsdimensionen, bietet sich beispielsweise eine Faktorenanalyse an.

Welche Dimensionen werden auf diese Weise entdeckt? Die einzelnen Untersuchungen unterscheiden sich teilweise in der Zahl und der Benennung (die willkürlich ist) der gefundenen Dimensionen (siehe Schmidt-Atzert, 1981, S. 38 ff.). Das gemeinsame Ergebnis ist jedoch, daß Emotionen durch zwei Dimensionen beschrieben werden können: Lust-Unlust und Aktivierung. Gefühle sind mehr oder weniger angenehm. Am einen Pol stehen etwa Freude und Zufriedenheit, am anderen Angst und Traurigkeit. Sie werden weiterhin mehr oder weniger stark mit Erregung in Verbindung gebracht. Die Pole können durch Begriffe wie Wut oder Schrecken bzw. Traurigkeit oder Langeweile gekennzeichnet sein. Bezüglich weiterer Dimensionen besteht kein Konsens.

Dieses Ergebnis ist insofern trivial, weil diese Dimensionen den beiden ersten Dimensionen des allgemeinen semantischen Raumes entsprechen (Osgood, Suci & Tannenbaum, 1957). Die Dimensionsanalysen zum Emotionsvokabular haben also kein neues Ergebnis erbracht. Die gefundenen Dimensionen sind nicht spezifisch für Emotionen. Man kann damit ebenso Gemälde, Tiere oder Nationen beschreiben und differenzieren. Für die Entwicklung von Meßinstrumenten sind sie dennoch relevant. Die Ergebnisse rechtfertigen eine "sparsame" Beschreibung von Gefühlszuständen auf nur zwei Skalen (angenehm - unangenehm und erregt - ruhig). Es muß aber bezweifelt werden, ob damit eine hinreichend feine Differenzierung von Gefühlen möglich ist. Angst und Haß etwa werden beide als relativ unangenehm und erregend eingestuft.

Sie liegen in dem zweidimensionalen Bedeutungsraum sehr eng beieinander (vgl. Schmidt-Atzert, 1980).

Emotionskategorien. Mit Hilfe von Clusteranalysen aber auch Faktorenanalysen, bei denen viele Faktoren extrahiert werden, können Emotionen gruppiert werden. Wie bei der Suche nach Dimensionen gilt auch hier, daß es kein absolutes Kriterium für die richtige Anzahl der Kategorien gibt. Werden die Ergebnisse hierarchischer Clusteranalysen graphisch dargestellt, läßt sich aber leicht feststellen, wie eine differenziertere oder gröbere Einteilung (mit mehr oder weniger Kategorien) aussieht. Weiterhin wird die Suche nach der "richtigen" Lösung dadurch kompliziert, daß ein und derselbe Datensatz mit unterschiedlichen Verfahren analysiert werden kann. Ekman (1955) hatte 23 Emotionswörter von einer großen Anzahl Versuchspersonen paarweise vergleichen lassen. Er führte eine Faktorenanalyse mit der Ähnlichkeitsmatrix durch und präferierte eine Lösung mit elf Faktoren, die er als Angst, Ekel, Ärger, Zuneigung etc. interpretierte. Der gleiche Datensatz wurde mehrfach reanalysiert. Fillenbaum und Rapoport (1971) bevorzugten eine zwei- oder eine dreidimensionale Lösung. Lundberg und Devine (1975) extrahierten sieben Faktoren. Dietze (1963) wandte ein clusteranalytisches Verfahren an und fand ebenfalls sieben Gruppen.

Die 23 Items Ekmanns waren mehr oder weniger nach Zufall ausgewählt worden. In einigen anderen Untersuchungen wurde explizit versucht, eine möglichst repräsentative Auswahl von Emotionswörtern zu treffen. Shaver et al. (1987) ließen von amerikanischen Psychologiestudenten insgesamt 135 Wörter nach ihrer Ähnlichkeit sortieren. So erhielten sie eine Matrix, in der für jedes Item eingetragen ist, wie häufig es mit einem anderen Item zusammengelegt wurde. Shaver et al. (1987) bevorzugten eine Lösung mit sechs Clustern, die sie Liebe (oder Zuneigung), Freude, Überraschung, Ärger, Traurigkeit und Angst nannten. Jedes Cluster setzt sich dabei aus unterschiedlich vielen Wörtern zusammen, wobei das kleinste aus nur drei Wörtern besteht (Überraschung, Erstaunen, Verwunderung). Außer dem Überraschungscluster können alle weiter unterteilt werden. So können bis zu sieben Arten von Freude unterschieden werden: Heiterkeit, Lust, Begeisterung, Zufriedenheit, Stolz, Optimismus, Entzücken und Erleichterung. Jedes dieser Subcluster setzt sich wiederum aus einem Wort (Erleichterung) oder bis zu 17 Wörtern (Heiterkeit) zusammen. Auch die 17 Wörter des Subclusters Heiterkeit (z.B. Glück, Heiterkeit) haben keineswegs die gleiche Bedeutung, sie sind sich nur relativ ähnlich.

Diese Untersuchung wurde mit italienischen und chinesischen Versuchspersonen repliziert (Shaver, Wu & Schwartz, 1992). Die Italiener erhielten Übersetzungen der englischen Begriffe, während für die Chinesen 110 Wörter aus ihrer Sprache (nach Prototypikalitätseinstufungen) ausgesucht wurden. In beiden Sprachen fanden sich Freude, Ärger, Traurigkeit und Angstcluster. Liebe, Überraschung und Mitleid waren spezifisch für die italienische Studie und Scham sowie "traurige Liebe" für die chinesische.

Mit der gleichen Methode wurden weitere Untersuchungen durchgeführt. Der Unterschied zu Shaver et al. (1987) liegt in den Versuchspersonen (kanadische bzw. deutsche) und in der Auswahl der Emotionswörter. Storm und Storm (1987) ließen kanadische Studierende 72 Wörter sortieren, die sie aus der Literatur zusammengestellt hatten. Sie bevorzugten eine Einteilung in 18 Kategorien. Allerdings waren sie damit noch nicht zufrieden. Mit Hilfe von zwei weiteren Experten modifizierten sie die Cluster. Sie fügten über 500 (!) Begriffe hinzu und veränderten dabei die vorliegenden Kategorien zum Teil. Auf einer mittleren Abstraktionsebene erhielten sie so 20 Gruppen, von denen sich dreizehn auf Emotionen beziehen und sieben auf andere "neutrale" Zustandsbezeichnungen (z.B. Interesse, Erregung; aber auch Überraschung). Die Emotionskategorien lauten: Scham, Traurigkeit, Schmerz, Angst (anxiety; z.B. besorgt, unruhig), Furcht (fear), Ärger, Feindseligkeit, Ekel, Liebe, Zuneigung, Zufriedenheit, Glück und Stolz.

In zwei Untersuchungen sortierten deutsche Psychologiestudenten 60 bzw. 56 ausgewählte Emotionswörter (Schmidt-Atzert, 1980; Schmidt-Atzert & Ströhm, 1983). Als gemeinsames Ergebnis können die Kategorien Abneigung, Ärger, Neid, Angst, Unruhe, Scham, Traurigkeit, Freude, Zuneigung und sexuelle Erregung angesehen werden. Überraschung konnte nur in der zweiten Studie als Cluster auftauchen, weil in der ersten entsprechende Items gefehlt hatten.

In Tabelle 4.1 sind die Ergebnisse der hier vorgestellten Sortierversuche im Überblick dargestellt. Einige Kategorien, nämlich Angst, Ärger, Traurigkeit, Freude, Zuneigung und Überraschung, sind gut gesichert. Daß einige Kategorien in den Arbeiten von Shaver und Kollegen fehlen, ist also darauf zurückzuführen, daß hier eine Reduktion auf nur sechs oder sieben Kategorien angestrebt wurde. Abneigung oder Ekel stellen bei Shaver et al. (1987) eine Unterkategorie von Ärger dar. Shaver et al. (1992) machen keine näheren Angaben zur hierarchischen Struktur, es finden sich aber ebenfalls unter Ärger entsprechende Items. Scham bildet bei Shaver et al. (1987) ein Subcluster von Traurigkeit und sexuelle Erregung eines von Liebe (oder Zuneigung).

Eine Besonderheit stellt die Kategorie "Unruhe" dar. Bei Shaver et al. (1987) existiert ein Subcluster von Angst, das etwa der Kategorie "anxiety" von Storm und Storm (1987) entspricht. Es setzt sich aus Wörtern wie Nervosität und Anspannung, aber auch Unbehagen zusammen und hat damit die Bedeutung von negativ getönter Erregung. Im Deutschen ist vielleicht "Unruhe" die treffendste Bezeichnung dafür.

Ein hartes Kriterium für die "richtige" Clusterzahl existiert nicht. Die zehn in Tabelle 4.1 aufgeführten Kategorien sind eher als ein Kompromiß zwischen einer starken und einer schwachen Differenzierung verschiedener Emotionsqualitäten anzusehen. Anzumerken ist, daß auch andere Methoden verwendet werden können, um die Ähnlichkeit von Emotionswörtern mit dem Ziel zu ermitteln, eine Aufteilung in Kategorien vorzunehmen. Die Ergebnisse solcher Untersuchungen sind den hier diskutierten sehr ähnlich (Schmidt-Atzert, 1987).

Tabelle 4.1 Ergebnisse von Sortierversuchen mit Emotionswörtern

Emotions-kategorie	Untersuchung[a]				
	Shaver, 87 (USA)	Shaver, 92 (Italien)	Shaver, 92 (China)	Storm (Kanada)	Schmidt-Atzert (Deutschland)
Angst	X	X	X	"fear"	X
Unruhe	-	-	-	"anxiety"	X
Ärger	X	X	X	Ärger Feindseligkeit	X
Abneigung/Ekel	-	-	-	X	X
Traurigkeit	X	X	X	X	X
Scham	-	-	X	X	X
Freude	X	X	X	Glück, Stolz, Zufriedenheit	X
Zuneigung	X	X	-	X	X
sex. Erregung	-	-	-	Liebe[b]	X
Überraschung	X	X	-	X	X

Anmerkung. Kategorien, die sich in nur einer Untersuchung fanden, sind nicht aufgeführt: Mitleid (Shaver et al., 1992; italienische Versuchspersonen), "traurige Liebe" (Shaver et al., 1992; chinesische Versuchspersonen), Schmerz (Storm & Storm, 1987) und Neid (Schmidt-Atzert, 1980; Schmidt-Atzert & Ströhm, 1983).
[a] Shaver et al. (1987), Shaver et al. (1992), Storm und Storm (1987; Überraschung ist hier als "neutrale" Kategorie aufgeführt), Schmidt-Atzert (1980; Schmidt-Atzert & Ströhm, 1983). In Klammern das Land, in dem die Untersuchung durchgeführt wurde.
[b] Items zu sexueller Erregung (Lust, Leidenschaft, sexy) und zu romantischer Liebe.

Exkurs: Kulturspezifische Emotionswörter. Die oben vorgestellte Studie von Shaver et al. (1992) weist darauf hin, daß das Emotionsvokabular teilweise kultur- oder sprachspezifisch ist. Selbst die Übersetzung vom Deutschen ins Englische und umgekehrt bereitet manchmal Schwierigkeiten. Beispielsweise hat "Angst" nicht die gleiche Bedeutung wie "anxiety" (Russell, 1991b). Für einige Emotionsbezeichnungen läßt sich überhaupt keine passende Übersetzung finden. So kennt die japanische Sprache das Wort *amae*, das soviel wie angenehmes Gefühl der Abhängigkeit bedeutet (Russell, 1991b; dort auch weitere

Beispiele). Weder die englische noch die deutsche Sprache kennt offenbar eine vergleichbare Gefühlsbezeichnung. Einige Autoren bezweifeln sogar, daß selbst so zentrale Konzepte wie Ärger, Traurigkeit oder Freude universell sind (siehe Russell, 1991b; Wierzbicka, 1992). Eine mögliche Erklärung für solche Bedeutungsunterschiede ist, daß viele Emotionsbegriffe einen Auslöser oder eine Ursache für einen bestimmten Zustand implizieren und daß diese variabel sind. Schadenfreude bedeutet, daß man sich über den Schaden, den eine andere Person erlitten hat, freut. Dankbarkeit impliziert, daß jemand einem etwas Gutes getan hat. Die psychologische Fachsprache kennt viele Ängste, die durch einen bestimmten Auslöser oder eine bestimmte Ursache definiert sind: Todesangst, Kastrationsangst, Platzangst, Trennungsangst, Testangst etc. Auf Tahiti haben die Leute ein Wort für die Angst vor Geistern (Russell, 1991b). In unserer Kultur spielt dieser Auslöser keine große Rolle, und so haben wir kein spezielles Wort für diese Art der Angst.

Gemischte Strukturmodelle. Russell (z.B. 1980) knüpft an die Beschreibung von Emotionen durch die Dimensionen Lust-Unlust und Erregung-Ruhe an. Er argumentiert, daß sich die Emotionen in dem zweidimensionalen Raum nicht zufällig verteilen, sondern sich kreisförmig um den Neutralpunkt anordnen (siehe Abbildung 4.1). In diesem *Circumplex Modell* ist der mittlere Bereich, in dem weder angenehme noch unangenehme Emotionen mit mittlerer Aktivierung liegen müßten, leer. Eine Emotion kann allenfalls auf *einer* Dimension im Mittelbereich liegen. Traurigkeit und Glück etwa wird eine mittlere Aktivierung zugesprochen. Auf der Valenzdimension erhalten sie aber eine extreme Einstufung; Glück gilt als sehr angenehm, Traurigkeit als sehr unangenehm (s.a. Larsen & Diener, 1992).

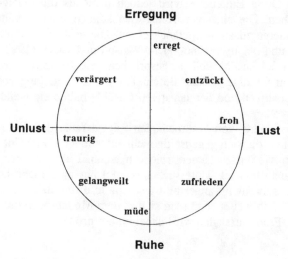

Abbildung 4.1 Circumplex Modell der Emotionen (modifiziert nach Russell, 1980)

Russell (1980) ließ Versuchspersonen 28 Wörter auf acht Kategorien verteilen. Die Kategorien sollten anschließend kreisförmig angeordnet werden, so
daß gegensätzliche Emotionen weit entfernt und ähnliche nahe beieinander
liegen. In einer zweiten Untersuchung sortierten andere Versuchspersonen die
gleichen Begriffe nach ihrer Ähnlichkeit. Die resultierende Ähnlichkeitsmatrix
wurde hier mit einem multidimensionalen Skalierungsverfahren analysiert. Die
Ergebnisse beider Studien sprachen für das Circumplex Modell.

Das Modell hat den Vorteil, daß es die Gruppierung von Emotionen erlaubt.
Dazu bieten sich die acht Kategorien an, die auf dem Kreis angeordnet sind. Es
sind grundsätzlich aber auch feinere Untergliederungen möglich. Die Ähnlichkeit zweier Emotionen wird durch ähnliche Ausprägungen auf den beiden
Dimensionen "erklärt". Das Modell verbindet also den dimensionalen und den
kategorialen Ansatz.

In zweifacher Hinsicht ist das Modell jedoch unzulänglich. Erstens reichen
die beiden Dimensionen nicht aus, Emotionen zu differenzieren, die mit anderen Methoden als deutlich verschieden erkannt wurden. Ein gutes Beispiel sind
Angst und Ärger, die auf beiden Dimensionen ähnliche Werte erhalten. Zweitens wird die kreisförmige Anordnung nicht immer bestätigt (z.B. Marx et al.,
1987); vielleicht ist sie ein Artefakt der Itemauswahl. Der mittlere untere
Sektor (niedrige Aktivierung und neutrale Valenz; z.B. "müde") ist ohnehin nur
mit Wörtern besetzt, die üblicherweise nicht als Emotionen klassifiziert werden.

Fazit. Bei der Darstellung von Untersuchungen zu Emotionskategorien ist
bereits deutlich geworden, daß ein *hierarchisches Modell* den Daten am besten
gerecht wird. Es wird eine Einteilung in eine bestimmte Anzahl von Kategorien
vorgenommen. Diese Einteilung wird jedoch nicht als die einzige "richtige"
Lösung angesehen. Die einzelnen Kategorien können sowohl weiter unterteilt
als auch mit anderen zusammengefaßt werden. Die gröbste Einteilung ist dabei
die in positive und negative Emotionen. Watson und Clark (1992) haben sich
explizit für ein solches Modell ausgesprochen. Sie betonen den Nutzen der
Valenzdimension für eine globale Beschreibung und Einteilung von Gefühlen.
Innerhalb der positiven und der negativen Gefühle halten sie weitere Untertei-
lungen für sinnvoll.

Für die Entwicklung von Meßmethoden folgt daraus, daß mehrere Ansätze
gerechtfertigt sind, die sich gegenseitig nicht ausschließen. Für eine globale Beschreibung von Gefühlszuständen reicht manchmal die Valenz (angenehm-
unangenehm) aus. Je nach Untersuchungsziel kann eine mehr oder weniger
differenzierte Beschreibung angestrebt werden. Je differenzierter die Beschreibung sein soll, desto weiter muß man sich in dem Modell nach unten bewegen.
Die Anzahl der Emotionsskalen wird dabei immer größer.

4.1.2 Meßmethoden

Erfassung globaler Dimensionen des Befindens. Die Dimensionsanalysen rechtfertigen eine ökonomische Erfassung des Befindens auf nur einer oder besser zwei Dimensionen. Das Vorgehen ist denkbar einfach. Abbildung 4.2 zeigt, wie solche Skalen aussehen können.

---

1. Ratingskala (Likert-Skala, hier mit 7 Abstufungen)

angenehm O------O------O------O------O------O------O unangenehm

2. Ratingskala (visuelle Analogskala)

angenehm ——————————————————————— unangenehm

3. Semantisches Differential

glücklich   O----O----O----O----O----O----O unglücklich
zufrieden   O----O----O----O----O----O----O unzufrieden
schwermütig O----O----O----O----O----O----O ausgeglichen
   etc.

4. Gesichterskala

Abbildung 4.2 Methoden zur Erfassung der Valenz des Gefühlszustandes

Für die Valenzdimension kann man eine bipolare Skala verwenden, deren Pole mit "angenehm" und "unangenehm" verbal verankert sind. Die Skala selbst kann mehrstufig sein, wobei die einzelnen Abstufungen benannt sein können (z.B. "sehr", "ziemlich", "etwas"; die Mitte mit "weder noch"). Auch eine visuelle Analogskala kann geeignet sein. Die Versuchsperson kreuzt auf einer Linie (eventuell mit Mittenmarkierung) an, wie angenehm oder unangenehm sie sich fühlt. Für die Auswertung wird ein Zahlenwert benötigt. Den erhält man durch Lokalisation des Kreuzes mit einem Lineal; die Angaben liegen also in Millimeter vor. Bei der zweiten Dimension wird analog verfahren. Die Pole können mit "erregt" und "ruhig" benannt werden.

Grundsätzlich ist auch eine kontinuierliche Einstufung des Befindens auf einer dieser Dimensionen möglich. Eine dafür geeignete Hebel-Vorrichtung beschreibt Vehrs (1986). Die Versuchsperson hält einen Hebel in der Hand und bewegt diesen in Abhängigkeit von ihrem momentanen Befinden vor oder zurück. Damit kann beispielsweise das Befinden während eines Films registriert werden. Änderungen lassen sich u.U. einzelnen Filmszenen zuordnen. Die Methode hat den Vorteil, daß der zeitliche Verlauf einer emotionalen Reaktion dargestellt werden kann.

Etwas aufwendiger ist die Verwendung eines Semantischen Differentials. Hier wird jede Dimension durch mehrere Items erfaßt, die Valenz etwa durch die Adjektive glücklich - unglücklich und zufrieden - unzufrieden, die Erregung etwa durch lahm - zappelig oder unerregt - erregt. Üblich sind dabei siebenstufige Skalen, an deren Enden die gegensätzlichen Adjektive stehen. Die Versuchspersonen kreuzen auf den Skalen an, wie glücklich oder unglücklich, zufrieden oder unzufrieden etc. sie sind. Ein globales Maß für die Valenz des Zustandes einer Person erhält man durch die mittleren Einstufungen auf diesen Valenzskalen (glücklich - unglücklich, zufrieden - unzufrieden etc.). Bei der Erregungsdimension wird analog verfahren. Für Befindensmessungen geeignete Items finden sich bei Hamm und Vaitl (1993). Die Autoren haben 18 von Mehrabian und Russell (1974) entwickelte Items übersetzt und überprüft. Auf die dritte Dimension (Dominanz) kann verzichtet werden (vgl. Seite 98).

Bei bestimmten Probanden, insbesondere bei Kindern, bietet sich für die Valenzdimension eher eine graphische Skala an. Gebräuchlich sind dabei schematische Darstellungen von Gesichtern, die nebeneinander aufgereiht sind. Das mittlere Gesicht ist meist neutral; allein durch Variation der Mundform kann nach der einen Seite zunehmend positiveres und nach der anderen Seite zunehmend negativeres Befinden symbolisiert werden. Die Versuchsperson gibt an, welches Gesicht ihrem Befinden am ehesten entspricht.

Russell, Weiss und Mendelsohn (1989) haben mit ihrem *Affect Grid* ein Verfahren vorgestellt, bei dem die beiden Dimensionen simultan erfaßt werden. Ein Quadrat ist durch horizontale und vertikale Linien, die in gleichen Abständen angeordnet sind, zu einem Gitter von 9 x 9 Kästchen aufgeteilt. Am oberen Rand steht in der Mitte "hohe Erregung", am unteren Rand "Schläfrigkeit". Die Valenzdimension ist links und rechts durch "unangenehme Gefühle" und "angenehme Gefühle" bezeichnet. An den vier Eckpunkten steht jeweils ein Beispiel (z.B. rechts unten Entspannung). Die Versuchsperson soll durch Ankreuzen eines der 81 Kästchen ihr Befinden beschreiben. Durch Lokalisation des angekreuzten Feldes (jede Dimension hat neun Abstufungen) erhält man je einen Zahlenwert für die Valenz und die Erregung. Es erscheint aber zweifelhaft, ob die Methode Vorteile gegenüber sukzessiven Einstufungen auf beiden Dimensionen hat.

Die gleichen Dimensionen können auch sprachfrei erfaßt werden. Ein dazu geeignetes Beurteilungsverfahren haben Hamm und Vaitl (1993) vorgestellt (siehe Abbildung 4.3).

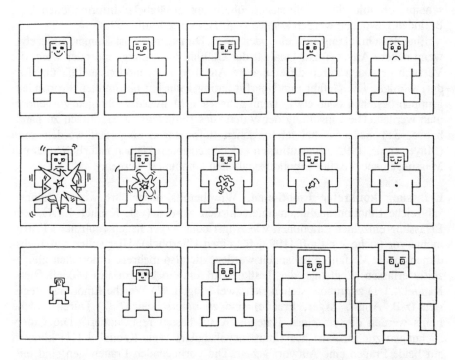

Abbildung 4.3 Ein sprachfreies Beurteilungsverfahren zur Beschreibung des Befindens auf den Dimensionen "Valenz", "Erregung" und "Dominanz" (aus Hamm & Vaitl, 1993; mit freundlicher Genehmigung der Autoren und des Verlags).

Der Versuchsperson wird eine stilisierte menschliche Gestalt vorgegeben. Die Aufgabe und auch die Dimensionen werden verbal erläutert. Dann ist jedoch keine Sprache mehr nötig. Durch unterschiedliche Gesichtsausdrücke, die u.a. durch eine Veränderung der Mundform hergestellt werden, wird die Valenzdimension veranschaulicht. Unterschiedliche Grade der Erregung werden durch ein unterschiedlich großes sternförmiges Gebilde in der Bauchregion und durch unterschiedlich weit geöffnete Augen ausgedrückt. Durch Variation der Größe dieser Figur wird unterschiedliche Dominanz ausgedrückt.

Bei der Papier-und-Bleistift-Version können die Versuchspersonen durch Ankreuzen bei jeder Dimension neun Abstufungen vornehmen. In einer Computer-Version werden die drei Dimensionen dynamisch auf dem Bildschirm verändert, und die Versuchspersonen nehmen ihre Einstufung mit einem Joy-stick vor. Dabei können 20 Stufen unterschieden werden. Die Einstufungen korrelieren sehr hoch mit Beurteilungen auf den vergleichbaren Dimensionen eines Semantischen Differentials. Allerdings stehen die Beurteilungen auf der Dominanzdimension in einem so engen korrelativen Zusammenhang mit den Einstufungen auf den beiden anderen Dimensionen, daß es sehr zweifelhaft er-scheint, ob mit dieser Dimension überhaupt zusätzliche Informationen zum Befinden gewonnen werden können (vgl. Hamm & Vaitl, 1993).

Eine Beschränkung auf ein oder zwei Dimensionen ist immer angezeigt, wenn nähere Angaben zur Qualität der Gefühle nicht nötig sind oder wenn die Versuchspersonen durch differenzierte Angaben zur Emotionsqualität überfor-dert würden. Die Gefahr der Überforderung kann bei bestimmten Probanden-gruppen bestehen oder etwa, wenn sehr viele Meßwiederholungen vorgenom-men werden. Die Einstufung der Valenz des Befindens ist so einfach zu hand-haben, daß sie sogar bei telefonischen Befragungen eingesetzt werden kann (Mayer et al., 1992). Einstufungen auf Dimensionen können natürlich auch mit Messungen spezifischer Emotionsqualitäten kombiniert werden.

Erfassung konkreter Emotionen. Wie bereits ausgeführt wurde, können zahlreiche Emotionsqualitäten unterschieden werden (vgl. Kapitel 4.1.1). Zur Erfassung einzelner Emotionen wie Angst oder Ärger liegen zahlreiche Instru-mente vor (siehe Westhoff [1993] für einen Überblick). Hier sollen nur mehr-dimensionale Verfahren behandelt werden, die also mehrere Emotionen gleich-zeitig erfassen. Legt man der Testkonstruktion ein kategoriales Modell (siehe Kapitel 4.1.1) zugrunde, stellen sich zwei Fragen: (1) Welche Emotionskatego-rien (z.B. Angst, Ärger, Freude) sind zu unterscheiden? (2) Durch welche Items werden die einzelnen Kategorien am besten repräsentiert? Die Unter-suchungen zur Struktur des Emotionsvokabulars (vgl. Kapitel 4.1.1) könnten auf beide Fragen eine Antwort geben. Die vorliegenden Fragebögen sind teil-weise älteren Datums, so daß diese Ergebnisse bei der Konstruktion kaum be-rücksichtigt wurden.

Das übliche Konstruktionsprinzip besteht darin, zunächst Skalen festzulegen (z.B. Angst, Ärger, Traurigkeit und Freude). Jede Skala soll eine bestimmte Emotionskategorie erfassen. Bei der Auswahl orientieren sich die Autoren an der Literatur und an bereits vorhandenen Verfahren. Auch eigene Überlegun-gen können eine Rolle spielen. Jede Skala setzt sich aus mehreren Items zusammen, die sich auf einen bestimmten Bereich von Gefühlen beziehen. Für eine Ärgerskala können dies etwa Adjektive wie ärgerlich, wütend, gereizt und zornig sein. Die Items aller Skalen werden in gemischter Reihenfolge aufge-führt und mit einer Antwortskala (z.B. trifft zu - trifft nicht zu) versehen. Die Probanden sollen für jedes Wort angeben, ob (oder bei differenzierteren Antwortskalen: wie gut) es auf den momentanen Zustand zutrifft. Für jede Person werden dann die Antworten skalenweise summiert. Der Summenwert (oder der Mittelwert über alle Items) gibt an, wie intensiv die Emotion ist.

Wenn also die Ärgerskala aus den genannten Items besteht, würde jemand zwei Punkte bekommen, wenn er angibt, ärgerlich und gereizt (nicht aber zornig oder wütend) zu sein.

Man könnte einwenden, daß Probanden mit einem ausgeprägten Sprachgefühl darauf bestehen könnten, ihren Zustand beispielsweise nur mit "zornig" zu beschreiben und nicht mit "ärgerlich", "wütend" oder gar "gereizt". In diesem Fall würde sich für diese Person ein niedriger Ärgerwert errechnen. Obwohl ein solches Antwortverhalten sinnvoll erscheint, spielt es in der Praxis vermutlich keine große Rolle. Meistens kreuzen die Probanden nicht nur einen bestimmten Begriff an, sondern auch ähnliche Wörter. Die Items einer Skala korrelieren in der Regel moderat bis hoch miteinander (allerdings wird nicht immer überprüft, ob es sich um lineare Beziehungen handelt).

Manchmal werden auch einfach alle Items einer Faktorenanalyse unterzogen. Die Überlegung ist dabei, daß Items, die weitgehend das gleiche messen, auf dem gleichen Faktor hoch laden. Die Faktorenanalyse kann dazu verwendet werden, die Zugehörigkeit der Items zu einer Skala zu überprüfen. Angenommen, das Item "enttäuscht" würde nicht wie erwartet auf dem gleichen Faktor laden wie "ärgerlich", "wütend" und "gereizt". Man würde daraus schließen, daß "enttäuscht" ungeeignet zur Messung von Ärger ist. Gelegentlich wird die Faktorenanalyse auch dazu benutzt, Emotionskategorien bzw. -dimensionen und damit die Skalen zu suchen. Items, die hoch auf dem gleichen Faktor laden, werden vom Testautor dann zu einer Skala zusammengefaßt. Bei der Anwendung der Faktorenanalyse ist zu beachten, daß die so gefundenen Dimensionen von verschiedenen Randbedingungen wie der Art der Items, der Situation, in der das Befinden eingestuft wurde, der Probandengruppe und der Korrelationstechnik abhängen (Steyer & Schmidt-Atzert, 1993). Einem einzelnen Untersuchungsergebnis sollte keine besondere Bedeutung beigemessen werden.

Im folgenden werden aus Platzgründen nur zwei ausgewählte Verfahren näher beschrieben. Das wohl differenzierteste englischsprachige Verfahren zur Erfassung verschiedener Gefühlsqualitäten ist die *Differential Emotions Scale (DES)* von Izard, Dougherty, Bloxom und Kotsch (1974; für eine besser verfügbare Beschreibung siehe Izard, 1977/1981). Jede der zehn von Izard angenommenen Grundemotionen wurde durch mehrere Adjektive abgedeckt. In mehreren Untersuchungen stuften Versuchspersonen entweder ihr momentanes Befinden oder die Häufigkeit dieser Gefühle in einem bestimmten Zeitraum (z.B. an einem Tag) ein. Dazu wurden fünfstufige Intensitäts- oder Häufigkeitsskalen verwendet. Mit Hilfe von Faktorenanalysen wurden die Items auf drei pro Skala reduziert. Die Skalenbezeichnungen können mit Verachtung, Ekel, Ärger, Angst, Traurigkeit, Scham, Schuld, Freude, Überraschung und Interesse übersetzt werden. Beispielsweise setzt sich die Überraschungsskala aus den Items "überrascht", "erstaunt" und "verwundert" zusammen. Bis auf den Ekelfaktor können die Faktoren als gut repliziert gelten (z.B. Fuenzalida, Emde, Pannabecker & Stenberg, 1981).

Ein deutschsprachiges Verfahren, das auch Dimensionen erfaßt, die nicht spezifisch für Emotionen sind, ist die *Eigenschaftswörterliste (EWL)* von Janke und Debus (1978). Die 15 Skalen (in Klammern je ein Itembeispiel) lauten: Aktiviertheit (tatkräftig), Konzentriertheit (aufmerksam), Desaktiviertheit (energielos), Müdigkeit (schläfrig), Benommenheit (dösig), Extravertiertheit (gesprächig), Introvertiertheit (wortkarg), Selbstsicherheit (unbekümmert), Gehobene Stimmung (heiter), Erregtheit (aufgeregt), Empfindlichkeit (verletzbar), Ärger (gereizt), Ängstlichkeit (beklommen), Deprimiertheit (traurig) und Verträumtheit (gedankenverloren). Die Normalform enthält 161 Items, die durch Ankreuzen mit "trifft zu" oder "trifft nicht zu" zu beantworten sind. Die Zahl der Items pro Skala variiert zwischen 4 (Empfindlichkeit) und 20 (Deprimiertheit). Da einige Skalen relativ hoch miteinander korrelieren, schlagen die Autoren für bestimmte Fragestellungen eine Zusammenfassung der Skalen zu sechs Bereichen vor. Von dem Verfahren liegen inzwischen auch verschiedene kürzere Versionen vor. Insbesondere auf eine Version mit 60 Items und einer vierstufigen Antwortskala sei hingewiesen (siehe CIPS, 1986). Zur EWL 60 liegt auch eine Form zur retrospektiven Beurteilung des Befindens (vorangegangene Situation) sowie eine zur Fremdbeurteilung vor.

Insgesamt existieren wohl über 20 verschiedene deutschsprachige Verfahren zur Erfassung des Befindens. Sich ergänzende Übersichten finden sich bei Becker (1988) und Westhoff (1993). Die Verfahren unterscheiden sich in mehrfacher Hinsicht, so daß die richtige Auswahl nicht immer leicht fällt. Potentielle Anwender sollten sich erst klar werden, was sie genau erfassen wollen: aktuelles oder habituelles Befinden (s.u.), spezifische Emotionen oder (auch) andere Befindensaspekte wie Müdigkeit oder Aktiviertheit? Wenn spezifische Emotionen erfaßt werden sollen, stellt sich die Frage, welche. Die Skalenbezeichnungen vieler Verfahren zeigen, daß eine Beschränkung auf Angst, Ärger, Traurigkeit und Freude überwiegt. Ein ebenfalls wichtiger Auswahlaspekt sind die Probanden. Eine zu große Itemzahl oder ein zu differenzierter Antwortmodus kann bedeuten, daß ein Verfahren etwa für alte Menschen oder für bestimmte Patientengruppen ungeeignet ist. Der Itemzahl wird auch besondere Beachtung zu schenken sein, wenn die Umstände der Untersuchung gegen ein zeitaufwendiges Verfahren sprechen. Solche Randbedingungen können zahlreiche Meßwiederholungen in Verlaufsstudien oder die Belastung der Probanden durch andere ebenfalls wichtige Verfahren sein. Nicht zuletzt ist zu bedenken, daß sich Gefühlszustände auch schnell ändern können, eventuell sogar während der Bearbeitung eines Fragebogens.

In internationalen Publikationen wird oft über die Anwendung englischsprachiger Verfahren berichtet, die deutschen Leserinnen und Lesern vielleicht nicht bekannt sind. Die am häufigsten verwendeten Verfahren werden deshalb in Tabelle 4.2 kurz vorgestellt (die *Differential Emotions Scale (DES)* wurde bereits beschrieben; s.o.). Oft ist festzustellen, daß nicht die Originalversionen, sondern modifizierte Formen in der Forschung eingesetzt werden. Entweder werden einige Skalen ausgewählt, oder das Verfahren wird durch Weglassen von Items verkürzt. Das trifft besonders für die MACL (Mood Adjective Check List), das wohl am häufigsten verwendeten Verfahren, zu.

Tabelle 4.2 Kurzbeschreibung englischsprachiger Befindensfragebögen

Verfahren und Autor(en)	Skalenbezeichnug (Übersetzung; teilweise Itembeispiel)
Activation-Deactivation Adjective Check List (AD ACL) (siehe Thayer, 1989)	Energy (Energie: lebhaft), Tiredness (Müdigkeit: schläfrig), Tension (Anspannung: furchtsam), Calmness (Ruhe: gelassen)
Eight State Questionnaire (8SQ) (Curran & Cattell,1976; nach Gräser, 1979)	Anxiety (Angst), Stress (Streß), Depression (Depression), Regression (Regression), Fatigue (Ermüdung), Guilt (Schuldgefühl), Extraversion (Extraversion), Arousal (Erregung)
Mood Adjective Check List (MACL) (siehe Nowlis, 1965)	Aggression (Aggressivität: ärgerlich), Anxiety (Angst: furchtsam), Surgency (Lebhaftigkeit: verspielt), Elation (gehobene Stimmung: freudig erregt), Concentration (Konzentration: aufmerksam), Fatigue (Müdigkeit: schläfrig), Social Affection (Soziale Zuneigung: warmherzig), Sadness (Traurigkeit: traurig), Skepticism (Skepsis: zweifelnd), Egotism (Egoismus: egoistisch), Vigor (Tatkraft: energisch), Nonchalance (Gelassenheit: gleichgültig)
Profile of Mood States (POMS) (McNair et al., 1981; nach Bullinger et al., 1990)	Tension-Anxiety (Spannung), Depression-Dejection (Niedergeschlagenheit), Anger-Hostility (Reizbarkeit), Vigor-Activity (Tatendrang), Fatigue-Inertia (Müdigkeit), Confusion-Bewilderment (Verwirrung)

Anmerkungen. Wenn möglich, wurde an Stelle der Originalpublikation eine neuere Darstellung des Verfahrens des gleichen Autors angegeben.

Habituelles Befinden. Einige Verfahren dienen explizit der Erfassung des typischen oder "normalen" Befindens einer Person. Sie rücken damit in die Nähe der Persönlichkeitsfragebögen. Ein Beispiel ist die *Stimmungs-Skala* von Bohner, Hormuth und Schwarz (1991), welche die Stimmungslage (gehobene versus gedrückte Stimmung) sowie Stimmungsschwankungen (Skala "Reaktivität") erfaßt. Es handelt sich dabei um die deutsche Version des englischsprachigen Verfahrens *Mood-Survey*. Ein Itembeispiel für die Skala "Stimmungslage" lautet: "Ich fühle mich meistens ziemlich fröhlich". Stimmungsschwankungen werden mit Items wie "Manchmal schwankt meine Stimmung sehr schnell hin und her" erfaßt. Auf fünfstufigen Skalen ist anzugeben, wie gut jede Aussage auf die eigene Person zutrifft.

Durch eine kleine Änderung von Instruktion und Antwortmodus kann fast jeder Fragebogen zur Erfassung des aktuellen Befindens in einen zum habituellen Befinden umgewandelt werden. Es wird nicht gefragt, wie man sich jetzt fühlt, sondern wie man sich normalerweise fühlt. In der Forschungspraxis werden oft beide Versionen eines Fragebogens nebeneinander verwendet.

Mehrdimensionale Befindensmessung bei Kindern. Bei Kindern können im Prinzip die gleichen Verfahren zur Befindensmessung eingesetzt werden wie bei Erwachsenen. Voraussetzung ist (genau wie bei Erwachsenen auch), daß sie die Instruktion und die Items verstehen und mit der Bearbeitung nicht überfordert sind. Kleine Kinder können überfordert sein, wenn man von ihnen eine verbale Angabe zu ihrem Gefühlszustand verlangt. Es wurden daher Methoden entwickelt, bei denen zumindest auf die alleinige Vorgabe von Begriffen wie Angst oder Freude verzichtet wird. Als Beispiel sei eine Methode genannt, die von Eisenberg et al. (1988) angewandt wurde. Die Gruppe der jüngsten Kinder war im Durchschnitt fünf Jahre alt. Zur Beschreibung ihrer Gefühle wurden ihnen Zeichnungen von Kindergesichtern vorgelegt. Die Gesichter drückten Freude, Traurigkeit, Angst oder Mitleid aus; ein weiteres Gesicht zeigte einen neutralen Ausdruck. Die Emotionen wurden zusätzlich vom Versuchsleiter benannt. Die Aufgabe der Kinder bestand einfach darin, auf das Gesicht zeigen, welches ihre Gefühle (beim Betrachten eines Films) ausdrückte.

4.2 Physiologische Veränderungen

4.2.1 Allgemeine Überlegungen

Körperliche Veränderungen können in verschiedenen Bereichen vorkommen. Im Rahmen der Emotionsforschung wurde peripheren Veränderungen, die vom vegetativen Nervensystem vermittelt werden, besondere Beachtung geschenkt. In vielen Untersuchungen wurden Herzfrequenz, Blutdruck, Hautleitfähigkeit und viele andere Variablen erfaßt. Aber auch hormonelle Veränderungen und Veränderungen im Zentralnervensystem sind Gegenstand der Emotionsforschung. Bislang ist es, von zwei gleich zu diskutierenden Ausnahmen abgesehen, nicht gelungen, unter den physiologischen Variablen einen spezifischen Indikator für irgendwelche Emotionen zu finden.

Folgt man dem Ansatz, Emotionen durch einige wenige Grunddimensionen zu beschreiben, liegt es nahe, die "physiologische Erregung" mit der bereits bekannten Erregungsdimension (siehe Kapitel 4.1.1) in Verbindung zu bringen. Einer solchen Betrachtungsweise stehen aber drei Argumente entgegen. Erstens gibt es kein einheitliches Konzept der "physiologischen Erregung". Physiologische Variablen korrelieren meist nur schwach miteinander, so daß im Grunde jede Variable (wenn überhaupt) eine andere Erregung anzeigt. Zweitens sind viele physiologische Veränderungen, mit denen sich die Emotionsforschung befaßt hat, auch bei mentaler oder körperlicher Beanspruchung zu beobachten (vgl. Boucsein, 1991). Die Veränderungen sind also nicht emotionsspezifisch. Herzfrequenz und Blutdruck beispielsweise steigen bei körperlicher Anstrengung an, und eine ausgeprägte Veränderung der elektrischen Hautleitfähigkeit läßt sich am besten durch Aufblasen eines Luftballons oder ein plötzliches Geräusch auslösen. Drittens ist es (von zwei Ausnahmen abgesehen; s.u.) kaum möglich, einen deutlichen Zusammenhang zwischen physiologischen Veränderungen und anderen Indikatoren von Emotionen festzustellen (vgl. Kapitel 5).

Anders als bei der Erfassung des Befindens oder des Ausdrucks gibt es kaum Methoden, die speziell zur Messung physiologischer Veränderungen bei Emotionen entwickelt wurden. Bei einigen Meßmethoden handelt es sich um Standardmethoden der medizinischen Diagnostik (z.B. EEG, Blutdruckmessung, EKG), andere werden überwiegend für verschiedene Forschungszwecke in der Psychologie und der Medizin verwendet. In Tabelle 4.3 sind einige in der Emotionsforschung häufig verwendete Maße aufgeführt und kurz erläutert.

Tabelle 4.3 Physiologische Maße in der Emotionsforschung

Variable	Signalaufnehmer	Signal/ Meßwert	Einheit	Auswertungsmöglichkeit
Herzfrequenz[a] a) phasisch b) tonisch	Elektroden an Armen u. Beinen		Schläge pro Minute	R-Zacken a) Abstand messen b) auszählen
Blutdruck	Manschette am Oberarm	134 78	mm HG	bei automat. Geräten Werte ablesen
Hautleitfähigkeit	2 Elektroden auf Handfläche		Mikrosiemens (μS)	Amplitude ausmessen
Periphere Durchblutung	Fingerclip		Veränderung gegen Basis	Amplitude ausmessen

Anmerkung. Ausgewählte Variablen und Meßmethoden.
[a] Phasisch = im Bereich weniger Sekunden, tonisch = über längere Zeitabschnitte.

Eine Darstellung der zahlreichen psychophysiologischen Methoden würde den Rahmen dieses Buches sprengen. Stattdessen sei auf Martin und Venables (1980) und Schandry (1989) verwiesen.

Auch wenn es keinen einheitlichen physiologischen Erregungsindikator für alle Emotionen gibt, so könnte doch jede spezifische Emotion (Angst, Ärger, Freude etc.) durch ein spezifisches Muster physiologischer Veränderungen gekennzeichnet sein. Entsprechende Forschungsanstrengungen wurden unternommen. Bislang konnte aber nicht überzeugend demonstriert werden, daß Emotionen, die sich mit anderen Methoden deutlich voneinander unterscheiden lassen (z.B. Freude, Angst, Ärger), mit physiologischen Methoden differenziert werden können (vgl. Kapitel 5). Auf eine Ausnahme, nämlich die sexuelle Erregung, gehen wir gleich ein (Kapitel 4.2.2). Weiterhin gibt es möglicherweise einen brauchbaren Indikator für eine grobe Unterscheidung von positiven und negativen Emotionen, die Modulation des Schreckreflexes (siehe Kapitel 4.2.2).

Die Einschätzung, daß physiologische Methoden zur *Messung* von Emotionen insgesamt wenig brauchbar sind, impliziert nicht, daß sie aus der Emotionsforschung verbannt werden sollten. Vielmehr sollten weiter die Zusammenhänge mit anderen Indikatoren für Emotionen (Ausdruck, Gefühle) untersucht werden (siehe Kapitel 5). Dabei können wichtige Erkenntnisse für das Verständnis von Emotionen abfallen. Insbesondere die neurochemischen und -physiologischen Prozesse verdienen besondere Aufmerksamkeit, da es unstrittig ist, daß Veränderungen des Ausdrucks und des emotionalen Befindens vom Gehirn ausgehen.

4.2.2 Emotionsspezifische Meßmethoden

Erfassung der Valenz von Emotionen durch Modulation des Schreckreflexes. Lang, Bradley und Cuthbert (1990) haben einen interessanten Forschungsansatz vorgestellt. Ihre Annahme ist, daß der Schreckreflex durch den momentanen emotionalen Zustand verändert wird. Ein positiver Emotionszustand soll die Schreckreaktion abschwächen und ein negativer soll sie intensivieren.

Eine Schreckreaktion kann etwa durch ein lautes Geräusch, einen plötzlichen Schmerzreiz oder einen Luftstoß ausgelöst werden. Lang et al. (1990) verwendeten einen kurzen akustischen Reiz (weißes Rauschen von 95 dB(A), das über Kopfhörer für 50 Millisekunden dargeboten wurde). Der darauf einsetzende Schreckreflex besteht aus verschiedenen Komponenten. Lang et al. (1990) haben für ihre Untersuchungen die Lidschlagreaktion ausgewählt, die relativ zuverlässig 30-50 Millisekunden nach dem akustischen Reiz auftritt. Der Lidschluß kann mit unterschiedlichen Methoden erfaßt werden. Das Schließen der Augen ist auf einer Videoaufnahme des Gesichts gut zu erkennen. Günstiger ist es jedoch, direkt die Aktivität des Muskels zu erfassen, der für den

Lidschluß verantwortlich ist. Dazu werden zwei kleine Elektroden benötigt, die über dem Ringmuskel um das Auge (musculus orbicularis oculi) angebracht werden (zur EMG-Methode siehe auch Kapitel 4.3). Mit Hilfe eines geeigneten Verstärkers und eines Aufzeichnungsgerätes erhält man ein Signal, das eine einfache und präzise Bestimmung der Latenzzeit und der Stärke der Reaktion gestattet.

In mehreren Untersuchungen konnten Lang et al. (1990) zeigen, daß die Stärke der Lidschlußreaktion (bestimmt über die Amplitude im EMG) von der Valenz des emotionalen Zustands der Person abhängt. Beim Betrachten angenehmer Bilder fiel diese Komponente der Schreckreaktion schwächer aus als beim Betrachten neutraler Aufnahmen. Beim Betrachten unangenehmer Bilder war sie am stärksten ausgeprägt.

Dieses Maß hat den Vorteil, daß es willentlich kaum verfälscht werden kann. Die Augen können zwar willentlich geschlossen werden, aber nicht mit einer so kurzen Reaktionszeit. Im EMG wäre die Reaktion dann deutlich später als 50 Millisekunden nach dem Schreckreiz zu beobachten. Außerdem sind relativ viele Messungen möglich; die Schreckreaktion kann schon nach einer kurzen Pause erneut ausgelöst werden. Nach Lang et al. (1990) können in einer halbstündigen Versuchssitzung 40-50 Messungen vorgenommen werden.

Noch nicht ganz geklärt ist, ob der Effekt wirklich allein auf die Valenz des emotionalen Zustandes zurückzuführen ist. Daß Reflexe auch von psychologischen Randbedingungen abhängen, ist schon lange bekannt. Der Schreckreflex speziell variiert in Abhängigkeit von Aufmerksamkeit und Interesse (siehe Lang et al., 1990). Bislang sprechen verschiedene Untersuchungen dafür, daß sich die Größe des Schreckreflexes verändert, wenn der emotionale Zustand von Versuchspersonen mit unterschiedlichen Methoden variiert wird: Betrachten emotionsauslösender Bilder, Imagination emotionsauslösender Situationen und Erwartung von Schmerzreizen (Lang et al., 1990; Bradley & Vrana, 1993). Daraus kann aber noch nicht gefolgert werden, daß damit bei allen Induktionsmethoden und bei allen Emotionen die Valenz des Zustandes einer Person bestimmt werden kann. Weitere Untersuchungen zur Generalität des Effektes sind nötig.

Erfassung von sexueller Erregung. Sowohl für Männer als auch Frauen stehen Methoden zur Erfassung der Durchblutung der Geschlechtsorgane zur Verfügung (für eine ausführliche Darstellung siehe Geer, 1980). Beim Mann besteht die einfachste und am wenigsten beeinträchtigende Methode darin, einen dünnen, dehnbaren und mit Quecksilber gefüllten Schlauch um den Penis zu legen. Mit der Veränderung des Penisumfangs verändert sich der elektrische Widerstand des Quecksilberfadens. Bei der Frau findet ein tamponähnliches Gerät Verwendung, das in die Vagina eingeführt wird. Das Licht einer Miniaturlampe wird von der Wand der Vagina resorbiert und teilweise reflektiert. Wieviel Licht reflektiert wird, hängt von der momentanen Durchblutung ab. Das reflektierte Licht wird mittels einer Photozelle gemessen. Die so erhaltenen

Signale können mit den üblichen Verstärkungstechniken aufbereitet und dann aufgezeichnet werden. Bei der Vaginaplethysmographie erhält man als Signal Pulswellen, da sich die Durchblutung der kleinen Gefäße mit jedem Pulsschlag ändert. Die Amplitude der Pulswellen verändert sich dabei sehr sensibel mit der sexuellen Erregung.

Im Prinzip gleicht die Vaginaplethysmographie anderen plethysmographischen Methoden. Wenn etwa die periphere Durchblutung am Finger registriert wird, nimmt ebenfalls eine Photozelle das vom Gewebe reflektierte Licht einer Lichtquelle auf. Die Größe der Pulswellen zeigt auch hier an, wie stark die kleinen Gefäße durchblutet sind.

In verschiedenen Untersuchungen haben sich die beschriebenen Methoden als gute Indikatoren für die sexuelle Erregung erwiesen (vgl. Geer, 1980). Extragenitale physiologische Maße sind dagegen unspezifisch und stehen allenfalls in einem schwachen Zusammenhang mit sexueller Erregung. Morokoff (1985) zeigte Frauen entweder einen Sexfilm oder einen neutralen Film. Die vaginale Pulsamplitude differenzierte gut zwischen beiden Bedingungen. Sie trennte sogar besser zwischen den Filmbedingungen als die von den Versuchspersonen selbst eingestufte sexuelle Erregung, wie die statistischen Prüfgrößen zeigen (F = 37.1 versus 11.8). Korff und Geer (1983) fanden bei erotischen Bildern als Stimuli eine Korrelation von .86 zwischen der vaginalen Pulsamplitude und der subjektiven Erregung.

4.3 Ausdruck und Verhalten

Mit dem Begriff "Ausdruck" verbinden wir die Vorstellung, daß sich der Zustand einer Person anderen Menschen in irgendeiner Weise zeigt. Von der Person gehen Signale aus, die von anderen Menschen wahrgenommen und interpretiert werden. Wir haben also einen "Sender", "Signale" und einen "Empfänger". Der Sender befindet sich in einem bestimmten Zustand. Von diesem Zustand sollte abhängen, welche Signale er sendet. Der Empfänger interpretiert die Signale. Wenn er dabei keinen Fehler macht, sollte er den wahren Zustand des Senders erkennen. Wir sehen beispielsweise, daß jemand (der Sender) die Augenbrauen hochzieht (Signal). Daraus folgern wir, daß diese Person erstaunt ist. Diese Schlußfolgerung über den Zustand des Senders kann richtig oder falsch sein. Um das zu überprüfen, müßten wir auf andere Weise den "wahren" Zustand in Erfahrung bringen.

Aus dieser einfachen Betrachtungsweise folgt, daß sich bei der Untersuchung des Ausdrucks zwei Strategien anbieten. Die eine besteht darin, sich mit den Schlußfolgerungen zu befassen, die seitens des Empfängers vorgenommen werden (Kapitel 4.3.1). Die zentrale Fragen ist dabei, welche Emotionen von Beobachtern überhaupt zuverlässig erkannt werden. Der andere Ansatz befaßt sich mit den Signalen. Allerdings hat es sich als schwierig erwiesen, die psychologische Bedeutung selbst so einfacher Signale wie dem Hochziehen der Mundwinkel zu klären (vgl. Kapitel 5).

Beide Ansätze werden für die Erfassung des Emotionsausdrucks genutzt (Kapitel 4.3.2 und 4.3.3). Man kann versuchen, Eindrücke der Beobachter auf standardisierte Weise zu sammeln oder die Veränderungen objektiv und ohne jede Interpretation zu beschreiben. Eine reine Deskription kann sich z.B. auf die sichtbaren Bewegungen im Gesicht (z.B. Hochziehen der Augenbrauen) beziehen, auf die Aktivität der Gesichtsmuskeln, die zu den sichtbaren Veränderungen führen oder auf akustische Merkmale der Stimme. Eine solche Signalanalyse kommt dem wissenschaftlichen Bedürfnis nach exakten Messungen und Unabhängigkeit von subjektiven menschlichen Beurteilungen sehr entgegen.

4.3.1 Zum Erkennen von Emotionen anhand des Ausdrucks

Im folgenden soll eine Antwort auf die Frage gesucht werden, ob und eventuell welche Emotionen anhand des Ausdrucks erkannt werden können. Dazu werden wir uns mit einzelnen Ausdruckskomponenten befassen. Die Mimik erfährt dabei die größte Aufmerksamkeit, da sie am meisten untersucht wurde. Zwei Fragen müssen hier aber ausgeklammert werden: (1) Wie verhalten sich Beurteiler, wenn sie gleichzeitig auf mehreren "Kanälen" Informationen erhalten, wenn sie also beispielsweise die Mimik sehen und die Stimme hören? Wallbott (1990) hat sich ausführlich damit befaßt, welchen Beitrag die einzelnen Komponenten zum Erkennen von Emotionen leisten. (2) Kann man anhand des Ausdrucks den "wahren" Zustand der Person erkennen? Um diese Frage beantworten zu können, müßten wir den "wahren" Zustand kennen. Das ist aber nicht möglich. Es gibt nur verschiedene Indikatoren. Die Beziehung zwischen Ausdrucksmerkmalen und emotionalem Erleben sowie physiologischen Veränderungen wird in Kapitel 5 aufgegriffen.

Ist es nicht eine alltägliche Erfahrung, daß man merkt, in welchem emotionalen Zustand andere Menschen sich befinden? Wir "spüren", daß unser Partner traurig ist. Wir sehen, daß sich ein Kind freut, oder wir stellen an der Stimme fest, daß unser Gesprächspartner am Telefon wütend ist. Bevor wir die Alltagsbeobachtung als Beleg dafür werten, daß man Emotionen anhand des Ausdrucks differenzieren kann, sind zwei Einwände zu berücksichtigen. Erstens kennt der Beobachter in der Regel den Kontext: Der Partner hat eine Prüfung nicht bestanden, das Kind hat gerade ein Geschenk erhalten, und unser Gesprächspartner am Telefon berichtet, daß er sich unfair behandelt fühlt. Allein diese Informationen könnten ausreichen, einen bestimmten Gefühlszustand zu diagnostizieren. Daß Kontextinformationen einen wichtigen Beitrag zum Erkennen von Emotionen leisten, ist gut belegt (siehe Wallbott, 1990). Zweitens wird bei einer solchen Betrachtung leicht vergessen, daß wir gar nicht wissen, ob unsere Schlußfolgerungen richtig sind. In der Regel überprüfen wir sie überhaupt nicht. Vielleicht ist unser Partner nicht traurig, sondern nur müde und erschöpft. Der Gesprächspartner am Telefon täuscht nur vor, wütend zu sein, um uns zu beeindrucken. Das Kind will vielleicht nur artig sein und macht ein freundliches Gesicht zu dem Geschenk.

In wissenschaftlichen Untersuchungen versucht man, beiden Einwänden Rechnung zu tragen. Die Mimik oder die Stimme können ohne Kontext, der die zu erwartende Emotion "verrät", dargeboten werden. Es ist möglich, eine Videoaufnahme oder ein Foto des Gesichts bzw. eine Tonbandaufnahme der Stimme (mit einer inhaltlich neutralen Sprachprobe) zur Beurteilung vorzuge-ben. Ein Problem bleibt jedoch das Kriterium, anhand dessen der wahre Zu-stand festgelegt wird. In der Forschungspraxis werden verschiedene Lösungs-möglichkeiten gesehen: (1) Ein Darsteller wird aufgefordert, eine bestimmte Emotion auszudrücken (ohne daß er dabei notwendigerweise eine entsprechen-de Empfindung hat); (2) Versuchspersonen werden in eine Situation gebracht, in der das Auftreten einer bestimmten Emotion erwartet wird; (3) Versuchsper-sonen werden gefragt, wie sie sich gerade fühlen. Zuvor können sie einem emotionsauslösenden Reiz ausgesetzt worden sein.

Es gibt also verschiedene Wege, das Erkennen von Emotionen zu untersu-chen. Die Art der Darbietung kann variieren. Die Mimik und die Körperhal-tung etwa können statisch (Bilder) oder dynamisch (Film) dargeboten werden. Das Beurteilungsmaterial kann dabei auf unterschiedliche Weise erstellt worden sein. Ob es Versuchspersonen gelingt, Emotionen anhand des Ausdrucks zu erkennen und zu differenzieren, wird folglich mit von der Untersuchungsme-thode abhängen.

Mimik. Unter allen Ausdrucksvariablen wurde die Mimik am intensivsten untersucht. Frühe Untersuchungen zum *Erkennen* von Emotionen, die größten-teils in den zwanziger Jahren durchgeführt worden sind, legten den Schluß nahe, daß Emotionen nicht zuverlässig aus der Mimik erschlossen werden können. Ein und dieselbe Aufnahme oder auch Life-Darstellung wurde oft von verschiedenen Beurteilern unterschiedlich benannt. Ekman, Friesen und Ells-worth (1972/1974) haben die meisten älteren Arbeiten aus methodologischen Gründen kritisiert und sind zu der Schlußfolgerung gelangt, daß es doch mög-lich ist, Emotionen anhand des Gesichtsausdrucks zu erkennen. Gegen die von Ekman und Mitarbeitern vorgelegten Untersuchungen zum Erkennen von Emotionen haben Russell und Bullock (1986) eingewandt, daß die hohen Beur-teilerübereinstimmungen (auch in kulturvergleichenden Untersuchungen) darauf zurückzuführen sind, daß die verwendeten Aufnahmen von Gesichtern streng ausgelesen sind. Es handelt sich dabei um besonders typische Darstellungen von Freude, Traurigkeit, Ärger etc.

Die wohl größte Untersuchung zur Beurteilungsgenauigkeit stammt von Ekman et al. (1987). Über 500 Versuchspersonen aus zehn Ländern sahen 18 Fotografien von Gesichtern. Die Bilder waren sehr sorgfältig danach ausge-wählt worden, daß je drei von ihnen nach Ansicht von Ekman und Friesen Glück, Überraschung, Traurigkeit, Angst, Ekel bzw. Ärger ausdrückten.

Deshalb überraschen die hohen Trefferquoten von durchschnittlich 74 (Ekel, Ärger) bis 90 Prozent (Glück) auch nicht. Nicht trivial ist dagegen, daß Beurteiler aus Japan, Hongkong und Sumatra ähnlich hohe Trefferquoten erzielten wie die aus den westlichen Kulturen. In einer weiteren Publikation (Ekman & Friesen, 1986) wird berichtet, daß auch drei Gesichter beurteilt wurden, die möglicherweise einen Ausdruck der Verachtung zeigten. Einer dieser Gesichtsausdrücke wurde relativ häufig (von durchschnittlich 75 Prozent der Beurteiler) als Verachtung interpretiert. Die Autoren nahmen das zum Anlaß, von der Entdeckung eines neuen pankulturellen Gesichtsausdrucks zu sprechen. Allerdings lagen schon früher Daten vor, die dafür sprechen, daß es einen universellen Gesichtsausdruck der Verachtung gibt (vgl. Izard & Haynes, 1988).

Als Beispiel für eine Untersuchung mit unausgelesenem Stimulusmaterial sei Osgood (1966) genannt. Psychologiestudenten dienten als Darsteller und auch als Beurteiler. Jede von 40 (!) verschiedenen Emotionen wurde live vor den Beurteilern dargestellt. Die Darsteller befanden sich hinter einer Art Fensterrahmen mit einer Sichtblende. Sie konnten sich auf den angezielten Gesichtsausdruck vorbereiten. Dann wurde der Vorhang für zehn Sekunden hochgezogen. Während dieser Zeit sollten sie den Ausdruck beibehalten. Die Beurteiler wußten, daß es sich jeweils nur um eine der 40 Emotionen handeln konnte. Die Trefferquote lag bei 13 Prozent. Selbst als Osgood die 40 Emotionen zu 12 Kategorien zusammenfaßte und Verwechslungen innerhalb einer Kategorie (z.B. Verachtung statt Ekel) als richtige Antwort akzeptierte, stieg die durchschnittliche Trefferquote nur auf 30 Prozent. Am besten erkannt wurden Freude (56 Prozent), stilles Vergnügen (55 Prozent) und Ekel (50 Prozent).

So unterschiedlich die Ergebnisse beider Studien sind - sie widersprechen sich nicht. Bei Osgood (1966) wurde das richtige Erkennen durch zwei Umstände erschwert. Eine Emotion kann nur gut erkannt werden, wenn sie treffend dargestellt wird. Mangelnde schauspielerische Fähigkeiten der Darsteller verschlechtern notwendigerweise die Trefferquote. Weiterhin werden nicht alle Emotionen gleich gut darstellbar sein. Unter den 40 Emotionen Osgoods befanden sich sogar vermutlich viele, die normalerweise nicht an der Mimik zu erkennen sind. Die Untersuchung von Ekman (Ekman et al., 1987; Ekman & Friesen, 1986) demonstriert lediglich, daß man Aufnahmen von Gesichtsausdrücken finden kann, die in verschiedenen Kulturen mit Glück, Überraschung, Angst, Ärger, Traurigkeit, Ekel und Verachtung in Verbindung gebracht werden. Es handelt sich dabei um besonders charakteristische Aufnahmen. Keineswegs wird jeder mimische Ausdruck dieser Emotionen so gut erkannt. Das gilt für gestellte Gesichtsausdrücke, die nicht vorausgelesen wurden, und ganz besonders für spontane mimische Reaktionen.

Die Frage nach allgemeinen *Beschreibungsdimensionen* kann kurz behandelt werden. Grundsätzlich kann man hier die gleiche Untersuchungsstrategie einschlagen wie bei der Analyse von Emotionswörtern. An Stelle von Wörtern sind jedoch Aufnahmen von Gesichtsausdrücken zu verwenden. Die Gesamtheit aller Gesichtsausdrücke ist nicht bekannt. Daher haben sich die Untersucher bemüht, Gesichtsausdrücke zu sammeln, die sie als wichtig ansehen. Meist wurde mit gestellten Aufnahmen gearbeitet, da es sehr schwierig ist, hinreichend viele verschiedene spontane Emotionsausdrücke im Bild festzuhalten.

Die Untersuchungen mimisch ausgedrückter Emotionen haben mit großer Übereinstimmung zu den gleichen Dimensionen geführt wie die zu Emotionswörtern. Die wichtigste Dimension ist Lust-Unlust. Gesichtsausdrücke werden also in erster Linie danach unterschieden, wie positiv oder negativ die Emotionen sind, die sie ausdrücken. Am einen Pol stehen Aufnahmen, die Emotionen wie Freude oder Glück ausdrücken, am anderen Ende finden sich Darstellungen von Traurigkeit, Angst, Ekel etc. An zweiter Stelle wurde mehrfach eine Dimension gefunden, die man Aktivierung oder Erregung nennen kann. Bezüglich weiterer Dimensionen besteht wenig Übereinstimmung. Beispiele sind Kontrolle, Aufmerksamkeit-Desinteresse und Natürlichkeit. Zusammenfassende Darstellungen dazu finden sich bei Ekman et al. (1972/1974) und Schmidt-Atzert (1981). Russell und Bullock (1986) haben eine kreisförmige Anordnung in einem zweidimensionalen Raum mit den Dimensionen Valenz (Lust-Unlust) und Erregung vorgeschlagen. In ihren Untersuchungen wurden allerdings nur ausgewählte Emotionsausdrücke und zusätzlich bestimmte emotionsuntypische Darstellungen (Ruhe, Schläfrigkeit) verwendet. Hier gelten die gleichen Bedenken wie bei ihrem Modell für Emotionsbegriffe (vgl. Kapitel 4.1.1).

Zur Einteilung von Gesichtsausdrücken in *Kategorien* liegen nur relativ wenige Untersuchungen mit zudem unterschiedlichen Ergebnissen vor. Ekman et al. (1972/74) sehen eine gewisse Übereinstimmung bezüglich der Kategorien Glück, Überraschung, Angst, Traurigkeit, Ärger, Ekel/Verachtung und Interesse.

Stimme. Bei Untersuchungen zum Erkennen von Emotionen anhand der Stimme stellt sich das Problem, daß der Sprachinhalt das Urteil nicht beeinflussen darf. Drei Lösungen bieten sich an. Die am häufigsten präferierte besteht darin, daß die Darsteller aufgefordert werden, die gleiche Aussage mit unterschiedlichen Emotionen in der Stimme zu machen. Fairbanks und Hoaglin (1941) etwa ließen Amateurschauspieler sagen: "Es gibt keine andere Antwort. Du hast mir diese Frage tausendmal gestellt, und meine Antwort war immer die gleiche. Sie wird immer wieder die gleiche sein". Die Darsteller sollten damit entweder Verachtung, Ärger, Angst, Kummer oder Gleichgültigkeit ausdrükken. An Stelle von gesprochener Sprache kann so auch der Emotionsausdruck durch Gesang untersucht werden (z.B. Kotlyar & Morozov, 1976). Alternative Lösungen sind, daß die Beurteiler herangezogen werden, welche die Sprache der Darsteller nicht kennen, oder daß die Sprache durch spezielle Filtertechniken unverständlich gemacht wird. Die beiden letztgenannten Techniken bieten sich an, wenn nicht mit gestellten, sondern mit spontanen Emotionen gearbeitet werden soll. Allerdings sind Studien zum spontanen Emotionsausdruck die Ausnahme.

Wie gut die Zuhörer erkennen, welche Emotion ausgedrückt werden soll, hängt natürlich davon ab, wie gelungen die Darstellungen sind, wieviele Proben zu beurteilen sind und wieviele Antwortmöglichkeiten bestehen. In der Studie von Fairbanks und Hoaglin (1941) standen den Beurteilern zwölf Emotionen zur Auswahl, darunter auch die fünf dargestellten. Hier lagen die Trefferquoten (gemittelt über sechs Sprecher und 64 Beurteiler) zwischen 66 (Angst) und 88 Prozent (Gleichgültigkeit). Ähnlich gute Erkennungsleistungen berichten Kotlyar und Morozov (1976) für Gesang. Die Zuhörer erkannten in über 80 Prozent der Fälle Sorge, Ärger, Angst und einen neutralen Zustand an der Singstimme; lediglich Freude wurde relativ schlecht erkannt (55 Prozent). Insgesamt können Emotionen offenbar relativ gut anhand der Stimme identifiziert werden. Scherer (1986, S. 144) hat für 28 Beurteilungsstudien eine durchschnittliche Trefferquote von 60 Prozent ermittelt. Allein durch Raten hätten die Beurteiler nur in durchschnittlich zwölf Prozent der Fälle einen Treffer erzielen können.

Körperbewegungen. Menschliches Verhalten ist in der Regel instrumentell, d.h., es dient dazu, ein bestimmtes Ziel zu erreichen. Im Alltag schließen wir dennoch manchmal auch vom Verhalten auf Emotionen. Weglaufen beispielsweise kann als Anzeichen für Angst interpretiert werden. Wenn man "Weglaufen" beobachtet, muß man bereits etwas über die Situation wissen, nämlich, daß ein Mensch oder Objekt vorhanden ist, von dem sich jemand entfernt. Schnelles Laufen allein sagt nichts über eine Emotion aus; es kommt bei vielen Anlässen vor (z.B. im Sport). Selbst wenn sich jemand schnell von einem gefährlichen Objekt entfernt, kann das völlig emotionslos geschehen. Weglaufen kann also nicht als ein angstspezifisches Verhalten angesehen werden. Daran ändert sich auch nichts, wenn Befragungen ergeben, daß dieses Verhalten mit Angst in Verbindung gebracht wird. Bei Izard (1977/1981) nannten 45 Prozent der befragten Studenten "weglaufen, sich zurückziehen, sich schützen" als angsttypisches Verhalten. Kirouac, Bouchard und St-Pierre (1986), die an Stelle von Emotionsbezeichnungen typische Gesichtsfotos verwendeten, stellten fest, daß ein typischer Angstausdruck von durchschnittlich 50 Prozent der Versuchspersonen mit "Zurückweichen" in Verbindung gebracht wurde.

Solche Untersuchungen sind als Hinweis darauf zu werten, daß es bestimmte stereotype Vorstellungen über den Ausdruck von Emotionen im Verhalten gibt. Aber selbst wenn solche Stereotype abgefragt werden, findet sich keine Verhaltensweise, die mit hoher Übereinstimmung einer bestimmten Emotion zugeordnet wird. Eine Ausnahme scheint sich bei Kirouac et al. (1986) zu finden. "Sich zu anderen gesellen" wurde von 96 Prozent der Befragten mit Glück in Verbindung gebracht, was vermutlich damit zu erklären ist, daß Glück die einzige positive Emotion im Stimulusmaterial war und den Versuchsperson hier die Wahl zwischen den sechs vorgegebenen Verhaltensweisen leicht fiel.

Eine Untersuchung, die sich explizit mit dem Erkennen von Emotionen anhand von Körperbewegungen befaßt, stammt von Sogon und Izard (1987). Je

zwei männliche und weibliche japanische Schauspieler stellten Freude, Überraschung, Angst, Traurigkeit, Ekel, Ärger, Verachtung, Zuneigung, Erwartung
und Anerkennung durch Körperbewegungen dar. Sie wurden dabei von hinten
gefilmt; ihr Gesichtsausdruck wurde damit als Beurteilungsgrundlage ausge-
schaltet. Jede Szene begann damit, daß die Person zwei Sekunden in einer
neutralen Haltung verharrte. Dann führte sie nur vier Sekunden lang Körperbewegungen aus. Als Beurteiler fungierten amerikanische Psychologiestudenten, die für jede der 114 Szenen angeben sollten, welche von zehn Emotionen
dargestellt wird. Die Ratewahrscheinlichkeit liegt also bei zehn Prozent. Tatsächlich erkannten die Beobachter die meisten Emotionen in 50 Prozent der
Fälle und mehr. Insbesondere Angst, Ärger und Traurigkeit wurden oft richtig
identifiziert. Schwer zu erkennen war Verachtung (etwa 30 Prozent Treffer).

Bemerkenswert ist, daß sich Beobachter manchmal mit sehr wenig Informationen zufrieden geben, wenn sie auf bestimmte Emotionen schließen. Die Versuchspersonen von Sogon und Izard (1987) sahen die Darsteller nur von hinten
und auch nur sehr kurz. In einer Untersuchung von Walk und Homan (1984)
sahen die Versuchspersonen nur zwölf weiße Punkte, die sich 15 oder 20
Sekunden lang bewegten. Die Bewegungsmuster kamen dadurch zustande, daß
einer dunkel gekleideten Person weiße Bälle an die Schultern, Ellbogen,
Handgelenke, Hüften, Knie und Knöchel geheftet wurden. Die entsprechend
talentierte Darstellerin wurde bei schwachem Licht gefilmt, als sie Traurigkeit,
Angst, Ärger, Verachtung, Glück und Überraschung durch Körperbewegungen
ausdrückte. Für die Darbietung wurde der Kontrast des Monitors so eingestellt,
daß die Person selbst nicht zu sehen war. Die Versuchspersonen konnten erstaunlich gut erkennen, um welche Emotionen es sich handelte, wenn ihnen
Begriffe zur Auswahl vorgegeben wurden. Die Trefferquoten lagen zwischen
71 (Verachtung und Angst) und 96 Prozent (Glück). Weitaus weniger Informationen hatten Versuchspersonen in einer Untersuchungsserie von Rimé et al.
(1985) zur Verfügung. Die Autoren knüpften an frühe Untersuchungen von
Heider und von Michotte an, indem sie Versuchspersonen zwei kleine Rechtecke bzw. (in Untersuchung 2) zwei stark abstrahierte menschliche Silhouetten
zeigten, die sich in einem schmalen horizontalen Fenster bewegten. Die Versuchspersonen sollten ihre Meinung über das kundtun, was sie sahen. Zur
Beschreibung der Bewegungsmuster standen zwölf Wortpaare (z.B. angenehm,
freundlich; aggressiv, brutal) zur Verfügung. Die Ergebnisse zeigen, daß allein
die Bewegungsmuster ausreichten, den Figuren Emotionen zuzuschreiben. Ob
es sich bei den Objekten um Rechtecke oder um menschliche Silhouetten handelte, spielte kaum eine Rolle. Die Attributionen erwiesen sich in einer dritten
Untersuchung mit Versuchspersonen aus den USA, Belgien und Zaire als relativ kulturunabhängig.

Die Zahl möglicher Bewegungsmuster ist extrem groß. So ist es denkbar,
daß beispielsweise für die "Wahrnehmung" von Angst unterschiedliche Bewegungsmuster wirksam sein können. Unter den acht von Rimé et al. (1985)
untersuchten Mustern wurden immerhin zwei deutlich verschiedene Muster mit

Angst in Verbindung gebracht: (1) B ist zunächst bewegungslos, A bewegt sich zunächst langsam und dann schnell auf B zu und stoppt, B bewegt sich nun mit hoher Geschwindigkeit ein kleines Stück von A weg. (2) A und B bewegen sich relativ langsam aufeinander zu, B stoppt und bewegt sich dann schnell in die andere Richtung, während A seine langsame Bewegung beibehält.

Die Untersuchungen von Sogon und Izard (1987), Walk und Homan (1984) und Rimé et al. (1985) sprechen dafür, daß Körperbewegungen und die Lokomotion dazu benutzt werden, auch bei der Beobachtung natürlichen Verhaltens auf Emotionen zu schließen. Es ist aber zu vermuten, daß die Trefferquote beim spontanen Verhalten sehr niedrig sein wird. In den Untersuchungen wurden störende Informationen ausgeblendet. Reales Verhalten ist sehr komplex, und Bewegungsmuster sind nur ein Aspekt. Schon die Reduktion von Bewegungen auf eine Dimension bei Rimé et al. (1985) stellt eine Vereinfachung dar. Die Menschen bewegen sich im zweidimensionalen Raum (manchmal gehen Bewegungen auch in die dritte Dimension; Beispiel: auf einen Stuhl steigen). Die Lokomotion wird durch räumliche Hindernisse und die Ausführung anderer Verhaltenspläne beeinflußt. Zu der Dynamik der Körperbewegungen kommen statische Merkmale hinzu.

Die Körperhaltung liefert möglicherweise Informationen, die mit denen zum Bewegungsablauf interferieren. Die Bedeutung der Körperhaltung für das Erkennen von Emotionen wurde bisher kaum beachtet, sieht man von populärwissenschaftlichen Werken ab.

4.3.2 Methoden zur Erfassung mimischer Reaktionen

Bei den Meßmethoden können wir zwischen interpretativen und objektiv beschreibenden unterscheiden. Immer wenn Beobachter eine Aussage über das Vorliegen oder die Intensität einer Emotion machen, wird von ihnen eine Interpretation verlangt. Die Beobachter nehmen irgendwelche Veränderungen wahr, wobei sie oft nicht angeben können, welche das genau sind. Dennoch sind sie imstande, ein globales Urteil abzugeben: "Person X hat Angst". Im Grunde wird nicht die Emotion der zu beurteilenden Person erfaßt, sondern ein Eindruck der Beurteiler. Die beschreibenden Verfahren liefern dagegen nur Informationen darüber, ob eine bestimmte Veränderung des Gesichtes (z.B. Hochziehen der Augenbrauen) vorliegt. Insofern können sie mit den meisten physiologischen Meßmethoden verglichen werden, die eine Registrierung bestimmter Veränderungen gestatten, aber zunächst keine Antwort auf die Frage geben können, ob diese Veränderungen spezifisch für eine Emotion sind. Es ist eine Aufgabe der Forschung, die Bedeutung dieser Veränderungen zu ermitteln.

Einstufung der Mimik. Möchte man feststellen, welche Emotion eine Person in ihrer Mimik ausdrückt, besteht eine einfache Methode darin, die Mimik dieser Person aufzunehmen und anschließend einstufen zu lassen. Dazu wird eine Film- oder Videoaufnahme des Gesichtes angefertigt. Die Beurteiler stufen dann ein, in welchem Zustand sich die Person befindet. Für die Einstufung können entweder allgemeine Beschreibungsdimensionen verwendet werden oder Emotionskategorien. Der Vorgang gleicht weitgehend der Einstufung des eigenen emotionalen Befindens (siehe Kapitel 4.1.2). Die Skalen können sogar die gleichen sein wie bei der Gefühlseinstufung. Der Unterschied liegt in der Instruktion. Die Beurteiler geben nicht an, wie sie sich selbst fühlen, sondern wie sich die andere Person ihrem Eindruck nach fühlt. Zu einigen Selbst-einstufungsfragebögen liegen sogar parallele Versionen für eine Fremdbeur-teilung vor.

Je nach Fragestellung können die Intensität oder die Dauer der Emotionen eingestuft werden. Eine andere Variante besteht darin, den Beurteilern eine Liste von Emotionen vorzulegen und sie zu bitten, die zutreffende anzukreuzen. Überlegungen zum richtigen Antwortformat und zur Bestimmung der Reliabili-tät der Beurteilungen finden sich bei Rosenthal (1982).

Ein spezielles Training der Beurteiler ist nicht unbedingt nötig. Bei der Auswahl der Beurteiler sollte bedacht werden, daß nicht alle Menschen gleichermaßen sensitiv für nonverbale Signale sind. Als besonders gute Beurteiler gelten jüngere Frauen, die zudem kognitiv komplex und psychiatrisch unauffällig sein sollten (Rosenthal, 1982). Falls die Beurteiler trainiert werden sollen, bietet sich das Bildmaterial von Ekman und Friesen (1975) an. In dem Buch sind typische Gesichtsausdrücke dargestellt und detailliert beschrieben, die normalerweise als Ausdruck der Emotionen Glück, Überraschung, Ärger, Ekel, Angst und Traurigkeit interpretiert werden. Damit kann die Eindrucksbildung besser standardisiert und die Beurteilerüberein-stimmung erhöht werden. Ob damit validere Urteile erzielt werden als mit untrainierten Beurteilern ist eine andere Frage. Etwas Ähnliches leistet ein Trainingsmaterial, das unter der Bezeichnung *System for Identifying Affect Expressions by Holistic Judgements (Affex)* eingeführt wurde (siehe Izard & Dougherty, 1982). Das Videoband enthält Anschauungsmaterial speziell für den Emotionsausdruck bei Kindern.

Standardisierte Verhaltensbeobachtungssysteme. Veränderungen der Mimik können beobachtet und beschrieben werden, ohne dabei auf Emotionen Bezug zu nehmen. Beispielsweise beobachten wir ein Heben der rechten Augenbraue, ein Zusammenpressen der Lippen oder ein Naserümpfen. Was solche mimischen Reaktionen bedeuten, ob sie etwa Ausdruck einer bestimmten Emotion sind, bleibt dabei zunächst offen. In der Vergangenheit wurden verschiedene Systeme zur Beschreibung der sichtbaren Veränderungen im Gesicht entwickelt, das erste bereits 1924. Eine vergleichende Übersicht über 14 Verfahren gibt Ekman (1982). Die meisten Beobachtungssysteme wurden explizit zur Messung von Emotionen entwickelt. Ein Problem dieser Instrumente besteht darin, daß sie notwendigerweise vom jeweiligen For-schungsstand oder von theoretischen Annahmen über die Funktion bestimmter mimischer Aktivitäten abhängen. Es werden also nur die mimischen Elemente registriert, die von den Autoren als bedeutsam erachtet werden. Die Ansicht darüber, was bedeutsam ist, kann sich im Laufe der Zeit ändern.

Ein Beschreibungssystem hat eine relativ große Verbreitung gefunden. Das *Facial Action Coding System (FACS)* wurde von Ekman und Friesen (1978) vorgelegt und baut auf Arbeiten des schwedischen Anatoms Hjötsjö auf. Eine deutschsprachige Beschreibung findet sich bei Ekman (1988). Damit soll das mimische Verhalten möglichst erschöpfend beschrieben werden. Es gibt also keine Einschränkung etwa auf die häufig vorkommenden oder gar nur die emotionsrelevanten Veränderungen.

Gegenstand der Beschreibung sind 44 "Action Units" (Aktionseinheiten). Das sind mehr oder weniger komplexe Muster von mimischen Veränderungen. Eine Aktionseinheit kann auf die Kontraktion eines einzelnen Gesichtsmuskels oder auch mehrerer Muskeln zurückzuführen sein. Ein Beispiel ist in Abbildung 4.4 dargestellt.

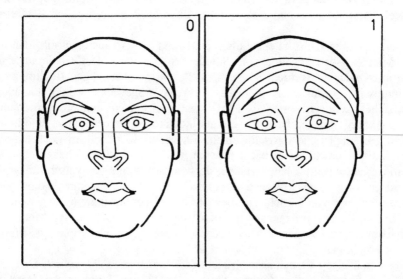

Abbildung 4.4 Action Unit 1 ("inner brow raise") im Facial Action Coding System. 0 = Referenzgesicht, 1 = mimische Aktion. Die inneren Augenbrauen sind angehoben, oder über den inneren Augenbrauen tritt eine Ausbuchtung auf. Im Zentrum der Stirn entstehen horizontale Falten, die nach außen hin abfallen. Die sichtbaren Veränderungen sind auf eine Kontraktion des mittleren Teils des Stirnmuskels (Frontalis) zurückzuführen (aus Bauerfeind, Ellgring, Günthner, Hieke & Hiebinger, 1982, S. 2; mit freundlicher Genehmigung von H. Ellgring).

Bei der Anwendung des Facial Action Coding Systems sehen sich der oder die Beobachter jeweils kleine Abschnitte an. Wenn sie eine Veränderung der Mimik entdeckt haben, betrachten sie sich diesen Teil der Aufzeichnung (u.U.

in Zeitlupe) näher. Es empfiehlt sich sogar, Ober- und Untergesicht nacheinander zu beobachten. Jede Veränderung wird codiert, wobei zur gleichen Zeit auch mehrere Aktionseinheiten vorkommen können. Ein Protokoll über eine sehr kurze Beobachtungsphase kann so aussehen: "1 + 2 + 23". In diesem Fall waren gleichzeitig drei mimische Aktionen zu beobachten: Die Augenbrauen sind ganz angehoben (innere Augenbrauen = 1, äußere = 2), und die Lippen erscheinen verengt (23). Es besteht auch die Möglichkeit, die Intensität einer mimischen Veränderung zu codieren. Dabei steht "X" für eine besonders ausgeprägte und "t" (trace = Spur) für eine besonders niedrige Intensität. Zusammen mit der "normalen" Ausprägung werden also drei Intensitätsstufen unterschieden. Daneben kann natürlich auch die Zeit festgehalten werden, indem Beginn, Zeitpunkt der stärksten Ausprägung und Ende einer Aktionseinheit protokolliert werden.

Die Beobachter müssen sorgfältig trainiert werden, da genau festgelegt ist, wann eine bestimmte Aktionseinheit codiert werden darf und wann nicht. Für das Training können etwa 100 Stunden veranschlagt werden. Selbst gut trainierte Beobachter zeigen selten eine perfekte Übereinstimmung in allen Codierungen.

Die Codierung selbst ist ebenfalls zeitaufwendig. Als Faustregel gilt, daß für eine Minute Videoaufnahme eine Stunde benötigt wird. Der Codieraufwand kann aber reduziert werden, wenn an Stelle einer vollständigen Beschreibung der mimischen Veränderungen nur das Auftreten ausgewählter Aktionseinheiten protokolliert wird. In einer als EMFACS bezeichneten Version werden nur solche Aktionseinheiten beachtet, die als Indikatoren für bestimmte Emotionen gelten. Die empirische Basis für solche Zuordnungen ist jedoch noch äußerst schmal. Es läßt sich relativ leicht feststellen, welche Aktionseinheiten etwa an einem Gesichtsausdruck beteiligt sind, der von Beurteilern als typisch für Ärger angesehen wird. Den typischen Ärgerausdruck findet man unter Fotos oder Videoaufnahmen von Gesichtern, die mit hoher Übereinstimmung von Beurteilern als Ausdruck von Ärger interpretiert werden. Ob jedoch ein spontaner, natürlich auftretender Ärgerausdruck genauso aussieht, ist eine empirische Frage, die noch nicht befriedigend beantwortet ist.

Von den übrigen Verhaltensbeobachtungssystemen ist das *Maximally Discriminative Facial Movement Coding System (MAX)* von Izard (siehe Izard & Dougherty, 1982) besonders zu erwähnen, da es speziell in der Emotionsforschung mit Kindern mehrfach angewandt worden ist. Es dient der Codierung von 29 anatomisch spezifizierten Bewegungseinheiten des Gesichts. Anders als bei einer umfangreicheren Vorgängerversion werden nur Veränderungen erfaßt, die für Emotionen relevant sein sollen. Der Aufwand für die Durchführung ist ähnlich groß wie beim FACS.

Gesichtsmuskel-EMG. Wie kommen die Bewegungen der Gesichtshaut und die Faltenbildungen zustande, die für den mimischen Emotionsausdruck verantwortlich sind? Die Ursache liegt in der Kontraktion zahlreicher Gesichtsmuskeln, die mit der Haut verbunden sind. Wenn beispielsweise der Stirnmuskel (Frontalis) zusammengezogen wird, bilden sich horizontale Falten auf der Stirn, und die Augenbrauen werden mit nach oben gezogen. Der Frontalis zieht sich etwa von den Augenbrauen bis über den Haaransatz hinaus senkrecht über die Stirn nach oben. Er ist der größte Gesichtsmuskel. Er kann sogar in Teilen kontrahiert werden. So kommt der in Abbildung 4.4(1) dargestellte Gesichtsausdruck durch das Zusammenziehen seines mittleren Teils zustande. An einer beobachtbaren Veränderung im Gesicht können aber auch mehrere mimische Muskeln beteiligt sein. Neben den mimischen Muskeln gibt es vier weitere Gesichtsmuskeln, die mit Knochen verbunden sind und die die Funktion haben, den Unterkiefer zu bewegen (Kaumuskulatur). Beide Gruppen von Muskeln werden von unterschiedlichen Nerven versorgt (Rinn, 1984). Eine genaue Beschreibung und Darstellung der Gesichtsmuskel-Anatomie findet sich z.B. bei Kahle, Leonhardt und Platzer (1979).

Die Kontraktion eines Muskels wird durch Aktionspotentiale ausgelöst, die über die Muskelfasern laufen. Diese elektrische Aktivität kann auch auf der Hautoberfläche registriert werden. Dazu dienen Oberflächenelektroden, die auf die Haut aufgeklebt werden. Das Signal muß natürlich verstärkt werden, bevor es sichtbar gemacht werden kann. Die Registrierung der elektrischen Aktivität von Muskeln nennt man *Elektromyograhpie*, das Ergebnis der Registrierung *Elektromyogramm (EMG)*.

Bei der Registrierung der Aktivität von Gesichtsmuskeln (Gesichtsmuskel-EMG) ist die genaue Plazierung der Elektroden wichtig. Abbildung 4.5 zeigt die Plazierung von Elektroden über zwei für die Emotionsforschung besonders wichtigen mimischen Muskeln sowie ein typisches EMG-Signal. Empfehlungen zur Plazierung und weitere Hinweise zur Methodologie geben Fridlund und Izard (1983) sowie Fridlund und Cacioppo (1986).

Vor der Ableitung eines Gesichtsmuskel-EMGs ist es von Nutzen, sich mit der Anatomie der Gesichtsmuskeln vertraut zu machen. Bedingt durch Unterschiede in der Kopf- und Gesichtsform verlaufen die einzelnen Gesichtsmuskeln nicht bei allen Menschen exakt gleich. Am besten überprüft man individuell die richtige Plazierung der Elektroden. Dazu fordert man die Versuchsperson auf, eine Gesichtsbewegung zu machen, an welcher der betreffende Muskel beteiligt ist (z.B. finsterer Blick beim Corrugator supercilii oder Hochziehen der Mundwinkel beim Zygomaticus major). Wenn dann im EMG keine Reaktion sichtbar ist, sitzen die Elektroden falsch.

Selbst bei Verwendung sehr kleiner Elektroden besteht immer die Möglichkeit, daß die Aktivität benachbarter Muskeln mit aufgezeichnet wird. Die Muskeln verlaufen zum Teil übereinander. Bei mimischen Aktivitäten können die Elektroden auch mit der Gesichtshaut über einen anderen Muskel verschoben werden. Eine selektive Erfassung der Aktivität einzelner Muskel wäre nur durch Verwendung von Nadelelektroden gewährleistet, die in den Muskel eingestochen werden. In der psychologischen Forschung finden aber in der Regel Oberflächenelektroden Verwendung. Man sollte daher nicht von der

Ableitung einzelner Muskeln sprechen, sondern treffender von Muskelregionen, über denen abgeleitet wurde.

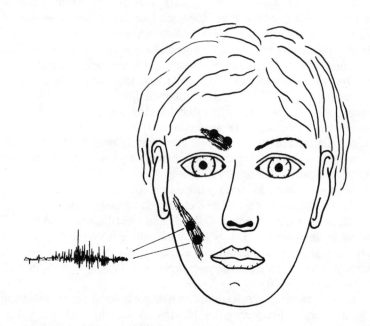

Abbildung 4.5 Gesichtsmuskel-EMG. Plazierung von Elektroden über der Zygomaticus-major (unten) und Corrugator-supercilii-Region (oben). Die beiden Gesichtsmuskeln sind schematisch eingezeichnet. Links ist ein EMG-Signal zu sehen, das an einem Gesichtsmuskel abgeleitet wurde.

Gegenüber Beobachtungsmethoden (z.B. FACS) hat das Gesichtsmuskel-EMG den Vorteil, daß die Auswertung weniger zeitaufwendig ist. Ob und wann eine Reaktion vorliegt, ist leicht festzustellen. Bei Verwendung integrierter Signale kann die Amplitude als Maß für die Intensität einer mimischen Reaktion herangezogen werden. Dabei ist gegenüber den Beobachtungsmethoden eine sehr feine Abstufung der Intensität möglich. Sehr schwache mimische Reaktionen werden zumindest leichter erkannt als bei den Beobachtungsmethoden. Fraglich ist, ob tatsächlich auch Reaktionen erfaßt werden können, die in einer guten Videoaufzeichnung des Gesichts nicht zu sehen sind.

Den Vorteilen bei der Auswertung steht als Nachteil gegenüber, daß Elektroden im Gesicht der Versuchsperson angebracht werden müssen. Besonders wenn viele Ableitungen vorgenommen werden, fühlt sich die Versuchsperson möglicherweise durch die Elektroden und Kabel in ihrem Gesicht etwas beeinträchtigt. Gravierender kann sein, daß die Aufmerksamkeit der Versuchsperson auf die Mimik gelenkt wird. Es besteht die Gefahr, daß die Versuchsperson

Sinn und Zweck der Messungen errät, was bei manchen Fragestellungen sehr nachteilig wäre. Durch eine geeignete Coverstory (z.B. Registrierung von Augenbewegungen) kann versucht werden, den wahren Untersuchungszweck zu verbergen.

Auf jeden Fall müssen sich potentielle Anwender darüber bewußt sein, daß das EMG ebensowenig wie die Beobachtungsmethoden gestattet, spontane und willentliche mimische Reaktionen zu unterscheiden. Die Nervenimpulse für willkürliche und spontane emotionale mimische Reaktionen haben zwar einen anderen Ursprung im Gehirn (Rinn, 1984), der ausführende Muskel, über dem abgeleitet wird, verhält sich aber immer gleich.

Computerunterstützte Bewegungsanalyse. Wenn jemand im Dunkeln eine brennende Wunderkerze in der Hand hält und damit eine Bewegung ausführt, zeichnet die Lichtquelle für die Betrachter eine Spur der Bewegung. Man kann mit der Lichtquelle einen Kreis oder eine andere Figur "malen". Die Leserinnen und Leser mögen sich nun vorstellen, daß jemand kleine Leuchtpunkte im Gesicht hat und im Dunkeln das Gesicht verzieht, ohne den Kopf dabei zu bewegen. Ein Hochziehen der Augenbrauen beispielsweise würde sichtbar, wenn sich direkt über der Braue ein Leuchtpunkt befände.

Nach diesem Prinzip funktioniert die computerunterstützte Analyse von Gesichtsbewegungen (Himer, Schneider, Köst & Heimann, 1991). An bestimmten Stellen im Gesicht (z.B. neben den Mundwinkeln und über den Augenbrauen) werden kleine Punkte aus lichtreflektierender Folie aufgeklebt. Das Gesicht wird durch vier weitere Leuchtpunkte, die über eine Art Stirnband fest mit dem Kopf verbunden sind, "eingerahmt" (siehe Abbildung 4.6).

Bei eventuellen Kopfbewegungen bewegt sich dieser "Rahmen" mit. Verändert sich die Position eines Leuchtpunktes im Gesicht zum "Rahmen", muß eine Gesichtsbewegung dafür verantwortlich sein. Das Gesicht wird mit unsichtbarem infraroten Licht angestrahlt. Eine Videokamera registriert das reflektierte Licht, wobei das Gesicht nun schwarz und die Punkte weiß erscheinen. Das Herzstück der Kamera, ein Chip mit 2048 x 1024 Pixels (lichtempfindlichen Punkten), ist mit einem Computer verbunden. So kann die Information über die Bewegung der Punkte weiterverarbeitet werden. Die Bewegungen können nun unterschiedlich dargestellt werden: (1) Für einen bestimmten Zeitraum werden alle Positionen der Punkte festgehalten. So hinterlassen die Bewegungen der Leuchtpunkte Spuren, die als Punktwolken eingefroren sind (siehe Abbildung 4.6 rechts). (2) Für einzelne Leuchtpunkte kann die horizontale und vertikale Ablenkung in einem Koordinatensystem mit einer Zeitachse und einer Achse für das Ausmaß der Ablenkung dargestellt werden. Daran läßt sich ablesen, wann genau eine Bewegung stattgefunden hat, in welche Richtung sie ging und wie groß sie war.

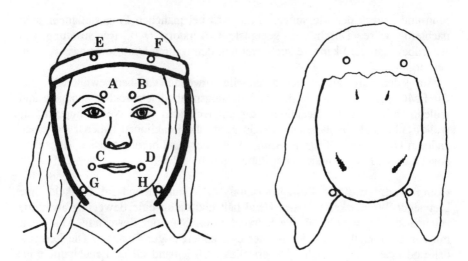

Abbildung 4.6 Automatische Registrierung von Gesichtsbewegungen.
Die lichtreflektierenden Punkte im Gesicht (A - D) verändern ihre Position bei ent-
sprechenden Gesichtsbewegungen. Die Referenzpunkte (E - H) dienen der Kontrolle von
Kopfbewegungen. Die Leuchtpunkte sind hier vergrößert dargestellt.
Rechts ist das Ergebnis der Registrierung zu sehen. Die Positionen der 4 Leuchtpunk-
te (A - D) sind hier über einige Sekunden festgehalten. Zur Veranschaulichung
wurden die Konturen des Gesichts der Versuchsperson eingezeichnet (modifiziert nach
Himer et al., 1991).

Zur computerunterstützten Bewegungsanalyse ist anzumerken, daß es sich
um eine Neuentwicklung und (noch) nicht um eine Standardmethode handelt.
Ihr wesentlicher Vorteil liegt darin, daß mimische Bewegungen mit einer hohen
zeitlichen Auflösung und mit großer Präzision objektiv erfaßt werden können.
Der zeitliche Aufwand für die Auswertung ist gering.

4.3.3 Methoden zur Erfassung anderer Ausdrucksvariablen

Menschliches Verhalten ist sehr komplex. Für eine Beschreibung können daher
sehr verschiedene Ansätze gewählt werden. Auf der Mikroebene können beispielsweise Veränderungen der Stimme, Fingertremor oder Blickbewegungen
untersucht werden. Auf der Makroebene werden vielleicht die Lokomotion
(Veränderung der räumlichen Position) oder gar Handlungsabläufe von Interesse sein. Auf einer mittleren Ebene sind Gestik, Körperhaltung und eng um-
grenzte Verhaltensweisen wie die Annäherung an ein Objekt anzusiedeln.
Zusätzlich ist es auch möglich, das zu analysieren, was Menschen produzieren
oder von sich geben. Beispielsweise können die Handschrift und der Inhalt
sprachlicher Äußerungen untersucht werden.

Die Beschäftigung mit all diesen Verhaltensäußerungen ist keine Domäne der Emotionspsychologie. Andere Disziplinen innerhalb und außerhalb der Psychologie haben sich damit befaßt. Da der Stellenwert von Verhaltensmaßen, die sich auf etwas anderes als die Mimik beziehen, in der Emotionsforschung eher gering ist und eine gründliche Darstellung der Verfahren den Rahmen dieses Buches sprengen würde, sollen einige kurze Ausführungen und Literaturhinweise genügen.

Einstufung von Emotionen anhand des Verhaltens. Die gleichen Verfahren, die zur Einstufung von Emotionen in der Mimik verwendet werden, können auch für eine Verhaltensbeurteilung benutzt werden. Der Unterschied liegt in der Information, die den Beurteilern zur Verfügung gestellt wird. Im ersten Fall sehen sie nur das Gesicht, im zweiten die ganze Person. Dazu kann man ebenfalls Aufzeichnungen (mit oder ohne Ton) verwenden. Aber auch eine direkte Beobachtung ist möglich. Selbst das Verhalten von Tieren kann auf diese Weise beurteilt werden (z.B. Buirski & Plutchik, 1991).

Allerdings ist es bei diesem Vorgehen oftmals nicht möglich, den situativen Hintergrund auszublenden. Die Beurteiler erfahren möglicherweise etwas über die Auslöser eines Verhaltens und nutzen diese Information für die Einstufung der Emotionen.

Die Kontextabhängigkeit kann reduziert oder ganz aufgehoben werden, wenn einzelne Komponenten des Verhaltens isoliert dargeboten werden. Das ist etwa bei der Stimme möglich. Die Sprache kann sogar elektronisch unkenntlich gemacht werden. Die Beurteiler werden dann allein anhand der Stimme den emotionalen Zustand des Sprechers beurteilen.

Beschreibung des nonverbalen Verhaltens. Zur Registrierung verschiedener Verhaltensaspekte wurden spezielle Methoden entwickelt. In einem von Scherer und Ekman (1982) herausgegebenen Handbuch werden u.a. Methoden zur Erfassung von *Blickbewegungen*, *Körperbewegungen* und der *Stimme* dargestellt. Über *sprachbegleitende Handbewegungen* (Gesten) informieren Rimé und Schiaratura (1991).

Einige der für die Emotionsforschung entwickelten Verhaltensbeobachtungssysteme schließen außer der Mimik auch Gesten, Körperhaltungen und die Lokomotion ein (z.B. McGrew, 1972; nach Izard & Dougherty, 1982). Umfangreiche Informationen zu verschiedenen Methoden der systematischen Verhaltensbeobachtung sowie grundsätzliche Überlegungen dazu finden sich bei von Cranach und Frenz (1969).

Manchmal sind einige wenige, genau spezifizierte Verhaltensweisen von Interesse. Beispiele sind Lachen, Weinen, Erröten, das Einnehmen einer bestimmten Körperhaltung oder das Berühren eines phobischen Objekts. Es ist üblich, den Beobachtern die Verhaltensweisen genau zu beschreiben (soweit sie sich nicht von allein erklären). Die Beobachter registrieren dann ihr Auftreten. So können Auftretenshäufigkeiten, Dauer oder Latenzen dieser Reaktionen bestimmt werden. Als ein Beispiel für eine Studie, in der mehrere Aspekte des nonverbalen Verhaltens (hier bei Verlegenheit) erfaßt wurden, sei Edelmann und Hampson (1981) genannt.

Von den zahlreichen Möglichkeiten, Verhaltensmerkmale objektiv zu beschreiben, soll exemplarisch die Analyse der Stimme etwa ausführlicher erläutert werden. Die Stimme kann mit Hilfe eines Tonbandgerätes aufgezeichnet und dann analysiert werden. Abbildung 4.7 zeigt eine graphische Darstellung des akustischen Signals. Moderne Auswertungsmethoden gehen von einem digitalisierten Signal aus, das in einem Computer analysiert wird. Es ist dann möglich, verschiedene Parameter zu bestimmen. Ein solcher Parameter ist die Grundfrequenz (F0) der Stimme. Eine hohe Grundfrequenz entspricht im Höreindruck einer hohen Stimme, eine niedrige Grundfrequenz einer tiefen. In Untersuchungen zum Zusammenhang zwischen emotionalem Erleben und Merkmalen der Stimme hat sich besonders die Grundfrequenz als bedeutsam erwiesen (vgl. Kapitel 5.1.2). Für weitere Erläuterungen zur Analyse der Stimme sei auf Scherer und Wallbott (1990) und weiterführend auf die dort zitierte Literatur verwiesen.

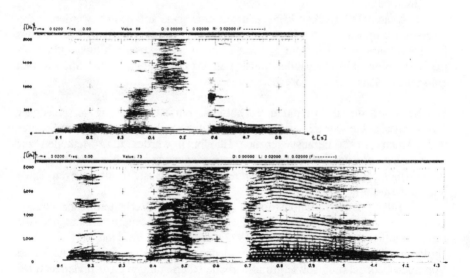

Abbildung 4.7 Spektrogramm eines Satzes. Ein Schauspieler sagte: "Wo bist du?" mit neutraler Stimme (obere Darstellung) und mit dem Ausdruck von Ärger (untere Darstellung. Dargestellt ist der Schalldruck (Energie) in einzelnen Frequenzbereichen (0 - 8000 Hz) über die Zeit. Die untere Äußerung dauert nicht nur länger, sondern zeichnet sich auch durch einen größeren Schalldruck in den höheren Frequenzbereichen aus (insbesondere bei "bist" und "du"). (Die Spektrogramme wurden freundlicherweise von G. Klasmeyer, Berlin, zur Verfügung gestellt).

Beschreibung des verbalen Verhaltens. Bei der Analyse der Stimme spielt es keine Rolle, was jemand gesagt hat. Wenn wir uns nun der Sprache zuwenden, so wird uns vor allem der Inhalt des Gesagten (oder Geschriebenen) interessieren. Die Sprache kann aber auch nach zeitlichen Merkmalen beschrieben werden: Wie viel und wie schnell spricht jemand?

Der Inhalt der gesprochenen oder geschriebenen Sprache kann mit Hilfe einer *Sprachinhaltsanalyse* untersucht werden (für eine Übersicht siehe Viney, 1983). Beispielsweise kann die Länge der Sätze oder die Häufigkeit der Verwendung bestimmter Wörter ermittelt werden. So könnte untersucht werden, wie oft jemand bestimmte Emotionswörter verwendet. Ein inhaltsanalytisches Verfahren, das speziell für die Erfassung von "Affekten" entwickelt wurde (*Gottschalk-Gleser-Verfahren*), beschreibt Koch (1980). Ziel des Verfahrens ist es, aus Sprachproben die Intensität verschiedener Ängste und Aggressionsformen des Sprechers zu bestimmen. Die Proben können unter standardisierten Bedingungen erhoben werden. Es ist aber auch möglich, freie sprachliche Äußerungen damit zu analysieren. Ein psychoanalytischer Hintergrund ist nicht zu verkennen.

Sollen sprachliche Äußerungen nach zeitlichen Aspekten analysiert werden, stehen verschiedene Apparate zur Verfügung (siehe Krüger, 1993). Eine Vorrichtung, die am Körper getragen wird (*Logoport*; Krüger, 1993) ermöglicht es, die *sprachliche Aktivität* einer Person auch außerhalb des Labors zu registrieren. Ein kleines Mikrofon, das über dem Kehlkopf angebracht wird, spricht auf jede sprachliche Aktivität der Person an, ohne daß Umweltschall mit erfaßt wird. Das Mikrofon ist mit einem elektronischen Speichergerät verbunden. So kann etwa über einen ganzen Tag oder auch länger die ständige Abfolge von Sprechen und Nichtsprechen aufgezeichnet werden. Zur Auswertung wird der Inhalt des Speichers in einen Computer überspielt. Das Ergebnis ist ein on-off Muster der sprachlichen Aktivität mit einer genauen zeitlichen Auflösung. Bei Bedarf kann ein Ereignismarker mit eingesetzt werden, dessen Betätigung ebenfalls registriert wird. Für die Erfassung emotionaler Veränderungen scheint der Millisekundenbereich am informativsten zu sein, in dem sich Veränderungen der *Sprechgeschwindigkeit* abbilden (Krüger, 1993).

Die Sprech- oder Schreibgeschwindigkeit kann aber auch auf andere Weise mit geringem Aufwand festgestellt werden. In emotionspsychologischen Untersuchungen wurde verschiedentlich eine einfache Meßmethode verwendet (z.B. Natale, 1977). Sie besteht darin, die Zeit zu messen, die eine Versuchsperson zum Zählen von 1 bis 10 benötigt.

4.4 Zusammenfassung und Schlußfolgerungen

Emotionen können durch das eigene Erleben, den Ausdruck und körperliche Veränderungen beschrieben werden. Das *emotionale Erleben* wird meist über sprachliche Angaben des Individuums zu seinem Gefühlszustand erfaßt. Da unsere Sprache viele Wörter kennt, mit denen man Gefühle beschreiben kann, hat sich die Forschung mit der Systematik dieser Begriffe befaßt. Ausgangsmaterial waren dabei mehr oder weniger umfangreiche Sammlungen von Emotions- und Stimmungswörtern. Mit verschiedenen empirischen Methoden ist es möglich, die Ähnlichkeit dieser Begriffe zu ermitteln. Beispielsweise können Versuchspersonen die Begriffe in beliebig viele Stapel jeweils ähnlicher Begriffe sortieren. Die Angaben zur Ähnlichkeit der Begriffe wurden mit bestimmten statistischen Verfahren so weiterverarbeitet, daß man entweder allgemeine Beschreibungsdimensionen fand oder Einteilungen in Kategorien. Die Ergebnisse zu den Gefühlsdimensionen decken sich weitgehend bezüglich zweier Dimensionen: Valenz (Lust - Unlust) und Aktivierung (Erregung - Ruhe). Die Ergebnisse zur Klassifikation von Emotionen sind heterogener. Ein Grund liegt darin, daß unterschiedlich feine Aufteilungen angestrebt wurden. Auf einer mittleren Ebene der Differenzierung besteht eine relativ gute Übereinstimmung für Angst, Unruhe, Ärger, Abneigung oder Ekel, Traurigkeit, Scham, Freude, Zuneigung, sexuelle Erregung und Überraschung. Ein hierarchisches Modell wird den Daten am ehesten gerecht; die Kategorien können sowohl weiter zusammengefaßt als auch weiter unterteilt werden. Dimensionale und kategoriale Beschreibungssysteme ergänzen einander. Es liegen gemischte Strukturmodelle vor, die beide Ansätze zu integrieren versuchen.

Die Bedeutung einzelner Emotionswörter ist zum Teil kulturabhängig. Dies kann sich in Klassifikationssystemen niederschlagen, wie sich am Beispiel der Kategorie "traurige Liebe" in einer Untersuchung mit chinesischen Versuchspersonen gezeigt hatte.

Der einfachste Weg zur Erfassung des Gefühlszustandes besteht darin, nur einstufen zu lassen, wie angenehm oder unangenehm sich jemand fühlt. Dazu kann z.B. eine Ratingskala verwendet werden. Man erhält damit eine grundlegende Information über das emotionale Befinden. Als zusätzliche Dimension kann die Aktivierung erfaßt werden. Beide Dimensionen lassen sich sogar mit Hilfe von bildhaften Darstellungen sprachfrei einstufen. Differenziertere Informationen über den Gefühlszustand erhält man bei Verwendung einer der vielen Emotions- oder Stimmungsfragebögen. Exemplarisch wurden ein deutsches und ein amerikanisches Verfahren beschrieben. Für weitere deutschsprachige Verfahren konnte auf Übersichtsarbeiten verwiesen werden. Verbreitete englischsprachige Verfahren wurden in tabellarischer Form kurz charakterisiert.

Zur Messung *körperlicher Veränderungen* werden in der Forschung zahlreiche Verfahren eingesetzt, auf die nur kurz exemplarisch eingegangen wurde. Ein Problem dieser Verfahren liegt darin, daß weitgehend ungeklärt ist, was sie spezifisch über Emotionen aussagen. Potentielle Ausnahmen stellen die Modulation des Schreckreflexes und die genitale Durchblutung dar. Die Intensivierung oder Abschwächung des Schreckreflexes wird als ein Indikator für die Valenz des emotionalen Zustands diskutiert, und die genitale Durchblutung ist ein brauchbarer Indikator für die sexuelle Erregung.

Auch bei den zahlreichen *Ausdrucksvariablen* ist keineswegs befriedigend geklärt, was sie über den emotionalen Zustand einer Person aussagen. Allgemein wird die Auffassung vertreten, daß sich Emotionen relativ differenziert anhand der Mimik unterscheiden lassen. Tatsächlich gibt es eine Reihe von Untersuchungen, die dafür sprechen, daß Glück, Überraschung, Traurigkeit, Angst, Ekel (eventuell zusätzlich auch Verachtung) und Ärger anhand der Mimik erkannt werden können. Als Stimulusmaterial wurden gestellte Gesichtsausdrücke verwendet. Ob sich der emotionale Zustand einer Person genauso äußert, ist empirisch noch nicht hinreichend belegt. Die gleiche Einschränkung muß für die Stimme und für Körperbewegungen gemacht werden. Wenn geübte Darsteller versuchen, verschiedene Emotionen durch die Stimme (oder Gesang) bzw. durch Körperbewegungen auszudrücken, werden diese Emotionen von Beurteilern relativ gut erkannt. Wir wissen aber nicht, ob etwa die Stimme im Zustand der Angst genauso klingt wie die eines Schauspielers, der versucht, Angst auszudrücken.

Für die Erfassung des Ausdrucks folgt daraus, daß man Eindrucksurteile zwar verwenden kann, sich aber bewußt sein muß, daß es eben nur Eindrucksurteile sind. Sie verraten lediglich, wie jemand auf andere Menschen wirkt. Daneben gibt es die Möglichkeit, das Ausdrucksverhalten objektiv zu beschreiben. Dazu wurden standardisierte Methoden entwickelt. An Methoden zur Beschreibung mimischer Reaktionen wurden das Facial Action Coding System (FACS), das Gesichtsmuskel-EMG und die automatische, computerunterstützte Bewegungsanalyse mit ihren Vor- und Nachteilen diskutiert. Diese Verfahren messen nicht etwa Emotionen, sondern sagen etwas darüber aus, wann und wie oft bestimmte Verhaltensmerkmale auftreten. Deren Bedeutung muß erst noch erforscht werden.

Neben der Mimik können die Stimme, die Gestik oder Körperhaltungen und -bewegungen erfaßt werden. Auch die sprachliche Aktivität kann für Forschungszwecke inhaltlich (z.B. Auftretenshäufigkeit bestimmter Wörter) und formal (z.B. Sprechgeschwindigkeit) näher bestimmt werden.

Der Unterschied zwischen gestellten und spontanen Emotionsausdrücken wird oft nicht genügend beachtet. Beurteiler können gestellte Emotionen oft relativ gut z.B. anhand des Gesichtsausdrucks oder der Stimme erkennen. Im Vorgriff auf das folgende Kapitel kann festgestellt werden, daß spontane, im Experiment induzierte Emotionen weder mit objektiven Methoden noch mit Eindrucksurteilen annähernd so gut differenziert werden können.

Kapitel 5 Beziehungen zwischen den Emotionskomponenten

Im ersten Kapitel wurde betont, daß Emotion ein hypothetisches Konstrukt ist und daß der klassische Ansatz zu ihrer Operationalisierung darin besteht, eine oder mehrere Komponenten zu erfassen: Gefühle, körperliche Veränderungen und Ausdruck. Nachdem in Kapitel 4 die Grundlagen zum Verständnis der Messung dieser Komponenten gelegt wurden, können wir uns nun mit der Frage ihres empirischen Zusammenhangs befassen. Gehen Gefühle mit entsprechenden Ausdrucksveränderungen und bestimmten physiologischen Veränderungen einher? Welcher Zusammenhang besteht zwischen den Veränderungen im Ausdruck und denen in der Physiologie? Oder konkreter: Kann man einem Menschen ansehen, daß er Angst empfindet und läßt sich die Angst mit physiologischen Messungen nachweisen? Wie ändern sich die Mimik und die Stimme, wenn jemand das Gefühl der Freude hat. Welche körperlichen Veränderungen gehen mit dem Ausdruck des Ärgers einher? Hier interessieren nur Zusammenhänge zwischen spontanen ("echten" versus simulierten) emotionalen Veränderungen.

Für eine differenzierte Auseinandersetzung mit diesen Fragen ist es von Vorteil, sich zuvor mit einigen methodischen Besonderheiten zu befassen. Wer sich diesen Abschnitt (Kapitel 5.1.1) im Detail ersparen möchte, sei auf ein kurzes Resümee auf Seite 133 f. verwiesen.

Welche Gründe sprechen dafür und welche dagegen, daß Ausdruck, Gefühle und körperliche Veränderungen zusammen gehören? Verschiedene Emotionstheorien behaupten entweder, daß alle Komponenten gleichzeitig aktiviert würden oder daß sie sich gegenseitig beeinflussen. In Kapitel 5.2 werden die Erklärungsansätze vorgestellt und vor dem Hintergrund empirischer Untersuchungen einer kritischen Überprüfung unterzogen.

Niemand wird bezweifeln, daß die Veränderungen im Erleben, Ausdruck und im Körper, ob sie nun synchron verlaufen oder nicht, vom Gehirn gesteuert werden. In Kapitel 5.3 werden wir uns mit den neuroanatomischen und -chemischen Grundlagen der Emotionen befassen und neurobiologische Theorien kennenlernen.

5.1 Beschreibung der Zusammenhänge zwischen den Komponenten

5.1.1 Methodische Überlegungen

Untersuchungsstrategien. Wie könnte eine Untersuchung zum Zusammenhang zwischen verschiedenen Emotionskomponenten aussehen? Zwei Vorgehensweisen bieten sich an. Erstens könnte man bei Versuchspersonen eine bestimmte Emotion auslösen und das emotionales Befinden, physiologische Veränderungen und den mimischen Ausdruck erfassen. Dazu könnte man folgendermaßen vorgehen: Die Versuchsteilnehmer würden aufgefordert, sich eine ärgerliche Situation, die sie früher einmal erlebt haben, vorzustellen. Wir würden verbale Angaben zur Intensität von Ärger (und anderen Gefühlen) erheben, die Aktivität eines bestimmten Gesichtsmuskels (Corrugator) sowie die Herzfrequenz messen. Als Ergebnis fielen Korrelationen zwischen diesen drei Variablen an. Korrelationskoeffizienten zeigen an, wie eng Variablen, hier also Ärgergefühl und Herzfrequenz etc., zusammenhängen.

Zweitens könnten wir bei einer Gruppe von Versuchspersonen Ärger auslösen und bei einer anderen keine Emotionen. (Alternativ könnten wir auch bei den gleichen Versuchspersonen nacheinander beide Bedingungen durchführen). Induktionsmethode und Meßmethoden könnten die gleichen sein wie bei der oben skizzierten Korrelationsstudie. Da wir zwei Gruppen hätten, könnten wir mittels t-Tests variablenweise Vergleiche zwischen der Experimental- und der Kontrollgruppe anstellen. Die Prüfgröße (t-Wert) gibt nicht nur an, ob ein Unterschied zwischen den Gruppen signifikant ist, sondern auch, wie groß dieser Unterschied ist. Man kann aus dem t-Wert auch ein Maß für die Effektstärke errechnen, das sogar als Korrelationskoeffizient ausgedrückt werden kann (vgl. Cohen, 1977). Bei mehr als zwei Gruppen werden oft Varianzanalysen durchgeführt; hier liefert der F-Wert die Information zur Effektgröße. Vergleiche zwischen den Prüfgrößen für die einzelnen Variablen (oder den daraus abgeleiteten Effektgrößen) sind ebenfalls aufschlußreich. Wenn etwa ein Zusammenhang zwischen Gefühlen und Ausdruck erwartet wird, sollten sich die Experimental- und Kontrollgruppe in ihren Gefühlen und in ihrem Ausdruck unterscheiden, und die Effekte sollten für beide Variablen ähnlich groß sein.

Dazu ein Beispiel: Vrana (1993) forderte 50 Versuchspersonen auf, sich nacheinander verschiedene Situationen vorzustellen, die geeignet waren, Ekel, Wut, Freude oder angenehme Entspannung auszulösen. Hier sollen nur drei ausgewählte Ergebnisse diskutiert werden. Befindenseinstufungen zeigten, daß die Versuchspersonen bei der Imagination der Situationen unterschiedlich starke Gefühle der Freude ($F = 806.3$), des Ekels ($F = 229.1$) und der Wut ($F = 424.2$) erlebt hatten. Die Herzfrequenz diskriminierte ebenfalls zwischen den Versuchsbedingungen. Der F-Wert von 4.7 war zwar hoch signifikant, numerisch aber im Vergleich zu den F-Werten für die Befindenseinstufungen sehr klein. Für die Gesichtsmuskelaktivität wurde nur ein multivariater F-Wert für alle drei Ableitungspunkte angegeben, der ebenfalls signifikant, aber vergleichsweise klein war (F = 2.7). Die Unterschiede zwischen den Variablen werden auch in den Mittelwerten deutlich. Die Herzfrequenz diskriminierte am stärksten zwischen der Ekel- und der Entspannungssituation. In der zweiten Hälfte der Vorstellungsphase stieg die Herzfrequenz bei angenehmer Entspannung nur um 0.5 Schläge pro Minute an, bei Ekel dagegen um 2.5. Das ist absolut gesehen eine sehr kleine Herzfrequenzänderung. Dem standen sehr große Unterschiede im Befinden gegenüber. In der Entspannungsphase stuften die Versuchspersonen ihren Ekel auf einer Skala von 0 bis 20 mit 0.8 ein - in der Ekelphase mit 16.8!

Bei Gruppenvergleichen ist also unbedingt auch auf die Größe der Effekte zu achten; daß ein Ergebnis signifikant ist, sagt allein wenig aus. Die Prüfgrößen (meist t- oder F-Wert) zeigen, wie stark sich die einzelnen Variablen unter einer Versuchsbedingung verändert haben. Unterscheiden sich die Gruppen, wie im Beispiel, sehr stark im Befinden und dagegen kaum in einer physiologischen Variable, so spricht dieser Befund gegen einen engen Zusammenhang zwischen Befinden und physiologischer Reaktion.

Problem der zufälligen Signifikanzen. Bei beiden Untersuchungsstrategien werden oft, bedingt durch die zahlreichen Messungen, viele Einzelvergleiche durchgeführt. Es besteht daher die Gefahr, zufällig signifikante Effekte zu finden. Dagegen kann man sich aber schützen, indem man das Signifikanzniveau an die Anzahl der statistischen Vergleiche anpaßt (z.B. durch eine Bonferroni-Korrektur).

Methodenabhängigkeit der Ergebnisse. Die Ergebnisse einer Untersuchung hängen in der Regel von der Methode ab, mit der sie gewonnen wurden. Man könnte etwa gegen die Untersuchung von Vrana (1993) einwenden, die Ergebnisse seien möglicherweise nicht emotions- sondern aufgabenspezifisch. Daß sich die Versuchspersonengruppen so stark in ihrem Befinden und dafür kaum in den anderen Variablen unterschieden, könnte eine Besonderheit der Imaginationsmethode sein. Beispielsweise könnten die Versuchspersonen vermutet haben, daß sie möglichst starke Gefühle entwickeln sollten. Jede Induktionsmethode hat ihre Besonderheiten, die prinzipiell für ein Ergebnis mitverantwortlich sein kann. Es ist deshalb wichtig, eine Frage wie die nach dem Zusammenhang zwischen verschiedenen Emotionsvariablen mit unterschiedlichen Methoden zu beantworten.

Viele andere methodische Besonderheiten können für die Ergebnisse mitverantwortlich sein: die Zusammensetzung der Versuchspersonenstichprobe, die Intensität der ausgelösten Emotionen, die Messung des Befindens (retrospektiv oder unmittelbar nach der Imagination; die Art des Fragebogens), die Verarbeitung der Herzfrequenz- und EMG-Daten (Verwendung von Mittelwert oder Maximalwert; Erfassung in der Imaginationsphase oder unmittelbar danach; Berücksichtigung der Ausgangswerte oder nicht).

In der Praxis ist es insbesondere schwer realisierbar, Emotionen von vergleichbarer Intensität und Dauer zu induzieren. Die Dauer bereitet Probleme, weil manche Emotionen normalerweise unterschiedlich lang anhalten. Schreck oder Überraschung werden eher kurz, Traurigkeit oder Zuneigung eher länger andauern.

Spezifität der Effekte. Es gelingt in der Regel nicht, bei Versuchspersonen nur eine einzige Emotion zu induzieren. Zumindest die Gefühlsangaben zeigen immer wieder, daß auch andere als die intendierten Gefühle ausgelöst worden sind. Deshalb ist zu prüfen, ob die Ergebnisse spezifisch für eine bestimmte Emotion sind. In dem fiktiven Untersuchungsbeispiel (Imagination einer ärgerauslösenden Situation) müßten auch andere Emotionen mit erfaßt werden. Immerhin wäre es denkbar, daß etwa die Korrelation zwischen Herzfrequenz und Angst oder Traurigkeit ähnlich hoch ist wie die mit Ärger. Bei Gruppenvergleichen ist es sinnvoll, nicht nur eine neutrale Kontrollbedingung heranzuziehen, sondern auch eine weitere Emotionsbedingung zu realisieren. So kann überprüft werden, ob ein Effekt spezifisch für eine bestimmte Emotion ist und nicht etwa allgemein für Emotionen jeder Art gilt.

Konfundierung von Emotionen mit anderen Faktoren. Ein besonderes Problem ist die Konfundierung (Verknüpfung) von Emotionen mit anderen Faktoren. Physiologische Reaktionen, der Ausdruck und die Gefühlsmitteilung können jeweils durch unterschiedliche "Störfaktoren" beeinflußt werden. Beispielsweise kann geistige Anstrengung bestimmte physiologische Reaktionen intensivieren. Solche "Störfaktoren" können mit einer Emotionsinduktion zusammentreffen. Dies wäre etwa der Fall, wenn Versuchspersonen in einer Ärgerbedingung extrem schwere Kopfrechenaufgaben lösen müßten und in einer neutralen Kontrollbedingung leichte. Unterschiede in der Herzfrequenz könnten dann auf unterschiedlich starke mentale Anstrengung und nicht auf Ärger zurückzuführen sein. Die Schlußfolgerung, Ärgergefühle gingen mit einer erhöhten Herzfrequenz einher, wäre dann falsch. In Kapitel 5.2.3 werden einige Faktoren diskutiert, die leicht mit Emotionen konfundiert sein können und selektiv eine Reaktionskomponente beeinflussen können.

Besonderheiten einzelner Korrelationstechniken. Meist liegen von vielen Versuchspersonen Meßwerte zu zwei oder mehreren Variablen vor (z.B. zur Herzfrequenz und zum Ärgergefühl). Werden Zusammenhänge zwischen jeweils zwei Variablen über alle Versuchspersonen berechnet, spricht man von *interindividuellen Korrelationen* (vgl. Tabelle 5.1). Beispielsweise könnte über 100 Personen der Zusammenhang zwischen der Herzfrequenz und der Ärgerintensität ermittelt werden. Eine hohe interindividuelle Korrelation zwischen Ärger und Herzfrequenz besagt, daß Personen, die sich sehr ärgern, auch eine hohe Herzfrequenz haben und umgekehrt Personen, die sich wenig ärgern, eher eine niedrige.

Wenn nacheinander bei den gleichen Versuchspersonen viele Messungen vorgenommen werden, können auch *intraindividuelle Korrelationen* ermittelt werden (vgl. Tabelle 5.1). Ein solcher Fall liegt vor, wenn Versuchspersonen einen Film sehen und dabei kontinuierlich mit Hilfe eines Hebels anzeigen, wie sehr sie sich ärgern, und gleichzeitig ihre Herzfrequenz abgeleitet wird. Wenn nun für jede Versuchsperson alle 30 Sekunden ein Wert für die momentane Herzfrequenz sowie für ihr Befinden bestimmt wird, fallen für jede Person bei einem einstündigen Film 120 Meßwertpaare an. Bei zwei Variablen kann für jede Versuchsperson ein Korrelationskoeffizient berechnet werden. Eine hohe intraindividuelle Korrelation bedeutet, daß bei der Versuchsperson Herzfrequenz und Ärger im Verlauf der Untersuchung weitgehend parallel zueinander fallen und steigen. Bleiben dagegen etwa bei einer Versuchsperson beide Variablen während des gesamten Versuchs unverändert hoch, erhält man eine intraindividuelle Nullkorrelation.

Tabelle 5.1 Erläuterungen zu den Korrelationstechniken

	Reiz 1	Reiz 2	Reiz 3		Reiz m	**intra**individuelle Korrelationen
Vp 1	A B	A B	A B	.....	A B	r_{AB} für Vp 1
Vp 2	A B	A B	A B	.....	A B	r_{AB} für Vp 2
Vp 3	A B	A B	A B	.....	A B	r_{AB} für Vp 3
Vp n	A B	A B	A B	.....	A B	r_{AB} für Vp n

interindividuelle Korrelationen für jeden Reiz

r_{AB} r_{AB} r_{AB} r_{AB}

| Mittelwert über alle Vpn | $M_A \; M_B$ | $M_A \; M_B$ | $M_A \; M_B$ | ..... | $M_A \; M_B$ | <u>Korrelation von Mittelwerten</u> $r_{M_A M_B}$ |

Anmerkungen. Die Variablen A und B (z.B. Herzfrequenz und Intensität des Ärgers) werden bei verschiedenen Emotionsreizen (z.B. Dias) erfaßt.
Für jede Versuchsperson erhält man eine **intra**individuelle Korrelation zwischen A und B, indem nur die Meßwerte verwendet werden, die hier in einer Zeile stehen.
Interindividuelle Korrelationen zwischen A und B werden berechnet, indem nur die Meßwerte verwendet werden, die in einer Spalte stehen.
Manchmal werden die Werte für A und B zunächst für jeden Reiz über alle Versuchspersonen gemittelt. Eine Korrelation der Mittelwerte von A und B (M_A und M_B) erhält man, indem die Mittelwerte über alle Reize korreliert werden.

Die Koeffizienten für mehrere Personen können später gemittelt werden; man spricht dann von der *mittleren intraindividuellen Korrelation* zweier Variablen.

Eine dritte Art von Korrelationen liegt vor, wenn für viele emotionsauslösende Reize Meßwerte gemittelt und dann über die Stimuli korreliert werden (vgl. Tabelle 5.1). Eine *Korrelation von Mittelwerten* (nicht zu verwechseln mit gemittelten Korrelationen) erhält man etwa, indem man zahlreichen Versuchspersonen 100 Dias zeigt und bei jedem Bild ihre Herzfrequenz und ihren Ärger erfaßt. Für jedes der 100 Bilder wird anschließend über alle Versuchspersonen eine mittlere Herzfrequenz und ein mittlerer Ärgerwert errechnet. Dazu ein Zahlenbeispiel: Bei Dia 1 beträgt die durchschnittliche Herzfrequenz 70 Schläge pro Minute und der durchschnittliche Ärgerwert 4.3 (Skala von null bis sieben). Bei Dia 2 lauten die Werte 75 und 6.0, etc. Diese 100 Paare von Mittelwerten werden korreliert. Eine hohe Korrelation zeigt an, daß bei Bildern, über die sich die meisten Versuchspersonen sehr ärgern, auch im Durchschnitt eine hohe Herzfrequenz zu beobachten ist und daß umgekehrt bei Bildern, über die sich die Zuschauer wenig ärgern, die durchschnittliche Herzfrequenz niedrig ist.

Theoretisch kann auch für jede Person ein Mittelwert für ihre Herzfrequenz und einer für ihren Ärger bestimmt werden. Korrelationen von solchen Personenkennwerten spielen in der Emotionsforschung aber keine Rolle.

Welche Korrelation die "richtige" ist, kommt immer auf die Fragestellung an. Die meisten Ergebnisse liegen in Form von interindividuelle Korrelationen vor. Der Grund dafür ist, daß viele Induktionsmethoden nur Emotionen von kurzer Dauer auslösen und daß sie für zahlreiche Wiederholungen ungeeignet sind. Die Besonderheiten der einzelnen Korrelationstechniken sind immer zu berücksichtigen. Vergleiche zwischen Untersuchungen, die sich unterschiedlicher Korrelationstechniken bedient haben, sind nicht angemessen. Auch innerhalb einer Untersuchung können diese Korrelationskoeffizienten, die bei den gleichen Versuchspersonen ermittelt wurden, stark voneinander abweichen.

Wie unterschiedlich die Korrelationen ausfallen können, zeigt eine Untersuchung von Lang, Greenwald, Bradley und Hamm (1993). Sie zeigten 64 Versuchspersonen nacheinander 21 Dias. Die Dias wurden danach eingestuft, wie angenehm oder unangenehm und wie erregend sie sind. Es liegen also Stimuluseinstufungen und nicht Befindenseinstufungen vor. Für die hier beabsichtigte Demonstration der Korrelationstechniken ist dieser Unterschied aber nicht von Bedeutung. Wurden für jede Variable *Mittelwerte* über alle 64 Versuchspersonen gebildet, fand sich eine Korrelation von -.90 zwischen der Intensität der Corrugator-Reaktion und der Angenehmheit der 21 Bilder. Je angenehmer die Bilder eingestuft wurden, desto weniger zogen die Versuchspersonen ihre Augenbrauen zusammen. Zwischen der Erregung und der Größe der elektrodermalen Reaktion fand sich so eine Korrelation von .81; erregende Bilder lösten also größere Veränderungen der Hautleitfähigkeit aus als wenig erregende. Die Höhe der Korrelationen ist beachtlich.

Der gleiche Datensatz wurde auch dazu verwendet, *intraindividuelle* Korrelationen zu berechnen. Für jede Versuchsperson erhält man also zwei Korrelationskoeffizienten. Für die Beziehung Angenehmheit und Corrugator-Reaktion lagen die Koeffizienten etwa zwischen -.50 und .80. Bei einer Reihe von Versuchspersonen fand sich also erwartungswidrig ein positiver Zusammenhang (je angenehmer sie die Bilder einstuften, desto stärker fiel ihre Corrugator-Reaktion aus). Der Mittelwert betrug für die weiblichen Versuchspersonen -.40 und -.29 für die männlichen. Die mittleren intraindividuellen Korrelationen waren hier also wesentlich niedriger als die der Bild-Mittelwerte (r = -.90). Ein ähnliches Ergebnis fand sich auch für die intraindividuellen Korrelationen zwischen Erregung und elektrodermaler Reaktion. Die Koeffizienten schwankten ungefähr zwischen -.50 und .70 bei einem Mittelwert von .14 bzw. .32. Anzumerken ist, daß die extrem hohen Korrelationen zwischen den Mittelwerten keine Besonderheit dieser Studie darstellen. Hamm und Vaitl (1993) geben sehr ähnliche Werte an. Sie hatten 48 Versuchspersonen untersucht und deren Werte für jedes der 32 Dias gemittelt. Die gemittelten Valenzurteile und Corrugator-Reaktionen korrelierten -.93. Zwischen den mittleren Erregungsurteilen und Hautleitfähigkeitswerten betrug die Korrelation .89.

Es gibt verschiedene Gründe, warum sich die verschiedenen Korrelationskoeffizienten unterscheiden. Zwei wichtige sollen kurz genannt sein: die Reliabilität der Meßwerte und die Streuung der Variablen. (1) Jede Messung ist fehlerbehaftet. "Fehler" ist hier ein technischer Begriff. Wenn wir die Meßwerte vieler Versuchspersonen zu einem Durchschnittswert zusammenfassen, behandeln wir alle Unterschiede zwischen den Personen als Fehlerquelle. Indem ein Mittelwert über viele Einzelmessungen gebildet wird, gelingt es, den Meßfehler zu verringern. (Aus diesem Grund bestehen psychologische Tests nicht aus einem Item, sondern aus vielen.) Je höher die Meßgenauigkeit (Reliabilität) ist, desto höher kann die Korrelation mit einer anderen Variablen grundsätzlich ausfallen. Aus diesem Grund fallen die Korrelationen von Mittelwerten größer aus als Korrelationen, die auf einzelnen Beobachtungen basieren. (2) Je unterschiedlicher die Meßwerte sind, desto größer kann die Korrelation mit einer anderen Variablen grundsätzlich werden. Angenommen, wir untersuchen eine gemischtgeschlechtliche Stichprobe von Versuchspersonen, die sich in Neurotizismuswerten stark unterscheiden. Diese Versuchspersonen werden sich in ihren emotionalen Reaktionen auf negative Reize wesentlich stärker voneinander unterscheiden als eine bezüglich Neurotizismus und Geschlecht homogene Stichprobe (vgl. Kapitel 3.2). Folglich werden wir für die heterogene Stichprobe größere interindividuelle Korrelationen finden als für die homogene. Je unterschiedlicher die emotionsauslösenden Reize sind, desto höher werden die intraindividuellen Korrelationen ausfallen. Die Korrelationen der mittleren Reaktionen aller Versuchspersonen werden davon ebenso profitieren.

Resümee. Wie kann man feststellen, ob zwei Emotionskomponenten (z.B. Ausdruck und Gefühl) zusammenhängen? Eine Möglichkeit besteht darin, zwei

Versuchsbedingungen zu schaffen. In der einen wird eine Emotion ausgelöst, in der anderen nicht. Wenn (im Beispiel) Ausdruck und Gefühl eng zusammen-hängen, sollten beide in der Emotionsbedingung deutlich ausgeprägter sein als in der Kontrollbedingung. Wie erheblich die Mittelwertsunterschiede beim Ausdruck und beim Gefühl sind, verraten die statistischen Prüfgrößen (z.B. ein t-Wert).

Alternativ können bei Versuchspersonen, die alle den gleichen Bedingungen ausgesetzt waren, Korrelationen zwischen den Emotionskomponenten berechnet werden. Dabei ist zu beachten, daß es unterschiedliche Vorgehensweisen gibt. Dies soll am Beispiel zweier Variablen demonstriert werden, deren Zusammen-hang uns interessiert: der Herzfrequenz und der Stärke des Ärgergefühls. Man kann bei einer Person über eine längere Zeit immer wieder die Herzfrequenz messen und das Gefühl einstufen lassen. Mit den anfallenden Daten kann die *intra*individuelle Korrelation zwischen Herzfrequenz und Ärger berechnet werden. Werden viele Personen so untersucht, können ihre Korrelationskoeffi-zienten nachträglich gemittelt werden. Stattdessen können auch zuerst für jeden einzelnen Zeitpunkt Durchschnittswerte für die Herzfrequenz und für die Gefühlsstärke berechnet werden. Diese Mittelwerte kann man dann (über alle Meßzeitpunkte) korrelieren. Untersucht man bei vielen Personen einmalig das Ärgergefühl und die Herzfrequenz, gelangt man zu einer *inter*individuellen Korrelation beider Variablen. Jede Korrelationstechnik hat ihre Berechtigung. Wichtig ist es zu wissen, daß sie selbst auf den gleichen Datensatz angewandt zu völlig unterschiedlichen Ergebnissen führen können. Bei einem Vergleich verschiedener Untersuchungsergebnisse ist das unbedingt zu beachten.

Generell sollte einem einzelnen Ergebnis nicht zu sehr vertraut werden. Dafür gibt es verschiedene Gründe. Einer ist, daß bei der Induktion einer Emotion unbeabsichtigt etwas anderes mit verändert worden sein kann. Dazu ein fiktives Beispiel: Versuchspersonen bekommen für jede gelöste Rechenauf-gabe einen Geldbetrag. Je mehr Aufgaben sie lösen, desto mehr Freude kommt bei ihnen auf. Parallel dazu steigt auch ihre Herzfrequenz an - aber nicht unbedingt emotionsbedingt, denn auch geistige Beanspruchung treibt die Herz-frequenz in die Höhe.

5.1.2 Gefühle und Ausdruckserscheinungen

Die Untersuchungen zum Zusammenhang zwischen Gefühlen und Ausdrucks-erscheinungen betreffen überwiegend mimische Reaktionen. Diese lassen sich nach der Meßmethode für Ausdrucksveränderungen (vgl. Kapitel 4.3.2) in drei Klassen einteilen: Fremdbeurteilungen der Mimik, Verhaltensbeschreibung mit dem Facial Action Coding System und Gesichtsmuskel-EMG. Andere Aus-druckserscheinungen wurden im Vergleich zur Mimik relativ selten untersucht. Zu jeder Kategorie wird exemplarisch eine Untersuchung geschildert. Weitere Ergebnisse werden im Überblick dargestellt.

Fremdbeurteilung der Mimik. In einer Studie von Wagner, MacDonald und Manstead (1986) wurden Dias zur Emotionsinduktion verwendet. Je drei männliche und weibliche Versuchspersonen sahen nacheinander 60 Dias. Nach jeder Bilddarbietung gaben sie an, welche Emotion sie beim Betrachten erlebt hatten. Dazu standen sieben Begriffe (Ärger, Angst, Traurigkeit, Ekel, Überraschung, Glück und neutral) zur Auswahl. Zusätzlich stuften sie auf zwei Skalen die Intensität und die Valenz (angenehm - unangenehm) des Gefühls ein. Sie wußten nicht, daß sie beim Betrachten der Bilder gefilmt wurden.

Für die weitere Analyse wurden nur die zehn Dias verwendet, bei denen die meisten "Darsteller" Überraschung, Angst, Ärger, kein Gefühl (je 1 Bild), Traurigkeit, Glück oder Ekel (je 2 Bilder) angegeben hatten. Es handelte sich dabei überwiegend um intensive Gefühle; außer bei Glück und Angst lag die durchschnittliche Gefühlsintensität auf der siebenstufigen Skala über fünf. Andere Versuchspersonen sahen ein Videoband mit diesen 60 Aufnahmen. Von jedem "Darsteller" wurde zuerst das Gesicht im neutralen Zustand gezeigt. Diese Aufnahme war nicht zu beurteilen. Dann folgten die anderen Aufnahmen in jeweils anderer Reihenfolge. Die Aufgabe der 53 Beurteiler bestand darin, die Emotionen der "Darsteller" zu erkennen und deren Intensität und Valenz einzustufen. Sie hatten dazu die gleichen sieben Begriffe zur Auswahl wie die "Darsteller".

Von Interesse ist, wie oft die Angaben der Beurteiler mit den Gefühlsangaben der "Darsteller" übereinstimmten. Dabei ist zu berücksichtigen, daß allein durch Raten bei sieben Antwortalternativen durchschnittlich 14.3 Prozent richtige Antworten möglich sind. Die mittlere Trefferquote lag dagegen bei 22.9 Prozent. Für die Analyse einzelner Emotionen führten die Autoren eine etwas andere Ratekorrektur durch, indem sie die Verwendungshäufigkeit der Begriffe durch die Beurteiler berücksichtigten. So wurde nur relativ selten (in 8.3 Prozent aller Fälle) Ärger vermutet. Daran gemessen ist die Trefferquote bei Ärger (12.7 Prozent) beachtlicher als wenn man sie an den 14.3 Prozent Ratewahrscheinlichkeit mißt. Abbildung 5.1 zeigt die Trefferquoten für die sechs Emotionen sowie für neutrale Zustände (einige "Darsteller" hatten auch bei emotionsauslösenden Bildern keine Gefühle angegeben).

Die in Abbildung 5.1 dargestellten Ergebnisse zeigen, daß sich nur bei Glück die Angaben der "Darsteller" und Beurteiler relativ gut decken. Absolut gesehen ist eine Übereinstimmung von 48.4 Prozent immer noch nicht hoch. Bei den übrigen Kategorien liegen die Trefferquoten nahe bei der Zufallserwartung. Nach dem Zufallskriterium von Wagner et al. (1986) liegen sie bei Ekel und Ärger signifikant darüber und bei Überraschung signifikant darunter. Die Verwechslungen, die dabei vorkamen, sind interessant. Wenn die unbemerkt gefilmten Darsteller eigenen Angaben zufolge überrascht waren, vermuteten die Beobachter in 60 Prozent der Fälle Glück. Gaben die "Darsteller" an, Traurigkeit, Angst oder Ärger erlebt zu haben, vermuteten die Beobachter häufiger einen neutralen Zustand als eben diese Emotionen.

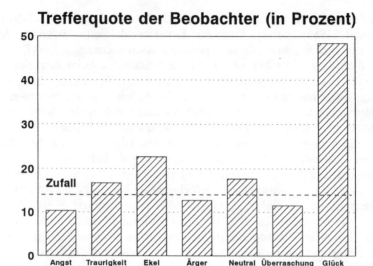

Abbildung 5.1 Übereinstimmung zwischen Gefühlen und beobachteten Emotionen. Die durchgezogene Linie gibt die Trefferquote an, die bei Raten zu erwarten wäre (modifiziert nach Wagner et al., 1986, S. 740).

Wie angenehm oder unangenehm sich die Betrachter der Bilder fühlten, wurde ebenfalls schlecht erkannt. Die Korrelation zwischen der selbst und der fremd eingestuften Valenz des Befindens lag bei .36. Bezüglich der Intensität der Emotionen bestand überhaupt keine Übereinstimmung zwischen "Darstellern" und Beobachtern (r = .05).

Das Ergebnis dieser Studie ist recht typisch für andere Beurteilungsuntersuchungen zur Mimik. Die Übereinstimmung zwischen den Gefühlen von unbemerkt gefilmten Personen und den von Beobachtern vermuteten Emotionen ist zwar mehr als zufällig, aber nicht groß. Korrelationen zwischen den Valenzeinstufungen von Versuchspersonen und deren Beobachtern liegen in der Größenordnung von .40 (siehe Schmidt-Atzert, 1993, S. 18 ff.). Die Ergebnisse besagen, daß man es anderen Menschen in der Regel nicht ansieht, wie sie sich fühlen. Nur wenn jemand glücklich oder froh ist, können das Beobachter anhand der Mimik relativ gut erkennen.

Objektive Beschreibung des Gesichtsausdrucks. Ekman, Friesen und Ancoli (1980) filmten unbemerkt das Gesicht von Studentinnen, als diese sich einen schönen und einen abstoßenden Film ansahen. Sie beschrieben die mimischen Reaktionen mit Hilfe des Facial Action Coding Systems (siehe Kapitel 4.3.2). Dabei waren nur bestimmte Veränderungen von Interesse: ein Hochziehen der Mundwinkel (Action Unit 12) als Indikator für freudiges oder glückliches

Lächeln sowie spezifische mimische Indikatoren für verschiedene negative Emotionen (nicht näher spezifiziert) und Ekel. Die Häufigkeit und Dauer dieser mimischen Emotionsindikatoren wurden mit den verbalen Angaben der Versuchspersonen zu ihrem Befinden (Intensitätseinstufungen u.a. von Freude und Ekel) korreliert.

In der positiven Filmbedingung war eine Minute lang ein spielender Gorilla im Zoo zu sehen. Während dieser Szene korrelierten die Häufigkeit und Dauer der Action Unit 12 -.08 bzw. .20 mit der Intensität des Freudegefühls. Eine andere ebenfalls einminütige Szene zeigte einen jungen Hund, der mit einer Blume spielt. Die vergleichbaren Korrelationen waren hier .60 und .21. Der negative Film zeigte zwei Arbeitsunfälle; einer davon war sogar tödlich. Hier korrelierten die Häufigkeit und Dauer der mimischen Indikatoren für negative Emotionen .21 und .22 mit Ekel bzw. .19 und .12 mit Angst. Soweit bestanden also, von einer Ausnahme abgesehen, nur geringe interindividuelle Korrelationen in der Größenordnung von .20 zwischen Gefühlen und spezifischen mimischen Veränderungen.

Zwei zusätzliche Befunde sind erwähnenswert. Auch die Versuchspersonen, deren Mimik keinerlei Anzeichen für negative Emotionen erkennen ließ, gaben negative Gefühle an (wenn auch schwächere als die übrigen Versuchspersonen). Ein kleiner Teil der Versuchspersonen zeigte einen typischen Ekelausdruck (Action Unit 9 und 10). Hier fanden sich Korrelationen von .37 bzw. .55 mit der Intensität des Ekelgefühls. Da zugleich auch Korrelationen von .28 und .46 mit der Angstintensität bestanden, muß die Spezifität dieser mimischen Veränderungen angezweifelt werden. Insgesamt zeigte sich somit, daß objektivierbare mimische Veränderungen wenig über den Gefühlszustand einer Person aussagen. Allenfalls ein spezifischer Ausdruck ("Ekel") stand bei einigen wenigen Versuchspersonen relativ deutlich mit Ekel (und Angst!) in Verbindung.

Auch in anderen Untersuchungen zum Zusammenhang zwischen Mimik und Gefühl finden sich immer wieder Zusammenhänge, diese sind aber relativ schwach und nicht sehr spezifisch, d.h., eine Differenzierung verschiedener positiver oder negativer Emotionsqualitäten ist schwer möglich. Die Ableitung der elektrischen Aktivität einzelner Gesichtsmuskeln ergab in einer Reihe von Untersuchungen, daß nur positive und negative Gefühlszustände differenziert werden können. Der Zygomaticus major (Hochziehen der Mundwinkel) ist oft bei positiven Gefühlen aktiv und der Corrugator supercilii (Zusammenziehen der Augenbrauen) bei negativen. Von einer empirisch gut begründbaren Zuordnung von spezifischen Gefühlszuständen (Freude, Zuneigung, Ärger, Angst etc.) zu spezifischen Gesichtsmuskelaktivitäten ist man noch weit entfernt (siehe Cacioppo et al., 1993; Schmidt-Atzert, 1993, S. 20 ff.). In drei Untersuchungen des Verfassers mit zusammen 121 Versuchspersonen, in denen bei der Emotionsinduktion durch Dias Ableitungen über den beiden genannten Gesichtsmuskeln vorgenommen wurden, ergab sich folgendes Bild: Berichteten die Versuchspersonen von keinerlei Gefühlen, trat in der Regel auch keine mimische Aktivität auf (nur etwa in 10 % der Fälle war eine Zygomaticus-Aktivität feststellbar). Positive Gefühle gingen in etwa der Hälfte der Fälle mit Zygomaticus-Aktivität einher. Bei negativen Gefühlen kamen in gut 10 % der Fälle Corrugator- und/oder Zygomaticus-Aktivität vor (Schmidt-Atzert, 1993, S. 27). Wenn Zygomaticus-Reaktionen als Indikator positiver Gefühle herangezogen werden, ist zu beachten, daß es viele Arten des Lächelns gibt und daß ein Hochziehen der Mundwinkel auch an anderen Emotionsausdrücken, selbst negativen, beteiligt sein kann. Ekman, Davidson und Friesen (1990) haben allerdings Befunde vorgelegt, nach denen das "echte" freudige Lächeln an einem Hochziehen der Mundwinkel und zusätzlich einem Anheben der Wangen, verbunden mit "Krähenfüßen" in den Augenwinkeln, zu erkennen ist.

Andere Ausdrucksveränderungen. Zur Beziehung zwischen Gefühlen und Ausdrucksveränderungen wie Körperhaltung, Körperbewegungen, Gestik oder Blickbewegungen liegen zu wenige Untersuchungen vor, um ein klares Bild geben zu können. Zwei Variablen wurden intensiver untersucht: die Stimme und die Sprech- oder Schreibgeschwindigkeit.

Die Stimme kann durch viele physikalische Merkmale beschrieben werden. Zur Differenzierung von Gefühlen hat sich ein relativ einfacher Kennwert, die Grundfrequenz, am ehesten bewährt. Eine hohe Grundfrequenz entspricht im Höreindruck einer hohen Stimme. Scherer (1989) hat die Literatur zu vokalen Veränderungen bei Emotionen ausgewertet. Hier sind allein die Untersuchungen mit experimentell induzierten (vs. gestellten) Emotionen von Interesse. Eine Differenzierung verschiedener Gefühlsqualitäten scheint nicht möglich zu sein. Die mittlere Grundfrequenz der Stimme scheint eher die Funktion eines Aktivierungsindikators zu haben. In einigen Untersuchungen fand sich bei Freude, Angst und Ekel eine erhöhte Grundfrequenz. Bei Traurigkeit wurde in einer Studie eine Abnahme der Grundfrequenz festgestellt.

Die Schreib- oder Sprechgeschwindigkeit läßt sich relativ einfach unter standardisierten Bedingungen bestimmen. Die Versuchsperson wird aufgefordert, von eins bis zehn zu zählen oder zu schreiben. Gemessen wird die Zeit, die sie dazu benötigt. Kenealy (1986) hat die Sprech- oder Schreibgeschwindigkeit als Indikator für die Wirksamkeit der Velten-Technik (siehe Kapitel 2.4) in einer Literaturübersicht gewürdigt. Die überwiegende Zahl der Untersuchungen spricht für eine Verlangsamung bei negativer und eine Beschleunigung bei positiver Stimmung. Allerdings ist zu beachten, daß bei dieser groben Klassifizierung in positive und negative Gefühlszustände nicht zu erkennen ist, ob die Sprech- oder Schreibgeschwindigkeit ausschließlich mit der Valenz des Befindens oder vielleicht auch mit der Aktiviertheit in Verbindung steht. Traurigkeit ist sowohl ein negativer als auch ein wenig aktivierender Zustand.

5.1.3 Gefühle und physiologische Veränderungen

In zahlreichen Untersuchungen wurden neben dem Befinden auch diverse physiologische Variablen erfaßt. Dabei stehen Messungen der Herzfrequenz und der elektrischen Hautleitfähigkeit im Vordergrund. Hier können nur ausgewählte Ergebnisse dargelegt werden.

Phasische Reaktionen der Herzfrequenz, also Veränderungen im Bereich weniger Sekunden nach der Reizdarbietung, können sehr unterschiedlich ausfallen. Manchmal wurde ein initiales Absinken der Herzfrequenz beobachtet, manchmal auch ein kurzfristiger Anstieg (vgl. Schmidt-Atzert, 1993, S. 42 f.).

Ausgeprägte *tonische* Herzfrequenzveränderungen (meist im Bereich von Minuten) wurden allein in Situationen gemessen, in denen sich die Versuchspersonen vermutlich real bedroht fühlten. Typische Situationen dieser Art sind die Erwartung eines schmerzhaften elektrischen Reizes oder die Konfrontation mit phobischen Reizen. Lang, Levin, Miller und Kozak (1983; Experiment 1) beispielsweise untersuchten zwölf Studierende mit einer Schlangenphobie und dreizehn weitere mit einer ausgeprägten Redeangst. Beide Gruppen wurden u.a. mit einer lebenden Boa Constrictor und einer Rede vor einem Publikum konfrontiert. Die Vorbereitung der Rede (als erste Stufe der Annäherung an die bedrohliche Situation) führte bei beiden Gruppen zu einem mittleren Anstieg der Herzfrequenz von etwa 15 Schlägen pro Minute gegenüber der Ausgangsmessung. Bei der Aufforderung, mit der Rede zu beginnen, stieg die Herzfrequenz sogar durchschnittlich über 30 Schläge pro Minute an. Auch hier bestand kein Unterschied zwischen beiden Gruppen. Dem entspricht auch, daß auf der subjektiven Ebene keine Unterschiede in der emotionalen Erregung bestanden. In der Hautleitfähigkeit zeigten die sprechängstlichen Versuchspersonen etwas höhere Werte; der Unterschied zu den Schlangenphobikern war aber nicht signifikant. Bei der schrittweisen Annäherung an die Schlange blieb die Herzfrequenz der Sprechängstlichen nahezu unverändert, während sie bei den Studierenden mit einer Schlangenangst bis zum Herausnehmen der Schlange aus dem Käfig deutlich um über 10 Schläge pro Minute zunahm. Die subjektive emotionale Erregung war bei den Schlangenphobikern deutlich höher als bei den Sprechängstlichen. Insofern decken sich die verbalen Angaben mit der Herzfrequenz. In der Hautleitfähigkeit fanden sich leichte, aber nicht signifikante Unterschiede zwischen beiden Gruppen. Die Studie zeigt also, daß in einer subjektiv emotional erregenden Situation die Herzfrequenz deutlich ansteigen kann. Im Detail fallen aber doch einige Ergebnisse auf, die gegen eine enge Beziehung zwischen physiologischen Veränderungen und Gefühlen sprechen. So gaben die Schlangenphobiker in beiden Situationen etwa das gleiche Ausmaß an emotionaler Erregung an - ihre Herzfrequenz stieg aber in der Sprechangstsituation viel stärker an als bei Konfrontation mit der Schlange. Das ist verwunderlich. Für sie sollte eigentlich die Schlange bedrohlicher sein und eine stärkere körperliche Reaktion auslösen als die Redesituation.

Insgesamt ergeben die Untersuchungen zu physiologischen Veränderungen bei Gefühlen kein einheitliches Bild. Anders als vielleicht zu erwarten ist, stehen die physiologischen Variablen oft in keinem deutlichen Zusammenhang mit den Angaben zum Befinden (vgl. Schmidt-Atzert, 1993, S. 41 ff.). Das bedeutet, daß etwa zwischen einer Kontrollgruppe, die keinem Emotionsreiz ausgesetzt wurde, und einer Experimentalgruppe manchmal kein signifikanter Unterschied besteht. Sofern die Experimentalgruppe stärker reagiert, sind die Unterschiede oft nicht groß. Wenn Korrelationen zwischen der Intensität einer verbal berichteten Emotion und einer physiologischen Variablen berechnet werden, sind die Koeffizienten meist niedrig.

Selbst die Annahme, daß der Effekt emotionsauslösender Reize auf den körperlichen Zustand immer der einer Aktivierung im Sinne einer Erhöhung von Herzfrequenz oder etwa Blutdruck ist, muß revidiert werden. Zumindest bei Blutphobikern kann die Darbietung eines phobischen Reizes zu ausgeprägten Veränderungen in die andere Richtung führen. Öst, Sterner und Lindahl (1984) beobachteten beispielsweise, daß die von ihnen untersuchten Blutphobiker bei Ankündigung eines Operationsfilmes zunächst mit einem Anstieg von Herzfrequenz und Blutdruck reagierten. Während der Darbietung des aversiven Reizes (Film) fielen die Meßwerte dann jedoch deutlich unter die Werte in einer neutralen Vorphase ab.

Als praktische Konsequenz ergibt sich daraus, daß bei emotionspsychologischen Untersuchungen bedacht werden sollte, ob Messungen der Herzfrequenz, des Blutdrucks, der Hautleitfähigkeit etc. überhaupt sinnvoll erscheinen. Wenn Hypothesen getestet werden, sollte nicht pauschal angenommen werden, daß sich eine Emotion in erhöhten physiologischen Meßwerten zeigt. Es ist genau zu prüfen, welche Ergebnisse in ähnlichen Untersuchungssituationen gefunden wurden. Nur dann erscheinen gerichtete Hypothesen zu physiologischen Variablen gerechtfertigt. Gegen ein exploratives Vorgehen ist natürlich nichts einzuwenden.

Emotionsspezifische physiologische Reaktionen. Eine mögliche Erklärung für die teilweise inkonsistenten Befunde zur Beziehung zwischen Gefühlsintensität und physiologischen Veränderungen könnte darin liegen, daß der Zusammenhang von der Qualität der Emotionen abhängt. Vielleicht unterscheiden sich die physiologischen Reaktionsmuster bei Angst, Freude oder etwa Ärger.

Die klassische Studie zur Frage einer differentiellen Physiologie von Emotionen stammt von Ax (1953). Ziel des Experimentes war es, Angst und Ärger auf der physiologischen Meßebene zu unterscheiden. Den Versuchspersonen wurde erklärt, daß man an Unterschieden zwischen Menschen mit hohem und niedrigem Blutdruck interessiert sei. Die Versuchspersonen sollten sich dazu eine Stunde lang hinlegen und Musik ihrer Wahl hören, während verschiedene physiologische Messungen vorgenommen wurden. In der für sie unerwarteten Angstbedingung wurden zunächst über eine Elektrode am kleinen Finger schwache elektrische Reize verabreicht. Der Versuchsleiter zeigte sich davon überrascht und überprüfte die Anschlüsse. Dabei wurde ein gefährlicher Kurzschluß vorgetäuscht.) In der Ärgerbedingung überprüfte ein technischer Gehilfe des Versuchsleiters Kabel und verhielt sich dabei der Versuchsperson gegenüber sehr grob. Beispielsweise stellte er die Musik ab und kritisierte die Versuchsperson. Beide Bedingungen wurden bei allen Versuchspersonen nacheinander realisiert, allerdings in unterschiedlicher Reihenfolge. In die Auswertung wurden nur Versuchspersonen aufgenommen, die wie erwartet mit Angst bzw. Ärger reagiert hatten. Für 14 physiologische Kennwerte (z.B. Anzahl elektrodermaler Reaktionen, Atemfrequenz, systolischer und diastolischer Blutdruck) wurden Veränderungen zwischen der Ruhe- und den beiden Emotionsbedingungen bestimmt. In einem Vergleich der Angst- und Ärgerbedingung erwiesen sich 7 der 14 Variablen als signifikant verschieden.

Dieses eindrucksvolle Ergebnis konnte allerdings nicht repliziert werden. Zwar wurden in der Folge weitere Untersuchungen zum Vergleich verschiedener Emotionen, darunter oft auch Angst und Ärger, durchgeführt, und es wurde gelegentlich auch von signifikanten Ergebnissen berichtet. Eine vergleichende Analyse dieser Untersuchungen (Schmidt-Atzert, 1993, S. 50 ff.) zeigt, daß wenig Übereinstimmung zwischen den Untersuchungen zu erkennen ist. In drei unabhängigen Untersuchungen fand sich bei Ärger ein stärkerer Anstieg des diastolischen Blutdrucks als bei Angst. Die Unterschiede sind aber mit durchschnittlich 0.8 bis 3.5 mm Hg numerisch sehr klein. Ein zweiter Befund ist, daß die Herzfrequenz in drei von vier Untersuchungen bei Angst und Ärger signifikant stärker anstieg als bei Freude. Alle übrigen "emotionsspezifischen" Veränderungen erwiesen sich entweder als noch nicht replizierte Einzelbefunde oder es standen ihnen insignifikante oder gar gegenteilige Ergebnisse gegenüber. Allein für die sexuelle Erregung gibt es möglicherweise spezifische physiologische Veränderungen (vgl. Kapitel 4.2.2). Insgesamt muß die Annahme, daß sich verschiedene Gefühlsqualitäten durch spezifische physiologische Veränderungen auszeichnen, als empirisch wenig begründet eingestuft werden (siehe auch Cacioppo et al., 1993).

5.1.4 Ausdruckserscheinungen und physiologische Veränderungen

Unter den Ausdrucksvariablen hat die Mimik in der Forschung die meiste Beachtung gefunden. In einer bemerkenswerten Studie haben Levenson, Ekman, Heider und Friesen (1992) Versuchspersonen durch gezielte Anweisungen dazu gebracht, bestimmte emotionsspezifische Gesichtsausdrücke darzustellen. Dabei wurden physiologische Messungen vorgenommen. Das Besondere an dieser Untersuchung sind einmal die Versuchspersonen und zum anderen die Methode zur Herbeiführung der Gesichtsausdrücke. Die Untersuchung wurde mit Mitgliedern der Minangkabau-Kultur durchgeführt, die in den Bergen von West-Sumatra (Indonesien) vom Ackerbau leben. Anders als in westlichen Kulturen spielt bei den Minangkabau das Erleben von Emotionen eine untergeordnete Rolle; für sie ist stattdessen die Auswirkung auf zwischenmenschliche Beziehungen besonders wichtig (Levenson et al., 1992). Die Gesichtsausdrücke von Emotionen wurden durch Anweisungen wie "runzle die Nase und laß den Mund offen; zieh deine Unterlippe herunter; schiebe deine Zunge vor, ohne sie herauszustrecken" hergestellt. Welche Emotion damit zum Ausdruck gebracht werden sollte (hier Ekel), wurde nicht gesagt. Die Versuchspersonen wurden dabei von einem Experten beobachtet und notfalls so lange korrigiert, bis der gewünschte Gesichtsausdruck vorhanden war, den sie dann für zehn Sekunden halten sollten.

Auf diese Weise wurde bei 50 jungen Männern, die unter 129 Teilnehmern danach ausgesucht worden waren, daß sie die Anweisungen zur Herstellung von Gesichtsausdrücken erfolgreich umsetzen konnten, nacheinander ein Freude-, Traurigkeits-, Ekel-, Furcht- und Wutausdruck herbeigeführt. Dabei wurden mit einem transportablen Polygraphen physiologische Messungen vorgenommen. Für die Auswertung wurden immer Veränderungswerte gegenüber einem neutralen Kontrollgesicht gebildet. Zur Kontrolle des Gefühlszustandes wurden die Teilnehmer gefragt, ob sie während der Mimikübungen irgendwelche Emotionen erlebt hatten. Dabei zeigte sich, daß dies eher selten der Fall war. Nur in durchschnittlich 14.7 Prozent der Fälle berichteten sie von einer intensiven Emotion, die zu dem jeweiligen Gesichtsausdruck paßte. Bei fünf der sieben physiologischen Variablen fanden sich signifikante Unterschiede zwischen den Emotionen. Allerdings wurden dabei nur die Fälle berücksichtigt, in denen es den Versuchspersonen gelungen war, den angestrebten Gesichtsausdruck relativ gut herzustellen (immerhin mindestens 27 Versuchspersonen pro Emotion). In welchen physiologischen Variablen unterschieden sich die Gesichtsausdrücke, und wie groß waren die Unterschiede? Den stärksten Effekt hatte die Mimikmanipulation auf die *Herzfrequenz*. Diese stieg bei Wut (3.7 Schläge/Minute), Furcht (2.5) und Traurigkeit (3.3) stärker an als bei Ekel (-0.1); bei Freude (1.2) war der Anstieg kleiner als bei Wut (3.7). Der Effekt ist also klein. Er scheint aber zuverlässig zu sein; in einer ähnlichen Studie mit amerikanischen Versuchspersonen (Levenson, Ekman & Friesen, 1990) wurde ein vergleichbares Muster gefunden. Die Herzfrequenz stieg bei Wut (4.8), Furcht (5.3) und Traurigkeit (4.4) relativ stark und bei Freude (2.3) eher schwach an; bei Ekel blieb sie fast unverändert (0.8 Schläge/Minute). Levenson et al. (1992) fanden weitere Unterschiede zwischen einzelnen Emotionsausdrücken in zwei Atemvariablen (Atemfrequenz und -tiefe) sowie zwei Maßen der peripheren Durchblutung (Fingerpulsamplitude und -transmissionszeit). Keine Unterschiede bestanden in der Fingertemperatur und der elektrischen Hautleitfähigkeit. Den Mittelwerten zufolge lagen hier bei den amerikanischen Versuchspersonen nicht die gleichen Muster vor. Zusammenfassend ist festzustellen, daß die beobachteten Effekte klein waren und bis auf die Herzfrequenzdaten wenig Konsistenz zwischen den Kulturen zeigten.

Aus einer anderen Forschungstradition heraus hat man die Beziehung zwischen Ausdruck und physiologischen Veränderungen mit einer völlig anderen

Hypothese untersucht. Die Annahme war, daß sich starke physiologische Reaktionen und starke mimische Veränderungen gegenseitig ausschließen. Ausgangspunkt war ein überraschendes Ergebnis in einer Untersuchung von Lanzetta und Kleck (1970). Versuchspersonen erhielten unangenehme elektrische Reize, die vorher immer durch ein Lichtsignal angekündigt wurden. Auf ein anderes Signal erfolgte kein Schock. In dieser Situation wurden sie unbemerkt gefilmt, und ihre Hautleitfähigkeit wurde registriert. Die Videoaufnahmen wurden später Beurteilern gezeigt, die herausfinden sollten, wann die Versuchsperson unter Schockandrohung stand und wann nicht. Es zeigte sich, daß gut erkennbare mimische Reaktionen mit schwachen Veränderungen der elektrischen Hautleitfähigkeit einhergingen und umgekehrt. Die Korrelation zwischen mimischer Expressivität und physiologischer Reaktionsstärke betrug -.69.

Menschen unterscheiden sich darin, wie stark sie mit ihrer Mimik reagieren, wenn sie mit emotionsauslösenden Reizen konfrontiert werden. Eine geringe mimische Expressivität kann darauf zurückzuführen sein, daß Emotionsreize für diese Menschen aus irgendwelchen Gründen schwach sind. Dann wäre zu erwarten, daß auch andere Emotionsindikatoren wie physiologische Variablen eine schwache Auslenkung zeigen. Eine andere Erklärung für eine geringe mimische Expressivität knüpft an folgende Überlegung an: Die "emotionale Erregung" kann in unterschiedliche Bahnen fließen, nämlich nach innen oder nach außen. Im ersten Fall sollten relativ starke physiologische Veränderungen beobachtbar sein, im zweiten dagegen relativ starke mimische Reaktionen. Eine schwache mimische Reaktion würde dann bedeuten, daß die "Erregung" oder "Energie" den Weg nach innen statt nach außen genommen hat. Für diese Einteilung von Menschen nach ihrer bevorzugten Reaktionsweise wurde der Begriff Externalisierer - Internalisierer vorgeschlagen. Manstead (1991) hat 13 Untersuchungen zur Externalisierer - Internalisierer Dimension zusammenfassend dargestellt und diskutiert. Er kommt zu dem Schluß, daß die Ergebnisse widersprüchlich sind. Dabei überwiegen jedoch Befunde, die für eine inverse Beziehung zwischen mimischer Expressivität und verschiedenen physiologischen Maßen sprechen.

Insgesamt bestehen also starke Zweifel daran, daß mimische und physiologische Reaktionen in einem engen positiven Zusammenhang stehen. Es gibt sogar Befunde, die zeigen, daß manchmal starke mimische Reaktionen mit schwachen physiologischen Reaktionen einhergehen und umgekehrt schwache mimische Veränderungen von starken physiologischen Reaktionen begleitet werden.

5.2 Erklärungen für die Beziehung zwischen Emotionskomponenten

Die vorangegangenen Ausführungen haben deutlich gemacht, daß die Veränderungen auf den einzelnen Reaktionsebenen oftmals nicht synchron ablaufen. Eine einheitliche Reaktion mit gleichsinnigen Veränderungen des emotionalen Erlebens, des Ausdrucks und des körperlichen Zustandes ist offenbar eher die Ausnahme als die Regel.

Warum ist überhaupt anzunehmen, daß diese Reaktionen zusammengehören? Sind die selten beobachtbaren Übereinstimmungen nur zufällig entstanden, oder gibt es Mechanismen, die für eine synchrone Veränderung auf allen Meßebenen sorgen, sofern keine störenden Einflüsse vorliegen? Die Argumente fallen in zwei Kategorien: Die Vorstellung, daß emotionsauslösende Reize mehr oder weniger den ganzen Organismus zur Reaktion anregen, wird in Kapitel 5.2.1 behandelt. Eine alternative Erklärung ist, daß die emotionsauslösenden Reize zunächst nur auf einer Ebene eine Reaktion bewirken und diese dann die anderen in einer Art Kettenreaktion beeinflußt (Kapitel 5.2.2). Selbst wenn es Mechanismen gibt, die auf synchrone Veränderungen auf allen Meßebenen hinwirken, müssen "störende" Bedingungen identifiziert werden, die eben das in der Regel verhindern (Kapitel 5.2.3). Abschließend ist zu diskutieren, welche Rolle das Gehirn bei der Entstehung emotionaler Reaktionen spielt. Neuropsychologische Spekulationen spielen zwar schon bei Aktivierungstheorien (Kapitel 5.2.1) eine Rolle, doch lassen sich im Prinzip synchrone wie auch dissoziierte emotionale Reaktionen mit zentralnervösen Mechanismen erklären. In Kapitel 5.2.4 wird deshalb eine Bestandsaufnahme der neuropsychologischen Emotionsforschung versucht, die bewußt von den Argumenten für und gegen eine einheitliche emotionale Reaktion abgegrenzt wird.

5.2.1 Aktivierung durch emotionsauslösende Reize

Die Auffassung, daß körperliche Veränderungen, Ausdruckserscheinungen und Erleben bei Emotionen irgendwie zusammengehören, ist weit verbreitet. Eine allgemein anerkannte theoretische Grundlage dafür ist aber nicht zu erkennen. Der Grundgedanke, daß die drei Komponenten zusammengehören, wurde vermutlich stark durch den amerikanischen Physiologen Cannon geprägt.

Die Aktivierungstheorie Cannons. Cannon (1929) hatte sich mit dem autonomen Nervensystem befaßt. Er nahm an, daß der Teil des autonomen Nervensystems, der im Thorax- und Lendenbereich aus dem Rückenmark austritt (Sympathikus), als Ganzes aktiviert wird und zu einer einheitlichen Veränderung an den von ihm versorgten Organen wie Herz, Magen oder Schweißdrüsen führt. Zu diesen Organen zählt auch das Nebennierenmark, das Adrenalin ins Blut ausschüttet. Cannon vermutete, daß die primär über den Sympathikus ausgelösten Reaktionen durch Adrenalin im Blut verstärkt und verlängert werden.

Emotionen wie Wut, Furcht, Freude und Kummer sah er als angeborene und reflexähnliche Reaktionsmuster an. Er nahm an, daß diese Reaktionsmuster einerseits durch unspezifische, bei allen intensiven Emotionen gleichen Veränderungen an den Organen und andererseits durch sehr spezifische Ausdruckserscheinungen gekennzeichnet sind. In den körperlichen Veränderungen wie der Erhöhung der Herzfrequenz, der Erweiterung der Bronchien, der Erhöhung des Blutzuckerspiegels, der Erweiterung der Pupillen und der Hemmung der Verdauungstätigkeit sah Cannon eine nützliche Vorbereitung des Organismus für den Überlebenskampf.

Den zentralnervösen Ursprung dieser Reaktionen vermutete er aufgrund von Tierversuchen im Thalamus. Dem Cortex (Großhirn) sprach er eine direkte Kontrolle der viszeralen Reaktionen ab. Eine willentliche Steuerung nahm er nur für die muskulären Reaktionen an. So meinte er, daß es ein spontanes (thalamisches) und ein willentliches (cortikales) Lachen gibt. Für das emotionale Erleben ist nach Cannon (1929) zwar der Cortex zuständig, ausgelöst wird es aber durch die Entladungen von Neuronen im Thalamus.

Diese Theorie liefert also ein wichtiges Argument dafür, warum die Veränderungen im Erleben, im Ausdruck und im körperlichen Zustand korrespondieren müssen. Cannon (1929) nahm für alle diese Veränderungen einen gemeinsamen Ursprung an, nämlich die Entladung von Neuronen im Thalamus. Die Verbreitung der Erregung sah er als ein reflexähnliches, genau vorprogrammiertes Geschehen an. Die Erregung gelangt in den Cortex (emotionales Erleben), in das muskuläre System (Ausdruck) und über den Sympathikus in das viszerale System (körperliche Veränderungen).

Zur Theorie Cannons (1929) ist anzumerken, daß sich die wesentlichen Annahmen als empirisch nicht haltbar erwiesen haben. Die neuroanatomischen und -physiologischen Grundlagen von Emotionen sind weitaus komplexer, als Cannon angenommen hatte (siehe Kapitel 5.2.4). Das autonome Nervensystem mit seinen Zweigen Sympathikus und Parasympathikus (den Cannon auch kannte, aber als weniger emotionsrelevant ansah) funktioniert nicht wie ein Verteiler von Energie, sondern gestattet auch sehr differenzierte Reaktionen (siehe Berntson, Cacioppo & Quigley, 1991). Dennoch war diese Theorie sehr einflußreich. In der Folgezeit entstanden noch einige andere Aktivierungstheorien (siehe Strongman, 1987). Diese erlangten aber nicht den Einfluß, den Cannons Theorie hatte.

Eine moderne Aktivierungstheorie. Cacioppo et al. (1992) haben eine psychophysiologische Aktivierungstheorie vorgestellt, mit der sie den Zusammenhang zwischen mimischer Aktivität und Reaktionen des autonomen Nervensystems erklären wollen. Sie gehen von zwei einfachen Annahmen aus: (1) Der Organismus reagiert um so stärker, je stärker er von außen "angestoßen" wird. (2) Der Organismus kann durch verschiedene "Reaktionssysteme" beschrieben werden. "Reaktionssysteme" sind beispielsweise die Herzfrequenz, die Hautleitfähigkeit oder die Mimik. Annahme 1, daß eine Beziehung zwischen der Stärke der Stimulation und der Stärke der Reaktion besteht, soll für jedes dieser Systeme gelten.

Durch bestimmte Zusatzannahmen gelangen die Autoren zu dem Schluß, daß dennoch keine einheitliche Aktivierung im Sinne einer synchronen Auslenkung aller Systeme stattfindet. Entscheidend sind spezifische Eigenschaften, die sie den einzelnen Reaktionssystemen zuschreiben. Diese Eigenschaften sind dafür verantwortlich, daß hoch differenzierte Reaktionsmuster auftreten. Beispiele für solche Systemeigenschaften sind die Reaktionsschwelle und die Intensitätsfunktion (für eine ausführliche Darstellung siehe Kapitel 5.2.3). So können sich zwei Reaktionssysteme, etwa die Herzfrequenz und die Mimik, in ihren Schwellen unterscheiden. Das eine System spricht vielleicht schon auf schwache Reize an, das andere benötigt höhere Reizintensitäten, damit es überhaupt reagiert. Bei einem System kann die Reaktion mit zunehmender Reizintensität schnell zunehmen, beim anderen langsam. Obwohl also für beide Reaktionssysteme gilt, daß sie um so stärker reagieren, je stärker die Stimulation ist, können zwischen ihnen gravierende Unterschiede in der genauen Beziehung zwischen Reizintensität und Reaktionsstärke bestehen. Abbildung 5.2 zeigt ein Beispiel für das Verhalten zweier Reaktionssysteme und der daraus resultierenden Beziehung zwischen diesen Systemen.

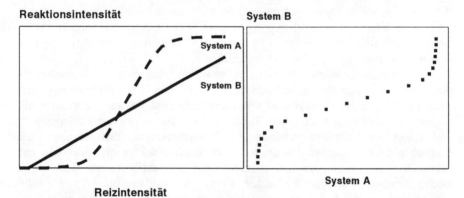

Abbildung 5.2 Verhalten zweier Reaktionssysteme (links). System A reagiert erst bei einer höheren Reizintensität als System B und erreicht früher eine obere Grenze. Im unteren und im oberen Bereich nimmt es nicht linear mit der Reizstärke zu. Bestimmt man die Beziehung zwischen System A und B (rechts), findet man nur im mittleren Bereich eine lineare Beziehung zwischen A und B.

Das Zusammenspiel der Reaktionssysteme wird durch zwei zusätzliche Faktoren beeinflußt. Erstens gibt es interindividuelle Unterschiede in den Eigenschaften eines Systems. Ein und dasselbe System wird etwa bei Person A schon bei niedrigeren Reizintensitäten ansprechen als bei Person B. Zweitens können sich die Systeme gegenseitig beeinflussen.

Cacioppo et al. (1992) knüpfen also an die Grundannahme einer allgemeinen Aktivierungstheorie an, versuchen aber mit einer Reihe von Zusatzannahmen über die Eigenschaften der Reaktionssysteme den empirischen Befunden einer mangelnden Kovariation zwischen diesen Systemen gerecht zu werden. Allerdings lassen sie offen, wo der gemeinsame Ursprung der Reaktionssysteme liegt. Der Weg vom Stimulus zum gemeinsamen Anstoß der Reaktionssysteme bleibt noch im Dunkeln. Hier müßte eine neuropsychologische Theorie Erklärungen liefern (siehe dazu Kapitel 5.2.4). Der wesentliche Beitrag von Cacioppo et al. (1992) liegt darin, das unterschiedliche Verhalten der einmal angestoßenen Reaktionssysteme zu erklären.

Aus den Vorstellungen von Cacioppo et al. (1992) zum Aktivierungsgeschehen ergeben sich wichtige Konsequenzen für die empirische Forschung. Die bisher üblichen Strategien, Korrelationen zwischen Variablen zu berechnen oder variablenweise Vergleiche zwischen einer Experimental- und Kontrollgruppe anzustellen, berücksichtigen die Eigenheiten der Reaktionssysteme zu wenig und lassen die interindividuellen Unterschiede außer acht.

Die Annahme emotionsspezifischer Reaktionsprogramme. Während Cannon (1929) die physiologischen Veränderungen in den Mittelpunkt seiner Überlegungen gestellt hatte, haben sich andere Theorien primär mit der Mimik befaßt. Der Gesichtsausdruck wird verschiedentlich als ein reflexartiges Verhalten aufgefaßt, das von spezifischen Reizen ausgelöst wird. Diese Auffassung wurde stark durch Darwin (1872) und durch frühe Ethnologen wie Tinbergen geprägt, die "fixierte Verhaltensmuster" annahmen, die aufgrund von "angeborenen Auslösemechanismen" auftreten (vgl. Fridlund, 1992). Ekman (z.B. 1972) spricht stattdessen von "Auslösern" für "Affektprogramme", wobei letztere als Muster von neuronalen Impulsen zu verstehen sind, die zur Gesichtsmuskulatur gehen. Gelegentlich findet sich die Auffassung, daß auch physiologische Reaktionen mit zu den Affektprogrammen gehören. Anders als bei den physiologischen Aktivierungstheorien werden jedoch emotionsspezifische physiologische Reaktionen angenommen. So nehmen Levenson et al. (1992) an, daß willentlich produzierte emotionale Gesichtsausdrücke spezifische Reaktionen des autonomen Nervensystems hervorrufen. Die Verbindung zwischen mimischen und peripher-physiologischen Reaktionen ist ihrer Auffassung nach biologisch zu erklären. Durch die Evolution haben die Organismen sich so entwickelt, daß sie auf bestimmte Anforderungen der Umwelt wirkungsvoll reagieren. Die beiden hier untersuchten Reaktionsweisen (mimisch und peripher-physiologisch) müssen demnach als effiziente Antworten des Organismus verstanden werden.

5.2.2 Gegenseitige Beeinflussung der Reaktionen

Die Unterscheidung von drei Reaktionsebenen (Erleben, Ausdruck, körperliche Veränderungen) ist zwar verbreitet, führt aber manchmal doch zu Mißverständnissen. Wenn hier von einer gegenseitigen Beeinflussung dieser Komponenten die Rede ist, so macht eine Aussage wie "der Ausdruck führt zu einer Emotion" keinen Sinn. Wenn eine der Komponenten als Ursache für etwas anderes angenommen wird, so kann es sich dabei allenfalls um das Erleben oder um körperliche Veränderungen handeln. Leider ist diese begriffliche Klarheit nicht immer anzutreffen. Im folgenden werden theoretische Ansätze behandelt, die "Emotionen" (damit können aber nur eine oder zwei der Komponenten gemeint sein) auf den Ausdruck oder die körperliche Reaktion zurückführen wollen.

Die James-Lange-Theorie. Ende des letzten Jahrhunderts haben der amerikanische Psychologe William James und der dänische Physiologe Carl Lange unabhängig voneinander eine Emotionstheorie entwickelt, die sich bis heute als sehr einflußreich erwiesen hat. Der Kerngedanke dieser Theorie ist, daß "Emotionen" eine Folge von körperlichen Veränderungen sind. Diese Annahme wird denn auch oft als "James-Lange Theorie" bezeichnet; auf unterschiedliche Auffassungen beider Autoren etwa bezüglich der beteiligten Organsysteme soll hier nicht eingegangen werden. Nach James (1890) nimmt das Individuum zunächst ein Objekt (einen emotionsauslösenden Reiz) wahr. Im Gehirn werden daraufhin körperliche Reaktionen ausgelöst. Diese Reaktionen nimmt das Individuum selbst wahr. Die Wahrnehmung ist identisch mit dem *Erleben* der Emotion. Diese Überlegung wird oft treffend mit dem Satz beschrieben "Wir weinen nicht, weil wir traurig sind, sondern wir sind traurig, weil wir weinen".

Die Auseinandersetzung mit dieser Theorie ist voller Mißverständnisse über das Wesen der Emotionen. So hatte Sherrington (1900) bei Versuchstieren die Rückmeldung vom Körper zum Gehirn chirurgisch unterbrochen. Nach der James-Lange-Theorie müßte damit jedes emotionale Erleben unterbunden sein. Sherrington (1900) und mit ihm viele andere sahen aber die Theorie dadurch als widerlegt an, daß die Hunde weiterhin Ausdruckserscheinungen der Freude, Wut oder Furcht zeigten. Dabei hatte James nicht behauptet, daß die Rückmeldung der viszeralen Reaktionen zu Ausdruckserscheinungen führt, sondern zu emotionalem Erleben. Wenn ein Hund bellt, so könnte diese Ausdruckserscheinung eine Quelle für emotionales Erleben sein (sofern ein Hund solche Empfindungen haben kann). Ein anderes Gegenargument war, daß die viszeralen Reaktionen unspezifisch sind. Qualitativ verschiedene Emotionen und sogar nichtemotionale Zustände (z.B. Fieber) seien durch die gleichen viszeralen Veränderungen gekennzeichnet (Cannon, 1929). James (1890) hatte allerdings körperliche Reaktionen nicht so eng verstanden und Ausdruckserscheinungen mit eingeschlossen. Mit dem gleichen Argument kann auch der Einwand zurückgewiesen werden, daß durch Injektion von Adrenalin in der Regel keine richtige "Emotion"erzeugt werden kann (Cannon, 1929). Durch Adrenalin kann nämlich keine volle körperliche Emotionsreaktion erzeugt werden. Adrenalin kann allenfalls einige körperliche Veränderungen wie Zittern und Herzfrequenzerhöhung hervorrufen.

Ein plausibler und auch empirisch prüfbarer Einwand ist, daß die körperlichen Reaktionen zu langsam seien, um als Quelle des emotionalen Erlebens in Frage zu kommen (Cannon, 1929). In einer Serie von Untersuchungen (Schmidt-Atzert, 1993) konnte gezeigt werden, daß bestimmte mimische Reaktionen und auch physiologische Reaktionen (Anstieg der Hautleitfähigkeit) ähnliche Latenzen haben wie Gefühle. Die Versuchspersonen sahen emotionsauslösende Dias und zeigten emotionale Empfindung sofort durch einen Tastendruck an. In vielen Fällen ging das Gefühl der körperlichen Reaktion tatsächlich voraus. Aber auch die umgekehrte Abfolge kam oft vor. Insofern läßt sich nicht absolut sagen, körperliche Reaktionen seien zu langsam, um als Quelle des Gefühls in Frage zu kommen.

Die Theorie von Schachter und Singer. Schachter und Singer (1962) nahmen zwei Argumente gegen die James-Lange-Theorie zum Anlaß, eine modifizierte Version dieser Theorie zu entwickeln. Die körperlichen Veränderungen bei Emotionen wurden bereits als unspezifisch beschrieben; Gefühle und auch Ausdruckserscheinungen der Freude, der Angst etc. gehen weitgehend mit den gleichen somatischen Veränderungen einher. Durch Injektion von Adrenalin konnte in verschiedenen Untersuchungen zwar unspezifische körperliche Erregung, aber meist kein emotionales Erleben erzeugt werden. Die körperlichen Veränderungen (wenn man sie so eng definiert und muskuläre Reaktionen ausklammert) konnten also nicht die Grundlage für das emotionale Erleben mit seiner qualitativen Vielfalt sein. Schachter und Singer (1962) postulierten deshalb, daß die physiologische Erregung nur für einen Aspekt der Emotion verantwortlich sein kann, nämlich für die Intensität. Je stärker die körperliche Erregung ist, desto intensiver sei die "Emotion". Ob Angst, Freude oder eine andere Emotionsqualität entsteht, ergibt sich den Autoren zufolge aus der Wahrnehmung und kognitiven Verarbeitung der Situation. Das Individuum ist einem Ereignis ausgesetzt. Dadurch wird bei ihm eine unspezifische physiologische Erregung ausgelöst. Das Individuum nimmt diese Erregung wahr und sucht nach einer Erklärung dafür. Die Erklärung liefert die Situation. War ein Geschenk der Auslöser für die Erregung, resultiert Freude, war es der Anblick einer gefährlichen Schlange, kommt es zu Angst. Die gleiche Erregung kann also zu qualitativ unterschiedlichen "Emotionen" führen.

Das Experiment von Schachter und Singer (1962) und Replikationen. In einem einfallsreichen Experiment verabreichten Schachter und Singer (1962) ihren Versuchspersonen ein adrenalinähnliches Präparat oder in der Kontrollbedingung Kochsalzlösung (Placebo), ohne daß diese davon in Kenntnis gesetzt wurden. Alle Versuchspersonen wurden in den Glauben versetzt, ihnen würde ein Vitaminpräparat injiziert. Diese Irreführung der Versuchspersonen war unbedingt nötig, weil sie die wahre Ursache der pharmakologisch induzierten körperlichen Erregung nicht erfahren durften. In der Adrenalinbedingung wurde zusätzlich die Information über die zu erwartenden Nebenwirkungen des

"Vitaminpräparates" variiert. Entweder erhielten die Versuchspersonen keine Information oder sie wurden über die zu erwartenden Körpersymptome korrekt informiert (in der Euphoriebedingung wurde zusätzlich eine Versuchspersonengruppe falsch informiert).

Die Autoren postulierten, daß die experimentell induzierte physiologische Erregung nur dann emotionsrelevant ist, wenn sie nicht der Injektion zugeschrieben werden kann. Erst dann entsteht nämlich ein Erklärungsbedürfnis. Die Erklärung für ihre Erregung sollten die Versuchspersonen im Verhalten einer Mitversuchsperson finden. Es handelte sich dabei um einen Vertrauten des Versuchsleiters, der Anlaß zu Ärger oder Euphorie gab. Abhängige Variablen waren das selbst eingestufte emotionale Befinden sowie das emotionale Verhalten der Versuchspersonen, das durch Beobachter eingestuft wurde.

Der Hypothese zufolge war zu erwarten, daß die Versuchspersonen, welche eine Adrenalininjektion erhalten hatten und dabei nicht über deren Wirkung aufgeklärt worden war, stärkere "Emotionen" zeigen als die Versuchspersonen, denen eine unwirksame Kochsalzlösung injiziert worden war. Weiterhin sollten die Adrenalin-Versuchspersonen, die ihre Erregungssymptome auf das "Vitaminpräparat" zurückführen konnten, also eine natürliche Erklärung dafür hatten, schwächere "Emotionen" zeigen als die uninformierten Versuchspersonen. In Abbildung 5.3 sind die Hypothesen bezüglich der Emotionsintensität in den einzelnen Bedingungen durch Pfeile markiert.

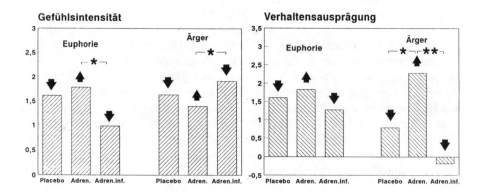

Abbildung 5.3 Ergebnisse aus dem Experiment von Schachter und Singer (1962). Die linke Grafik zeigt die Einstufung des emotionalen Befindens (Freude bzw. Ärger; Skala von 0 = nicht vorhanden bis 4 = extrem). In der rechten Grafik sind die Verhaltenseinstufungen dargestellt (Euphorie- bzw. Ärgerindex; die beiden Skalen sind nicht direkt vergleichbar. Der Euphorieindex wurde für die Darstellung durch 10 dividiert). Die Pfeile symbolisieren die Hypothesen der Autoren bezüglich hoher oder niedriger Werte.
Adren. = Adrenalininjektion, Adren.inf. = Adrenalininjektion mit Information über die zu erwartenden Körpersymptome.
*p < .05   **p < .01

Zunächst ist festzustellen, daß das Adrenalin die erwünschte physiologische Wirkung gezeigt hatte. Die Pulsfrequenz der Versuchspersonen war höher, und sie gaben mehr Herzklopfen und Tremor an als die Personen unter der Placebobedingung. Die Ergebnisse zu den emotionalen Reaktionen waren dennoch sehr widersprüchlich (siehe Abbildung 5.3). Im emotionalen Erleben fanden sich wider Erwarten keine signifikanten Unterschiede zwischen den uninformierten Adrenalin-Versuchspersonen und den Kontrollpersonen, denen nur Kochsalzlösung injiziert worden war. Lediglich auf der Verhaltensebene zeigte sich ein Unterschied. In der Ärgerbedingung wirkten die Adrenalin-Versuchspersonen, die sich ihre Erregungssymptome nicht auf natürliche Weise erklären konnten, ärgerlicher als die Placebo-Versuchspersonen sowie die informierten Adrenalin-Versuchspersonen. In der Freudebedingung traten keine vergleichbaren signifikanten Effekte auf.

Die Nachbefragung hatte ergeben, daß doch ein Teil der uninformierten Adrenalin-Versuchspersonen ihre Erregungssymptome auf die Injektion zurückgeführt hatte. Nach Ausschluß dieser selbstinformierten Versuchspersonen fanden sich sowohl in der Ärger- als auch in der Euphoriebedingung die erwarteten signifikanten Unterschiede gegenüber den Placebobedingungen. Allerdings gaben Schachter und Singer (1962, S. 393 f.) nur Ergebnisse für die Verhaltensmaße an.

Das Experiment war so angelegt, daß nur eine Intensivierung von Ärger oder Freude durch das Adrenalin unter den beschriebenen situativen Bedingungen entdeckt werden konnte. Es fehlte eine neutrale Bedingung ohne situative Hinweisreize, und es wurden keine anderen Emotionen erfaßt als Freude und Ärger. Das Experiment fand starke Beachtung und wurde mehrfach konzeptuell repliziert (siehe Reisenzein [1983] oder Schmidt-Atzert [1981, S. 100 ff.] für einen Überblick). Diese Folgeuntersuchungen sprechen dafür, daß mit Hilfe von Pharmaka oder (in einer Untersuchung) Hypnose unbemerkt induzierte körperliche Erregung Angst auslösen kann - auch wenn entsprechende situative Hinweisreize für Angst fehlen. Durch die körperliche Erregung können allenfalls negative Emotionen und nicht etwa Freude intensiviert werden. Daß durch eine Adrenalininjektion Angst erzeugt werden kann, wird durch zahlreiche ältere Untersuchungen belegt, die Breggin (1964) ausgewertet hat. Aufschlußreich ist auch ein Experiment von Christianson und Mjörndal (1985). Versuchspersonen, die im Rahmen eines Gedächtnisexperimentes Adrenalin erhalten hatten, verglichen ihre Erregungssymptome spontan mit den Symptomen, die bei ihnen in Streßsituationen (z.B. eine Rede halten oder sich einer Prüfung unterziehen) auftreten. Adrenalin führt aber keineswegs automatisch zu Angst. Entweder muß die Situation selbst schon angstauslösend sein, oder die Versuchspersonen müssen solche Erregungssymptome aus früheren angstauslösenden Situationen kennen (vgl. Breggin, 1964). Als Fazit ist festzuhalten, daß sich die Hypothese von Schachter und Singer (1962), durch künstlich herbeigeführte körperliche Erregung könne praktisch jede Emotion intensiviert werden, empirisch nicht bestätigt hat.

Andere Untersuchungsansätze. Die Funktion der tatsächlich vorhandenen oder wahrgenommenen körperlichen Erregung für emotionales Erleben und Verhalten wurde auch auf andere Weise untersucht. Drei Untersuchungsstrategien kamen dabei zur Anwendung.

Erstens wurde versucht, die körperliche Erregung pharmakologisch zu reduzieren. Dazu sind sogenannte Beta-Rezeptoren-Blocker geeignet. Beispielsweise verabreichten Erdmann, Janke, Köchers und Terschlüssen (1984) in einer Doppel-Blind-Anordnung studentischen Versuchspersonen einen Beta-Blocker oder ein Placebo (ein weiteres Pharmakon, Diazepam, ist hier nicht von Interesse, da es auch eine zentrale Wirkung hat). Die Versuchspersonen wurden zwei unterschiedlich stark angstauslösenden Bedingungen oder einer neutralen Situation ausgesetzt. Der Beta-Blocker führte im Vergleich zum Placebo erwartungsgemäß zu einer Reduktion der Herzfrequenz und des systolischen Blutdrucks. Auch wurden unter dem Beta-Blocker weniger Körpersymptome angegeben. Allein die zu erwartende Veränderung des emotionalen Befindens blieb aus. Weder die Angst noch eine andere Gefühlsqualität veränderte sich durch das Pharmakon. Weitere Untersuchungen mit Beta-Blockern führten überwiegend zu negativen Ergebnissen (siehe Erdmann, 1983; Reisenzein, 1983) und sprechen somit insgesamt eher gegen die Theorie von Schachter und Singer (1962). Beta-Blocker scheinen aber bei Angstpatienten, für die physiologische Symptome einen Hauptteil ihrer Beschwerden ausmachen, angstreduzierend zu wirken.

Der zweite Ansatz ist unter der Bezeichnung *Erregungstransfer-Paradigma* bekannt. Die körperliche Erregung wird hierbei nicht pharmakologisch erzeugt, sondern auf "natürliche" Art, z.B. durch eine körperlich anstrengende Tätigkeit. Die Versuchspersonen wissen damit auch, warum sie etwa schneller atmen und ihr Herz schneller schlägt. Die Erregung baut sich aber mehr oder weniger schnell von allein wieder ab. Die Experimentatoren verlassen sich darauf, daß gegen Ende dieser Erholungsphase noch eine schwache "Resterregung" vorhanden ist, die von der Versuchsperson nicht mehr klar zugeordnet werden kann. Wenn zu diesem Zeitpunkt ein emotionsauslösender Reiz auftritt, addieren sich die noch vorhandene "alte" und die neu induzierte Erregung. Die Versuchsperson führt nun die gesamte Erregung auf den Emotionsreiz zurück, so die Erwartung. In drei Untersuchungen, in denen das emotionale Befinden erfaßt wurde, fand sich keine Bestätigung für eine Intensivierung von Gefühlen durch Erregungsübertragung (siehe Schmidt-Atzert, 1993, S. 77 f.).

Eine dritte Untersuchungsstrategie besteht darin, die Auswirkung einer gestörten Erregungswahrnehmung, wie sie bei Querschnittslähmungen vorkommt, zu studieren. Die erste Untersuchung dieser Art stammt von Hohmann (1966). Er stellte durch Befragung von Querschnittsgelähmten fest, daß diese seit ihrer Verletzung weniger Angst, Ärger und sexuelle Erregung empfanden als vorher. Dieser Untersuchungsansatz ist aber methodisch problematisch. Durch eine solche Verletzung ändern sich auch die Lebensumstände der Betroffenen. So fehlt bei diesen Patienten möglicherweise öfter als vorher ein äußerer

Anlaß für die genannten Gefühle. Auch Depressionen kommen als Ursache für die beschriebenen Befindensänderungen in Frage. Chwalisz, Diener und Gallagher (1988) befragten daher nicht nur Querschnittsgelähmte, sondern auch Personen, die aus anderen medizinischen Gründen an den Rollstuhl gefesselt waren. Die Querschnittsgelähmten unterschieden sich in der Intensität ihrer gegenwärtigen Gefühle, die mit einem standardisierten Fragebogen erfaßt wurde, nicht von den Vergleichspersonen. Die Autoren stellten zudem fest, daß bei den Querschnittsgelähmten Liebe und Angst seit dem Eintritt ihrer Verletzung zugenommen hatten. Dieser Befund wie auch einige weitere (siehe Schmidt-Atzert, 1993, S. 79 f.) sprechen insgesamt eher gegen die Annahme, daß eine organisch bedingte Störung der Erregungswahrnehmung zu einer Abschwächung des emotionalen Erlebens führt.

Neben diesen drei Untersuchungsansätzen gibt es weitere, die zur Prüfung der Theorie von Schachter und Singer (1962) herangezogen wurden. Sie unterscheiden sich von den bereits genannten darin, daß lediglich die Verarbeitung von erregungsrelevanter Information experimentell variiert wird. Weder die tatsächliche physiologische Erregung noch deren Wahrnehmung wird verändert. Alles geschieht sozusagen im Kopf der Versuchspersonen.

Auf Valins (1966) geht eine Methode zurück, nach der Versuchspersonen mit falschen Informationen über ihre körperliche Erregung versorgt werden. Beispielsweise wird eine Messung der Herzfrequenz vorgetäuscht, während die Versuchspersonen Dias betrachten. Über einen Lautsprecher können sie die vermeintlich eigenen Herztöne hören. Die Anweisung, diese nicht zu beachten, hat einen erwarteten paradoxen Effekt: die Versuchspersonen achten auf die "Herztöne". Durch einen Anstieg (aber auch einen Abfall!) der vermeintlich eigenen Herzfrequenz kann das emotionale Befinden beeinflußt werden. Der Effekt konnte in zahlreichen Untersuchungen bestätigt werden (siehe Hirschman & Clark [1983] oder Parkinson [1985] für eine Übersicht). Fraglich bleibt, wie er zu erklären ist. Die Befindensänderungen kommen auch ohne eine Änderung der tatsächlichen physiologischen Erregung zustande. Möglicherweise wird durch die falsche Erregungsrückmeldung die Aufmerksamkeit für die emotionsauslösenden Reize verändert, oder die Versuchspersonen interpretieren die Stimuli, die sie scheinbar erregen, anders. Es erscheint sehr zweifelhaft, daß mit dem Valins-Paradigma die natürliche Entstehung des emotionalen Erlebens oder Verhaltens nachgebildet wird.

Ähnliche Bedenken gelten für das *Mißattributions-Paradigma*. Hier wird nicht die vermeintliche oder reale Erregung experimentell variiert, sondern die Erklärung für die tatsächlich vorhandene emotionale Erregung. Bereits Schachter und Singer (1962) hatten in ihrem Experiment Attributionseffekte mit untersucht, indem sie die Versuchspersonen unterschiedlich über die "Nebenwirkungen" der Adrenalininjektion informiert hatten. Wenn die Versuchspersonen wußten, daß die Injektion Erregungssymptome auslöst, reagierten sie eher mit schwächerem emotionalen Befinden und Verhalten, als wenn sie nicht oder falsch informiert worden waren. In anderen Untersuchungen erhielten die Versuchsteilnehmer lediglich eine Placebopille, bevor sie emotionsauslösenden Reizen ausgesetzt wurden. Ihnen wurde erklärt, daß das Medikament Erregungssymptome auslösen kann. Damit sollte in diesen Untersuchungen bewirkt werden, daß die Versuchspersonen einen Teil ihrer "natürlichen" physiologischen Reaktion auf die Pille zurückführen (Mißattribution). Als Folge sollten sie im Vergleich zu einer Kontrollgruppe, die keine oder andere Informationen über die Wirkung der Pille erhielt, schwächere Emotionen erleben. Solche Effekte wurden in zahlreichen Untersuchungen beobachtet. Allerdings sind auch einige erfolglose Versuche zur Reduktion von Emotionen durch Attribution der Erregung auf eine neutrale Ursache dokumentiert. Für eine ausführliche und kritische Darstellung der Untersuchungen zur Mißattribution von Erregung sei auf Cotton (1981) und Reisenzein (1983) verwiesen.

Die Facial-Feedback-Theorie. In der Auseinandersetzung mit der James-Lange-Theorie richtete sich lange Zeit die Aufmerksamkeit primär auf die physiologischen Erregungsprozesse. Verschiedentlich wurde die Auffassung vertreten, daß auch Ausdrucksveränderungen einen Einfluß auf das emotionale Erleben oder die "Emotionen" haben. Bereits Darwin (1872) hatte vermutet, daß sich der Ausdruck einer Emotion auf den Gefühlszustand auswirken kann. Ein "sich Gehen lassen" verstärke den Zustand, eine willentliche Unterdrückung könne ihn abschwächen. Später haben etwa Gellhorn (1964) und Tomkins (1962) eine Rückmeldung des Ausdrucks zum Gehirn als Quelle des emotionalen Erlebens postuliert. Ausdruckserscheinungen faßten sie relativ breit. Neben der Gesichtsmuskulatur verwiesen sie auf die Körperhaltung (Gellhorn, 1964) bzw. die Zunge, den Klang der eigenen Stimme oder etwa die Gesichtstemperatur (Tomkins, 1962).

Eine andere Frage ist, _wie_ sich die Mimik auf das emotionale Befinden auswirken kann. Wie von der Mimik ein Einfluß auf das emotionale Erleben ausgehen kann, wurde auf unterschiedliche Weise zu erklären versucht. Insofern gibt es nicht "die" Facial-Feedback-Theorie, sondern mehrere Theorien zum gleichen Phänomen.

Lairds Erklärung (1974) erinnert stark an die Theorie von Schachter und Singer (1962): Das Individuum nimmt eine Veränderung seines Gesichtsausdrucks (Schachter und Singer: seiner körperlichen Erregung) wahr und sucht nach einer Erklärung dafür. Manchmal wird es einen Grund finden, der nichts mit Emotionen zu tun hat. Beispielsweise kann der Gesichtsausdruck gestellt sein. Dann wird sich das Individuum wie die Versuchspersonen von Schachter und Singer (1962) verhalten, die ihre Erregung auf die Injektion zurückführen konnten; es wird also von keiner Emotion berichten. Findet es keine solche Erklärung, schließt es auf seine eigenen Emotionen. Die Erklärung kann etwa lauten: "Ich lache, folglich bin ich fröhlich". Laird (1974) wollte allein die Qualität des emotionalen Erlebens mit der Selbstwahrnehmung der eigenen Mimik erklären. Für die Intensität mußte es eine andere Ursache geben. Wesentlich für die Position Lairds ist, daß er kognitive Prozesse (Interpretationen) bei der

Verarbeitung der Information über die eigene Mimik annimmt. Er verweist auf eine sehr ähnliche, aber allgemeinere Theorie von Bem. Nach Bems Selbstwahrnehmungstheorie (1972) schließen wir unsere Emotionen teilweise aus unserem eigenen Verhalten (also nicht nur der Mimik) sowie den Umständen, unter denen das Verhalten auftritt. Später hat Laird (Laird & Bresler, 1992) sich zum Wesen des Prozesses der Selbstwahrnehmung geäußert. Vor allem hat er betont, daß die Selbstwahrnehmung automatisch ablaufe und daß der Prozeß (anders als das Resultat) dem eigenen Bewußtsein nicht zugänglich sei. Nicht nur der Gesichtsausdruck, sondern im Prinzip alle Komponenten der emotionalen Reaktion, also auch andere Ausdruckserscheinungen, Verhalten, auch die körperliche Erregung sowie der Kontext würden zum emotionalen Erleben beitragen. Anzumerken bleibt, daß Emotionen hier wie "kalte" Kognitionen behandelt werden. Laird und Bresler (1992) stellen sogar explizit fest, daß es sich bei der Entstehung von Gefühlen um einen kognitiven, wahrnehmungsähnlichen Prozeß handelt. Sie versuchen dennoch eine Abgrenzung zu anderen kognitiven Prozessen und fragen, warum sich Gefühle anders "anfühlen" als Kognitionen. Ihre Antwort lautet, daß der Gegenstand der Wahrnehmung ein anderer sei, nämlich eigene körperliche Reaktionen.

Izard (1971, 1990) sieht die Rückmeldung von der Gesichtsmuskulatur zum Gehirn als einen physiologischen Prozeß an. Der Zustand der mimischen Muskulatur wird von Rezeptoren erfaßt und über Nervenbahnen an das Gehirn gemeldet. Die Entstehung einer bewußtseinsfähigen emotionalen Empfindung ist nach Izard ein rein neurophysiologisches Phänomen und verlangt kein Denken. Izard postuliert, daß keine bewußte Verarbeitung der propriozeptiven Information nötig ist; der Prozeß läuft automatisch ab. Die Frage der Abgrenzung gegenüber "kalten" Kognitionen stellt sich für ihn nicht, da er die Entstehung von emotionalem Erleben nicht als einen kognitiven Prozeß ansieht. Kognitionen können allenfalls indirekt zur Entstehung von Gefühlen beitragen. Das Individuum kann lernen, sein Ausdrucksverhalten zu kontrollieren und seinen Gefühlszustand somit über den eigenen Ausdruck zu steuern (Izard, 1990).

Eine sonderbare Erklärung stammt von Zajonc (1985; Zajonc, Murphy & Inglehart, 1989). Sie knüpft an eine alte Theorie des französischen Arztes Waynbaum an. Der Grundgedanke ist, daß emotionales Erleben mit von der Temperatur im Gehirn abhängt. Die Gehirntemperatur wiederum kann durch die Blutzufuhr zum Gehirn beeinflußt werden. Durch das Blut wird nämlich die vom Gehirn produzierte Wärme abgeführt. Werden nun bestimmte Gesichtsmuskeln kontrahiert, können Blutgefäße zusammengepreßt werden, und die Blutzufuhr zum Gehirn verändert sich. Durch die verminderte Blutzufuhr läßt der Kühleffekt nach, und die Gehirntemperatur steigt an. Durch unterschiedliche Gesichtsmuskelaktivitäten soll die Blutzufuhr zu verschiedenen Gehirnregionen selektiv beeinflußt werden. Mit der Durchblutung ändert sich die Temperatur in diesen Gehirnregionen. Eine Veränderung der Temperatur wiederum hat einen direkten Einfluß auf die neurochemischen Prozesse; die Synthese und die Freisetzung von Neurotransmittern wird beeinflußt, da sie temperaturab-hängig ist. Zajoncs Erklärung ist also sehr mechanistisch. Die Gesichtsmuskel-aktivität hat einen direkten Einfluß auf das "Kühlsystem" des Gehirns und kann damit indirekt über neurochemische Prozesse den Gefühlszustand verändern. Wenn auch einzelne Elemente dieser Theorie empirisch fundiert sind, so bleibt sie als Ganzes doch sehr spekulativ. Eine gewisse Unterstützung erfährt sie immerhin durch Befunde zur Intensivierung der libidinösen Energie (vgl. Ellenbogen, 1977).

Eine Entscheidung für oder gegen die eine oder andere Erklärung ist schwer herbeizuführen. Insbesondere zwischen den Erklärungsversuchen von Izard und Laird liegen nur kleine Unterschiede. Beiden Autoren zufolge müssen zunächst einmal afferente Impulse von der Gesichtsmuskulatur zum Gehirn gelangen. Wie das geschieht, ist allerdings noch nicht befriedigend geklärt (vgl. Rinn, 1984). Beide Positionen könnte man prüfen, indem man die Rückmeldung zum Gehirn unterbindet. Ob es sich bei der Verarbeitung der afferenten Impulse um einen nicht bewußten kognitiven oder um einen nichtkognitiven Prozeß handelt, läßt sich kaum entscheiden. Am ehesten wird die Blutzufuhr-These überprüfbar sein. Die Blutzufuhr zu bestimmten Gehirngebieten sollte (wenn überhaupt) nicht nur durch Kontraktion der Gesichtsmuskeln, sondern auch durch mecha-nische Kompression der Blutgefäße (etwa durch Fingerdruck) experimentell variierbar sein.

Experimentelle Befunde zur Facial-Feedback-Theorie. Die ersten Experi-mente zur Facial-Feedback-Theorie stammen von Laird (1974). Durch gezielte Anweisungen brachte er seine Versuchspersonen dazu, bestimmte Gesichts-muskeln zu kontrahieren, so daß entweder eine finstere Miene oder ein Lächeln entstand. Natürlich durften die Versuchspersonen den wahren Untersuch-ungszweck nicht kennen. Deshalb wurde ihnen gesagt, daß Gesichtsmuskelakti-vitäten bei der Wahrnehmung untersucht werden. Die Versuchspersonen mußten jeden Ausdruck zweimal jeweils 15 Sekunden lang beibehalten, wäh-rend sie sich ein leicht emotionsauslösendes Bild (spielende Kinder oder ein Ku-Klux-Klan-Mitglied) anschauten. Abhängige Variable war das emotionale Befinden, das mit einem Fragebogen (MACL; siehe Kapitel 4.1.2) erfaßt wurde. Zur Kontrolle hörten andere Versuchspersonen nur die Instruktionen, ohne daß sie ihre Gesichtsmuskeln entsprechend anspannen sollten. Bei diesen Kontrollpersonen zeigte sich, daß die Anweisung allein keinen Effekt auf den Gefühlszustand hat. Von den 45 Versuchspersonen der beiden Experimentalbe-dingungen konnten nur 38 ausgewertet werden; die übrigen hatten den Versuch durchschaut. Bei diesen 38 Versuchspersonen fand sich der erwartete Effekt der Gesichtsmuskelanspannung auf das Befinden. Ein finsterer Blick führte zu etwas stärkerem Ärger (Aggressionsskala) als das Lächeln. Umgekehrt gaben die Versuchspersonen beim Lächeln etwas stärkere Freude (Skala "Gehobene Stimmung" und "Lebhaftigkeit") an als beim finsteren Blick. Andere Gefühls-qualitäten waren nicht betroffen.

In einem zweiten Experiment verwendete Laird (1974) lustige Cartoons als Stimuli. Hier fand er den erwarteten Effekt für Ärger, nicht aber für Freude. Allerdings stuften die lächelnden Versuchspersonen die Bilder als lustiger ein. Die Stimuluseinstufung kann aber nur als ein sehr indirekter Indikator für den Gefühlszustand der Versuchspersonen gelten.

Mit der Lairdschen Methode der Veränderung des Gesichtsausdrucks durch Anweisungen zur Kontraktion einzelner Muskeln wurden weitere Experimente durchgeführt. Aber es wurden auch andere Methoden erdacht, die Mimik der Versuchspersonen zu variieren. (1) Sehr ähnlich ist die Beeinflussung der Kontraktion von Gesichtsmuskeln durch Biofeedback. Durch ein EMG (siehe Kapitel 4.3.2) wird die Anspannung bestimmter Gesichtsmuskeln gemessen. Die Versuchspersonen erhalten eine Rückmeldung über ihre Muskelspannung und werden aufgefordert, diese Gesichtsmuskeln anzuspannen oder zu entspannen (McCanne & Anderson, 1987). (2) Ein völlig anderer Ansatz besteht darin, die Versuchspersonen unter einem Vorwand zur Simulation oder Dissimulation eines bestimmten Emotionsausdrucks zu bringen. Beispielsweise verabreichten Lanzetta, Cartwright-Smith und Kleck (1976) ihren Versuchspersonen Elektroschocks und forderten sie auf, ihren spontanen Ausdruck zu unterdrücken oder zu übertreiben. Die Aufgabe wurde damit begründet, daß sie Beobachter über ihren wahren Zustand täuschen oder informieren sollten. (3) Bestimmte Tätigkeiten fördern oder hemmen einen Gesichtsausdruck. Beispielsweise sind die Muskeln um den Mund stark angespannt, wenn man einen Stift zwischen den Lippen hält. Ein Lächeln wird damit erschwert. Hält man einen Stift dagegen mit den Zähnen, wird allein damit schon ein Ausdruck ähnlich dem eines Lächelns bewirkt. Strack, Martin und Stepper (1988) verwendeten eine entsprechende Anordnung unter dem Vorwand, Schreibtechniken für Menschen zu untersuchen, die ihre Hände verloren haben. (4) Fotografen kennen einen kleinen Trick, um ein Lächeln auf das Gesicht zu zaubern: "cheese" sagen. Zajonc et al. (1989) ließen Versuchspersonen bestimmte Laute (z.B. e) aussprechen, um die Mimik zu beeinflussen. (5) Ganz ohne Mitwirkung der Versuchsperson kommt man aus, wenn man ihnen Pseudoelektroden ins Gesicht klebt und diese mechanisch bewegt (Schmidt-Atzert, 1993, S. 68 ff.). Dadurch wird die Gesichtshaut verschoben, während die Gesichtsmuskeln nicht unbedingt betroffen sind. Da die Rezeptoren für die Wahrnehmung mimischer Veränderungen im Gewebe unter der Haut sitzen (Rinn, 1984), entsteht eine ähnliche Empfindung wie beim spontanen Gesichtsausdruck. Durch Herbeiführen von Gesichtsbewegungen, die nicht zum spontanen Emotionsausdruck passen, sollte es möglich sein, dessen Wahrnehmung zu stören.

Jede Methode hat ihre Vor- und Nachteile. Besonders zu erwähnen ist, daß die am meisten verwendete Methode, die Lairdsche, den Nachteil hat, daß die so erzeugten mimischen Veränderungen sehr unnatürlich sind. Spontane mimische Reaktionen haben eine andere zeitliche Dynamik. Anders als die durch Anweisung erzeugten Gesichtsausdrücke treten sie erst kurz nach der Reizdarbietung auf und dauern allenfalls wenige Sekunden an.

Die Ergebnisse der experimentellen Untersuchungen zur Facial-Feedback-Theorie wurden mehrfach in Übersichtsarbeiten gewürdigt (z.B. Laird, 1984; Manstead, 1988; Matsumoto, 1987; Schmidt-Atzert, 1993, S. 65 ff.; Winton, 1986). Die meisten Untersuchungen liegen zur experimentellen Variation des Gesichtsausdrucks durch gezielte Anweisungen (Muskel für Muskel) sowie durch Anregung zur Simulation bzw. Dissimulation eines Emotionsausdrucks vor. Insgesamt lassen die Untersuchungen folgende Schlußfolgerungen zu: Die Mimik hat einen schwachen Effekt auf das emotionale Befinden. Matsumoto (1987) hat eine Metaanalyse über 16 Untersuchungen, die in 11 Artikeln publiziert worden sind, durchgeführt. Nach seinen Berechnungen können durchschnittlich 11.8 Prozent der Varianz des emotionalen Erlebens auf die experimentell variierte Mimik zurückgeführt werden. Wurde die Mimik durch gezielte Anweisungen Muskel für Muskel variiert (10 Untersuchungen), war der Effekt mit 7.6 Prozent Varianzaufklärung deutlich kleiner als in den übrigen 6 Studien mit selbst veranlaßten mimischen Veränderungen (20.9 Prozent; vgl. Izard, 1990).

Eine wichtige Frage ist, ob durch eine Veränderung der Mimik spezifische Gefühle wie Freude oder Ärger beeinflußt werden oder ob nur globale Veränderungen des Befindens in Richtung auf einen positiven oder negativen Zustand möglich sind. In diesem Zusammenhang wurde auch von einer kategorialen oder dimensionalen Version der Theorie gesprochen. Die Befunde unterstützen nur die dimensionale Version (vgl. Winton, 1986; Izard, 1990). Allerdings waren die meisten Untersuchungen nicht so angelegt, daß überhaupt verschiedene positive oder negative Gefühlsqualitäten differenziert werden konnten. Schließlich scheint es nicht möglich zu sein, allein durch eine Veränderung der Mimik ein Gefühl auszulösen oder ein vorhandenes Gefühl völlig zu unterdrükken. Soweit die Mimik in einer Neutralbedingung variiert wurde, sind die Ergebnisse sehr widersprüchlich und überwiegend negativ. Die Anweisung, den spontanen mimischen Emotionsausdruck zu unterdrücken oder zu verfälschen, bewirkte bisher in keiner Untersuchung, daß die Versuchspersonen daraufhin berichteten, daß sie keine Gefühle mehr hatten. Der Einfluß der experimentell variierten Mimik beschränkt sich also auf eine Intensivierung oder Abschwächung von Gefühlen, die durch situative emotionsauslösende Reize induziert worden sind.

Einige Untersuchungen haben sich mit der Frage befaßt, ob das experimentell variierte Ausdrucksverhalten zur Veränderung von physiologischen Variablen führt. In der bereits erwähnten Untersuchung von Levenson et al. (1992) hatte sich gezeigt, daß durch gezielte Anweisungen hergestellte Gesichtsausdrücke zu physiologischen Veränderungen führten, die allerdings relativ schwach waren (siehe Kapitel 5.1.2). Gross und Levenson (1993) zeigten Versuchspersonen einen ekelauslösenden Film (Armamputation), wobei ein Teil aufgefordert wurde, das Ausdrucksverhalten zu unterdrücken. Beobachter sollten nicht erkennen können, wie sie sich fühlen. Die Versuchspersonen befolgten die Instruktion und drückten deutlich weniger Ekel aus als Vergleichspersonen. Die Unterdrückung des Ausdrucksverhaltens hatte übrigens keinen Effekt auf das emotionale Befinden der Versuchspersonen. Die physiologischen Veränderungen umfaßten eine höhere Hautleitfähigkeit, eine geringere periphere Durchblutung und einen stärkeren Abfall der Herzfrequenz. Leider liegen zu wenige andere Untersuchungen vor, um sicher beurteilen zu können, wie sich der Ausdruck auf die Physiologie auswirkt. Die wenigen bekannten Befunde sind jedenfalls widersprüchlich (vgl. Gross & Levenson, 1993).

In einigen wenigen Experimenten wurde versucht, anstatt der Mimik die Körperhaltung von Versuchspersonen zu variieren, um deren Effekt auf das emotionale Befinden zu überprüfen. Beispielsweise veranlaßten Stepper und Strack (1993) ihre Versuchspersonen durch Instruktionen sowie durch entsprechende Sitzmöbel dazu, entweder eine aufrechte oder eine zusammengesunkene Haltung einzunehmen. Scheinbar sollte der Einfluß unterschiedlicher ergonomischer Arbeitshaltungen auf Leistungen untersucht werden. Die Versuchspersonen erhielten eine positive Leistungsrückmeldung. Befanden sie sich zum Zeitpunkt der Rückmeldung in einer aufrechten Haltung, gaben sie an, sich stolzer zu fühlen als diejenigen, die sich zu diesem Zeitpunkt in einer zusammengesunkenen Haltung befanden. Die Ergebnisse weiterer Experimente zum Einfluß der Körperhaltung auf das emotionale Befinden (zusammenfassend Schmidt-Atzert, 1993, S. 68) sind allerdings nicht einheitlich.

5.2.3 Gründe für eine mangelnde Korrespondenz der Reaktionen

Verschiedene Theorien sprechen also dafür, daß die emotionalen Reaktionen auf den einzelnen Ebenen synchron ablaufen. Wie läßt sich erklären, daß die Empirie trotzdem etwas anderes zeigt? Eine Erklärung ist, daß es irgendwelche Faktoren geben muß, die den synchronen Ablauf stören. Diese "Störfaktoren" können wir auf der Stimulus- oder der Reaktionsseite suchen. Zum einen ist es denkbar, daß neben den emotionsauslösenden Reizen auch andere Reize vorliegen und daß sich diese unterschiedlich stark auf die einzelnen Reaktionsebenen auswirken. Solche Faktoren lassen sich für jede der drei Reaktionen finden. Zum anderen kommen besondere Eigenschaften der Reaktionssysteme als Ursache für eine mangelnde Übereinstimmung in Frage. Die Ursache liegt hier im Organismus.

Selektive Beeinflussung des Gesichtsausdrucks. Gesichtsausdrücke, die mit Emotionen in Verbindung gebracht werden, können auch in Situationen beobachtet werden, in denen keine Emotion zu erwarten ist. Kraut und Johnston (1979) stellten fest, daß Bowlingspieler häufig lächelten, wenn sie ihre Mitspieler anschauten - und zwar unabhängig davon, ob sie gut oder schlecht gekegelt hatten. Der Anblick der Mitspieler war also Auslöser der mimischen Reaktion. Es zeigte sich sogar, daß die Spieler nach einem guten Wurf, wenn also eher eine emotionale Reaktion zu erwarten war, selten ein Lächeln zeigten, solange sie noch auf die Kegel schauten. Auch in Laboruntersuchungen konnte beob-achtet werden, daß die mimischen Reaktionen oft schwach sind, wenn Ver-suchspersonen alleine sind, während bei Anwesenheit anderer Personen unter ansonsten vergleichbaren Bedingungen starke mimische Reaktionen auftreten. Fridlund (1991) zeigte Studenten einen angenehmen Videofilm und registrierte dabei u.a. indirekt das Lächeln über die Aktivität des Zygomaticus major (der für das Hochziehen der Mundwinkel verantwortlich ist). Im EMG konnte eine wesentlich stärkere Zygomaticus-Aktivität festgestellt werden, wenn die Ver-suchspersonen den Film zusammen mit einem Freund anschauten als wenn sie ihn alleine sahen. In den Befindenseinstufungen bestand kein Unterschied zwischen den Bedingungen. Der Freund mußte übrigens nicht physisch anwe-send sein, damit stärkeres Lächeln auftrat. Die Zygomaticus-Aktivität war auch erhöht, wenn der Freund den Film gleichzeitig in einem anderen Raum sah. Die mimische Aktivität wurde hier also explizit (Freund direkt anwesend) oder implizit (Freund in anderem Raum) durch die Anwesenheit einer anderen Person gefördert. Fridlund (1992, S. 102 f.) erwähnt zwei weitere Studien, in denen Versuchspersonen einzeln oder in kleinen Gruppen süße oder salzige Sandwiches aßen. Beurteiler konnten anhand von Videoaufnahmen nicht fest-stellen, welche Art von Sandwiches die allein gelassenen Versuchspersonen aßen. Waren jedoch andere Personen anwesend, wurden die Versuchspersonen mimisch expressiv. Die Beurteiler hatten keine Schwierigkeiten zu erkennen, ob sie ein süßes oder salziges Sandwich verzehrten.

Als Erklärung bietet sich an, der Mimik auch eine andere Funktion zuzu-schreiben als "nur" Emotionen auszudrücken. Bei einer funktionalen Betrach-tung lassen sich mehrere Gründe dafür finden, warum Menschen in sozialen Situationen mimische Aktivität zeigen, die kaum vom "echten" Emotionsaus-druck zu unterscheiden ist (vgl. Schmidt-Atzert, 1995): (1) Man kann Anteil-nahme zeigen, wenn sich die andere Person beispielsweise verletzt hat oder aus einem anderen Grund leidet. (2) Man kann versuchen, das Verhalten der ande-ren Person zu beeinflussen. Ein "wütender" Gesichtsausdruck kann etwa dazu dienen, einen Kontrahenten zum Nachgeben zu bewegen. (3) Man kann ein Gespräch mit durch die Mimik steuern. Ein Lächeln kann signalisieren, daß man noch zuhört. Andere mimische Reaktionen können Zustimmung oder Widerspruch anzeigen oder als Aufforderung zum Sprechen oder Schweigen dienen. (4) Mit einem "emotionalen" Gesichtsausdruck kann man seine Einstel-lung zum Gesprächsgegenstand anzeigen. Ein Ausdruck der Verachtung kann etwa bedeuten, daß man einen anderen Menschen, den der Gesprächspartner gerade erwähnt, nicht mag. (5) Schließlich kann man eine Emotion vortäu-schen, die in der momentanen Situation als angemessen gilt. Mit einem freudi-gen Gesichtsausdruck kann man etwa verbergen, daß man sich eigentlich über ein Geschenk nicht freut. Ekman (1972) postuliert sogenannte Darstellungsre-geln (display rules), die wir gelernt haben und nach denen wir unseren Emoti-onsausdruck an die jeweilige Situation anpassen.

Selektive Beeinflussung der Gefühlsmitteilung. Das Konzept der Darstellungsregeln ist ebenso für den verbalen Emotionsausdruck relevant. Angaben zum eigenen Gefühlszustand können ebenso wie der Ausdruck verfälscht werden. Befragungsergebnisse sprechen denn auch dafür, daß Menschen im Alltag ihren Mitmenschen nicht immer offen zeigen, wie sie sich fühlen. In diesen Untersuchungen wurde allerdings nicht explizit zwischen verbaler und nonverbaler Mitteilung unterschieden. Wallbott und Scherer (1986) ermittelten etwa in einer Befragung von über 2000 Studenten, daß diese am stärksten Schuld- und Schamgefühle verbergen. Am wenigsten wird demnach Freude kontrolliert, gefolgt von Ärger, Ekel, Furcht und Traurigkeit (für weitere Untersuchungsergebnisse siehe Schmidt-Atzert, 1993, S. 108 f.).

Speziell gegen verbale Verfahren zur Erfassung des Befindens, wie sie in wissenschaftlichen Untersuchungen verwendet werden, wird immer wieder der Einwand erhoben, daß die Probanden ihre Angaben in Richtung auf einen erwünschten Zustand verzerren könnten. Wenn solche Effekte nachgewiesen werden sollen, müssen wir aber sehr genau darauf achten, ob hier die Verfälschbarkeit an sich oder tatsächliches Täuschungsverhalten untersucht wird.

Angaben zum emotionalen Befinden sind natürlich verfälschbar. Die explizite Aufforderung, einen guten oder einen schlechten Eindruck zu machen ("faking good" bzw. "faking bad") wird von den Versuchspersonen in unterschiedliche Angaben zum Befinden umgesetzt (O'Grady & Janda, 1989). Die Frage ist nur, ob Versuchspersonen normalerweise von ihrer Fähigkeit Gebrauch machen, einen guten Eindruck erzeugen zu können. In der Untersuchung von O'Grady und Janda (1989) hatte eine experimentelle Variation der Anonymität allein keinen Effekt auf die Beschreibung des Gefühlszustandes. Besonders aufschlußreich ist eine Untersuchung von Woods (1977), in der 126 Studierende einen sehr aversiven Film über Arbeitsunfälle oder einen neutralen Film sahen und im Anschluß daran einen standardisierten Fragebogen zu ihrem momentanen Gefühlszustand ausfüllten. Die Versuchsteilnehmer wurden unterschiedlich über die Bedeutung der Gefühle informiert. Einem Teil wurde gesagt, daß starke Gefühle ein Anzeichen für eine psychische Störung sein können. Ein anderer Teil erhielt dagegen sinngemäß die Information, daß die Fähigkeit, auf das Leid anderer Menschen zu reagieren und entsprechende Gefühle zu zeigen, ein guter Indikator für psychische Stabilität ist. Eine dritte Gruppe erhielt eine neutrale Instruktion. Wenn die Angaben zum Befinden von der sozialen Erwünschtheit abhängen, wäre zu erwarten, daß die Versuchspersonen in der Bedingung "psychische Störung" schwächere Gefühle berichten und in der Bedingung "psychische Stabilität" stärkere. Woods (1977) fand jedoch keinen signifikanten Effekt der Versuchsbedingung auf das angegebene Ausmaß an Angst, Depression und Feindseligkeit sowie auf subjektive Erregung. Auch die Interaktionen zwischen den Film- und Instruktionsbedingungen waren nicht signifikant, d.h. die experimentell variierten Erwartungen haben sich auch nicht selektiv bei dem Streßfilm ausgewirkt, wie man hätte vermuten können. Selbst bei relativ massiven Beeinflussungsversuchen war hier also keine Veränderung der Angaben zum emotionalen Befinden festzustellen. Dieses Ergebnis spricht dafür, daß zumindest in wissenschaftlichen Untersuchungen Gefühlsangaben nicht leicht durch situative Hinweise auf ein erwünschtes Ergebnis verändert werden können. Diese Schlußfolgerung wird durch weitere Experimente, in denen die Mitteilungsbedingungen variiert wurden, unterstützt (siehe Schmidt-Atzert, 1993, S. 111 ff.).

Selektive Beeinflussung von physiologischen Variablen. Daß bei körperlicher Anstrengung etwa die Herzfrequenz ansteigt, ist allgemein bekannt. Den Störfaktor "körperliche Belastung" wird man deshalb in Laborexperimenten sorgfältig kontrollieren. Aber auch der Gedanke oder die Vorstellung, sich körperlich zu betätigen, kann zu Veränderungen von physiologischen Variablen führen. Einige Autoren (z.B. Frijda, 1986) sehen in Handlungstendenzen oder -impulsen ein wesentliches Merkmal von Emotionen. Demzufolge ist zu erwarten, daß die physiologischen Reaktionen bei einer Emotion mit davon abhängen, welche Handlungstendenz gerade aktiviert wird. Bei Angst könnte der Wunsch, schnell wegzulaufen, zu einer stärkeren physiologischen Reaktion führen als der Wunsch, sich still zu verhalten und zu verstecken. So könnte, gleiche Angstgefühle vorausgesetzt, bei einer Person eine starke und bei einer anderen eine schwache physiologische Reaktion erfolgen.

Nicht nur körperliche, auch mentale Anstrengung kann zu Veränderungen von physiologischen Variablen führen. Boucsein (1991) listet mehrere physiologische Variablen auf, die auf diese Art von Reizen ansprechen. Schließlich ist die Neuheit von Reizen zu erwähnen. Neue Reize können eine physiologische "Orientierungsreaktion" auslösen können (Graham, 1979).

Besondere Eigenschaften der Reaktionssysteme. Die einzelnen physiologischen Reaktionssysteme wurden relativ gründlich auf ihre Besonderheiten hin untersucht. Die Frage war dabei, warum sich selbst verschiedene physiologische Variablen (Herzfrequenz, Blutdruck, Hautleitfähigkeit etc.) nicht synchron verändern. Die Überlegungen lassen sich aber auch auf Variablen des Ausdrucks und des Befindens ausdehnen. Die Beschreibung der Eigenschaften von Reaktionssystemen erfolgt in Anlehnung an Cacioppo et al. (1992), die allerdings nur psychophysiologische Maße im Auge hatten.

Zwei Reaktionssysteme können sich in ihrer *Intensitätsfunktion* unterscheiden. Sie verändern sich mit zunehmender Stimulation unterschiedlich. Die Reaktionsstärke kann unterschiedlich stark zunehmen, und sie kann dabei unterschiedliche Verlaufsformen aufweisen (z.B. lineare oder quadratische Funktion). Unterschiede in der *Reaktionsschwelle* bedeuten, daß sich ein System schon bei niedriger Reizintensität verändert, während das andere erst bei höheren Intensitäten zu reagieren anfängt. Jedes System hat eine natürliche *Obergrenze*; ab einer gewissen Reizintensität nimmt die Reaktionsstärke nicht mehr weiter zu. Wenn die Stimulation aufhört, braucht jedes System eine gewisse Zeit, um wieder auf das Ausgangsniveau zurückzukehren. Diese

Erholung kann unterschiedlich lange dauern und kann durch unterschiedliche Verlaufsformen gekennzeichnet sein. Schließlich können sich Reaktionssysteme in ihrer *Stabilität* unterscheiden; unter ähnlichen Reizbedingungen verhalten sich einige immer wieder ähnlich, während andere sich ändern.

Betrachten wir mehrere Reaktionssysteme, so können wir interindividuelle Unterschiede feststellen. Bei Person A ändert sich auf emotionsauslösende Reize hin besonders der Blutdruck, während Person B starke Veränderungen der Hautleitfähigkeit zeigt. Wenn man bei Versuchspersonen die physiologischen Veränderungen bei vielen verschiedenen Reizen oder Situationen registriert, lassen sich einer Übersicht von Fahrenberg (1986) zufolge etwa bei einem Drittel der Versuchspersonen *individualspezifische Reaktionsmuster* feststellen. Das Konzept der individuellen Reaktionsstereotypie kann prinzipiell auch auf andere Reaktionssysteme übertragen werden. Manche Menschen neigen dazu, oft zu lächeln. Andere empfinden vielleicht besonders leicht Ärger. Und wieder andere tendieren dazu, ihre Muskeln stark anzuspannen.

Schließlich ist noch die Fähigkeit von Reaktionssystemen, sich gegenseitig zu beeinflussen, zu erwähnen. Als Beispiel für *gegenseitige Beeinflussung* kann die Auswirkung der Atmung auf die Herzfrequenz und die Hautleitfähigkeit genannt werden (vgl. Schandry, 1989). Auch zwischen zwei unterschiedlichen Reaktionssystemen ist eine Beeinflussung denkbar, die zu einer Desynchronisation führt. So wurden zur Erklärung des negativen Zusammenhangs zwischen mimischer Expressivität und physiologischer Erregung "Entladungsmodelle" vorgeschlagen. Vereinfacht ausgedrückt besagen sie, daß der emotionalen Energie oder Erregung ein Weg versperrt wird und sie daraufhin durch einen anderen Kanal fließt (siehe Manstead, 1991).

5.3 Zentrale Steuerung

Das Gehirn ist ein außerordentlich komplexes Organ und gibt den Neurowissenschaften trotz intensiver Forschung noch immer viele Rätsel auf. Das menschliche Gehirn besteht aus ungefähr 180 Milliarden Zellen, die nach ihrer Funktion in verschiedene Typen eingeteilt werden können. Die Zellen sind miteinander vernetzt; dabei kann eine einzelne Zelle bis zu 15000 Verbindungen zu anderen Zellen aufweisen (vgl. Kolb & Whishaw, 1990/1993). Die Signalübertragung von einer Zelle zu einer anderen geschieht über eine Art chemische Brücke. Der elektrische Impuls in einer Nervenfaser führt dazu, daß an den Endstellen (Synapsen) chemische Botenstoffe (Neurotransmitter) freigesetzt werden, die wiederum die Nervenzelle auf der anderen Seite elektrisch aktivieren. Die chemischen Brücken sind empfindlich; die Übertragung von Nervenimpulsen kann durch das Vorhandensein anderer chemischer Substanzen gefördert oder gehemmt werden.

Bei der Erforschung der Emotionen gibt es verschiedene Zugangsweisen. In der *neuroanatomischen* Forschung geht man der Frage nach, welche Teile des Gehirns für bestimmte Funktionen zuständig sind. So kann etwa untersucht werden, an welchen Stellen eine elektrische Reizung zu Gefühlsempfindungen führt. Die *neurochemische* Forschung bemüht sich herauszufinden, welche Rolle Neurotransmitter und Neuropeptide (bestimmte Eiweißstoffe, die ebenfalls die Signalübertragung zwischen Nervenzellen beeinflussen) bei Emotionen spielen. Man weiß, daß bestimmte Botenstoffe in einigen Gebieten des Gehirns stark vertreten sind und in anderen nicht. Deshalb wird versucht, die neuroanatomische Forschung mit der neurochemischen zu verbinden. Es interessiert die Wirkung dieser Substanzen in spezifischen anatomischen Strukturen.

Es ist gegenwärtig nicht möglich, ein klares Bild der Neuroanatomie und -chemie der Emotionen zu gewinnen. Die Ergebnisse sind noch zu bruchstückhaft; viele Fragen wurden noch nicht befriedigend beantwortet, manche noch nicht einmal gestellt. Hier kann nur ein Einblick in die Forschung gegeben werden. Wenn am Ende ein theoretischer Ansatz dargestellt wird, so geschieht das mit der Absicht zu zeigen, daß eine Integration vieler Einzelbefunde möglich ist. Allerdings können die zahlreichen "Puzzleteile" auch zu einem anderen Bild zusammengefügt werden.

Die Leserinnen und Leser werden den Ausführungen besser folgen können, wenn sie bereits Kenntnisse in der Neuroanatomie besitzen oder wenn sie einen Atlas zur Anatomie des Gehirns heranziehen. Soweit sich die Ausführungen auf die Großhirnrinde (Cortex) beziehen, werden folgende Begriffe verwendet: Den vorderen Teil der Hirnrinde nennt man Frontal- oder Stirnlappen, den unteren seitlichen Teil Temporal- oder Schläfenlappen. Hinten befindet sich der Occipital- oder Hinterhauptlappen. Zwischen Frontal- und Occipitallappen und nach unten vom Temporallappen begrenzt, liegt schließlich der Parietal- oder Scheitellappen.

5.3.1 Neuroanatomie der Emotionen

Durch einen Vergleich der Gehirne verschiedener Tierarten hat man herausgefunden, daß bestimmte Strukturen entwicklungsgeschichtlich sehr alt sind, während sich andere erst später im Lauf der Evolution herausgebildet haben. Evolutionsbiologisch alte Gehirnstrukturen, die bereits bei Reptilien vorhanden sind und deshalb manchmal als "Reptiliengehirn" bezeichnet worden sind, haben in der neuroanatomischen Emotionsforschung eine besondere Bedeutung erlangt. Heute sind diese Strukturen unter der Bezeichnung "limbisches System" bekannt. In den 30er Jahren postulierte Papez, daß gerade jene Teile des Gehirns, die wir sozusagen mit den Reptilien teilen, für unsere Emotionen zuständig seien. Innerhalb des limbischen Systems sah er im Hypothalamus, Thalamus und Hippokampus die wichtigsten emotionsrelevanten Strukturen, die mit anderen Teilen des Gehirns einen Schaltkreis bilden. Obwohl es noch verfrüht ist, endgültige Aussagen über die Neuroanatomie der Emotionen zu machen, kann doch festgestellt werden, daß limbische Strukturen (allerdings andere, als Papez annahm) für Emotionen relevant sind. Aber sie sind es nicht alleine. Phylogenetisch neuere Strukturen sind auf jeden Fall beteiligt. Welche Strukturen an der Entstehung von Emotionen beteiligt sind, kann mit Hilfe verschiedener Forschungsmethoden erkundet werden.

Krankheits- oder verletzungsbedingte Läsionen beim Menschen. Der Grundgedanke von Läsionsstudien ist, daß man am Ausfall einer Hirnstruktur erkennen kann, daß diese am Zustandekommen einer bestimmten Reaktion oder eines Verhaltens beteiligt sein muß. Man vergleicht dazu Menschen, bei denen eine bestimmte Hirnstruktur zerstört worden ist, mit anderen, bei denen diese Struktur intakt ist. Beim Menschen kann durch Verletzungen oder Krankheiten in relativ genau bestimmbaren Gebieten Gehirngewebe zerstört sein. Die Ursache kann beispielsweise ein Tumor, ein epileptischer Herd oder ein Schlaganfall sein. Manchmal wird auch Hirngewebe aus medizinischen Gründen (z.B. wegen eines Tumors) chirurgisch entfernt. In den 30er Jahren kam eine Operationsmethode auf, mit der man sich eine Behandlung psychiatrischer Störungen versprach. Bei dieser Form der Psychochirurgie wurden große Teile des Frontallappens zerstört oder Faserverbindungen durchtrennt.Einige Störungen treten überwiegend bei Läsionen in einer bestimmten Gehirnhälfte auf; Läsionen auf der anderen Seite führen seltener zu den Symptomen. Die nun folgende Zuordnung von umschriebenen Läsionen zu Störungen im emotionalen Bereich erfolgt weitgehend in Anlehnung an Kolb und Whishaw (1990/1993).

Bei großen einseitigen Läsionen in der *linken* Gehirnhälfte wird relativ häufig eine "Katastrophenreaktion" mit Furcht und Depression beobachtet. Ist die Läsion auf den linken Frontalbereich begrenzt, tritt oft eine depressive Symptomatik auf, die aber nach einigen Monaten wieder verschwindet. Bei Läsionen in der *rechten* Hemisphäre kann die Fähigkeit, Emotionen durch die Stimme auszudrücken, reduziert sein (Aprosodie). Auch die Fähigkeit, die Emotionen anderer Menschen anhand der Stimme oder Mimik zu erkennen, kann beeinträchtigt sein. Den Patienten kann es beispielsweise schwerfallen, Bilder mit mimischen Emotionsausdrücken zu vergleichen. So zeigten Borod, Koff, Lorch und Nicholas (1986) Patienten mit Schädigungen in der linken oder der rechten Hirnhälfte Bilder von emotionalen Gesichtsausdrücken. Patienten mit Schädigungen in der rechten Hemisphäre erkannten die Emotionen schlechter als solche mit Schädigungen in der linken Hemisphäre oder gesunde Kontrollpersonen. Borod et al. (1986) untersuchten bei den gleichen Patienten auch den spontanen und gestellten mimischen Emotionsausdruck. Dazu zeigten sie ihnen emotionsauslösende Dias. Patienten mit Läsionen in der rechten Hemisphäre erwiesen sich gegenüber den beiden anderen Gruppen im spontanen und gestellten mimischen Emotionsausdruck als beeinträchtigt. Trainierte Beobachter stellten bei ihnen seltener den erwarteten Gesichtsausdruck fest.

Läsionen im *Frontalbereich* können zu einer Reduktion des mimischen Ausdrucks führen. Patienten mit *Temporallappen*epilepsie sagen oft von sich selbst, sie seien humorlos und zwanghaft; von ihren Mitmenschen werden sie als umständlich und verdrossen beschrieben.

Experimentelle Läsionen bei Versuchstieren. Unter experimentellen Bedingungen durchgeführte Läsionen haben den Vorteil, daß die Auswirkung einer spezifischen Zerstörung von Gehirngewebe unter kontrollierten Bedingungen untersucht werden kann. Bei Läsionen im *Frontallappen* von Affen wurde eine Reduktion des Ausdrucks (Lautgebung, Gesichtsausdruck und Gestik) beobachtet. Die Tiere ziehen sich zurück und verlieren an sozialer Dominanz (Kolb & Whishaw, 1990/1993).

Die *Amygdala* ist eine wichtige Struktur innerhalb des limbischen Systems. Sie hat u.a. die Funktion, sensorische Reize zu verarbeiten. Sie scheint eine besondere Rolle für Abwehrreaktionen zu spielen. Bei Affen, deren Amygdala entfernt wurde, konnte beobachtet werden, daß ihre Abneigung gegen bedrohliche Reize abnahm und daß sie ihre natürliche Furcht vor Menschen verloren. Auch Ratten zeigten ein ähnliches Verhalten. Nach einer Läsion der Amygdala setzten sie sich nicht mehr gegen Angreifer zur Wehr und ließen sich von Menschen anfassen (Blanchard & Blanchard, 1988).

Ein anderer Ansatz besteht darin, den Erwerb von Angstreaktionen zu untersuchen. Versuchstiere können durch Konditionierung dazu gebracht werden, auf ursprünglich neutrale Reize wie Lichtsignale oder Töne mit "Angst" zu reagieren. Dazu werden die neutralen Reize mit aversiven Reizen (z.B. Elektroschocks) gepaart. Die Tiere reagieren dann auf die ursprünglich neutralen Reize ebenfalls mit einem Abfall der Herzfrequenz, einem Blutdruckanstieg oder etwa Erstarren. Läsionen der Amygdala führen dazu, daß solche konditionierten Reaktionen schwerer erworben werden und daß sich bereits erworbene Angstreaktionen abschwächen (Lavond, Kim & Thompson, 1993).

Die Amygdala erhält sensorische Informationen über unterschiedliche Bahnen und von unterschiedlichen anderen Gehirnstrukturen. Es ist möglich, durch selektive Läsionen im *Thalamus* oder des *Hippokampus* den Erwerb von Angstreaktionen auf spezifische sensorische Stimuli zu reduzieren. Je nach Läsionsort lernen die Tiere schwerer, auf aversiv konditionierte visuelle oder akustische Reize mit "Angst" zu reagieren (Lavond et al., 1993). Es ist nicht nur möglich, den sensorischen Input zur Amygdala zu beeinflussen, sondern auch den Output. So kann durch gezielte Läsionen in bestimmten Teilgebieten des *Hypothalamus* selektiv eine Komponente der Angstreaktion abgeschaltet werden. Die Tiere reagieren nach der Läsion beispielsweise nicht mehr mit einem Blutdruckanstieg, zeigen aber weiterhin Erstarren (Lavond et al., 1993).

Wenn hier einige prägnante Befunde referiert wurden, ist doch zu beachten, daß es auch viele widersprüchliche Ergebnisse gibt. Gehirnschädigungen wirken sich auf kognitive Funktionen wie Sprache und Gedächtnis viel einheitlicher aus als auf Emotionen. So kommt es vor, daß zwischen Versuchstieren mit identischen Läsionen erhebliche Unterschiede bestehen. Beim Menschen spielt wahrscheinlich die Persönlichkeit vor Eintritt der Störung eine bedeutende Rolle für das Ausmaß einer läsionsbedingten emotionalen Veränderung (vgl. Kolb & Whishaw, 1990/1993).

Elektrische oder chemische Gehirnreizung bei Tieren. An Tieren wurde in zahlreichen Experimenten untersucht, wie sich die elektrische oder auch chemische Stimulation bestimmter Gehirnstrukturen auf das Verhalten auswirkt. Ein wesentlicher Anstoß kam durch Arbeiten von Hess und seinen Mitarbeitern (siehe Hess, 1954). Als Versuchstiere dienten überwiegend Katzen. Durch elektrische Reizung im *Hypothalamus* konnten bei den Tieren verschiedene "emotionale" Reaktionen ausgelöst werden. Die Reaktionen reichten von vegetativen Veränderungen bis hin zu aggressivem Verhalten.

Besonders auffällig ist ein Benehmen der Katze, welches so aussieht, wie wenn sie von einem Hund oder von feindlichen Artgenossen bedroht wäre. Nach einer nicht unerheblichen Latenzzeit (oft bis gegen 30 Sekunden) sträuben sich die Nackenhaare und der Schwanz wird buschig; die Pupillen erweitern sich, bisweilen ad maximum; die Ohren werden zurückgelegt. Ein Fauchen, Schneuzen oder Knurren ergänzt das sich darbietende typische Bild eines Wutausbruchs... Bei Fortdauer oder Verstärkung der Reizung kommt es oft zu einem "tätlichen" Angriff. Die Katze richtet sich gegen eine in der Nähe stehende Person und springt diese an, oder sie schlägt gut gezielt mit der Pfote bei ausgestülpten Krallen nach der ihr entgegengestreckten Hand (Hess, 1954, S.78).

Aus den zahlreichen Tierversuchen soll exemplarisch nur ein weiterer Befund erwähnt werden, der zugleich auch die Bedeutung anderer Gehirnstrukturen unterstreicht: Durch elektrische oder chemische Stimulation spezifischer Regionen der *Amygdala* können Angstreaktionen ausgelöst und konditionierte Angstreaktionen intensiviert werden (Lavond et al., 1993).

Eine spezielle Variante der elektrischen Gehirnreizung besteht darin, daß Elektroden in das Gehirn implantiert werden und sich das Versuchstier, etwa durch Hebeldruck, selbst elektrisch reizen kann. Diese Untersuchungsmethode kam in den 50er Jahren auf und hat inzwischen in unüberschaubar vielen Experimenten mit verschiedenen Tierarten und sogar beim Menschen Anwendung gefunden (Ploog, 1990). Die Technik der *elektrischen Selbstreizung des Gehirns* knüpft an eine bekannte Anordnung aus der Lernpsychologie an. Versuchstiere lernen, sich durch Hebeldruck mit Nahrung oder Wasser zu versorgen. Genauso lernen sie, sich selbst elektrische Reize im Gehirn zu verabreichen, wenn die Elektrode "richtig" plaziert ist. In solchen Versuchen wurden bei Ratten sehr hohe Selbstreizungsfrequenzen beobachtet; die Tiere drücken immer wieder einen Hebel, um sich selbst zu stimulieren. Die elektrische Stimulation kann so sehr belohnend wirken, daß Ratten über elektrisch geladene Gitter laufen, um an den Hebel zu gelangen oder daß hungrige Tiere lieber den Hebel zur elektrischen Stimulation in ihrem Gehirn betätigen als sich durch Betätigung eines anderen Hebels mit Nahrung zu versorgen. Die Vorstellung, daß man mit dieser Technik das Gehirn nach "Lustzentren" absuchen kann, hat sich jedoch als zu naiv erwiesen. Fest steht, daß es Regionen im Gehirn gibt, in denen hohe, mittlere, niedrige Selbstreizungsfrequenzen erfolgen, und andere, in denen keine Selbstreizung erfolgt. In bestimmten Regionen wirken elektrische Reize aversiv, und die Tiere versuchen, die Stimulation zu unterbinden. Delgado (1969/1971) schätzt, daß bei der Ratte etwa 60 Prozent des Gehirns neutral sind; eine elektrische Reizung wird von den Tieren weder angestrebt noch vermieden. In etwa 35 Prozent des Gehirns wirkt die elektrische Reizung belohnend und in den restlichen 5 Prozent bestrafend. Teilweise liegen die Punkte, bei denen unterschiedliche Reizeffekte beobachtbar sind, eng beieinander. Es wurden sogar bei unveränderter Elektrodenposition zunächst positive und dann negative Effekte festgestellt.

Elektrische Gehirnreizung beim Menschen. Bei Menschen wurden aus therapeutischen oder diagnostischen Gründen Elektroden in das Gehirn eingeführt. In der Literatur sind viele Einzelfälle beschrieben worden, aber auch Untersuchungen an Patientengruppen. Beispielsweise beschreibt Delgado (1971) wie sich eine elektrische Gehirnreizung auf den emotionalen Zustand einer 36jährigen Frau auswirkte, die an medikamentös schwer zu kontrollierenden epileptischen Anfällen litt. Nach Reizung im rechten Schläfenlappen etwa 30 Millimeter unter der Oberfläche gab sie ein angenehm prickelndes Gefühl in der linken Körperhälfte, vom Gesicht bis zu den Beinen, an. Sie kicherte, machte witzige Bemerkungen und sagte, daß sie die Empfindungen sehr genoß. Bei wiederholter Stimulation wurde sie gesprächiger und kokett. Schließlich drückte sie sogar den Wunsch aus, den Therapeuten zu heiraten. Reizungen an anderen Stellen des Gehirns hatten keinen Effekt auf ihre Stimmung.

Sem-Jacobsen (1976) hat im Laufe von zehn Jahren insgesamt 2652 Elektroden in die Gehirne von 82 Patienten eingeführt und untersucht, wie sich elektrische Reizung auswirkt. Bei 1587 Elektroden konnten überhaupt irgendwelche Reaktionen ausgelöst werden, die von motorischen Reaktionen über Geruchs- oder Geschmacksempfindungen bis zu Stimmungsänderungen reichten. Emotionale Veränderungen traten bei 643 Elektroden auf. Sem-Jacobsen (1976) hat diese emotionalen Reaktionen weiter unterteilt in je drei Arten positiver und negativer Zustände, plötzliche emotionale Ausbrüche in die positive oder negative Richtung, ambivalente Reaktionen und Stimmungswechsel. Weitaus am häufigsten wurde eine angenehme Entspannung (360 Fälle) beobachtet, gefolgt von Unruhe/Angst (162 Fälle). Die Patienten machten nicht nur Angaben zu ihrem Gefühlszustand, manchmal zeigten sie auch Veränderungen ihres Ausdrucks (z.B. Lachen, motorische Unruhe; Zahlenangaben fehlen leider). Gelegentlich kamen auch kardiovaskuläre und andere vegetative Reaktionen zusammen mit emotionalen Veränderungen vor. Eine wichtige Frage ist, wie sich die "emotionalen" Reizpunkte über das Gehirn verteilen. Zwischen der rechten und linken Hirnhälfte fand sich kein Unterschied. Auffällig ist eine

Häufung im *Frontallappen*. Eine Zuordnung von positiven und negativen Emotionen zu bestimmten Arealen war nicht möglich. Die Stellen, an denen positive und negative Emotionen ausgelöst werden konnten, lagen manchmal unmittelbar nebeneinander. Beispielsweise konnte bei einem Patienten durch Reizung einer Elektrode Euphorie und Lachen ausgelöst werden. Die Reizung mit einer nur einen Zentimeter entfernten Elektrode führte zu Angst und Depression. Bei einer gleichzeitigen Reizung mit beiden Elektroden wurde der Patient wütend und etwas verwirrt. Dieses Reaktionsmuster konnte übrigens noch nach Wochen repliziert werden.

Elektrische Aktivität des Gehirns bei Darbietung emotionaler Reize. Im Tierversuch ist es möglich, die Aktivität einzelner Nervenzellen zu erfassen. So konnte durch Ableitungen in der *Amygdala* von Affen gezeigt werden, daß es dort Neurone gibt, die auf artspezifisch bedrohliche visuelle Reize reagieren (Kolb & Whishaw, 1990/1993). Nervenzellen in der Amygdala werden auch bei Darbietung konditionierter Angstreize aktiviert. Dieser Effekt kann so spezifisch sein, daß Zellen nur auf einen Ton reagieren, der einen Elektroschock ankündigt und nicht auf einen anderen neutralen Ton (Lavond et al., 1993).

Beim Menschen kann derzeit nur ein grobes Bild von der elektrischen Aktivität der Nervenzellen in einzelnen Regionen des Gehirn gezeichnet werden. In der Emotionsforschung hat bisher nur die Ableitung der elektrischen Aktivität von der Schädeloberfläche Bedeutung erlangt. Die Methode der *Elektroenzephalographie* wurde in den 20er Jahren von dem Jenaer Psychiater Hans Berger entwickelt. Berger hatte gehofft, mit der elektrischen Aktivität des Gehirns die "psychische Energie" eines Menschen zu erfassen und die "Seele" sozusagen einer naturwissenschaftlichen Forschung zugänglich zu machen.

Zur Ableitung eines *Elektroenzephalogramms (EEG)* werden Elektroden am Kopf angebracht, was die Versuchspersonen normalerweise nicht beeinträchtigt. Es sind Standardableitungspunkte vorgeschlagen worden (siehe Abbildung 5.4). Dadurch wird ein Vergleich von Ergebnissen verschiedener Untersuchungen ermöglicht. Mit den Elektroden werden Spannungsschwankungen in der Größenordnung von meist 1 - 200 μV erfaßt. Diese werden verstärkt und aufgezeichnet. Abbildung 5.4 zeigt ein solches Signal. Es ist üblich, verschiedene Frequenzbereiche zu unterscheiden. Frequenzen von 8 - 13 Hertz werden beispielsweise als Alpha-Rhythmus bezeichnet. Alphawellen sind typisch für einen entspannten Wachzustand bei geschlossenen Augen. Beim Öffnen der Augen oder bei psychischer Belastung werden die Wellen typischerweise kleiner, und die Frequenz steigt an (Beta: 14 - 30 Hertz). Daneben werden weitere Frequenzbereiche unterschieden. Für weitere Angaben zur Aufzeichnung und Auswertung sei auf Schandry (1989) verwiesen.

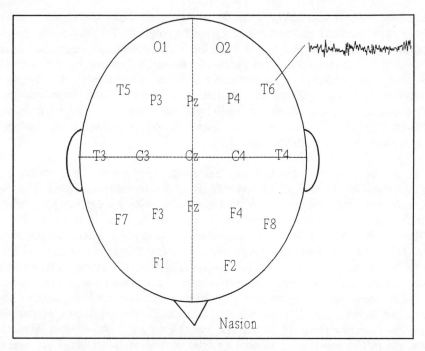

Abbildung 5.4 Ableitungspunkte für ein EEG nach dem 10-20 System und exemplarische Darstellung eines Signals für eine Elektrode. Zwecks Vereinfachung wurde die Referenzelektrode in der Abbildung weggelassen.

Im Rahmen der Emotionsforschung wird man daran interessiert sein, an welcher Stelle der Schädeloberfläche die stärksten Veränderungen auftreten, wenn Versuchspersonen in einen emotionalen Zustand kommen. Weitere Fragen sind etwa, wie die Veränderungen in Abhängigkeit von der Intensität und der Qualität der Emotionen aussehen. Exemplarisch sei eine Untersuchung von Davidson, Ekman, Saron, Senulis und Friesen (1990) dargestellt. Zur Induktion von positiven und von negativen Emotionen wurden kurze Filmausschnitte verwendet. Beispielsweise zeigte einer der negativen Filme eine Beinamputation. Als Versuchspersonen dienten 37 Frauen. In die Auswertung gingen aber nur 11 Personen ein, da zwei Kriterien erfüllt sein mußten: Die gewünschten Emotionen mußten auftreten, und in jeder Emotionsphase mußte mindestens zehn Sekunden lang ein artefaktfreies EEG aufgezeichnet worden sein. Um zu kontrollieren, ob die angezielten Emotionen tatsächlich ausgelöst worden sind, wurde die Mimik der Versuchspersonen während der Filmdarbietung unbemerkt aufgenommen. Außerdem stuften die Versuchspersonen ihr Befinden ein. Das EEG wurde von der rechten und der linken Schädelseite an je vier gegenüberliegenden Stellen abgeleitet (F3, F4; C3, C4; T3, T4; P3, P4; vgl. Abbildung 5.4). Als Aktivierungsmaß war vor allem die sog. *alpha-power* (μV^2/Hz) von Interesse. Je höher die zentrale Aktivierung ist, desto niedriger sollte dieser Wert ausfallen (Alpha-Rhythmus tritt besonders im entspannten Zustand auf; s.o.).

Von besonderem Interesse war die Frage, ob sich Phasen, in denen die Versuchsperson einen Gesichtsausdruck der Freude oder des Ekels zeigten, voneinander und gegenüber einer neutralen Ausgangsmessung unterscheiden. Solche Unterschiede fanden sich ausschließlich im frontalen (Elektroden F3 und F4) und im anterior-temporalen Bereich (Elektroden T3 und T4; vgl. Abbildung 5.4). Beim Ekelausdruck fanden Davidson et al. (1990) eine ausgeprägte Aktivierung (also eine niedrige alpha-power) im rechten Frontalbereich (sowohl im Vergleich zum linken Frontalbereich während des Ekelausdrucks als auch im Vergleich zu Freude bei der gleichen Elektrode). Während die Versuchspersonen lächelten, fiel eine relativ hohe Aktivierung (niedrige alpha-power) im linken anterioren Temporalbereich auf (im Vergleich zu Ekel und im Vergleich zur Aktivierung bei der gegenüberliegenden Elektrode während des Lächelns). Gegenüber der neutralen Meßphase erwies sich nur die erniedrigte alpha-power bei Ekel rechts frontal als signifikant. Das Ergebnis besagt also, daß speziell bei Ekel eine asymmetrische Aktivierung im EEG zu erkennen ist. Der Effekt ist nicht am ganzen Schädel zu beobachten, sondern nur im Frontalbereich. Die Aktivierung hebt sich hier nicht nur gegenüber einem neutralen Zustand ab, sondern auch gegenüber Freude.

Bisher liegen nur wenige aussagekräftige EEG-Studien zu Emotionen vor. Einige dieser Arbeiten sind bei Davidson (1993) dargestellt. Eine Literaturübersicht zu Veränderungen im EEG bei Angst findet sich bei Machleidt, Gutjahr und Mügge (1989). Neben dem üblichen EEG sind weitere Techniken entwickelt worden, mit deren Hilfe sich Gehirnregionen identifizieren lassen, die in einem bestimmten emotionalen Zustand besonders aktiv sind. So gibt es Methoden, die spezielle Aspekte der elektrischen Hirnaktivität erfassen. Besondere Bedeutung hat dabei die Ableitung *evozierter Potentiale* erlangt. Bei dieser speziellen EEG-Technik werden reizbezogene Veränderungen der elektrischen Aktivität im Bereich von Millisekunden analysiert. Darüber hinaus wurden Techniken entwickelt, die eine bildhafte Darstellung regionaler Gehirnaktivitäten gestatten (siehe Raichle, 1994). Dazu gehört u.a. die *Positronen-Emissions-Tomographie*. Diese Techniken werden in Zukunft wesentlich dazu beitragen, eine genauere Vorstellung von den neuroanatomischen Grundlagen der Emotionen zu bekommen.

5.3.2 Neurochemie der Emotionen

Die Übertragung von Informationen zwischen den Nervenzellen erfolgt durch chemische Botenstoffe (Neurotransmitter). Beispiele für Neurotransmitter sind Noradrenalin, Dopamin, Serotonin und Gamma-Aminobuttersäure (GABA), wobei GABA im Gehirn am weitesten verbreitet ist. Diese und andere Neurotransmitter sind nicht gleich über das Gehirn verteilt. In bestimmten Strukturen und Nervenbahnen kann ein Neurotransmitter verstärkt vorkommen, in anderen u.U. überhaupt nicht. Für eine kurze Einführung kann auf Birbaumer und Schmidt (1990) verwiesen werden.

Die Annahme, daß irgendein Neurotransmitter für eine bestimmte Emotion "verantwortlich" sei, ist sicherlich genauso falsch wie eine Zuordnung einer bestimmten Gehirnstruktur zu einer Emotion. Von jedem Neurotransmitter sind viele Funktionen bekannt. Serotonin beispielsweise spielt u.a. eine Rolle bei lokomotorischer Aktivität (bis hin zur Hyperaktivität), Explorationsverhalten, der Reaktion auf Belohnungs- und Bestrafungsreize sowie auf neue sensorische Reize, Hunger und Nahrungsaufnahme, Sexualverhalten und Aggression (Spoont, 1992).

Die neurochemischen Prozesse wären nur sehr unzulänglich beschrieben, wenn man sich auf die Neurotransmitter beschränken würde. Zahlreiche körpereigene und auch körperfremde Substanzen beeinflussen die Signalübertragung. Von den körperfremden Stoffen sind Psychopharmaka und psychoaktive Drogen zu nennen, die über das Blut ins Gehirn gelangen. Sie können den Effekt eines bestimmten Neurotransmitters fördern oder hemmen, indem sie etwa die Freisetzung eines Neurotransmitters anregen oder Rezeptoren für einen Neurotransmitter blockieren (siehe Snyder, 1986/1988). Zahlreiche körpereigene Stoffe, von denen auch andere Funktionen bekannt sind, wurden mit Emotionen in Verbindung gebracht. Die Substanzen reichen von einfachen Aminosäuren (z.B. Glutamat) über Hormone, die im Gehirn produziert werden (z.B. das adrenocorticotrope Hormon ACTH, das im Hypophysenvorderlappen gebildet wird), bis hin zu Peptiden, die auch im Verdauungstrakt gefunden werden (z.B. Neurotensin). Für eine Übersicht sei auf Panksepp (1993) verwiesen.

Ein Beispiel soll genügen, das Zusammenwirken von körpereigenen und fremden Substanzen zu verdeutlichen. Im Gehirn finden sich Opiatrezeptoren, an die sich sowohl die körpereigenen Endorphine als auch von außen zugeführte Opiate (z.B. Morphin) binden. Opiatrezeptoren wurden in verschiedenen Teilen des Gehirns lokalisiert. Eine der Strukturen, in der Opiate emotionale Effekte zeigen (Euphorie induzieren), ist der Locus coeruleus. Endorphine und Opiate haben aber nicht nur einen Effekt auf Emotionen. Es sind auch andere Funktionen bekannt. Sie verändern etwa die Schmerzwahrnehmung, indem sie ihre Wirkung an anderen Stellen entfalten (siehe Snyder, 1986/1988).

5.3.3 Neurobiologische Emotionstheorien

Angesichts der vielen empirischen Befunde zur Neuroanatomie und -chemie von Emotionen darf es nicht verwundern, daß Theorien vorgelegt wurden, in denen eine Integration von Befunden und umfassende Antworten auf die Frage, wie Emotionen im Gehirn entstehen, versucht wurden. Der gegenwärtige

Forschungsstand ist noch eher mit einem Puzzle aus vielen Teilen, deren Lage zueinander meist noch nicht geklärt ist, zu vergleichen, von dem wir wissen, daß noch gar nicht alle Teile auf dem Tisch liegen. Vielleicht ist es gerade deshalb reizvoll, Vorschläge zu machen, wie die Teile zu einem Gesamtbild zusammengefügt werden können. Für den Forschungsprozeß können solche Theorien sehr nützlich sein. Exemplarisch soll hier eine neuere Theorie vorgestellt werden, die sich relativ eng an empirischen Befunden orientiert.

LeDoux (1993) sieht in der *Amygdala* eine zentrale Struktur für Emotionen. Sie spielt allerdings nicht die Rolle eines "Emotionszentrums", sondern die einer wichtigen Struktur innerhalb eines komplexen Netzwerkes. Ihre Hauptfunktion besteht darin, sensorischen Reizen eine "emotionale" Bedeutung zu verleihen, sie also zu bewerten. Im folgenden wird die Einbettung der Amygdala näher beschrieben. In Abbildung 5.5 ist das Modell von LeDoux stark vereinfacht dargestellt, damit die Ausführungen leichter zu verstehen sind (ausführlich bei LeDoux, 1993).

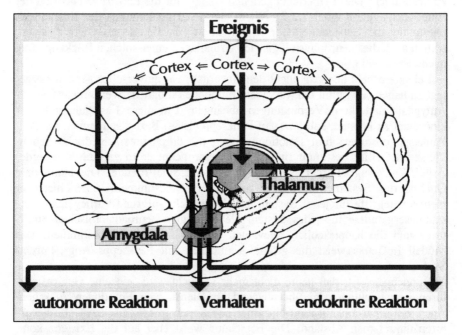

Abbildung 5.5 Modell zur Funktion der Amygdala bei der Entstehung von Emotionen (modifiziert nach LeDoux, 1993; stark vereinfacht)

Die Amygdala erhält ihre Informationen aus zwei Quellen. Erstens bestehen Verbindungen zum Neocortex, u.a. mit den sensorischen Assoziationsgebieten. Andere Verbindungen sind indirekt, indem sie über andere Strukturen wie etwa den Hippokampus laufen. Über diese Verbindungen wird die Amygdala mit

Informationen über sensorische Reize, aber auch über imaginierte oder gespeicherte Ereignisse gespeist. Zweitens gibt es einen phylogenetisch alten Zugang, der aber bei hoch entwickelten Säugetieren von untergeordneter Bedeutung ist. Sensorische Reize können im Thalamus verarbeitet werden. Vom Thalamus besteht eine direkte Verbindung zur Amygdala. Diese Verbindung ist einige Synapsen kürzer und ermöglicht eine schnelle Reaktion und bahnt möglicherweise die Verarbeitung komplexer Informationen aus dem Cortex an.

Die Amygdala ist nicht nur für die Bewertung von Ereignissen zuständig, sondern auch für die Auslösung der "emotionalen" Reaktionen. Es bestehen Verbindungen zu anderen Strukturen, die an der Steuerung dieser Reaktionen beteiligt sind. Beispielsweise sind die Verbindungen mit bestimmten Kerngebieten im Hypothalamus wichtig für Reaktionen des autonomen Nervensystems.

Schließlich erhält die Amygdala auch eine Rückmeldung über die Reaktionen, die sie produziert hat. LeDoux versucht, einige Rückkopplungsschleifen zu bestimmen. Diese Überlegungen sind wichtig für die Feedback-Theorien der Emotionen (vgl. Kapitel 5.2.2). Wenn eine Rückmeldung aus der Körperperipherie für die Entstehung oder Modifikation von Emotionen wichtig ist, so sollten auch die neurophysiologischen Grundlagen einer solchen Rückkopplung nachweisbar sein.

LeDoux erhebt übrigens nicht den Anspruch, ein universelles Modell vorgelegt zu haben. Er räumt ein, daß viele Emotionen möglicherweise nicht von der Amygdala und ihren Verbindungen abhängen. Um diese Feststellung besser einordnen zu können, soll kurz auf Panksepp (1989) Bezug genommen werden. Panksepp postuliert fünf Emotionssyteme, die durch unterschiedliche Schaltkreise im Gehirn bestimmt sind. Die Systeme nennt er Erwartung/Neugierde, Ärger/Wut, Angst/Furcht, Kummer/Panik und Spiel/Freude. Die emotionale Qualität der Systeme möchte er nur ungefähr bestimmen; daher bietet er mehrere Begriffe für jedes System an. Er versucht aufgrund vorliegender Forschungsergebnisse für jedes System die beteiligten neuroanatomischen Strukturen und die hauptsächlich relevanten Neurotransmitter zu bestimmen. Das Modell LeDouxs weist die größte Ähnlichkeit mit Panksepps Angst/Furcht-System auf.

Bezeichnend ist, daß heute nicht mehr versucht wird, einzelne Gehirnstrukturen ausschließlich oder überwiegend im Dienste von Emotionen zu sehen. Auch von einer Lokalisation einzelner Emotionen in spezifischen Gehirnstrukturen nimmt man Abstand. Die Forschung weist eher auf die Existenz komplexer Schaltkreise oder Netzwerke hin. Diese Erkenntnis findet in neueren theoretischen Ansätzen wie dem LeDouxs (1993) oder Pankspps (1989) Berücksichtigung.

5.4 Zusammenfassung und Schlußfolgerungen

Die Untersuchungen zur Beziehung zwischen emotionalem Erleben, physiologischen Veränderungen und Ausdruckserscheinungen fallen in zwei Klassen: Experimente, in denen neben einer Neutralbedingung eine oder mehrere spezifische Emotionen induziert werden, sowie Korrelationsstudien. Im ersten Fall geben die Effekte für die einzelnen Variablen Aufschluß darüber, inwieweit sich die Reaktionssysteme synchron verhalten. So kann etwa beobachtet werden, daß sich nach Induktion einer Emotion das emotionale Erleben im Vergleich zu einer Kontrollbedingung stark verändert, während sich etwa in physiologischen Variablen nur ein schwacher Effekt zeigt. Dies würde für eine mangelnde Übereinstimmung zwischen Erleben und Physiologie sprechen. Im zweiten Fall werden Korrelationen zwischen Variablen berechnet. Dabei ist zwischen verschiedenen Korrelationstechniken zu unterscheiden: intra- und interindividuelle Korrelationen sowie Korrelationen von Mittelwerten. Selbst bei der Analyse des gleichen Datensatzes können die Koeffizienten sehr unterschiedlich ausfallen. Insgesamt erscheint es wichtig, verschiedene methodische Besonderheiten zu beachten.

Die zahlreichen Untersuchungen zum Zusammenhang zwischen Gefühlen und Ausdruckserscheinungen, Gefühlen und physiologischen Reaktionen sowie Ausdruckserscheinungen und physiologischen Veränderungen zeigen, daß zwischen den drei Reaktionsebenen in der Regel nur schwache Zusammenhänge bestehen. Vergleiche zwischen verschiedenen Emotionen sprechen dafür, daß Zustände, die sich im emotionalen Erleben als Angst, Freude, Ärger etc. darstellen, auf der Ebene physiologischer Variablen kaum zuverlässig unterschieden werden können. Auf der Ebene des Ausdrucks finden sich meist Unterschiede, die aber hauptsächlich auf eine Unterscheidung von positiven und negativen Emotionen beschränkt sind.

Warum überhaupt ein Zusammenhang zwischen den Reaktionssystemen zu erwarten ist, wurde durch Emotionstheorien sehr unterschiedlich beantwortet. Zum einen liegen Theorien vor, die davon ausgehen, daß der Organismus dazu veranlagt ist, auf bestimmte Reize mit einer einheitlichen Aktivierung oder mit emotionsspezifischen Reaktionsmustern zu antworten. Neben klassischen Ansätzen wurde eine moderne Aktivierungstheorie (Cacioppo et al., 1992) vorgestellt, welche die Besonderheiten der Reaktionssysteme berücksichtigt und keine unmittelbar synchronen Reaktionen erwarten läßt.

Zum anderen liegen Theorien vor, die postulieren, daß sich einzelne Reaktionssysteme gegenseitig beeinflussen. Die heutigen Erklärungsversuche können als Varianten der James-Lange-Theorie verstanden werden, der zufolge das emotionale Erleben eine Folge von körperlichen Veränderungen ist. Schachter und Singer (1962) nahmen an, daß die Intensität der Emotion von den körperlichen Veränderungen, ihre Qualität dagegen von den wahrgenommenen situativen Auslösern abhängt. Die Entstehung einer Emotion wird als kognitiver Prozeß verstanden, der die Verarbeitung von Informationen über den eigenen körperlichen Erregungszustand und den situativen Kontext einschließt. Insgesamt lassen das klassische Experiment von Schachter und Singer, Replikationen sowie die Ergebnisse verwandter Untersuchungsansätze den Schluß zu, daß die zentrale Hypothese der Autoren nicht als bestätigt gelten kann.

Die Facial-Feedback-Theorie betont an Stelle der körperlichen Erregung die Bedeutung der eigenen mimischen Reaktion für das emotionale Erleben. Es liegen verschiedene Varianten bezüglich der Wirkungsmechanismen vor. Sie reichen von der Annahme kognitiver Prozesse über neurophysiologische Erklärungen bis hin zur Spekulation, daß der Blutzufluß zu bestimmten Gehirnregionen selektiv durch die mimische Aktivität beeinflußt wird. Empirisch untersucht wurde aber allein die Auswirkung einer experimentell variierten Mimik auf den Gefühlszustand (teilweise auch auf physiologische Veränderungen). Die Mimik wurde dazu auf unterschiedliche Weise variiert. In einigen Fällen wurde der Ansatz auch auf die Körperhaltung übertragen. Die zahlreichen Experimente belegen, daß das emotionale Erleben durch eine Veränderung der eigenen mimischen Reaktion zumindest geringfügig modifiziert werden kann.

Die vielen Untersuchungen, die allenfalls für einen schwachen Zusammenhang zwischen den drei Reaktionssystemen sprechen sowie die letzlich unbefriedigenden theoretischen Erklärungen für einen solchen Zusammenhang werfen die Frage auf, warum dies so ist. Es wurden verschiedene Gründe für eine mangelnde Korrespondenz der Reaktionen diskutiert. Die einzelnen Reaktionssysteme können selektiv durch unterschiedliche Faktoren beeinflußt werden. Sie haben offenbar auch andere Funktionen als das Vorhandensein einer Emotion anzuzeigen. Zudem wirken besondere Eigenschaften (z.B. unterschiedliche Reaktionsschwellen) einem synchronen Verlauf entgegen.

Unser Wissen über die neuroanatomischen Grundlagen von Emotionen stammt aus Untersuchungen an hirnverletzten oder hirnkranken Menschen, Läsionsstudien mit Tieren, Untersuchungen mit gezielter Stimulation bestimmter Gehirnstrukturen bei Menschen und Tieren sowie der Messung der elektrischen Aktivität des Gehirns. Neben der neuroanatomischen Forschung gibt es eine breite Forschung zu den neurochemischen Prozessen im Gehirn, auf die hier nur kurz eingegangen werden konnte. Insgesamt ergibt sich ein komplexes und noch sehr unvollständiges Bild der zentralen Steuerung von Emotionen. Nach dem gegenwärtigen Forschungsstand ist davon auszugehen, daß nicht einzelne Strukturen von Bedeutung sind, sondern mehrere, die netzwerkähnlich miteinander verbunden sind. Als Versuch der Integration zahlreicher Befunde wurde die Emotionstheorie LeDouxs (1993) vorgestellt.

Die neuropsychologische Forschung macht deutlich, daß Emotionen kein einheitliches Phänomen sind. Die in Kapitel 1 vorgeschlagene Unterscheidung von Gefühlen, Ausdruckserscheinungen und physiologischen Veränderungen findet hier Unterstützung. Durch Läsionen oder elektrische Hirnreizung können sich einzelne Emotionskomponenten verändern, ohne daß zugleich auch andere betroffen sind.

Kapitel 6 Auswirkungen von Emotionen

Die Frage, welche Funktion Emotionen für das Individuum und für seine Mitmenschen haben, ist immer wieder gestellt worden. Zwei Lager sind zu erkennen: Emotionen werden hauptsächlich entweder als nützlich oder als schädlich angesehen. Die einen betonen, daß Emotionen der Anpassung des Individuums an seine Umwelt dienen, die anderen sehen in den Emotionen eher etwas Störendes. Diese Auffassungen spiegeln sich sogar in den Definitionen wider. Emotionen werden, je nach Auffassung, als adaptiv oder disruptiv charakterisiert (vgl. Kapitel 1.2). Diese Betrachtungsweise hat aber einen entscheidenden Nachteil. Ob etwas gut oder schlecht ist, hängt fast immer von den Umständen ab. Wenn man sich etwa an ein schlimmes Lebensereignis nicht mehr erinnern kann, so mag das von Vorteil sein (für das psychische Wohlergehen) oder von Nachteil (weil deshalb ein alter Fehler wiederholt wird).

In diesem Kapitel sollen die Auswirkungen von Emotionen auf verschiedene Bereiche beschrieben werden. Was ändert sich im Kopf einer Person und was an ihrem Verhalten? Betroffen sein könnte ihre Aufmerksamkeit, die Art und Weise, wie sie sich selbst und ihre Umwelt "sieht" (damit verbunden auch die Einschätzung von Risiken), ihre Fähigkeit, Probleme zu lösen, oder ihr Gedächtnis. Beim Verhalten anderer Menschen gegenüber werden wir zwei wichtige Bereiche untersuchen: die Bereitschaft, anderen zu helfen (hilfreiches Verhalten) oder ihnen zu schaden (Aggression).

Im Einzelfall wird gelegentlich zu entscheiden sein, ob diese Effekte nützlich oder schädlich sind. Spekulationen über das Wesen der Emotionen sollen daraus nicht abgeleitet werden. Im Vordergrund wird die Frage stehen, wie man die vermuteten Effekte von Emotionen untersuchen kann und mit welchem Ergebnis. Soweit Hinweise auf mögliche Wirkungsmechanismen vorliegen, wollen wir uns auch mit dem "Wie" und "Warum" befassen.

6.1 Wahrnehmung und Aufmerksamkeit

Wir achten ständig mehr oder weniger stark auf unsere Umwelt wie auch auf uns selbst. Eine erste, noch sehr allgemeine Frage ist, ob sich durch den emotionalen Zustand der Person das Maß der Aufmerksamkeit für die Außen- bzw. Innenwelt verändert. Die Forschung hat sich besonders dafür interessiert, ob sich durch bestimmte Emotionen die nach innen gerichtete Aufmerksamkeit (die "Selbstaufmerksamkeit") verändert. Unabhängig davon, ob sich unsere Aufmerksamkeit mehr nach innen oder außen richtet, bleibt unsere Wahrnehmung selektiv. Es ist nicht möglich und wäre auch nicht sinnvoll, alle Aspekte der eigenen Person und der Umwelt gleichermaßen gut zu beachten. Findet in Abhängigkeit vom momentanen Zustand eine Fokussierung der Aufmerksamkeit auf bestimmte Aspekte der inneren und äußeren Welt statt und werden dafür bestimmte andere Bereiche weniger beachtet?

Selbstaufmerksamkeit. Sedikides (1992) hat sich mit der Frage befaßt, ob sich Personen in bestimmten Stimmungszuständen mehr oder weniger mit sich selbst befassen. Je nach Bedingungen sollten sich die Versuchspersonen entweder ein vorgegebenes trauriges, neutrales oder erfreuliches Ereignis vorstellen und sich damit befassen. Mit dieser Imaginationstechnik konnte erfolgreich entweder ein trauriger, neutraler oder glücklicher Zustand induziert werden. Zur Messung der Selbstaufmerksamkeit verwendete sie verschiedene Methoden, z.B. einen Fragebogen mit Items wie "Ich denke gerade über mich nach". Anders als bei Fragebögen zur Erfassung von Selbstaufmerksamkeit als Persönlichkeitsmerkmal, die hier als Vorbild dienten, sollten die Versuchspersonen angeben, wie gut die Aussagen momentan auf sie zutrafen. Ein zweites Maß war die Anzahl selbstbezogener Gedanken. Dazu wurden die Versuchspersonen aufgefordert, alles aufzuschreiben, was ihnen gerade durch den Kopf ging. In drei Experimenten zeigte sich, daß allein der traurige Zustand zu einer Erhöhung der Selbstaufmerksamkeit führte. Die Versuchspersonen beschrieben sich hier als stärker selbstfokussiert und sie protokollierten mehr Gedanken, die von unabhängigen Beurteilern als selbstbezogen eingeordnet wurden. Zwischen der neutralen und der positiven Bedingung fand sich kein Unterschied. In Übereinstimmung mit zwei ähnlichen Untersuchungen anderer Autoren kann gefolgert werden, daß eine traurige Stimmung dazu führt, daß sich die Person verstärkt mit sich selbst befaßt. Eine positive Stimmung hat weder einen vergleichbaren noch einen gegenteiligen Effekt.

Wenn ein trauriger Zustand mit einer verstärkten Selbstaufmerksamkeit einhergeht, so sollten bei kranken Menschen die Beschwerden zunehmen, wenn sie traurig sind. Salovey und Birnbaum (1989, Experiment 1) versetzten Studenten, die unter Grippe oder einer Erkältungskrankheit litten, durch Vorstellen einer selbst erlebten glücklichen, traurigen oder neutralen Situation in unterschiedliche Zustände. Anschließend beschrieben die Erkrankten ihren gegenwärtigen Gesundheitszustand anhand einer Liste von Symptomen (z.B. Kopfschmerzen, verstopfte Nase, wunder Hals). Die traurigen Versuchspersonen gaben deutlich mehr Schmerzen an als die in der neutralen und glücklichen Stimmung. Die glücklichen berichteten die wenigsten Schmerzen. Dieser letzte Befund steht in einem gewissen Widerspruch zu den Ergebnissen Sedikides (1992), denen zufolge nur ein negativer, nicht aber ein positiver Zustand die Selbstaufmerksamkeit beeinflußt. Da die Versuchspersonen von Salovey und Birnbaum (1989) krank waren, hatte sich möglicherweise ihr Befinden zum negativen Pol hin verschoben. Denkbar ist, daß die positive Stimmungsinduktion lediglich zu einer Reduktion des negativen Befindens geführt hatte. Für die

Gesamtheit der Symptome fanden Salovey und Birnbaum keinen signifikanten Gruppenunterschied. Die Anzahl der berichteten Symptome korrelierte aber .30 mit einem Befindensmaß. Je schlechter das emotionale Befinden nach der Stimmungsinduktion war, desto mehr Symptome gaben die Versuchspersonen insgesamt an.

Daß zwischen emotional negativen Zuständen und Selbstaufmerksamkeit eine Beziehung besteht, wird auch durch zahlreiche Studien zu natürlich vorkommenden Emotionszuständen belegt. Bei klinisch Depressiven wie auch bei "normalen" Personen wurde festgestellt, daß eine erhöhte Depressivität meist mit einer erhöhten Selbstaufmerksamkeit einhergeht. Darüber hinaus liegen weitere Befunde vor, die verschiedene andere klinische Störungen wie Angst oder Alkoholismus mit einer erhöhten Selbstaufmerksamkeit in Verbindung bringen (für eine Übersicht siehe Ingram, 1990).

Aufmerksamkeitsfokussierung und -abwendung. In neuerer Zeit sind einige Untersuchungen zum Einfluß von Angst auf das Erkennen von Reizen durchgeführt worden. Mehrfach wurde dazu eine Modifikation des Stroop-Tests verwendet. Beim Stroop-Test, mit dem "Interferenzneigung" gemessen werden soll, ist die Farbe der Schrift von Farbbezeichnungen zu benennen. Die Wortbedeutung (z.B. "rot") kann dabei nur schwer ignoriert werden; sie interferiert mit der eigentlichen Aufgabe, der Benennung der Farbe (z.B. grün). Bei der speziellen Variante zur Erfassung der Aufmerksamkeit werden anstelle von Farbnamen emotional bedeutsame Wörter wie "Tod" sowie neutrale Wörter dargeboten. Je stärker die Wortbedeutung beachtet wird, desto schwerer sollte die Aufgabe fallen, die Schriftfarbe zu benennen. Das Ausmaß der Aufmerksamkeit für die emotional bedeutsamen Reize kann aus den Antwortzeiten erschlossen werden. Nehmen wir einmal an, daß im Zustand der Angst Wörter wie "Tod" die Aufmerksamkeit der Person besonders stark beanspruchen. Dann wäre zu erwarten, daß allein bei diesen Wörtern (und nicht etwa bei neutralen) längere Antwortzeiten resultieren. Man kann sich aber auch in Anlehnung an die alte Hypothese der "Wahrnehmungsabwehr" vorstellen, daß im Zustand der Angst eine Tendenz besteht, bedrohliche Informationen zu ignorieren. Eine gerichtete Hypothese ist also schwer zu begründen. Die Aufgabe erscheint aber geeignet, eine Veränderung der Aufmerksamkeit für die Wortinhalte (in die eine oder die andere Richtung) über die Reaktionszeiten beim Benennen der Farben zu erfassen.

Exemplarisch soll eine Untersuchung von Mathews und Sebastian (1993; Experiment 3) vorgestellt werden. Es wurden nur Studenten mit ausgeprägter Schlangenangst rekrutiert. Bei einem Teil von ihnen wurde Angst erzeugt, indem man ihnen eine große lebende Spinne zeigte und eine schrittweise Annäherung als Verhaltenstest ankündigte. Im modifizierten Stroop-Test war die Farbe von farbig geschriebenen Wörtern, von denen ein Teil einen Bezug zu Schlangen hatte (z.B. Boa), zu benennen. Gemessen wurde die Zeit für das Benennen der Farben. Die Antwortzeiten für die 100 Wörter mit einem Bezug zu Schlangen waren in der bedrohlichen Situation mit durchschnittlich 76.5 Sekunden deutlich kürzer als in der Kontrollbedingung ohne Spinne (84.6 Sekunden). Die Farben von neutralen sowie unspezifisch bedrohlichen Wörtern wurden dagegen unter beiden Versuchsbedingungen praktisch gleich schnell benannt. Dies könnte ein Beleg dafür sein, daß unter Angst bedrohliche Reize eher ignoriert werden. Es ist aber zu bedenken, daß Wörter sehr schwache Reize darstellen.

Insgesamt läßt diese Arbeit wie auch weitere, die bei Mathews und Sebastian (1993) zitiert sind, keine klare Schlußfolgerung über eine Aufmerksamkeitsfokussierung oder -abwendung bei Angst zu. In den einschlägigen Untersuchungen wurde Angst überwiegend als habituelles Merkmal untersucht; es wurden also allgemein ängstliche mit weniger ängstlichen Personen verglichen. Zudem sind die Ergebnisse eher uneinheitlich. Die hier beschriebene Versuchsanordnung sowie Varianten, in denen etwa nach der Lokalisation (rechts - links) eines visuell dargebotenen Wortes gefragt wird, stellen aber eine wichtige Methode zur Erforschung von Veränderungen der Aufmerksamkeit bei verschiedenen Emotionen dar.

Eine andere Forschungsrichtung hat sich mit vergleichsweise starken Emotionen befaßt. Die Rede ist von Untersuchungen zum sogenannten Waffeneffekt (siehe Christianson et al., 1992, S. 225; Heuer & Reisberg, 1992, S. 157 ff.). Zeugen eines Verbrechens können oft sehr genau ein zentrales Merkmal des Geschehens, etwa eine Waffe, beschreiben. Dafür sind die Angaben über periphere Merkmale eher ungenau und lückenhaft. Dies kann man als einen Hinweis auf eine Einengung der Aufmerksamkeit bei Angst verstehen.

In experimentellen Studien ist man dem Phänomen nachgegangen. Beispielsweise zeigten Christianson und Loftus (1991) Versuchspersonen eine Serie von Dias. Es handelte sich dabei um Aufnahmen von alltäglichen Dingen, die man sehen kann, wenn man das Haus verläßt, um zur Arbeit zu gehen (z.B. eine Bushaltestelle, ein Fußgänger auf dem Gehweg). Das mittlere, achte Bild zeigte eine Straße mit Bäumen rechts und links sowie Häusern im Hintergrund. Im Vordergrund ragte ein Auto ins Bild, das auf der Straße fuhr. Auf der anderen Straßenseite war im Hintergrund ein entgegenkommendes Auto zu erkennen. Variiert wurde das Geschehen in der Bildmitte. In der emotionalen Bedingung lag eine Frau blutend neben einem Fahrrad am Straßenrand. In der neutralen Bedingung fuhr die Frau mit dem Rad auf der Straße. Um zu kontrollieren, ob vielleicht nur das Ungewöhnliche der emotionalen Szene für die Ergebnisse verantwortlich ist, zeigte eine dritte Variante ein ungewöhnliches Ereignis: Die Frau ging auf der Straße und trug das Rad auf der Schulter. Erwartungsgemäß berichteten die Versuchspersonen in der emotionalen Bedingung anders als in den beiden anderen Bedingungen eine starke negative emotionale Reaktion auf das Bild.

Nach Darbietung der Bilder folgte ein nicht angekündigter Erinnerungstest, in dem der Versuchsperson die gleiche Straßenszene noch einmal gezeigt wurde. Allerdings fehlte nun die zentrale sowie die periphere Information.

Weder die Frau (wohl aber das Rad) noch das entgegenkommende Auto waren zu sehen. Von Interesse war, ob sich die Versuchsperson richtig an die Farbe des Mantels der Frau und an die Farbe des Autos erinnern konnte. Abbildung 6.1 zeigt die über drei Experimente gemittelten Ergebnisse. Darin ist zu sehen, daß sich die Versuchspersonen am besten bei der emotionalen Version an die zentrale Information (die Farbe des Mantels) erinnerten. Für die periphere Information (die Farbe des entgegenkommenden Autos) ergab sich ein umgekehrter Effekt. Versuchspersonen, welche die neutrale Version gesehen hatten, konnten sich am besten daran erinnern. Es scheint, daß sich die Aufmerksamkeit auf das emotional erregende zentrale Ereignis gerichtet hat und die Versuchspersonen deshalb anschließend relativ genaue Angaben dazu machen konnten. Dafür ging offenbar Aufmerksamkeitskapazität für die Aufnahme von peripherer Information verloren. Der Effekt kann nicht darauf zurückgeführt werden, daß es sich um ein ungewöhnliches Ereignis gehandelt hat. Die ungewöhnliche Variante des Geschehens brachte nämlich keine bessere Erinnerung an die zentrale Information als die neutrale Variante.

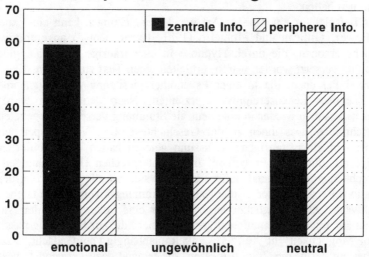

Abbildung 6.1 Erinnern von zentralen und peripheren Details eines emotional bewegenden versus eines neutralen oder nur ungewöhnlichen Ereignisses.
Dargestellt ist der prozentuale Anteil der Versuchspersonen, die sich an ein zentrales Detail (Farbe des Mantels) bzw. an ein peripheres (Farbe eines entfernten Autos) erinnerten. Gewichtetes arithmetisches Mittel aus Experiment 1, 2 und 3 von Christianson und Loftus (1991).

Diese Untersuchungen haben einen kleinen Nachteil. Es ist nicht ganz auszuschließen, daß sich die negativen Emotionen auf das Erinnerungsvermögen
ausgewirkt haben. Daß dennoch die Aufmerksamkeit für das Zustandekommen
des Effekts verantwortlich ist, wird aber durch ein viertes Experiment nahege-
legt. Die Versuchspersonen protokollierten darin ihre Gedanken beim Betrachten des kritischen Bildes. In der emotionalen Bedingung erwähnten relativ viele
die Frau und was mit ihr geschehen war. In der neutralen Bedingung richtete
sich die Aufmerksamkeit dagegen eher auf die Umgebung, wie die Gedanken-
protokolle zeigten.

Es liegen verschiedene andere Untersuchungen vor, in denen die Emotionen
entweder durch das Stimulusmaterial oder unabhängig von dem später zu beurteilenden Material variiert wurden. Die Aufmerksamkeit wurde anschließend
indirekt über das Gedächtnis für verschiedene Details des Stimulusmaterials
erfaßt. So zeigten Kramer et al. (1990; nach Heuer & Reisberg, 1992, S. 158)
ihren Versuchspersonen Dias von Personen, die entweder eine Waffe trugen
oder nicht. Erwartungsgemäß konnten sich die Versuchspersonen der Waffen-
bedingung schlechter an periphere Details (z.B. Körpergröße oder Schmuck der
Person) erinnern. Dieser Effekt war bei den Versuchspersonen besonders stark
ausgeprägt, welche ihren eigenen Angaben zufolge durch die Bilder Angst
bekommen hatten.

Als Beispiel für eine andere Art von Untersuchungen kann ein Experiment
von Bower, Gilligan und Monteiro (1981, Experiment 5) angeführt werden.
Versuchspersonen, die durch Hypnose in eine traurige oder eine glückliche
Stimmung versetzt worden waren, erhielten einen Text zum Lesen. Er handelte
von zwei Personen, die in einer Psychotherapiesitzung von angenehmen und
unangenehmen Lebensereignissen erzählten. Nach dem Lesen wurden die
Versuchspersonen wieder in eine neutrale Stimmung versetzt und gebeten, alles
aufzuschreiben, was ihnen zu der Geschichte einfiel. Versuchspersonen, die
den Text in einer traurigen Verfassung gelesen hatten, protokollierten mehr
traurige als glückliche Ereignisse. Insgesamt sprechen Untersuchungen dieser
Art recht übereinstimmend dafür, daß man sich an stimmungskongruente Informationen später besser erinnert als an stimmungsinkongruente (siehe Singer
& Salovey, 1988). Möglicherweise ist dafür eine Fokussierung der Aufmerksamkeit auf solche Informationen verantwortlich, die zur Stimmung passen.

Eine Möglichkeit, die Aufmerksamkeit unabhängig vom Gedächtnis zu erfassen, besteht darin, die Zeit zu messen, die jemand dazu verwendet, bestimmte
Informationen aufzunehmen. Forgas und Bower (1987) boten Versuchspersonen über einen Computerbildschirm Informationen über andere Personen dar.
Die Informationen konnten Satz für Satz abgerufen werden. Jede Personenbe-
schreibung bestand aus zwölf kurzen Sätzen, von denen fünf inhaltlich positiv
und fünf negativ waren. Beispiele sind "In der Grundschule war Bob immer
sehr gut im Sport" oder "Cindy ist klein und sehr unansehnlich". Die Versuchspersonen waren aufgefordert, sich ein Urteil über diese Personen zu
bilden. Was sie nicht wußten war, daß die Zeit, die sie sich für das Lesen der

einzelnen Informationen nahmen, registriert wurde. Der emotionale Zustand der Versuchspersonen war zuvor durch eine fingierte Rückmeldung zu einem Persönlichkeitstest, den sie ausgefüllt hatten, variiert worden. Der emotionale Zustand hatte zwei Effekte auf die Informationsaufnahme. Erstens nahmen sich die traurigen Versuchspersonen durchschnittlich eine Sekunde mehr Zeit zum Lesen eines Satzes als die glücklichen (7.1 versus 6.1 Sekunden). Zweitens befaßten sich die Versuchspersonen in Abhängigkeit von ihrem Zustand unterschiedlich lange mit den positiven und den negativen Informationen. Diejenigen, welche in eine positive Stimmung versetzt worden waren, ließen jeden positiven Satz durchschnittlich 6.3 Sekunden auf dem Bildschirm stehen und jeden negativen nur 5.8 Sekunden. Das umgekehrte Muster fand sich bei den traurigen Versuchspersonen. Sie befaßten sich mit den negativen Informationen länger als mit den positiven (7.4 versus 6.7 Sekunden). Der emotionale Zustand hatte sich offenbar auf die Informationsaufnahme ausgewirkt, wobei neben der allgemeinen Verlangsamung (oder einem gründlicherem Lesen) in negativer Stimmung auch hier wieder eine selektive Zuwendung zu stimmungskongruenten Informationen zu beobachten war. Daß die jeweiligen Sätze nicht nur länger, sondern auch aufmerksamer gelesen wurden, wird durch einen Gedächtnistest unterstrichen. An die stimmungskongruenten Informationen erinnerten sich die Versuchspersonen später nämlich auch besser. Über ein sehr ähnliches Experiment, in dem anstelle von Sätzen Bilder von positiven (z.B. lachende Menschen) oder negativen Szenen (z.B. Beerdigung) vorgegeben wurden, berichtet Bower (1991, S. 33). Auch hier zeigte sich, daß sich die experimentelle Variation der Stimmung auf die Betrachtungszeiten auswirkte. Stimmungskongruente Bilder wurden länger betrachtet als stimmungsinkongruente.

Insgesamt finden sich somit zahlreiche Belege für eine Beeinflussung von Wahrnehmungs- und Aufmerksamkeitsprozessen durch Emotionen. In einer negativen Stimmung richtet sich die Aufmerksamkeit verstärkt auf die eigene Person. Zudem werden in der Umwelt negative Informationen stärker beachtet als positive. Umgekehrt richtet sich die Aufmerksamkeit in einer guten Stimmung eher auf positive Informationen. Ferner zeigte sich, daß Informationen, die negative Emotionen (wohl eher Angst und Abscheu als Traurigkeit) auslösen, verstärkt beachtet werden. Die Aufmerksamkeit richtet sich verstärkt auf zentrale Aspekte des Geschehens. Gleichzeitig finden periphere Details weniger Beachtung.

6.2 Beurteilung der eigenen Person und der Umwelt

Die Dinge, die wir wahrnehmen, versehen wir meist mit einer Bewertung. Dabei gehen wir weit über das hinaus, was im engeren Sinne wahrnehmbar ist. Wir begegnen einer fremden Person und finden sie nach wenigen Augenblicken "attraktiv", "lebhaft" oder auch "unfreundlich". Eine Wohnungseinrichtung erscheint uns "geschmackvoll". Das Wetter ist wieder einmal "trist". Wenn wir ein Referat gehalten haben, kommen wir zu dem Schluß, daß wir "überzeugend" oder auch "unsicher" waren. In zahlreichen Experimenten wurde untersucht, wie sich der eigene emotionale Zustand auf solche Urteile auswirkt. Beurteilungsobjekt kann die Person selbst sein, eine andere Person oder deren Leistungen oder Objekte aus der nicht sozialen Umwelt (z.B. ein Restaurant).

Eine klassische Studie, in der die Bewertung von Konsumentenprodukten untersucht wurde, stammt von Isen, Shalker, Clark und Karp (1978, Untersuchung 1). Auf einer Einkaufspromenade erhielten zufällig ausgewählte Passanten kleine Werbegeschenke zwecks Induktion einer positiven Stimmung. In der Kontrollbedingung wurden die Personen nicht kontaktiert. Eine zweite Mitarbeiterin sprach kurz darauf die so vorbehandelten bzw. nicht präparierten Passanten an und bat sie, an einer kurzen Konsumentenbefragung teilzunehmen. Teilnehmer, die zuvor ein kleines Geschenk erhalten hatten, gaben darin an, mit ihrem Auto bzw. ihrem Fernsehapparat zufriedener zu sein als die Kontrollpersonen. Auf einer Skala von 1 (wenig) bis 7 (hoch) wurden die beiden Produkte von den beschenkten Personen durchschnittlich mit 6.0 und von den Kontrollpersonen mit 5.1 beurteilt.

Auch in zahlreichen anderen Untersuchungen konnte beobachtet werden, daß sich die momentane Stimmung auf Beurteilungen auswirkt. Einige Beispiele für die Beeinflussung von Urteilen über die eigene Person, fremde Personen sowie verschiedene Aspekte der Lebensumwelt sind im folgenden aufgeführt (vgl. Bower, 1991; Clark & Williamson, 1989; Morris, 1989; S. 86 ff.).

Mit der eigenen Person befaßte sich eine Untersuchung, in der Kinobesucher nach ihrer Lebenszufriedenheit gefragt wurden. Personen, die gerade einen glücklichen Film gesehen hatten, stuften ihre Lebenszufriedenheit höher ein als solche, die einen traurigen oder aggressiven Film angeschaut hatten. In einer anderen Studie wurde den Teilnehmern eine Videoaufnahme vorgeführt, die am Vortag von ihnen angefertigt worden war. Die Probanden sahen sich unterschiedlich in Abhängigkeit von ihrer experimentell variierten Stimmung. Gut gelaunte Beurteiler beurteilten sich selbst eher als freundlich und kompetent, traurige dagegen sahen sich eher als unsozial, ungeschickt und inkompetent an.

Ähnliche Ergebnisse fanden sich bei der Beurteilung anderer Menschen. Versuchspersonen, bei denen die Stimmung durch einen lustigen oder einen traurigen Film beeinflußt worden war, erhielten schriftliche Informationen über die Meinungen einer anderen Person. Die positiv gestimmten Versuchspersonen beurteilten die fremde Person auf Skalen zur Sympathie, Intelligenz, Wissen etc. insgesamt positiver als die traurigen Versuchspersonen.

Interviewer, deren emotionaler Zustand durch eine fingierte Leistungsrückmeldung variiert worden war, führten ein strukturiertes Interview mit einem Bewerber und stuften anschließend dessen Qualifikation ein. Im Vergleich zu neutral gestimmten Interviewern beurteilten die glücklichen den Bewerber als motivierter, talentierter, attraktiver etc. und wären eher bereit gewesen, ihn einzustellen. Im Gegensatz dazu gaben die depressiv gestimmten Versuchspersonen auf allen Dimensionen schlechtere Urteile ab und waren weniger zu einer Einstellung bereit.

In der bereits erwähnten Befragung von Kinobesuchern erwiesen sich die Leute nach einem glücklichen Film, im Vergleich zu denen, die einen traurigen oder aggressiven Film angeschaut hatten, als zufriedener mit den politischen Verhältnissen. In einem anderen Experiment wurden die Teilnehmer mittels Hypnose in einen glücklichen oder ärgerlichen Zustand versetzt. Sie lasen einen Zeitungsbericht über ein Restaurant, der gleich viele positive wie negative Aussagen enthielt. Diejenigen, welche den Bericht in einem ärgerlichen Zustand gelesen hatten, stuften das Restaurant anschließend wesentlich negativer ein als diejenigen, die beim Lesen glücklich gewesen waren.

Diese und weitere Untersuchungen, in denen teilweise auch natürliche Stimmungsvariationen mit Bewertungen in Beziehung gesetzt wurden, belegen relativ klar, daß Emotionen Urteilsprozesse beeinflussen. Am robustesten ist offenbar der Effekt einer positiven Stimmung. Negative Stimmungsvariationen waren diesbezüglich häufiger nicht erfolgreich (vgl. Clark & Williamson, 1989).

Es stellt sich die Frage, wie man den Stimmungseinfluß erklären kann und was die Randbedingungen sind, unter denen der Effekt manchmal nicht zustande kommt. Clark und Williamson (1989) haben sechs Erklärungsansätze für einen Einfluß von Emotionen auf Urteile unterschiedlicher Art gefunden, die sich gegenseitig nicht ausschließen sondern ergänzen. Bei manchen Urteilen ist der Urteilende auf Informationen aus seinem Gedächtnis angewiesen. Beispielsweise wird dies der Fall sein, wenn man sein Auto oder seinen Fernsehapparat beurteilen soll oder wenn man gefragt wird, wie zufrieden man mit bestimmten Politikern ist. Die Stimmung kann sich dabei selektiv auf das Erinnern von positiven und negativen Informationen auswirken, wie weiter unten gezeigt wird (siehe Kapitel 6.5). Generell erinnert man sich bevorzugt an stimmungskongruente Informationen. Wenn sich das Individuum anhand der Dinge, die ihm in den Sinn kommen, eine Meinung bildet, wird sich das Übergewicht der stimmungskongruenten Information auf das Gesamturteil auswirken. Ein zweiter Mechanismus besteht darin, daß die eigene Stimmung selbst als Information dient. Das Beurteilungsobjekt wird für den eigenen Zustand mit verantwortlich gemacht. So mag jemand seine gute Laune darauf zurückführen, daß sein Gesprächspartner besonders nett zu ihm ist. Ursache und Wirkung werden einfach verwechselt. Ein dritter Erklärungsversuch ist besonders geeignet, auch fehlende Einflüsse einer negativen Stimmung zu verstehen. Ausgehend von der einfachen Annahme, daß sich die meisten Menschen lieber in einer guten als in einer schlechten Stimmung befinden, kann man folgern, daß sie auch darauf hinwirken, einen positiven Zustand aufrecht zu erhalten und einen negativen Zustand zu beenden. Eine Strategie besteht darin, sich mit den angenehmen Seiten der Dinge zu befassen und zu vermeiden, an die unangenehmen zu denken. Das kann dazu führen, daß Urteile in die positive Richtung beeinflußt werden. Die übrigen Erklärungsansätze betreffen Antwort-

stile, Fehlattribution von emotionaler Erregung und eine Einschränkung der
Gedächtniskapazität durch negative Stimmung.

6.3 Einschätzen von Risiken und Entscheidungsverhalten

Es kommt immer wieder vor, daß Entscheidungen in einem emotionalen Zustand gefällt werden. Das trifft sowohl auf den privaten Lebensbereich zu, als
auch auf den beruflichen. Manchmal wird von Entscheidungen, die im Zustand
der Wut, der Trauer oder auch der überschwenglichen Freude getroffen worden
sind, das Wohl vieler Menschen abhängen. Entscheidungen von Politikern oder
Wirtschaftsführern wären hier zu nennen. Der Einwand, daß die Entscheidungsträger in Politik und Wirtschaft nicht emotional handeln, sondern rational, ist
leicht zu entkräften. Die Aufzeichnungen von Zeitzeugen belegen, daß auch
herausragende Personen bei der Ausübung ihrer Funktion emotional reagieren.
So belegt ein Tagebuch von Klaus Bölling (1982) über die letzen 30 Tage der
sozialliberalen Koalition im Jahr 1982, daß selbst der als kühler Hanseat gel-
tende Bundeskanzler Helmut Schmidt von den Ereignissen emotional berührt
wurde. Da ist von Zorn über den Kurs mancher Parteifreunde gegenüber den
Grünen, von tiefer Besorgnis über die Auswirkung innenpolitischer Manöver
auf das Ansehen der Bundesrepublik im Ausland oder der schweren seelischen
Belastung des Kanzlers zwei Tage vor dem Mißtrauensvotum die Rede.
   Bei Mann (1992) finden wir Berichte über Entscheidungen, die für die
jüngere amerikanische Geschichte von großer Bedeutung sind und die mögli-
cherweise vom emotionalen Zustand der Entscheidungsträger abhängig waren.
Im Sommer 1941 lagen dem Kommandeur der in Pearl Harbor stationierten US
Flotte, Admiral Kimmel, viele Warnungen vor einem möglichen japanischen
Angriff vor. Hätte er die Flotte in volle Alarmbereitschaft versetzt, wäre die
Funktion von Pearl Harbor als wichtige Trainings- und Versorgungsbasis stark
eingeschränkt worden. Noch einen Tag vor dem fatalen japanischen Angriff auf
Pearl Harbor hatte Kimmel in einem Zustand tiefer Besorgnis seinen Offizieren
versichert, daß die niedrige Alarmbereitschaft weiterhin angemessen sei. Mann
(1992) sieht in dem negativen Emotionszustand Kimmels einen möglichen
Grund für die Fehlentscheidung. Ein weiteres Beispiel für eine emotionale
Entscheidung ist möglicherweise der Abwurf einer Atombombe über Nagasaki.
Der Bericht über die "erfolgreiche" Detonation der ersten Atombombe über
Hiroshima hatte bei dem amerikanischen Präsidenten Truman Euphorie ausge-
löst. Drei Tage später befahl er den Abwurf einer zweiten Atombombe auf
Nagasaki, anstatt die militärischen Operationen wie geplant weiterzuführen.
   Natürlich läßt sich nicht beweisen, daß die Emotionen tatsächlich einen Ein-
fluß auf die Einschätzung der Lage und auf wichtige Entscheidungen hatten.
Die kausale Beziehung zwischen Emotionen und der Bewertung von Risiken
sowie Entscheidungen kann aber experimentell untersucht werden. Daneben ist

es auch hilfreich, korrelative Zusammenhänge zwischen Emotionen und Risikoeinstufungen zu untersuchen. Untersuchungen, in denen der "natürliche", vor-
gefundene Zustand von Versuchspersonen in Beziehung gesetzt wird zu ihren
Risikoeinstufungen, sagen zwar nichts darüber aus, was Ursache und was
Wirkung ist, sie vermitteln aber einen Eindruck, wie eng die Beziehung zwischen beiden Variablen ist.

Emotionen im Alltag und subjektive Ereigniswahrscheinlichkeiten. Mayer,
Gaschke, Braverman und Evans (1992) haben sich mit der Frage befaßt, für
wie wahrscheinlich negative und positive Ereignisse von Menschen gehalten
werden, die sich in unterschiedlichen emotionalen Zuständen befinden. Die
Ereignisse waren so ausgewählt, daß sie zu sechs spezifischen Emotionen
paßten. Beispielsweise lautete ein Schuld-Item "Wieviele von 1000 Studenten
eines kleinen Colleges werden in diesem Jahr vergessen, ihrer Mutter eine
Karte zum Muttertag zu schicken?" Ein glückliches Ereignis wurde etwa mit
der Frage angesprochen "Wie groß ist die Wahrscheinlichkeit, daß jemand die
Person, die er wirklich liebt, heiratet und daß dieses Paar für den Rest des
Lebens froh zusammen lebt?" Psychologiestudenten stuften die Wahrscheinlich-
keiten dieser Ereignisse ein und beantworteten dann Fragen zu ihrem momentanen emotionalen Befinden. Erwartet wurde, daß mit der Intensität einer spezifischen Emotion auch die subjektive Wahrscheinlichkeit der emotionsspezifischen Ereignisse zunimmt. Je glücklicher also jemand war, desto wahrscheinlicher sollten ihm glückliche Ereignisse erscheinen. Diese Annahme konnte insgesamt auch bestätigt werden. Sämtliche Korrelationen fielen positiv aus, vier
von sechs waren sogar signifikant. Allerdings handelte es sich nur um relativ
schwache Zusammenhänge. Die Korrelationen lagen zwischen .09 (Angst)
und .16 (Glück, Schuld). Erstaunlicherweise waren die Wahrscheinlichkeits-
schätzungen kaum spezifisch für eine bestimmte Emotion. So korrelierte die
subjektive Wahrscheinlichkeit des Schuld-Ereignisses nicht nur .16 mit der
Stärke der momentanen Schuldgefühle, sondern auch mindestens in der gleich-
en Größenordnung mit allen anderen negativen Emotionsskalen ($r = .19$
bis .29). Ein globales Maß für die Valenz des Befindens korrelierte mit der
subjektiven Wahrscheinlichkeit positiver bzw. negativer Ereignisse deutlich
höher ($r = .27$) als die spezifischen Emotionen mit den dazu passenden Ereignissen ($r = .09$ bis .16). Offenbar ist primär die Valenz des Befindens ausschlaggebend und nicht so sehr die spezifische Emotionsqualität.

In zwei weiteren Untersuchungen konnten Mayer et al. (1992) die globalen
Beziehungen zwischen Befinden und subjektiver Wahrscheinlichkeit replizieren.
Je besser das momentane Befinden der Befragten war, für desto wahrscheinlicher hielten sie positive Ereignisse und desto weniger rechneten sie mit negativen Ereignissen. Die Autoren fanden bei 305 Studenten eine Korrelation
von .23 zwischen der Valenz ihres aktuellen Befindens und der Wahrscheinlichkeit künftiger positiver oder negativer Ereignisse (Itembeispiel: "Wie groß
ist die Wahrscheinlichkeit eines Atomkriegs?"). In der dritten Untersuchung

wurde eine repräsentative Stichprobe von Bürgern des Bundesstaats New Hampshire telefonisch interviewt. Hier korrelierte das aktuelle Befinden der 443 Befragten .28 mit der Wahrscheinlichkeit positiver und negativer Ereignisse. Der Stimmungseffekt war auch auf der Ebene einzelner Items sichtbar. Die Verfasser teilten die Stichprobe an ihrem Mittelwert in eine eher positiv und eine eher negativ gestimmte Gruppe auf. Die Befragten mit guter Laune stuften beispielsweise die Wahrscheinlichkeit, daß in den nächsten fünf Jahren ein Atomkrieg geführt wird, durchschnittlich auf 9 Prozent ein, die in schlechter Stimmung dagegen auf 14 Prozent.

Vergleiche zwischen Depressiven und normalen Kontrollpersonen weisen ebenfalls darauf hin, daß die (schlechter gestimmten) Depressiven negative Ereignisse für wahrscheinlicher halten (siehe Mann, 1992).

Experimentelle Untersuchungen. Eine der ersten, die sich mit dem Einfluß von experimentell induzierten Emotionen auf die Einschätzung von Risiken befaßt haben, waren Johnson und Tversky (1983). An ihren vier Experimenten nahmen insgesamt etwa 500 Versuchspersonen teil. Die Versuchspersonen erhielten Zeitungsberichte, wobei in den Experimentalbedingungen ein emotional bewegender Text vorgegeben wurde. Um zu kontrollieren, ob sich dadurch das emotionale Befinden wie beabsichtigt verändert hatte, sollten die Versuchspersonen einstufen, wie sie sich fühlen würden, wenn sie diesen Bericht in ihrer Lokalzeitung gelesen hätten. Es handelt sich dabei um ein sehr indirektes Maß für den tatsächlichen aktuellen Emotionszustand. Diese Messungen ergaben, daß sich die Valenz des Befindens wie erwartet verändert hatte. Von Interesse war, ob sich durch die Lektüre des Textes bzw. die damit ausgelöste Befindensänderung die Einschätzung diverser Risiken ändert.

In den ersten beiden Experimenten wurde gefragt, wieviele Menschen in den USA jährlich an verschiedenen Krankheiten wie Leukämie oder Lungenkrebs, durch gefährliche Ereignisse wie Blitzschlag oder durch verschiedene Arten von Gewalttätigkeiten (z.B. Terrorismus) ihr Leben verlieren. In der ersten Untersuchung schätzten die negativ gestimmten Versuchspersonen die Todesraten im Durchschnitt um 74 Prozent höher ein als die Personen in neutraler Stimmung. Die Schätzungen stiegen besonders stark an, wenn sich der zur Stimmungsinduktion verwendete Text mit dem gewaltsamen Tod eines Studenten befaßte. Diese Geschichte hatte sich auch als emotional besonders wirksam erwiesen, wie die Befindensangaben zeigten. Versuchspersonen, welche diesen Zeitungsbericht gelesen hatten, schätzten die Wahrscheinlichkeit, durch eine der Krankheiten oder eines der Ereignisse umzukommen, durchschnittlich um 133 bzw. 144 Prozent (Experiment 1 und 2) höher ein als die Kontrollgruppe.

Bemerkenswert ist, daß der Effekt der Geschichte auf andere Bereiche ausstrahlte. Befaßte sich die Geschichte mit einem tödlichen Gewaltverbrechen, stuften die Studenten auch die Zahl der Todesfälle durch Krankheiten oder gefährliche Ereignisse höher ein und nicht nur die durch Gewaltverbrechen. In den beiden folgenden Experimenten konnte gezeigt werden, daß sogar eine traurige Geschichte, in der Tod überhaupt nicht thematisiert wurde, einen ähnlichen Effekt auf die Risikoeinschätzung hatte wie der Bericht über einen Mord. Auch die subjektive Wahrscheinlichkeit, einmal von einem Lebensproblem wie Scheidung, Alkoholismus oder Impotenz betroffen zu werden, stieg durch eine negative Stimmung drastisch an. Schließlich ergab das vierte Experiment, daß durch Induktion einer positiven Stimmung der umgekehrte Effekt erzielt werden konnte. Versuchspersonen, die einen Zeitungsbericht gelesen hatten, der eine positive Stimmung induzierte, hielten die negativen Ereignisse für deutlich unwahrscheinlicher als Personen in einer neutralen Kontrollbedingung.

Die Größe der Effekte in den vier Experimenten ist beeindruckend. Dies um so mehr, als die Veränderungen im Befinden, die durch die Lektüre der Texte ausgelöst worden waren, eher moderat waren. In den Vergleichsgruppen lagen die (hypothetischen!) Befindenseinstufungen auf einer neunstufigen Skala meist um 5.5, in den negativen Experimentalbedingungen in der Regel bei etwa 7.0 und in der einzigen positiven Bedingung bei 4.7.

Die zur Stimmungsinduktion verwendete Methode hatte eine gewisse Ähnlichkeit mit der abhängigen Variablen. Die Versuchspersonen lasen zuerst einen Bericht über ein negatives (bzw. positives) Ereignis. Anschließend wurden sie gefragt, wie häufig andere negative Ereignisse sind. Man kann deshalb einwenden, daß die Versuchspersonen durch die Zeitungsberichte vielleicht generell für die Risiken des Lebens sensibilisiert worden sind. Es ist deshalb wichtig, auch Untersuchungen zur Kenntnis zu nehmen, in denen mit völlig anderen Methoden der Stimmungsinduktion gearbeitet worden ist.

Forgas und Moylan (1988) fragten insgesamt 980 Kinobesucher, die gerade einen fröhlichen, einen traurigen oder einen aggressiven Film gesehen hatten, nach der Wahrscheinlichkeit von drei zukünftigen Ereignissen (z.B. der eines Atomkrieges zwischen den Supermächten). Befindenseinstufungen zeigten, daß die Befragten durch die Filme in deutlich unterschiedliche Stimmungen versetzt worden waren. Auf einer siebenstufigen Skala, bei der hohe Werte für positives Befinden sprachen, lagen die Mittelwerte immerhin bei 5.9 (fröhliche Filme), 3.6 (traurige Filme) bzw. 4.7 (aggressive Filme). Erwartungsgemäß konnte ein deutlicher Effekt der Stimmung auf die subjektive Wahrscheinlichkeit von negativen Ereignissen festgestellt werden. Nach einem fröhlichen Film zeigten sich die Kinobesucher optimistischer als nach einem traurigen oder aggressiven. Der Einwand, daß der Effekt darauf zurückzuführen sein könnte, daß die Optimisten bevorzugt glückliche und die Pessimisten eher negative Filme besucht haben, konnte entkräftet werden. Vor dem Filmbesuch unterschieden sich die Probanden aus den drei Gruppen weder im Befinden noch in ihrem Urteilsverhalten.

Mit einer völlig anderen Methode der Emotionsinduktion arbeiteten Wright und Bower (1981; nach Gilligan & Bower, 1984, S. 566 f.). Ihre Versuchspersonen wurden mittels Hypnose in einen glücklichen oder depressiven Zustand versetzt. In diesem Zustand stuften sie die Wahrscheinlichkeit verschiedener künftiger Ereignisse ein. Anschließend wurden sie in den entgegengesetzten Emotionszustand versetzt, in dem sie die Wahrscheinlichkeit weiterer Ereignisse einschätzen sollten. Abbildung 6.2 zeigt die Ergebnisse. Die depressive Stimmung führte im Vergleich zu einer neutralen dazu, daß die Auftretenswahrscheinlichkeit überschätzt wurde. In einer glücklichen Stimmung wurden die tragischen Ereignisse dagegen für unwahrscheinlicher gehalten. Bei den erfreulichen Ereignissen fand sich erwartungsgemäß der umgekehrte Effekt. Im Vergleich zur neutralen Stimmung wurde die Wahrscheinlichkeit der positiven Ereignisse im glücklichen Zustand über- und im traurigen Zustand unterschätzt.

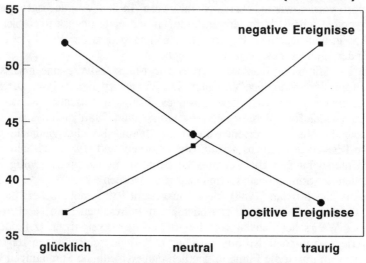

Abbildung 6.2 Einschätzung der Wahrscheinlichkeit negativer und positiver Ereignisse in Abhängigkeit vom Emotionszustand. Ergebnisse der Untersuchung von Wright und Bower (1981; modifiziert nach Gilligan & Bower, 1984, S. 567).

In zwei nun darzustellenden Experimenten wurde überprüft, ob negative Emotionen generell eine pessimistische Betrachtung fördern oder ob unterschiedliche negative Emotionen spezifische Effekte haben. Keltner, Ellsworth und Edwards (1993, Experiment 1 und 3) induzierten bei ihren Versuchspersonen mittels Imagination vorgegebener Situationen Ärger oder Traurigkeit. Die Ereignisse, deren Auftretenswahrscheinlichkeit zu beurteilen war, unterschieden sich in einem wichtigen Merkmal. Sie waren entweder von Menschen verursacht oder situationsbedingt. Beispielsweise wurde für das Ereignis "Sie werden durch einen Verkehrsunfall verletzt" in der einen Variante vereiste

Straßen verantwortlich gemacht, in der anderen ein betrunkener Fahrer. Beide Studien ergaben übereinstimmend, daß traurige Versuchspersonen speziell die negativen Ereignisse, die durch äußere Umstände verursacht waren, für wahrscheinlicher hielten als ärgerliche Versuchspersonen. Von Menschen verursachte Ereignisse wurden dagegen von den ärgerlichen Versuchspersonen als wahrscheinlicher eingestuft. Keltner et al. (1993, Experiment 2, 4 und 5) konnten weiterhin zeigen, daß traurige Versuchspersonen dazu tendierten, die Ursache eines negativen Ereignisses in der Situation zu suchen, während ärgerliche eher andere Menschen dafür verantwortlich machten.

Insgesamt zeigen die Untersuchungen also, daß zwischen der Valenz des emotionalen Zustands und der Einschätzung von Risiken ein Zusammenhang besteht. Bei negativem Befinden werden negative Ereignisse für wahrscheinlicher gehalten. Umgekehrt werden in guter Laune solche Ereignisse als weniger wahrscheinlich angesehen. Daß die Emotionen die Risikoeinstufung kausal beeinflussen, unterstreichen die berichteten Experimente, in denen der Zustand der Versuchspersonen variiert wurde. Die Effekte kamen in unabhängigen Untersuchungen mit sehr verschiedenen Methoden der Emotionsinduktion (Zeitungsberichte, Filme, Hypnose, Imagination) zustande, was für ihre Generalität spricht. Darüber hinaus fanden sich Hinweise darauf, daß auch die spezifische Emotionsqualität von Bedeutung sein kann. Bestimmte Emotionen (Traurigkeit, Ärger) fördern offenbar auch implizite Annahmen über die Verursachung von negativen Ereignissen.

Entscheidungsverhalten. Bisher haben wir uns mit Risikoeinschätzungen befaßt. Wir wissen nicht, ob sich die Menschen in ihrem Verhalten nach diesen Bewertungen richten. Die Frage, ob und wie Emotionen das tatsächliche Entscheidungsverhalten beeinflussen, ist allerdings schwer zu beantworten. Man stelle sich einen Patienten vor, der sich nach langer Krankheit in einer schlechten Stimmungslage befindet und nun zu entscheiden hat, ob er sich einer gefährlichen Operation unterziehen soll oder nicht. Die bisher geschilderten Untersuchungen würden dafür sprechen, daß er das mit der Operation verbundene Risiko aufgrund seiner negativen Befindenslage überschätzen wird. Aber wird auch seine Entscheidung davon abhängen? Die Annahme liegt nahe, daß sich das subjektiv höhere Risiko auf eine Entscheidung gegen die Operation auswirkt. Es wäre aber auch denkbar, daß sich der Patient sagt, daß er sich ohnehin in einer elenden Lage befindet und eigentlich nur alles besser werden kann und er deshalb das Operationsrisiko eingeht. Zwischen der Risikoeinschätzung und dem tatsächlichen Entscheidungsverhalten muß nicht unbedingt eine enge Beziehung bestehen.

Die Erforschung von Entscheidungsverhalten ist mit besonderen Schwierigkeiten verbunden. Persönlich bedeutsame Entscheidungen, wie in dem fiktiven Operationsbeispiel, lassen sich kaum unter Laborbedingungen untersuchen. Deshalb hat man sich mit dem Einfluß von Emotionen auf relativ unwichtige Entscheidungen befaßt. Ein Ergebnis dieser Forschung ist, wie gleich gezeigt wird, daß selbst bei solchen "kleinen" Entscheidungen die Stimmungseffekte mit davon abhängen, ob die Entscheidung persönlich bedeutsam ist. Die Effekte fallen, je nach Umfang der Konsequenzen, die sich aus der Entscheidung ergeben können, unterschiedlich aus.

Wir betrachten zuerst eine Untersuchung, in der sich (wenn auch nur geringfügige) Konsequenzen für die Versuchspersonen ergeben konnten. Isen und Patrick (1983) induzierten bei einem Teil ihrer studentischen Versuchspersonen durch einen Geschenkgutschein von McDonalds eine gute Stimmung. Jede Versuchsperson erhielt dann zehn Chips für ein Roulettspiel. Es war ihr freigestellt, die Chips einzusetzen und so möglicherweise etwas hinzuzugewinnen. Die Gewinnchance betrug, je nach Versuchsbedingung, 17, 50 oder 83 Prozent. War die Gewinnchance groß und damit das Risiko gering, zeigten die gut gelaunten Versuchspersonen eine höhere Risikobereitschaft im Spiel als die Kontrollpersonen in neutraler Stimmung. Bei einer kleinen Gewinnchance und somit einem großen Risiko, den Einsatz zu verlieren, waren sie dagegen vorsichtiger als die Kontrollpersonen.

In einer weiteren Studie nahmen die Versuchspersonen nicht an einem Glücksspiel teil, sondern sie sollten Entscheidungen in hypothetischen Dilemmas treffen. Beispielsweise wurde eine Situation geschildert, in der jemand die Wahl hat, weiterhin für zwei Dollar in der Stunde zu arbeiten oder eine sechswöchige Ausbildung mitzumachen, um danach - allerdings nur mit einer bestimmten Wahrscheinlichkeit - einen mit vier Dollar bezahlten Job zu bekommen. Auch hier wurde das Risiko variiert; die Wahrscheinlichkeit des positiven Ausgangs lag bei 20, 50 oder 80 Prozent. Das Verhaltensmuster der gut gelaunten Versuchspersonen unterschied sich deutlich von dem in der ersten Studie. Sie signalisierten eine deutlich höhere Bereitschaft als die Versuchspersonen in neutraler Stimmung, sich für das große Risiko zu entscheiden.

Versetzen wir uns einmal in die Lage der Versuchspersonen. Im ersten Fall (Roulett) ist das Risiko real. Man riskiert, daß die gute Laune in Enttäuschung umschlägt, wenn man verliert. Im zweiten Fall (hypothetische Entscheidungssituation) kann man weder etwas gewinnen noch etwas verlieren. Die gute Laune ist nicht in Gefahr. Deshalb fällt es leicht, *hypothetisch* etwas zu wagen. Es gibt noch einen weiteren Unterschied zwischen beiden Versuchssituationen. Im ersten Fall handelt es sich um ein Glücksspiel. Der Ausgang ist also völlig unabhängig von den eigenen Fähigkeiten. Im zweiten Fall spielt das Vertrauen in die eigenen Fähigkeiten eine Rolle. Wer sich selbst viel zutraut, braucht sich von dem allgemeinen Risiko nicht so sehr beeindrucken zu lassen. Jedenfalls ist man nicht allein dem Schicksal oder Zufall ausgeliefert.

Insbesondere Isen und ihre Mitarbeiter haben sich in weiteren Experimenten mit dem Einfluß von Emotionen auf reale oder hypothetische Entscheidungen befaßt (siehe Isen [1993] und Mann [1992] für einen Überblick). Insgesamt lassen diese Untersuchungen den Schluß zu, daß die Auswirkungen von Emotionen komplex sind. Wenn gut gelaunte Versuchspersonen mit relativ hoher Wahrscheinlichkeit in einem Glücksspiel mit einem realen Verlust rechnen mußten, verhielten sie sich im Vergleich zu Kontrollpersonen eher risikoscheu. Ihr Verhalten kann vermutlich damit erklärt werden, daß sie auf diese Weise ihre positive Stimmung aufrecht erhalten wollten. Kleine oder bloß hypothetische Risiken gingen sie dafür eher ein als Personen in einer neutralen Stimmung. Unter solchen Randbedingungen ist die Gefahr eines Stimmungsumschwungs durch einen realen Verlust gering.

Die Risikofreudigkeit ist nur ein Aspekt des Entscheidungsverhaltens. Beispielsweise kann auch die Schnelligkeit und die Sorgfalt des Vorgehens untersucht werden. Dazu sei auf den Abschnitt über Problemlösen verwiesen (Kapitel 6.4).

Insgesamt machen die Untersuchungen zu Entscheidungen unter dem Einfluß von Emotionen deutlich, daß schon relativ schwache Emotionen einen Effekt auf das Entscheidungsverhalten haben. Das Verhalten muß dabei nicht unbedingt im Einklang mit Risikoeinschätzungen stehen. Es ist zwar plausibel, daß Entscheidungen davon abhängen, für wie riskant eine Alternative eingeschätzt wird. In der psychologischen Forschung wurde aber immer wieder festgestellt, daß zwischen Kognitionen (z.B. Einstellungen oder Bewertungen) und Verhalten keine engen Beziehungen herrschen. Deshalb sollte nicht versucht werden, das Eingehen von Risiken allein damit zu erklären, wie hoch diese Risiken eingeschätzt werden. Die Ausführungen sollten zur Vorsicht mahnen, die Auswirkung von Emotionen auf Entscheidungen von großer persönlicher oder nationaler Bedeutung anhand von Laborexperimenten zu erklären.

6.4 Problemlösen

Sind Menschen in Abhängigkeit von ihrem emotionalen Zustand unterschiedlich fähig, Probleme zu lösen? In dieser Allgemeinheit läßt sich die Frage nicht beantworten. Manche Probleme sind komplex und verlangen die Verarbeitung umfangreicher Informationen. Andere sind bezüglich der zu bewältigenden Informationsmenge als einfach zu bezeichnen. Ein anderer wichtiger Unterschied betrifft die Problemlösestrategie. Bestimmte Probleme verlangen ein logisches und systematisches Vorgehen, andere sind nur durch unkonventionelle Einfälle zu lösen.

Es wäre zu einfach, gutes oder schlechtes Problemlösen allgemein mit Emotionen in Verbindung zu setzen. Sollten etwa Intelligenztestaufgaben in einer guten Stimmung besser gelöst werden? Ein Nebenbefund von Otto und Schmitz (1993) zeigt, daß dies nicht so ist. Ein Teil der Versuchspersonen war durch Imagination eines angenehmen Ereignisses in eine positive Stimmung versetzt worden. Diese Versuchspersonen konnten die sprachlichen Intelligenztestaufgaben nicht besser und nicht schlechter lösen als die neutral gestimmten Kontrollpersonen. Wenn sich Emotionen überhaupt auf das Denkvermögen auswirken, dann auf andere Prozesse.

Nutzung vorhandener Informationen. Viele Probleme können nur dann gut gelöst werden, wenn die zur Verfügung stehenden Informationen optimal genutzt werden. Es stellt sich die Frage, ob die Aufnahme und Nutzung der Informationen emotionsabhängig ist. Im Abschnitt über Aufmerksamkeit (Kapitel 6.1) haben wir bereits erfahren, daß stimmungskongruente Informationen verstärkt beachtet werden. Im folgenden wollen wir uns nicht mit der Informationsqualität, sondern mit der Informationsmenge befassen.

Eine typische Entscheidungssituation im Alltag besteht darin, daß man vor einer Anschaffung überlegt, welches Fabrikat am besten ist. Dabei gilt es in der Regel, komplexe Informationen zu berücksichtigen. Beim Kauf eines Autos ist zu bedenken, was es in der Anschaffung und im Unterhalt kostet, wie hoch sein Wiederverkaufswert sein wird, wie sicher es ist, wie gut es aussieht etc. Isen und Means (1983) haben Versuchspersonen mit solchen Informationen versorgt. Zu sechs fiktiven Autos wurden Informationen über neun entscheidungsrelevante Aspekte (wie die oben genannten) geliefert. Die Aufgabe der Versuchspersonen bestand einfach darin, das beste Auto auszuwählen. Durch positive bzw. fehlende Rückmeldung zu einer vorausgegangenen Leistungsaufgabe war zuvor ihr emotionaler Zustand variiert worden. Während die Versuchspersonen in der Kontrollbedingung durchschnittlich 19.6 Minuten benötigten, das beste Auto zu finden, fällten die positiv gestimmten ihr Urteil bereits nach durchschnittlich 11.1 Minuten. Außerdem nutzten sie weniger Informationen für ihr Urteil. Von den 54 Informationseinheiten berücksichtigten sie durchschnittlich nur 32.9, wobei sie sich jede Information im Durchschnitt 1.3mal ansahen. Im Vergleich dazu verwendeten die Kontrollpersonen mehr Informationen (40.5) und nutzten diese gründlicher durch mehrmaliges Anschauen (1.9 mal im Durchschnitt). Die Richtigkeit der Entscheidungen konnte in dieser Studie leider nicht ermittelt werden. Die Ergebnisse belegen aber eindrucksvoll die schnellere Entscheidung in positiver Stimmung, die unter sparsamerer Nutzung der vorliegenden Informationen zustande kam.

Eine sehr ähnliche Studie führten Isen et al. (1991; nach Isen, 1993, S. 271) mit Medizinstudenten durch, die anhand von medizinischen Informationen feststellen sollten, welcher von mehreren Patienten am wahrscheinlichsten an Lungenkrebs erkrankt war. Auch hier wurde der Zustand der Versuchspersonen durch eine vorausgegangene Leistungsaufgabe mit Erfolgsrückmeldung variiert. Die Probanden in positiver Stimmung fanden die richtige Lösung ebenso gut wie die Kontrollpersonen. Sie erreichten das Ziel aber schneller und, wie die Protokolle zeigten, direkter.

Daß positive Stimmung mit einer schnelleren oder "sparsameren" Informationsaufnahme einhergeht, zeigt auch ein einfaches Experiment von Martin, Ward, Achee und Wyer (1993, Experiment 1). Sie stellten Versuchspersonen insgesamt 69 Aussagen über eine fiktive Person "Bob" zur Verfügung und ermittelten, wie viele Informationen davon genutzt wurden. Nach einer Stimmungsinduktion durch einen Film wurden die Versuchspersonen aufgefordert, die Kärtchen zu lesen. In einer Bedingung wurde ihnen gesagt, daß sie so viele

Kärtchen lesen sollten, bis sie sich einen Eindruck von Bob verschafft hatten. Versuchspersonen, die durch einen lustigen Film in eine positive Stimmung versetzt worden waren, begnügten sich mit weitaus weniger Informationen als diejenigen, die nach einem traurigen Film negativ gestimmt waren. Im Durchschnitt lasen die einen 24 und die anderen 43 Aussagen über Bob. Daß die positiv gestimmten Teilnehmer weniger Kärtchen lasen, kann nicht mit mangelnder Motivation erklärt werden. In einer zweiten Bedingung lautete die Anweisung, so lange zu lesen, bis sie keine Lust mehr dazu hatten. Hier erwiesen sich die gut gelaunten Teilnehmer sogar als ausdauernder.

Keinan (1987) hat sich explizit mit dem Einfluß von Angst auf Problemlösen befaßt. Auf einem Computerbildschirm wurden Analogieaufgaben dargeboten. Ein Item war etwa "Butter verhält sich zu Margarine wie Zucker zu ...". Üblicherweise werden bei solchen Intelligenztestitems alle Antwortalternativen gleichzeitig zur Auswahl vorgegeben. In diesem Experiment mußten die möglichen Antworten einzeln durch Tastendruck abgerufen werden. So konnte gemessen werden, wieviele Antwortalternativen jede Versuchsperson vor ihrer Entscheidung in Betracht gezogen hatte. In einer Versuchsbedingung wurde durch Ankündigung von unkontrollierbaren Elektroschocks Angst ausgelöst, in einer anderen von Elektroschocks bei schlechter Leistung. Unter keiner Bedingung wurde Zeitdruck erzeugt. Befindensmessungen belegten, daß die Angstinduktion sehr erfolgreich war. Unter Schockandrohung lösten die Versuchspersonen nicht nur weniger Aufgaben (4.9 bzw. 6.1) als in der neutralen Kontrollbedingung (8.9). Sie brachen die Suche nach der richtigen Lösung auch häufiger vorzeitig ab. In der Kontrollbedingung hatten die Versuchspersonen durchschnittlich nur 1.3 der 15 Items beantwortet, ohne zuvor alle sechs Antwortalternativen angeschaut zu haben. In den beiden Experimentalbedingungen trafen die Versuchspersonen dagegen durchschnittlich 5.2 bzw. 4.4mal vorschnelle Entscheidungen. Außerdem gingen sie unsystematischer vor, indem sie die Antworten häufiger in einer ungeordneten Reihenfolge abriefen.

Angst hatte hier also einen negativen Effekt auf das Problemlöseverhalten. Das Vorgehen der verängstigten Versuchspersonen kann als unvernünftig bezeichnet werden. Ohne Zeitnot verzichteten sie häufig darauf, alle Antwortalternativen zu prüfen. Offenbar besteht nicht nur in einer gehobenen Stimmung, sondern auch bei Angst die Tendenz, schnelle Entscheidungen zu treffen und die vorhandenen Informationen nicht vollständig zu nutzen. Wenn Informationen redundant sind, mag ein solches Vorgehen von Vorteil sein. Man kommt schneller zu einer Entscheidung, die nicht notwendigerweise schlechter sein muß als bei Berücksichtigung aller Informationen. Sind aber auch spät dargebotene Informationen entscheidungsrelevant, wird die Urteilsqualität durch das vorschnelle Antworten leiden.

Kreatives Problemlösen. Manche Aufgaben lassen sich durch Einfallsreichtum und ungewöhnliche Ideen eher lösen als durch systematisches Vorgehen und logisches Denken. Ein gutes Beispiel dafür ist die Dunkersche Kerzenaufgabe.

An Arbeitsmaterial stehen eine Kerze, eine Schachtel Streichhölzer und eine Schachtel Reißnägel zur Verfügung. Die Aufgabe besteht darin, die Kerze so an einer senkrechten Korkwand anzubringen, daß von der brennenden Kerze kein Wachs auf den Boden tropfen kann. Das Problem kann gelöst werden, indem die Schublade einer der Schachteln zweckentfremdet wird und als Kerzenhalter an die Wand geheftet wird. Viele Versuchspersonen kommen nicht auf diese Lösung, weil sie auf die übliche Funktion der Schachtel (Aufbewahrung von Gegenständen) fixiert sind. Für die Lösung der Aufgabe muß man für die Schachtel eine andere, ungewöhnliche Verwendung finden.

Isen, Daubman und Nowicki (1987) haben Studenten mittels eines kurzen Filmes entweder in eine neutrale oder in eine positive Stimmung versetzt und ihnen dann die Dunkersche Kerzenaufgabe gestellt. Von den zwölf positiv gestimmten Versuchspersonen fanden neun (75 Prozent) die Lösung, in der Kontrollgruppe nur drei von fünfzehn (20 Prozent). Der fördernde Einfluß einer guten Stimmung konnte in einem weiteren Experiment bestätigt werden (58 gegenüber 11 Prozent, bei n = 19 pro Gruppe). In einer zusätzlichen Versuchsbedingung wurde hier mittels Film ein negativer Emotionszustand induziert. Die Leistungen der negativ gestimmten Versuchspersonen (30 Prozent Lösungen) unterschied sich nicht signifikant von denen der neutralen Kontrollgruppe.

Otto und Schmitz (1993) ließen Versuchspersonen nach Induktion einer positiven Stimmung zwei Kreativitätstests bearbeiten, von denen einer wie bei der Dunkerschen Kerzenaufgabe eine Loslösung von vertrauten Funktionsschemata verlangte. Es galt, ungewöhnliche Verwendungen für eine leere Konservendose und eine einfache Schnur zu finden. Die gut gelaunten Versuchspersonen fanden im Durchschnitt 11.8 Verwendungsmöglichkeiten, die neutral gestimmten dagegen nur 8.4. Dieser Unterschied muß bei den angegebenen Streuungen als hoch signifikant angesehen werden. Keinen Unterschied fanden sie dagegen bei dem anderen Kreativitätstest. Die Aufgabe bestand darin, zu vorgegebenen Wortendungen möglichst viele Wörter zu bilden.

Es gibt noch weitere Möglichkeiten, kreatives Denken zu erfassen. Isen et al. (1987) verwendeten in zwei weiteren Experimenten folgende Aufgabe: Es wurden jeweils drei Wörter vorgegeben; die Versuchspersonen sollten ein viertes Wort finden, das mit den drei anderen in einer (allerdings entfernten) Beziehung steht. In Experiment 3 hatte eine positive Stimmung, induziert durch ein kleines Geschenk, bei den leichteren Aufgaben einen fördernden Effekt auf die Testleistung. In Experiment 4 diente wieder der lustige Film der Stimmungsinduktion. Außerdem wurden diesmal nur die leichteren Aufgaben verwendet. Der Effekt der positiven Stimmung konnte repliziert werden. Die gut gelaunten Versuchspersonen lösten durchschnittlich fünf der sieben Aufgaben, in der Kontrollbedingung waren es nur drei.

Ein generelles Problem bei einem Vergleich zwischen einer Emotions- und Neutralbedingung ist, daß ein beobachteter Unterschied möglicherweise auf die Aktivierung, die mit der Emotion verbunden ist, zurückzuführen ist. Isen et al.

(1987) hatten deshalb in Experiment 2 und 4 eine zusätzliche Versuchsbedingung realisiert, in der die Versuchspersonen durch eine Übung körperlich aktiviert wurden. Die Leistungen dieser Versuchspersonen unterschieden sich nicht von denen in der neutralen Kontrollgruppe.

Fazit dieser Experimente ist, daß sich offenbar allein positive Emotionen fördernd auf kreatives Problemlösen auswirken. Ein negativer Zustand sowie eine bloße körperliche Aktivierung scheinen weder fördernd noch hemmend zu sein.

Betrachtet man die Leistungen von Versuchspersonen bei anderen Aufgaben, in denen selbst kein Problemlösen verlangt wird, findet sich vielleicht eine Erklärung für den beobachteten Stimmungseffekt (vgl. Isen, 1993). Wurden Versuchspersonen aufgefordert, Ähnlichkeiten zwischen Objekten zu suchen, entdeckten sie in guter Laune mehr Ähnlichkeiten. Sollten sie nach Unterschieden suchen, fanden sie mehr Unterschiede. In guter Stimmung weitete sich sozusagen ihr Blick; sie fanden mehr Assoziationen oder Eigenschaften, sie wurden geistig flexibler. Bei Aufgaben, die kreatives Problemlösen verlangen, gilt es, Eigenschaften von Objekten zu entdecken, an die man zunächst nicht denkt. Die gute Stimmung scheint somit zu ungewöhnlichen und innovativen Gedanken anzuregen.

6.5 Gedächtnis

Niemand wird ernsthaft annehmen, daß unser Gedächtnis wie ein Tagebuch oder wie ein Computer funktioniert, in denen einmal festgehaltene Informationen nicht verloren gehen können. Vergessen ist menschlich. Wir wollen nun der Frage nachgehen, ob das Vergessen und Erinnern von Informationen von Emotionen abhängt. Zuerst befassen wir uns mit dem Gedächtnis für angenehme und unangenehme Ereignisse. Dabei steht der emotionale Zustand beim Einspeichern der Informationen im Vordergrund. Anschließend wenden wir uns dem emotionalen Zustandes beim Erinnern zu.

Erinnern von emotional bewegenden Ereignissen im Alltag. Im Alltag sammeln wir angenehme und unangenehme Erfahrungen. Fragen wir jemanden, was er in der vergangenen Woche erlebt hat, wird er sich vielleicht an eine lustige Geburtstagsfeier, einen schönen Kinobesuch, das überraschende Wiedersehen eines alten Bekannten und an einen kleinen Streit mit Freunden erinnern. In diesem Beispiel überwiegen offensichtlich die positiven Erlebnisse. Die Forschung hat sich schon sehr früh dafür interessiert, ob das Gedächtnis für positive und negative Erfahrungen unterschiedlich gut ist. Die Untersuchungen waren teilweise durch Freuds psychoanalytische Theorie des Vergessens angeregt worden. Unangenehme Erfahrungen sollten eher als angenehme aus der Erinnerung gestrichen werden (Rapaport, 1961).

Die frühen Untersuchungen zum Erinnern positiver und negativer Ereignisse ergaben, daß die meisten Menschen "Gedächtnisoptimisten" sind (siehe Rapaport, 1961). Forderte man Versuchspersonen auf, sich an angenehme und unangenehme Erlebnisse zu erinnern, fielen ihnen meist mehr angenehme ein. Dieses Vorgehen ist aber in verschiedener Hinsicht unbefriedigend. So könnte es sein, daß positive Ereignisse tatsächlich öfter vorgekommen sind als negative. Es wäre auch denkbar, daß die meisten Versuchspersonen den Begriff "unangenehm" enger gefaßt haben als "angenehm" und nur dann ein unangenehmes Erlebnis berichtet haben, wenn es wirklich sehr negativ war.

Deshalb wurde eine andere Forschungsstrategie eingeschlagen. Die Ereignisse mußten möglichst frisch protokolliert werden, etwa durch Führen eines Tagebuchs. Prüfte man nach längerer Zeit die Erinnerung an diese Ereignisse, konnte man feststellen, wieviele gute und schlechte Erfahrungen vergessen worden waren. Beispielsweise ließ Meltzer (1930, 1931; nach Rapaport, 1961, S. 72 f.) Studierende ihre Erlebnisse während der Weihnachtsferien gleich am ersten Tag nach den Ferien aufschreiben. Sechs Wochen später wurde die Erinnerung an diese Ereignisse geprüft. Die meisten Studierenden (56 Prozent) erwiesen sich als "Gedächtnisoptimisten" und vergaßen mehr negative als positive Erlebnisse, bei 36 Prozent verhielt es sich umgekehrt, und der Rest ließ keine eindeutige Tendenz erkennen. Mit der Methode, Ereignisse möglichst erlebnisnah zu protokollieren und nach einem längeren Zeitintervall das Gedächtnis zu prüfen, wurden weitere Untersuchungen durchgeführt. Mehrfach konnte der Befund Meltzers repliziert werden, daß unangenehme Erfahrungen schneller aus dem Gedächtnis gelöscht werden als angenehme.

Aber auch dieses Ergebnis erscheint interpretationsbedürftig. Liegt hier eine Verdrängung von negativen Erfahrungen vor? Ein Befund mahnt zur Vorsicht. Es zeigte sich, daß extrem angenehme und unangenehme Erlebnisse etwa gleich gut behalten wurden. Vielleicht ist das selektive Vergessen von negativen Erfahrungen damit zu erklären, daß sie überwiegend mit relativ schwachen Emotionen einhergingen? Vielleicht findet sich eine Antwort, wenn man sich mit dem Gedächtnis für extrem negative Erfahrungen befaßt.

Erinnern von traumatischen Ereignissen. Wenn man das Gedächtnis für emotional extrem bewegende Ereignisse erforschen will, sind Studenten, die man etwa nach ihren Ferienerlebnissen fragt, nicht die richtigen Versuchspersonen. Die "richtigen" Auskunftspersonen findet man unter den Zeugen und Opfern von Verbrechen, aber auch unter den Tätern.

Soweit Einzelfälle beschrieben worden sind, findet man sowohl Belege für ein extremes Vergessen als auch für ein ausgezeichnetes Erinnerungsvermögen (siehe Yuille & Tollestrup, 1992). Beispielsweise ist der Fall einer Frau dokumentiert, die sich als Opfer von sexueller Gewalt einen Monat lang an kein einziges Detail der Tat erinnern konnte. Mörder geben oft an, daß sie sich an ihre Tat nicht mehr erinnern können. Manchmal mag das eine Schutzbehauptung sein, oft erscheint aber eine echte Amnesie (Gedächtnisverlust) glaubhaft.

Andererseits ist belegt, daß sich viele Serienmörder genau an ihre Taten erinnern können.

Mit Zeugen von Verbrechen wurden Felduntersuchungen durchgeführt (siehe Yuille & Tollestrup, 1992). In einer dieser Studien wurden Zeugen einer Schießerei zwischen einem Ladenbesitzer und einem Räuber untersucht. Diese waren innerhalb einer Stunde nach dem Vorfall von der Polizei vernommen worden. Ein halbes Jahr später konnten dreizehn Zeugen erneut interviewt werden. Ihre Erinnerungen deckten sich sehr gut mit ihren früheren Angaben. Selbst diejenigen, die durch das Ereignis besonders belastet waren, hatten kein schlechteres Erinnerungsvermögen als die emotional eher unbeteiligten. Die Beobachtung, daß Zeugen von Verbrechen sich nach längerer Zeit oft sehr genau an Details erinnern können, konnte in weiteren Felduntersuchungen bestätigt werden.

Bei traumatischen Ereignisse bestehen möglicherweise noch Unterschiede in der emotionalen Betroffenheit von Opfern und Zeugen. Ob sich diese Unterschiede im Erinnerungsvermögen niederschlagen, erscheint fraglich. In einer Auswertung von Polizeiprotokollen (siehe Christianson et al., 1992, S. 222) wurde festgestellt, daß sich Verbrechensopfer, die bei der Tat verletzt worden waren, schlechter als unverletzte an Details des Geschehens erinnern konnten. Wir wissen aber nicht, ob die Verletzten tatsächlich die gleiche Gelegenheit zur genauen Beobachtung des Tathergangs hatten wie die Unverletzten. Eine andere Strategie besteht darin, die Erinnerungen von Opfern und Zeugen eines Verbrechens zu vergleichen. Dabei wird unterstellt, daß die Zeugen emotional schwächer auf das Ereignis reagiert haben. In zwei Untersuchungen zu Erinnerungen an Details eines Diebstahls, eine davon war ein Feldexperiment, in dem der Diebstahl nur gestellt war, konnten keine Unterschiede gefunden werden. Opfer und Zeugen unterschieden sich nicht signifikant in der Genauigkeit ihrer Angaben (siehe Christianson et al., 1992, S. 236).

Eine besondere Kategorie stellen traumatische Ereignisse von nationaler Bedeutung dar. Von Ereignissen wie der Ermordung eines Staatspräsidenten erfahren sehr viele Menschen und können folglich zu einem späteren Zeitpunkt dazu befragt werden. In zahlreichen Untersuchungen ist belegt, daß sich viele Menschen auch nach langer Zeit nicht nur an solche Ereignisse selbst gut erinnern können, sondern auch an die Umstände, unter denen sie davon erfahren haben. Viele können später noch genau angeben, wo sie sich aufgehalten haben oder was sie gerade gemacht haben, als sie von dem Ereignis erfahren haben. Jedenfalls ist das Gedächtnis für Details dieser Art besser als bei vergleichbar weit zurückliegenden gewöhnlichen Ereignissen (siehe z.B. Christianson, 1992, S. 308 ff.). Das Phänomen wurde als "Blitzlicht-Gedächtnis" (flashbulb memories) bezeichnet. Damit soll wohl symbolisch zum Ausdruck gebracht werden, daß die Nachricht von dem Ereignis wie das Blitzlicht eines Fotografen die momentane Situation erhellt und einprägsam macht.

Die Ergebnisse von Felduntersuchungen zum Erinnern traumatischer Ereignisse stehen also im Widerspruch zu den oben (S. 198) genannten Befunden zum selektiven Vergessen von eher alltäglichen negativen Ereignissen. Emotional extreme Ereignisse prägen sich in der Regel gut ein.

Im Experiment realisierte Ereignisse. Die geschilderten Felduntersuchungen haben den Vorteil, lebensnah zu sein. Ein Nachteil ist aber, daß Faktoren wie Ablenkung durch andere Reize oder eingeschränkte Beobachtungsmöglichkeiten nicht kontrolliert werden können. Ergänzend sollten deshalb Laborexperimente herangezogen werden. Loftus und Burns (1982; nach Heuer & Reisberg, 1992, S. 155 f.) zeigten ihren Versuchspersonen einen kurzen Film über einen Bankraub. Die eine Hälfte der Versuchspersonen wurde mit einem traumatischen Ereignis konfrontiert: Der Räuber lief aus der Bank, drehte sich um und schoß einem kleinen Jungen ins Gesicht. In der Kontrollbedingung wurde die traumatische Szene durch eine harmlose ersetzt. Der Film endete damit, daß der Bankdirektor den Leuten sagte, sie sollten ruhig bleiben. Unmittelbar nach dem Film wurde das Gedächtnis der Versuchspersonen für den ersten Teil des Films geprüft, der für alle Zuschauer gleich gewesen war. Diejenigen, welche das neutrale Ende gesehen hatten, konnten sich an mehr Einzelheiten erinnern als die anderen, für die der Film ein böses Ende nahm.

In weiteren Experimenten wurde etwa eine Diaserie von Verkehrssituationen verwendet, in die ein Foto von einer Autopsie oder von einer neutralen Situation eingebaut war. Auch unter diesen Bedingungen erwies sich das Erinnerungsvermögen der emotional erregten Versuchspersonen im Vergleich zu dem der Kontrollpersonen als schlechter (siehe Christianson et al., 1992, S. 224 ff.; Heuer & Reisberg, 1992, S. 156 f.).

Erklärungsversuche. Die Befunde zum Erinnern von emotional bewegenden Ereignissen sind zumindest auf den ersten Blick voller Widersprüche. An alltägliche positive Ereignisse erinnert man sich allgemein besser als an negative. Das selektive Vergessen unangenehmer Erfahrungen kann wahrscheinlich nicht damit erklärt werden, daß dem eigenen Wohlbefinden zuliebe negative Erfahrungen aus dem Gedächtnis gelöscht oder "verdrängt" werden. Dazu paßt nicht, daß traumatische Ereignisse auch nach längerer Zeit oft sehr detailliert beschrieben werden können. Allerdings muß eingeräumt werden, daß außer detailliertem Erinnern auch Amnesien von Opfern und Tätern beschrieben worden sind. Schließlich haben Laborexperimente gezeigt, daß durch negative Ereignisse auch Gedächtnisverschlechterungen hervorgerufen werden können. Allerdings betrafen diese Effekte nicht das emotionale Ereignis selbst, sondern Kontextinformationen. Dafür könnte die bereits beschriebene Aufmerksamkeitseinengung bei emotionaler Erregung verantwortlich sein (vgl. Kapitel 6.1).

Warum wird beides, Verbesserung und Verschlechterung des Gedächtnisses, beobachtet? Revelle und Loftus (1992) haben darauf hingewiesen, daß die Erregung der Versuchspersonen meist außer acht gelassen wird. Bei starken negativen und auch positiven Emotionen kann das Individuum stark erregt sein. Experimente, in denen die Erregung etwa durch Pharmaka variiert wurde, sprechen für einen differentiellen Effekt von Erregung auf das kurz- und das langfristige Behalten. Im Bereich von wenigen Minuten ist meist eine Verschlechterung der Gedächtnisleistung festzustellen. Nach Stunden oder Tagen erinnert man sich dagegen besser an unter Erregung wahrgenommene Ereignisse als an im neutralen Zustand wahrgenommene.

Damit können die Widersprüche zum Teil erklärt werden. Gedächtnisfördernde Effekte von Emotionen wurden überwiegend in Untersuchungen beobachtet, in denen Gedächtnistests nach zwei oder mehr Wochen durchgeführt wurden. Gedächtnishemmende Effekte traten meist bei Abfragen nach weniger als einer Stunde auf (vgl. Heuer & Reisberg, 1992). Unter natürlichen Bedingungen wahrgenommene Ereignisse werden aus naheliegenden Gründen in der Regel erst nach einem längeren Behaltensintervall abgefragt. Hier greift der fördernde Langzeiteffekt der emotionalen Erregung. In Laborexperimenten kommt dagegen meist der hemmende Einfluß der Erregung beim kurzzeitigen Behalten zum Tragen.

McGaugh (1992) bietet ein Erklärungsmodell an, in dem die Erregung eine zentrale Rolle spielt. Emotional stark erregende Ereignisse können dazu führen, daß Adrenalin ausgeschüttet wird. In Tierversuchen konnte gezeigt werden, daß die Speicherung von gelerntem Material durch Injektion von Adrenalin kurz nach dem Lernvorgang gefördert werden kann. Zu hohe Dosen verminderten allerdings die Lernleistung. Die enge Zeit- und Dosisabhängigkeit sprechen dafür, daß der Hormoneffekt auf das Gedächtnis so spezifisch ist, wie es auch bei einer natürlichen emotionalen Erregung zu erwarten wäre. Adrenalin kann die Blut-Hirn-Schranke kaum passieren. Deshalb sind einige Zusatzannahmen nötig, um zu erklären, wie Adrenalin im peripheren Blutstrom einen Effekt auf zentralnervöse Vorgänge haben kann. Weitere Experimente sprechen dafür, daß peripher zirkulierendes Adrenalin über das Nervensystem zu einer Aktivierung von Noradrenalin-Rezeptoren im Gehirn führen kann. Durch pharmakologische Läsionen konnte der Effekt weiter spezifiziert werden. Demnach spielt die Amygdala eine entscheidende Rolle bei dem durch Erregung geförderten Lernen. Neben Noradrenalin sind nach McGaugh (1992) noch andere Neurotransmitter an der Konsolidierung von Gedächtnisspuren durch emotionale Erregung beteiligt. Insgesamt bietet das Modell McGaughs (1992) eine relativ differenzierte Erklärung dafür, daß durch emotionale Ereignisse hervorgerufene Erregung über Hormone und Neurotransmitter gedächtnisfördernd wirkt.

Für das Phänomen, daß traumatische Ereignisse oft langfristig relativ gut behalten werden, kann eine zusätzliche Erklärung bemüht werden, die den langfristigen Erregungseffekt (s.o.) ergänzt. Christianson (1992) vermutet vor dem Hintergrund einiger Befunde, daß eine stärkere gedankliche Beschäftigung für das bessere Behalten verantwortlich ist. Emotional erregende Ereignisse regen den Beobachter auch später noch dazu an, darüber nachzudenken - und zwar besonders über zentrale Aspekte des Geschehens. Dieser Erklärungsansatz hilft auch zu verstehen, warum manchmal paradoxe Effekte auftreten. Wenn jemand, aus welchen Gründen auch immer, die gedankliche Verarbeitung eines schlimmen Ereignisses vermeidet, sollte das Erinnerungsvermögen für dieses Ereignis mit der Zeit stark abnehmen.

Unter Berücksichtigung aller Argumente kann gefolgert werden, daß traumatische Ereignisse, die beim Betroffenen starke und mit Erregung verbundene Emotionen auslösen, in der Regel langfristig besser behalten werden als neutrale Ereignisse. Das gilt für zentrale Merkmale des Ereignisses; periphere Details werden eher vergessen. Kurzfristiges Behalten wird dagegen bei starker Erregung beeinträchtigt. In Extremfällen kann das Intervall, nach dem wieder zuverlässige Angaben möglich sind, allerdings sehr groß sein (Amnesie).

Der emotionale Zustand beim Abruf gespeicherter Informationen. Bisher blieb der emotionale Zustand der Person beim Erinnern außer acht. Wir wenden uns jetzt dem Einfluß von Emotionen zum Zeitpunkt des Erinnerns auf die Qualität und die Menge der früher einmal eingespeicherten Informationen zu. Zwei Fragenkomplexe ergeben sich: (1) Wirkt sich der emotionale Zustand beim Erinnern differentiell auf emotional unterschiedlich getönte Gedächtnisinhalte aus? Werden also etwa in einem glücklichen Zustand mehr angenehme Ereignisse behalten als in einem traurigen Zustand? In der Literatur wird die Beziehung zwischen dem Zustand während des Erinnerns und der emotionalen Tönung des Gedächtnismaterials als "Stimmungskongruenz" (mood congruency) bezeichnet. (2) Gibt es eine Beziehung zwischen dem Zustand beim Einspeichern von Informationen und dem Zustand bei ihrem Abruf? Erinnert man sich etwa in einem traurigen Zustand besser an Material, das in einem traurigen Zustand gelernt worden ist, als in einem neutralen oder gar glücklichen Zustand? Wird ein solcher Effekt beobachtet, spricht man von "zustandsabhängigem Erinnern" (state dependent recall).

Stimmungskongruenz. Bower (1991, S. 133 f.) berichtet von einem Experiment, in dem er Versuchspersonen mittels Hypnose in einen glücklichen oder traurigen Zustand brachte und dann aufforderte, zehn Minuten lang Erlebnisse aus ihrer Kindheit und Jugend zu berichten. Er stellte einen starken Einfluß des momentanen Zustands auf die Gedächtnisleistung fest. Die glücklichen Versuchspersonen erinnerten sich an weitaus mehr positive Ereignisse als die traurigen. Umgekehrt berichteten die traurigen Versuchspersonen von mehr negativen Ereignissen als die glücklichen.

Der Einfluß einer experimentell variierten Stimmung auf das Erinnern autobiographischer Informationen wurde auch von anderen Autoren und mit anderen Methoden der Stimmungsinduktion untersucht. Die Ergebnisse waren ganz überwiegend positiv (siehe Blaney, 1986; Singer & Salovey, 1988). Die Annahme, daß sich der momentane Emotionszustand selektiv auf das Erinnern von positiv und negativ getöntem Material auswirkt, wird auch durch Untersuchungen mit Depressiven unterstützt. Untersucht wurde, wie gut sich Depressive im Vergleich zu Nichtdepressiven an positiv und negativ getöntes Material erinnern können. Teilweise wurden auch studentische Versuchspersonen herangezogen, die nach einem Depressionsinventar in subklinisch Depressive und Kontrollpersonen eingeteilt wurden. Zumindest bei Personen, die im klinischen Sinne depressiv waren, sprachen die Ergebnisse überwiegend für ein stimmungsabhängiges Erinnern (siehe Singer & Salovey, 1988).

Insgesamt kann also festgehalten werden, daß viele Befunde dafür sprechen, daß sich die Emotionen beim Erinnern selektiv darauf auswirken, woran man sich erinnert. Positive und negative Gedächtnisinhalte haben nicht die gleiche Chance, behalten zu werden. Informationen, die qualitativ zur momentanen Stimmung passen, werden besser behalten als unpassende. Da eine kleine Zahl von Untersuchern nicht zu diesem Schluß gelangt, stellt sich die Frage nach der Generalität des Effektes. Dienten etwa Listen von positiven und negativen Eigenschaften als Gedächtnismaterial, waren die Ergebnisse eher uneinheitlich. Gegenwärtig ist noch nicht befriedigend geklärt, welche Bedingungen den Effekt einschränken.

Zustandsabhängiges Erinnern. Bower (1981) beschreibt u.a. den Fall des Mörders von Bobby Kennedy. Der Täter konnte sich offenbar überhaupt nicht an die Tat erinnern, die er in einem hoch erregten Zustand begangen hatte. Es gelang, ihn durch Hypnose in einen starken Erregungszustand zu versetzen, in dem er Details der Tat schildern konnte. Bower begann, den Einfluß des Emotionszustands beim Lernen zu untersuchen. Studentische Versuchspersonen wurden mittels Hypnose nacheinander in einen traurigen und einen glücklichen Zustand versetzt. In diesem Zustand lernten sie jeweils eine Liste von neutralen Wörtern. Später wurden sie wieder in einen traurigen und in einen glücklichen Zustand versetzt. Die im traurigen Zustand gelernten Wörter wurden besonders gut behalten, wenn der Gedächtnistest im traurigen Zustand durchgeführt wurde. Umgekehrt konnten sich die Versuchspersonen in einem glücklichen Zustand besonders gut an die Wörter erinnern, die sie im Glückszustand gelernt hatten. In einer anderen Untersuchung führten Versuchspersonen eine Woche lang ein Tagebuch, in das sie Ereignisse eintrugen, die sie nach ihrer emotionalen Qualität (angenehm - unangenehm) einstuften. Nach einer einwöchigen Pause wurden sie hypnotisiert und entweder in einen positiven oder negativen Emotionszustand versetzt. Im angenehmen Zustand konnten sie sich an relativ viele positive und an wenige negative Alltagsereignisse erinnern. In einem negativen Zustand verhielten sie sich umgekehrt. Sie konnten sich nun besonders gut an die negativen Ereignisse erinnern.

Die Frage, warum man sich an in einem bestimmten emotionalen Zustand gelerntes Material später im gleichen Zustand besonders gut erinnert, kann natürlich nicht anhand einzelner Untersuchungen beantwortet werden. Literaturübersichten von Blaney (1986) sowie Singer und Salovey (1988) lassen den Schluß zu, daß die Befundlage eher gemischt ist. Der Effekt konnte in mehreren Untersuchungen repliziert werden; in anderen Experimenten trat er dagegen nicht auf. Es handelt sich offenbar um ein Phänomen, daß nur unter bestimmten Randbedingungen auftritt. Gegenwärtig ist es aber nicht möglich, diese

Bedingungen genau zu spezifizieren. Bower (1992) vermutet, daß zustandsabhängiges Erinnern besonders dann beobachtbar ist, wenn relativ intensive
Zustände induziert werden, wenn das Lernmaterial einen persönlichen Bezug
hat und wenn der Gedächtnistest aus einer freien Wiedergabe des Gelernten
besteht und nicht bloß ein Wiedererkennen verlangt.

Erklärungsversuche. Warum erinnert man sich an stimmungkongruentes Ma-
terial besonders gut? Und warum wird das Erinnern manchmal dadurch gefördert, daß sich die Person im gleichen Emotionszustand befindet wie beim
Lernen? Bower (1981) hat ein Netzwerkmodell vorgeschlagen, in dem die
Bedeutung der Emotionsqualität betont wird. In dem Modell werden Emotionen
und Ereignisse als Knoten im Netzwerk unseres Wissens angesehen (siehe
Abbildung 6.3). In diesem Netzwerk breitet sich die Erregung von Knoten zu
Knoten aus. Wird ein Knoten aktiviert, profitiert ein naheliegender Knoten
davon. Wird beispielsweise Freude ausgelöst, werden Ereignisse, die mit
Freude verknüpft sind (in dem Netz also naheliegende Knoten darstellen), mit
aktiviert und damit leichter abrufbar als neutrale oder mit einer anderen Emotion verbundene Ereignisse (die im Netz entfernt liegende Knoten darstellen).
Das Gleiche gilt auch für Details der Ereignisse wie Ort und Zeit, beteiligte
Personen oder Handlungen. Für Emotionen postuliert Bower zusätzliche Verbindungen (z.B. zu spezifischen Ausdruckserscheinungen). Das Modell nimmt
also an, daß Emotionen und Ereignisse gleichermaßen im Gedächtnis repräsentiert und assoziativ miteinander verknüpft sind.

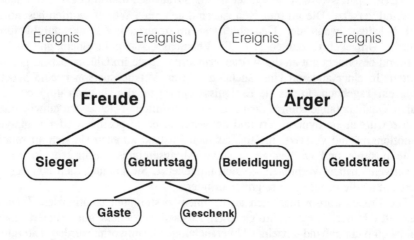

Abbildung 6.3 Das Netzwerkmodell nach Bower (1981). Emotionen und Ereignisse
sind als Knoten dargestellt, die miteinander verknüpft sein können. Die Aktivierung
eines Knotens breitet sich auf mit ihm verbundene Knoten aus und macht die dort
gespeicherte Information besser verfügbar (vereinfachte Darstellung des Modells;
modifiziert nach Bower, 1981, S.135).

Das Netzwerkmodell ist in vielerlei Hinsicht problematisch. Es stellt im Grunde eine Übersetzung empirisch beobachtbarer Phänomene in die Symbolsprache des Netzwerkes dar und dient damit vor allem der Veranschaulichung. Es gibt kaum etwas, das nicht als Knoten darstellbar ist (Zustände, Ereignisse, Urteile und jeweils beliebig viele ihrer Details). Vorhersagen sind kaum möglich, weil weder die Entfernung der Knoten voneinander noch die Energie, die zwischen ihnen fließt, spezifiziert werden. Bower (1991, S. 52) räumt selbst ein, daß es der Vorstellung des Theoretikers überlassen bleibt, wieviel Energie von einem Knoten zum anderen fließt. Ein "starkes" Modell sollte Vorhersagen machen wie "je stärker die Emotion ist oder je länger sie andauert, desto mehr Energie fließt zu anderen Knoten" oder "je mehr Ereignisse mit einer Emotion verbunden sind, desto weniger Energie fließt zu jedem einzelnen Knoten".

6.6 Verhalten gegenüber anderen Menschen

6.6.1 Hilfreiches Verhalten

Im Alltagsleben ergeben sich viele Situationen, in denen man anderen Menschen helfen kann. Einer anderen Person fällt etwas auf den Boden, jemand bittet uns um eine kleine Spende für einen guten Zweck, fragt uns nach dem Weg oder sucht eine Mitfahrgelegenheit. "Große" Gelegenheiten zum Helfen ergeben sich, wenn wir an einen Unfallort kommen oder beobachten, wie jemand Opfer eines Verbrechens wird. Es ist bekannt, daß Menschen oft ihre Hilfe verweigern und bloß zuschauen, wenn andere offensichtlich leiden. Über die Gründe ist viel spekuliert worden, und es wurden zahlreiche Experimente durchgeführt, die Aufschluß darüber geben sollen. Wir wollen hier allein nach einem möglichen Einfluß des emotionalen Zustands auf die Gewährung von Hilfe fragen. Dazu betrachten wir zunächst ein Experiment, das mit Kindern durchgeführt worden ist.

Ein Experiment. Moore, Underwood und Rosenhan (1973) gaben Kindern der zweiten und dritten Klasse 25 Cents für die Teilnahme an einem kurzen Hörtest, der angeblich der Überprüfung von Geräten diente. Der Versuchsleiter erklärte, daß leider nicht alle Kinder der Schule teilnehmen und sich etwas Geld verdienen könnten. Deshalb würde etwas Geld gesammelt, das später den Nichtteilnehmern zugute kommen sollte. Dabei wies er auf eine Spendendose hin. Nach dem Hörtest wurde die Stimmung experimentell variiert. Das Kind wurde gebeten, sich an glückliche bzw. traurige Dinge zu erinnern und daran zu denken. Unter neutralen Kontrollbedingungen sollten die Kinder langsam bis 30 zählen oder einfach ruhig dasitzen. Der Versuchsleiter erinnerte anschließend das Kind noch einmal daran, daß es freiwillig etwas von seinem Honorar abgeben kann, und verließ kurz den Raum. Von Interesse war, wieviel Geld die

Kinder während seiner Abwesenheit in die Dose steckten. Es zeigte sich, daß der Geldbetrag von der Stimmung der Kinder abhing. Die glücklichen Kinder spendeten mit durchschnittlich 4.5 Cents (Median) am meisten. Sie übertrafen damit signifikant die Kinder unter den neutralen Bedingungen (1.8 Cents). Diese wiederum spendeten signifikant mehr Geld als die traurigen Kinder (0.8 Cents). Eine einfache und kurze Stimmungsinduktion von nur einer halben Minute Dauer hatte also einen klaren Effekt auf altruistisches Verhalten gegenüber anderen Kindern.

Übersicht über weitere Untersuchungen. Inzwischen wurden zahlreiche Experimente mit Kindern, Jugendlichen und Erwachsenen durchgeführt (siehe Salovey, Mayer & Rosenhan, 1991). Der emotionale Zustand wurde dabei mit unterschiedlichen Methoden variiert. Die Experimentatoren waren bei der Messung von hilfreichem Verhalten sehr einfallsreich. Beispielsweise wurde registriert, ob und wie intensiv eine Versuchsperson half, heruntergefallene Bücher oder Papiere aufzuheben, wieviel Geld sie für einen guten Zweck spenden wollte, ob sie sich bereit erklärte, an einem anderen Experiment teilzunehmen oder Blut für das Rote Kreuz zu spenden. Natürlich wurde dabei immer verschleiert, daß hilfreiches Verhalten untersucht werden sollte.

Die Ergebnisse zum Effekt einer positiven Stimmung sind relativ konsistent. Im Vergleich zu einer neutralen Kontrollbedingung führte eine positive Stimmung in der Regel zu einer größeren Hilfsbereitschaft. Lediglich eine durch Anteilnahme am Glück anderer Menschen induzierte positive Stimmung hatte nicht diesen Effekt (Salovey et al., 1991).

Die Effekte negativer Emotionen sind uneinheitlich. Durch Induktion von Schuldgefühlen konnte hilfreiches Verhalten ausgelöst oder intensiviert werden. Schuldgefühle wurden etwa erzeugt, indem die Versuchsperson scheinbar dafür verantwortlich war, daß ein Gerät kaputt ging, daß eine andere Person oder ein Tier zu Schaden kam, oder indem sie dazu gebracht wurde, jemanden zu belügen. Mitleid und andere negative Emotionen, die durch die Beobachtung eines leidenden Opfers ausgelöst wurden, hatten ebenfalls einen fördernden Effekt auf hilfreiches Verhalten. Bezüglich der Auswirkung von Traurigkeit sind die Ergebnisse widersprüchlich. Die Bereitschaft, anderen zu helfen, wurde teilweise gefördert, teilweise gehemmt (wie in der Untersuchung von Moore et al., 1973; s.o.) und manchmal blieb sie unbeeinflußt.

Erklärungsversuche. Warum wird die Bereitschaft, anderen Menschen zu helfen, durch den emotionalen Zustand des potentiellen Helfers beeinflußt? Wie können die scheinbar widersprüchlichen Ergebnisse zur Auswirkung negativer Emotionen, speziell von Traurigkeit, erklärt werden?

Der fördernde Effekt *positiver* Emotionen könnte u.a. auf folgenden Wirkungsmechanismen basieren (vgl. Salovey et al., 1991): (1) Der Helfer kann seine positive Stimmung durch eine gute Tat aufrechterhalten. In mehreren Untersuchungen wurde festgestellt, daß sich der emotionale Zustand der Versuchspersonen durch ihre Hilfeleistung sogar verbesserte. Es gibt aber auch Situationen, in denen ein solcher Gewinn nicht zu erwarten ist. Untersuchungen zeigen, daß glückliche Versuchspersonen, die eine negative Auswirkung des Helfens auf ihr Befinden befürchteten, weniger hilfsbereit waren. (2) Gute Laune fördert eine positive Sichtweise, die sich wiederum günstig auf hilfreiches Verhalten auswirkt. Die Beurteilung der gesamten Situation oder der Person, die Hilfe benötigt, kann durch eine positive Stimmung zum Positiven verändert werden (vgl. auch Kapitel 6.2). Potentielle Helfer, die eher die positiven Seiten eines Ereignisses sehen, werden vielleicht einen Nutzen für sich selbst (z.B. soziale Anerkennung oder Dank) erkennen und zur Tat schreiten.

Mit den Auswirkungen *negativer* Emotionen haben sich Carlson und Miller (1987) ausführlich befaßt. Insgesamt 44 Untersuchungen haben sie danach ausgewertet, wie stark sie drei verschiedene Erklärungsmodelle unterstützen. Zwei dieser Modelle zur Aufmerksamkeit können jedoch in einen gemeinsamen Erklärungsansatz integriert werden. (1) Wer anderen Menschen hilft, will sich damit seiner negativen Stimmung entledigen. Ähnlich wie bei positiven Emotionen (s.o.) wird also ein Stimmungsgewinn als Motivation zum Helfen angenommen. Gegen diese Erklärung spricht vor allem, daß hilfreiches Verhalten nicht mit der Stärke der Traurigkeit zunimmt. In dieser allgemeinen Form muß die Stimmungsgewinn-Hypothese also verworfen werden. Bei der Reduktion von Schuldgefühlen erscheint die Annahme dagegen plausibel und wird auch durch entsprechende Befunde unterstützt. (2) Durch eine negative Stimmung verändert sich der Aufmerksamkeitsfokus. Traurige Menschen sind mehr mit sich selbst beschäftigt (vgl. Kapitel 6.1). Deshalb sollte negatives Befinden Hilfeleistungen eher hemmen. Die Befunde sprechen dafür, und zwar besonders dann, wenn starke Hilfsappelle fehlen (diese können die Aufmerksamkeit auf die andere Person lenken). Unter bestimmten Voraussetzungen kann eine Selbstfokussierung aber auch dazu führen, daß die eigene Verantwortlichkeit eher erkannt wird. Speziell bei Schuldgefühlen wird dies der Fall sein. Der Aufmerksamkeitsfokus ist demnach eine wichtige Moderatorvariable, die wiederum durch Emotionen verändert werden kann. Situative Faktoren und die Methode der Emotionsinduktion spielen aber eine wichtige Rolle. In einem Experiment (siehe Salovey et al., 1991, S. 222) wurde Traurigkeit durch eine Geschichte über einen Freund, der an Krebs stirbt, induziert. Hilfreiches Verhalten nahm zu, wenn die Versuchspersonen an das Leid des Freundes dachten. Eine Beschäftigung mit den eigenen Verlustgefühlen führte dagegen zu einer Abnahme.

Insgesamt handelt es sich also um relativ differenzierte Erklärungsansätze. Einfache Verhaltensgleichungen wie "Freude fördert Hilfeleistungen" oder "Traurigkeit hemmt sie" werden der Realität nicht ganz gerecht. Die Funktion der Emotionen scheint darin zu liegen, andere Prozesse anzustoßen, die sich dann auf das Helfen auswirken. Deshalb sind die Randbedingungen, unter denen Hilfeleistungen erfolgen können, so wichtig für eine Vorhersage von Emotionseffekten.

6.6.2 Aggressives Verhalten

Wir kennen fast alle aus eigener Erfahrung oder aus Berichten Situationen, in denen jemand "aus Wut" etwas zerschlagen hat oder gegen ein Tier oder einen Menschen gewalttätig geworden ist. Auf den ersten Blick scheint somit die Rolle von Emotionen bei aggressivem Verhalten klar zu sein. Aber können wir sicher sein, daß die Wut aggressives Verhalten auslöst oder zumindest fördert, wie die Alltagserfahrung offenbar lehrt? Handelt es sich vielleicht nur um eine Begleiterscheinung und nicht um die Ursache der Aggression? Weiterhin können wir fragen, ob Wut (oder Ärger) die einzige Emotion ist, die bei Aggressionen eine Rolle spielt.

Aggressives Verhalten kann viele Ursachen haben. In vielen Fällen, etwa bei instrumentellen Aggressionen (aggressives Verhalten als Mittel für einen bestimmten Zweck), können Emotionen ganz fehlen. Deshalb wird niemand ernsthaft annehmen, daß Emotionen eine notwendige Voraussetzung für die Entstehung aggressiven Verhaltens darstellen. Die Frage ist, ob aggressives Verhalten unter bestimmten Umständen durch Emotionen ausgelöst oder modifiziert werden kann. Aus naheliegenden Gründen werden wir uns zuerst Ärger und Wut zuwenden (zwischen den beiden Begriffe wird hier kein Unterschied gemacht). Anschließend wollen wir auf andere Emotionen eingehen.

Ärger. Wenn jemand beleidigt wird und daraufhin aggressiv reagiert, könnte der Ärger, der durch die Beleidigung ausgelöst worden ist, zur Aggression geführt haben. Das aggressionsauslösende Ereignis und der Ärger sind hier aber so eng verknüpft, daß sich nicht feststellen läßt, ob das Ereignis, der Ärger oder beide Faktoren im kausalen Sinne für das Verhalten verantwortlich sind. Es wäre denkbar, daß auch die Beleidigung allein ausgereicht hätte, das aggressive Verhalten auszulösen. Beispielsweise könnte die beleidigte Person die andere aus "erzieherischen Gründen" bestrafen wollen. Die Alltagserfahrung kann also keine Antwort auf die Frage geben, ob Ärger kausal für aggressives Verhalten verantwortlich sein kann oder ob es sich nur um eine Begleiterscheinung handelt.

Aufschluß geben nur Experimente, in denen Ärger unabhängig von einem Auslöser für aggressives Verhalten variiert wird. Das klingt zunächst einfach. Experimente, die den Anforderungen an eine alleinige Variation des Ärgers gerecht werden, sind aber sehr schwer zu realisieren. Naheliegend wäre folgendes Vorgehen: Versuchspersonen werden durch eine Person provoziert. Dann erhalten sie Gelegenheit, sich gegenüber einer anderen aggressiv zu verhalten. Diese Situation kommt im Alltag schließlich oft genug vor. Die Frage wäre, ob die Versuchsperson sozusagen ihre Wut an einer unschuldigen Person ausläßt. Leider würde uns eine solche Versuchsanordnung nichts über die Ärgerwirkung verraten. Angenommen, unsere verärgerte Versuchsperson würde sich einer unbeteiligten Person gegenüber aggressiv verhalten, dann gäbe es mindestens zwei Erklärungen für ihr Verhalten. Erstens könnte ihr Ärger dafür verantwortlich sein. Zweitens könnte das Verhalten des Provokateurs Modellcharakter haben und die Versuchsperson zur Nachahmung angestiftet haben. Das Problem liegt also darin, daß man Ärger induzieren muß, ohne zusätzlich die Aggressionsbereitschaft zu erhöhen. Es gibt daher kaum Experimente, die dieser Anforderung gerecht werden. Eine der seltenen Ausnahmen stellt eine Untersuchung von Donnerstein und Wilson (1976) dar. Die Autoren hatten übrigens ein anderes Ziel vor Augen, als sie Ärger unabhängig von einer Provokation durch das spätere "Opfer" variierten.

Die Versuchsteilnehmer, männliche Studenten, wurden in den Glauben versetzt, daß sie an einem Lernexperiment teilnehmen. Sie sollten einer anderen Versuchsperson, bei der es sich in Wirklichkeit um einen Mitarbeiter des Versuchsleiters handelte, bei falschen Antworten elektrische Reize verabreichen. Die dabei gewählte Schockstärke galt als Maß der Aggression. Diese Anordnung war lange Zeit in der Aggressionsforschung gebräuchlich. Bevor die vermeintliche Lernaufgabe begann, wurde bei den Versuchspersonen Ärger ausgelöst. Sie wurden aufgefordert, einen kurzen Aufsatz zu schreiben. Die andere "Versuchsperson" sollte den Aufsatz beurteilen und eine Rückmeldung in Form von bis zu zehn Elektroschocks geben (je schlechter der Aufsatz, desto mehr Schocks). In der Ärgerbedingung erhielten die Versuchspersonen neun Schocks und eine schlechte Beurteilung, in der Kontrollbedingung dagegen nur einen Schock und eine gute Beurteilung. Dadurch wurde in der Ärgerbedingung erfolgreich Ärger induziert, wie Einstufungen zeigten. Daß die provozierten Versuchspersonen ihrem "Schüler" in dem nachfolgenden Lernversuch wesentlich stärkere Elektroschocks gaben als die nicht provozierten, überrascht nicht. Dafür muß aber nicht unbedingt ihr Ärger verantwortlich sein. Vielleicht hätten sie die neun Elektroschocks auch mit stärkeren Schocks "beantwortet", wenn sie sich nicht geärgert hätten. Wir wissen das jedenfalls nicht. Aufschlußreich ist die Auswirkung einer weitere Versuchsbedingung. Ein Teil der Versuchspersonen wurde während der etwa acht Minuten dauernden Lernaufgabe unangenehm lautem Lärm (unterbrochenes weißes Rauschen von 95 dB) ausgesetzt. Lärm von dieser Art und Intensität ist geeignet, Ärger auszulösen (vgl. Seite 52). In der Kontrollbedingung war die Lautstärke niedrig (55 dB). Einstufungen ergaben, daß der Lärm ein zusätzliches Ärgerpotential hatte. Das laute Geräusch wurde wesentlich negativer eingestuft als das leise (leider wurde keine direkte Befindenseinstufung vorgenommen).

Die Frage ist, wie sich der aversive Lärm auf das aggressive Verhalten ausgewirkt hat. Die Versuchspersonen konnten den "Schüler" nicht für den Lärm verantwortlich machen. Gleichwohl ist davon auszugehen, daß sie verärgerter waren. Haben sie dem "Schüler" deshalb stärkere Elektroschocks verabreicht? Die Ergebnisse sind komplex. Es zeigte sich, daß der Lärm bei den nicht provozierten Versuchspersonen keinen Effekt auf die Schockstärke hatte. In Experiment 2 (s.u.) wurde dies repliziert. Die Versuchspersonen gaben dem "Schüler" unabhängig von der Lärmbedingung nur relativ schwache Schocks. Diejenigen, die zuvor von dem "Schüler" provoziert worden waren, gaben jedoch unter aversivem Lärm deutlich stärkere Schocks als in der Kontrollbedingung.

Lärm, wie er hier verwendet wurde, wirkt nicht nur ärgerauslösend, sondern auch aktivierend. Denkbar wäre also auch, daß der aggressionsfördernde Effekt auf die Aktivierung zurückzuführen ist, die bei den Versuchspersonen durch den Lärm erzeugt worden ist. Ein zweites Experiment der Autoren ist für die Beurteilung dieses Einwandes hilfreich. Hier wurde das Geräusch nicht während der "Lernaufgabe" eingespielt, sondern vor der Rückmeldung zum Aufsatz. Wichtiger ist aber, daß es eine zusätzliche Lärmbedingung gab: Den Versuchspersonen wurde gesagt, daß sie den Lärm jederzeit abstellen konnten (dies aber möglichst nicht tun sollten). Den Einstufungen zufolge wurde der Lärm unter dieser Bedingung (im Vergleich zum gleichen, aber unkontrollierbaren Lärm) als weniger aversiv erlebt. Wie in Experiment 1 bewirkte der unkontrollierbare Lärm (im Vergleich zu der Bedingung mit 55 dB) bei den provozierten Versuchspersonen eine Steigerung ihrer Aggression. Der kontrollierbare Lärm hatte dagegen diesen Effekt nicht. Die Versuchspersonen unterschieden sich nicht signifikant von denen der Kontrollbedingung (die Schockstärke war sogar etwas niedriger).

Was können wir aus diesen beiden Experimenten lernen? Unter bestimmten Randbedingungen kann Ärger aggressionsfördernd sein. Lärm allein verursacht aber wohl lediglich Ärger und noch lange keine Aggression. Es muß noch eine Provokation durch das spätere "Opfer" hinzukommen. Vermutlich erhöht der Ärger die Aggressionsbereitschaft. Damit er verhaltenswirksam wird, muß ein geeigneter Auslöser hinzu kommen.

Andere negative Emotionen. Das exemplarisch dargestellte Experiment spricht dafür, daß Ärger aggressives Verhalten fördern kann. Aber hätte vielleicht jede andere negative Emotion den gleichen Effekt gehabt? Diese Hypothese wird von Berkowitz in vielen Arbeiten vertreten. In einer dieser Arbeiten hat Berkowitz (1989) vorgeschlagen, die bekannte Frustrations-Aggressions-Theorie zu revidieren. Diese nimmt an, daß ein Lebewesen, das danach strebt, ein bestimmtes Ziel zu erreichen, und daran gehindert wird (Frustration), aggressiv reagiert. Aggressives Verhalten gilt als instrumentell, indem es der Beseitigung der Zielblockierung dient. Berkowitz argumentiert nun, daß nicht die Zielblockade entscheidend sei, sondern daß ein Ereignis negative Emotionen auslöst. Manchmal wird uns ein Ereignis emotional kaum berühren, obwohl es der Erreichung eines wichtigen Ziels im Wege steht. Das wird etwa der Fall sein, wenn wir das Ereignis ohnehin erwartet haben. Berkowitz will die klassische Definition von Frustration durch eine neue ersetzen: Frustrationen sind allgemein aversive Ereignisse. Er postuliert, daß die Neigung, sich aggressiv zu verhalten, mit der Stärke der negativen Emotionen zunimmt. Nicht nur Ärger, sondern auch andere negative Emotionen wie Traurigkeit sollten also aggressionsfördernd sein.

Allerdings nimmt Berkowitz keinen Automatismus an. Es gibt viele Gründe dafür, daß Frustration nicht immer zu Aggression führt. So gilt aggressives Verhalten in vielen Situationen als unangemessen und wird deshalb nicht gezeigt. Normalerweise können die Menschen ihr Verhalten willentlich kontrollieren. Wenn man aggressives Verhalten erklären will, muß man außer dem negativen Affekt andere fördernde und hemmende Faktoren in der Person und in der Situation berücksichtigen. Eine differenzierte Analyse, die weit über die Rolle negativer Emotionen hinausgeht, findet sich bei Berkowitz (1993).

Durch welche empirischen Befunde wird die Annahme gestützt, daß aversive Ereignisse und die damit einhergehenden negativen Emotionen aggressionsfördernd sind? Berkowitz (1993) verweist zunächst auf schmerzinduzierte Aggression bei Tieren. Wenn zwei Tiere zusammen in einen engen Käfig gesetzt werden, in dem ihnen Elektroschocks verabreicht werden, fangen sie oft an zu kämpfen. Bei Menschen wurde aggressives Verhalten durch sehr unterschiedliche negative Reize ausgelöst oder gefördert. In Laborexperimenten konnte aggressives Verhalten durch Hitze, Zigarettenqualm, unangenehme Gerüche oder eklige Szenen intensiviert werden. Solche Effekte traten auch auf, wenn das Opfer offensichtlich nicht für das negative Ereignis verantwortlich war. Die Erklärung, daß aggressives Verhalten nur dazu diente, die unangenehmen Umstände abzustellen (instrumentelle Aggression), kann also verworfen werden.

In einem dieser Experimente (siehe Berkowitz, 1993, S. 54 f.) sollten Studentinnen eine Hand entweder in eiskaltes oder angenehm temperiertes Wasser halten, während sie eine andere Person für gute Leistungen mit Geld belohnen und für schlechte Leistungen mit Lärmstößen bestrafen konnten. Zusätzlich wurde die Information über den Effekt von Strafe variiert. Das körperliche Unbehagen und der Schmerz durch das kalte Wasser wirkte sich besonders stark aus, wenn die Versuchspersonen glaubten, daß die Strafreize, die sie geben konnten, leistungsmindernd wirken. Im Vergleich zu den unbelasteten Versuchspersonen verteilten sie mehr Strafreize und weniger Belohnungen.

Schließlich sind Felduntersuchungen zu nennen. In Kapitel 2.3 wurde bereits die Beziehung zwischen Hitze und Gewalt erwähnt. In heißen Regionen und in heißen Jahreszeiten gibt es mehr Morde, Körperverletzungen und andere Gewalttaten als in kälteren Regionen bzw. kälteren Jahreszeiten. Berkowitz (1993) verweist zudem auf Untersuchungen zur Beziehung zwischen den Marktpreisen für Baumwolle und Gewalt gegen Farbige in den Südstaaten der USA. Bis in die späten 30er Jahre folgten auf einen plötzlichen Rückgang der Baumwollpreise, der viele Farmer finanziell hart traf, oft Lynchmorde an Schwarzen. Insgesamt sprechen diese Beobachtungen dafür, daß Lebensbedingungen, die vermutlich mit negativen Emotionen einhergehen, aggressionsfördernd sind.

Die Frage, warum neben Ärger auch andere negative Emotionen aggressionsfördernd sein können, ist schwer zu beantworten. Möglicherweise sind letztlich nicht diese Emotionen für die Aggression verantwortlich, sondern doch

Ärger. Berkowitz (1993) weist darauf hin, daß Ärger oft zusammen mit anderen Emotionen auftritt. Ereignisse, die primär Traurigkeit auslösen, führen oft auch zu Ärger. Negative Ereignisse lösen nicht nur Kampf-, sondern auch Fluchttendenzen (die mit Angst verbunden sind) aus. Berkowitz nimmt an, daß beide gleichzeitig vorhanden sein können. Depression kann mit Ärger und Aggressivität, aber auch mit Apathie einhergehen. Berkowitz schränkt daher ein, daß neben der Valenz des Zustandes auch die Erregung wichtig sei. Je stärker die Erregung sei, die durch ein Ereignis ausgelöst wird, desto stärker sei die Aggressionsbereitschaft.

Kehren wir noch einmal zu der Ausgangsfrage zurück. Führen Ärger und eventuell auch andere negative Emotionen zu aggressivem Verhalten? Dazu müssen wir uns daran erinnern, daß Emotion ein hypothetisches Konstrukt mit mehreren Komponenten ist (vgl. Kapitel 1.2). Berkowitz (1993) spekuliert, daß negative Ereignisse zu "Aggressionstendenzen" im Individuum führen. Dazu zählt er u.a. körperliche Reaktionen und den Ausdruck. Diese "Aggressionstendenzen" sollen sowohl zu Ärgergefühlen als auch (unter bestimmten Umständen) zu aggressivem Verhalten führen. Das emotionale Erleben wäre demnach eine Begleiterscheinung und nicht die Ursache der Aggression. Leider läßt er einen wichtigen Punkt offen. Er postuliert, daß auf das negative Ereignis zuerst ein "negativer Affekt" (an anderer Stelle spricht er auch von einem unangenehmen Zustand oder unangenehmen Gefühlen) folgt. Dieser führe wiederum zu den "Aggressionstendenzen" und zu aggressivem Verhalten. Was ein "negativer Affekt" ist, erläutert er nicht. Fazit ist, daß nach Berkowitz negative Emotionen im kausalen Sinne zu aggressivem Verhalten führen können. Eine Komponente der Emotion, nämlich das Erleben von Ärger, nimmt er aus der Ursachenkette vom Ereignis zum Verhalten explizit heraus und schreibt ihr den Status einer Begleiterscheinung zu.

Positive Emotionen. Aggressives Verhalten tritt zumindest im Labor nicht spontan auf. Es muß immer eine Provokation oder ein anderer Anreiz vorausgegangen sein. Insofern ist es kaum vorstellbar, daß positive Emotionen allein irgendeinen Effekt auf Aggressionen haben. Denkbar ist hingegen, daß durch die Induktion von positiven Emotionen ein negativer Emotionszustand abgeschwächt und dadurch aggressives Verhalten vermindert werden kann. Dabei wird unterstellt, daß die Valenz des emotionalen Zustandes ausschlaggebend ist für das aggressive Verhalten. Eine Alternative wäre, daß die Intensität der Erregung entscheidend ist. Wenn dem so wäre, sollten positive Emotionen sogar aggressionsfördernd sein, indem sie die Erregung noch steigern. Eine aggressionsfördernde Wirkung ist nach dem Erregungstransfer-Modell (siehe S. 152) zu erwarten. Zillmann (1983) postuliert, daß Erregung aggressives Verhalten fördern kann. Voraussetzung sei allerdings, daß sich das Individuum nicht bewußt ist, woher seine Erregung stammt. Nehmen wir an, daß jemand provoziert worden ist und (bevor er Gelegenheit hat, aggressiv zu reagieren) einen guten Witz hört. Auch wenn die Person durch den Witz zusätzlich erregt worden ist, so wird sie doch wissen, daß der Witz dafür verantwortlich war. In diesem Fall sollte die Erregung nicht verhaltenswirksam werden.

Wie sich Belustigung auf aggressives Verhalten auswirkt, wurde z.B. von Mueller und Donnerstein (1977) experimentell untersucht. Die Versuchsanordnung war der von Donnerstein und Wilson (1976; siehe S. 209 f.) vergleichbar. In der Provokationsbedingung erhielten die Teilnehmer vermeintlich von einer anderen Versuchsperson eine schlechte Bewertung und elektrische Reize. Sie hatten später Gelegenheit, die andere Versuchsperson in einem Lernversuch durch elektrische Reize zu bestrafen. Vor diesem Lernversuch hörten sie ein Tonband mit neutralen oder humorvollen Passagen. Es handelte sich dabei um keinen aggressiven Humor. Außerdem gab es zwei Abstufungen; die Passagen waren entweder leicht oder sehr humorvoll. Bei fehlender Provokation hatte der Humor erwartungsgemäß keinen Effekt auf das aggressive Verhalten (Elektroschocks). Er wirkte nicht hemmend (es wurden hier ohnehin nur sehr schwache Schocks verabreicht) und nicht fördernd. In der Provokationsbedingung wurde das aggressive Verhalten nur bei schwachem Humor und auch hier nur bei weiblichen Versuchspersonen reduziert. Möglicherweise wurden die Frauen durch den leichten Humor besonders angesprochen. Eine Einstufung des Interesses zeigte jedenfalls, daß sie sich stärker als die Männer für diesen Humor interessierten.

Daß die Effekte positiver Emotionen auf aggressives Verhalten komplex sind, zeigen auch verschiedene Untersuchungen mit sexuell erregenden Stimuli. Hier interessiert natürlich nur die Wirkung von nichtaggressiven erotischen Fotos, Filmen und Texten. Es finden sich sowohl Belege für eine aggressionsfördernde als auch -hemmende Wirkung von erotischen Reizen. Männliche wie auch weibliche Versuchspersonen verhielten sich in manchen Untersuchungen aggressiver, wenn sie sexuell erregt worden waren. In anderen Experimenten trat der umgekehrte Effekt auf. Die Versuchspersonen waren z.B. nach der Darbietung erotischer Fotos weniger agggressiv als andere, die stattdessen neutrale Fotos gesehen hatten (siehe Donnerstein, 1983).

Angesichts der heterogenen Befunde fällt es schwer, eine Erklärung zu finden. Diskutiert wurden u.a. folgende Wirkungsmechanismen (vgl. Donnerstein, 1983): (1) Erotische Reize sind inkompatibel mit Ärger; sie reduzieren den Ärger der Versuchspersonen und wirken dadurch abschwächend auf aggressives Verhalten. (2) Erotische Reize lenken die Aufmerksamkeit von der vorangegangenen Provokation weg. Die Provokation wird damit weniger wirkungsvoll. (3) Wenn sexuell erregende Reize aggressionsfördernd wirken, wird die Intensivierung der emotionalen Erregung dafür verantwortlich gemacht. Schließlich ist für aggressionsfördernde Effekte manchmal auch eine triviale Erklärung angemessen: Erotische wie auch humoristische Darstellungen können manchmal auch unbeabsichtigt zu negativen Emotionen führen.

6.7 Zusammenfassung und Schlußfolgerungen

Der emotionale Zustand einer Person kann sich auf ihr Denken und auf ihr Verhalten auswirken. Wir haben uns mit einer Vielzahl von Effekten befaßt. Bei den Untersuchungen stand die grobe Einteilung der Emotionen in positive und negative im Vordergrund. Manchmal wurde auch die Erregung beachtet, die mit einer Emotion verbunden ist. Nur selten waren Untersuchungen so angelegt, daß Aussagen über spezifische Emotionen wie Angst oder Belustigung möglich waren.

Ein negativer Emotionszustand bewirkt, daß sich die Aufmerksamkeit nach "innen" richtet; das Individuum achtet verstärkt auf sich selbst. Verschiedene Untersuchungen haben sich mit der Beachtung externer Reize oder Informationen befaßt. Die Ergebnisse zum Einfluß von Angst auf die Beachtung bedrohlicher Reize waren heterogen. Sowohl eine Zuwendung als auch eine Abwendung wurde beobachtet. Bei komplexen Umweltreizen scheint ein Fokussierung der Aufmerksamkeit auf zentrale Ereignisse stattzufinden. Soweit positive oder negative Informationen dargeboten wurden, konnte wiederholt festgestellt werden, daß die Informationen besonders beachtet werden, die zum momentanen Befinden passen.

Bestimmte Informationen werden nicht nur in Abhängigkeit vom emotionalen Zustand verstärkt beachtet, sondern sie werden auch stimmungsabhängig interpretiert. Besonders eine positive Stimmung scheint einen nachhaltigen Einfluß darauf zu haben, daß man sich selbst und seine Umwelt positiver sieht. Zugleich hat das Befinden einen Einfluß darauf, wie risikoreich die Umwelt erlebt wird. In einem negativen Zustand wird die Wahrscheinlichkeit negativer Ereignisse überschätzt, in einem positiven eher unterschätzt. Allerdings richtet sich das Entscheidungsverhalten nicht unbedingt nach solchen Einschätzungen. Für risikobehaftete Entscheidungen spielen andere Faktoren mit eine Rolle.

Die Fähigkeit, Probleme zu lösen, wird auf unterschiedliche Weise durch den emotionalen Zustand beeinflußt. In einer positiven Stimmung besteht die Tendenz, sich eher mit wenigen Informationen zufrieden zu geben und schneller zu urteilen. Aber auch unter Angst wurde ein ähnliches Verhalten beobachtet. Bei Problemen, die durch kreatives Denken gelöst werden können, wirkt sich eine positive Stimmung förderlich aus.

Beim Gedächtnis hatte man zunächst angenommen, daß negativ besetzte Ereignisse verstärkt in Vergessenheit geraten. Dafür spricht, daß die meisten Menschen sich an weitaus mehr positive Erlebnisse erinnern als an negative und daß unangenehme Alltagserfahrungen schneller vergessen werden als angenehme. Allerdings gibt es auch viele Belege dafür, daß man sich an traumatische Ereignisse oft sehr genau erinnert. Vermutlich ist die emotionale Erregung entscheidend. Sie fördert das langfristige Behalten. In Experimenten mit kurzfristigen Erinnerungstests kann sie dagegen einen hemmenden Effekt haben.

Die Leistung des Gedächtnisses hängt von zwei weiteren Faktoren ab, die mit den Begriffen "Stimmungskongruenz" und "zustandsabhängiges Erinnern" belegt worden sind. Stimmungskongruenz besagt, daß in einem positiven Zustand angenehme Informationen besonders gut abrufbar sind und in einem negativen Zustand umgekehrt unangenehme. Dieser Effekt wird durch zahlreiche Untersuchungen belegt. Unter zustandsabhängigem Erinnern versteht man, daß sich die Person an Informationen dann besonders gut erinnert, wenn sie sich im gleichen Zustand befindet wie beim Einspeichern dieser Informationen. Auch dafür sprechen einige Befunde; zahlreiche Ausnahmen sind aber nicht zu übersehen.

Menschliches Verhalten hängt von vielen Faktoren ab, so daß der emotionale Zustand des Individuums nur eine von vielen Bedingungen sein kann. Außerdem sind allgemeingültige Regeln nicht zu erwarten, da Wechselwirkungen mit anderen Faktoren naheliegen. Am Beispiel des hilfreichen Verhaltens konnte gezeigt werden, daß negative Emotionen sehr unterschiedliche Effekte haben können. Bezüglich einer positiven Stimmung waren die Ergebnisse einheitlicher. Positive Emotionen fördern überwiegend die Bereitschaft, anderen Menschen zu helfen. Beim aggressiven Verhalten ist dagegen ein Einfluß negativer Emotionen gut belegt. Dabei sprechen einige Befunde dafür, daß verschiedene negative Emotionen aggressionsfördernd wirken. Positive Emotionen, ausgelöst durch humoristische oder sexuell anregende Reize, können dagegen sehr unterschiedliche Effekte haben.

Die Zahl der Untersuchungen, in denen demonstriert worden ist, daß sich Emotionen auf Kognitionen auswirken können, ist sehr groß. Oftmals reichen relativ schwache Emotionen aus, um kognitive Prozesse und auch Verhalten zu verändern. Der Bedarf, dem noch weitere Demonstrationen hinzuzufügen, ist gering. Der Erkenntnisgewinn ist größer, wenn es gelingt, die Randbedingungen zu spezifizieren, unter denen diese Effekte *nicht* auftreten.

Bisher wurde primär nach unterschiedlichen Effekten von positiven und negativen Emotionen gefahndet. Die Valenz ist aber nur eine Dimension, auf der sich Emotionen unterscheiden lassen. Wichtig ist es, gleichzeitig die Valenz und die Erregung zu beachten. Solange etwa nur Vergleiche zwischen Traurigkeit und Freude angestellt werden, bleibt offen, ob ein Effekt auf Unterschiede in der Valenz beider Emotionen zurückzuführen ist oder auf Unterschiede in der Erregung (oder auf beide zusammen). Hier zeigt sich, daß die Bestrebungen, Emotionen zu klassifizieren und auf einige wenige Dimensionen zu reduzieren (vgl. Kapitel 4), von Nutzen sind.

Nicht nur die Emotionen sind verschieden, sondern auch die kognitiven Prozesse, die durch Emotionen beeinflußt werden können. Auch hier fehlt eine Systematik. Fiedler (1991) hat vorgeschlagen, kognitive Prozesse in zwei Kategorien einzuteilen. Bestimmte kognitive Prozesse sind durch einen aktiven Umgang mit Informationen gekennzeichnet. Andere zeichnen sich durch eine passive Erhaltung von Informationen aus. Welche Art von Informationsverarbeitung auftritt, wird zum Teil vom Experimentator durch die Auswahl des Materials und der Aufgabe für die Versuchsperson gesteuert. Unstrukturiertes und mehrdeutiges Material ermöglicht eher eine aktive Gestaltung als stark strukturiertes und eindeutiges, Urteilsaufgaben lassen eine größere Freiheit zu als Gedächtnisaufgaben. Innerhalb der Gedächtnisaufgaben kommt freies Erinnern einer aktiven Transformation der gespeicherten Information eher entgegen als bloßes Wiederkennen. Seine Annahme ist, daß sich Emotionen am ehesten auf die produktiven kognitiven Prozesse auswirken als auf die bloße Wiedergabe.

Angesichts dieser vielen Befunde stellt sich die Frage nach den Wirkungs-mechanismen. Mit dem Netzwerkmodell wurde ein sehr allgemeiner Ansatz vorgestellt, dessen Erklärungskraft angezweifelt wurde. Daneben wurde über eine Reihe "kleiner", spezifischer Erklärungsansätze berichtet. Beispielsweise wurde für verschiedene Effekte das Bestreben der Versuchspersonen, eine positive Stimmung aufrechtzuerhalten oder herzustellen, mit verantwortlich gemacht. Eine wichtige Frage an die zukünftige Forschung ist, ob die vielen kleinen, begrenzten Erklärungsansätze zu einer großen, umfassenden Erklärung verschmolzen werden können. Gibt es eine umfassende Erklärung für die Phänomene, die in diesem Kapitel beschrieben worden sind, die zugleich auch die "Ausreißer" unter den Befunden berücksichtigt?

Kapitel 7 Entwicklung von Emotionen

Erwachsene können sehr differenziert über ihr emotionales Erleben berichten. Ihr Ausdrucksverhalten ist sehr komplex. Sie haben die Fähigkeit, ihre Angaben zum Erleben wie auch ihren Ausdruck zu kontrollieren und damit bei Bedarf zu verfälschen. Auf viele Fragen bezüglich der Emotionen Erwachsener gibt es noch keine befriedigende Antwort. Beispielsweise ist schwer zu verstehen, warum Erleben, Ausdruck und körperliche Reaktionen so wenig korrespondieren. Wenn wir uns nun der Entwicklung zuwenden, geschieht dies vielleicht in der stillen Hoffnung, daß bei kleinen Kindern manche Dinge einfacher sind.

Entwicklung wird zwar als lebenslanger Prozeß verstanden, aber gerade in der Emotionsforschung wird deutlich, daß sich die Forschung überwiegend mit der Kindheit befaßt hat. Zunächst sollen wesentliche Veränderungen im Emotionsausdruck und im verbalen Bericht von Gefühlen beschrieben werden. Physiologische Reaktionen werden nur kurz gestreift, weil sie in der entwicklungspsychologischen Forschung nur eine untergeordnete Rolle spielen.

Beim Ausdrucksverhalten stellt sich zunächst die Frage, in welchem Alter einzelne Emotionen bzw. spezifische Ausdrucksmerkmale erstmals beobachtbar sind. Zunächst wird das Verhalten spontan sein. Wir werden der Frage nachgehen, wann Kinder lernen, ihren Emotionsausdruck zu kontrollieren.

Damit Kinder ihre Gefühle sprachlich mitteilen können, müssen Sie zumindest eine grobe Vorstellung davon haben, was "Angst", "Freude", "Ärger" etc. bedeuten. Deshalb werden wir uns mit dem Erwerb des Emotionsvokabulars befassen, um dann auf Alterstrends in der Mitteilung von Gefühlen einzugehen.

Neben der Beschreibung von Entwicklungsverläufen werden wir uns mit verschiedenen Erklärungsansätzen befassen. Wie läßt sich erklären, daß insbesondere in der Kindheit große Veränderungen des emotionalen Verhaltens und Erlebens auftreten? Wie kommt es, daß Kinder überhaupt emotional reagieren? Sind ihre emotionalen Reaktionen etwa angeboren? Welche Rolle spielen Reifungsprozesse? Wie lernen Kinder bestimmte emotionale Reaktionen?

7.1 Entwicklung des Ausdrucks

7.1.1 Beobachtung des Ausdrucks in natürlichen Situationen

Die Studie von Bridges (1932). In einer oft zitierten Studie hat Bridges (1932) 62 Kinder mehrere Monate lang in einem Krankenhaus beobachtet. Die meisten Kinder waren im Alter von einem Monat bis zwei Jahren. Bridges hat die Reaktionen der Kinder und die Situationen, in denen sie auftraten, notiert. Das wichtigste Resultat ihrer Beobachtungen ist ein "Stammbaum" der Emotionen, in dem die zunehmende Differenzierung der Emotionen dargestellt wird.

Babys, die weniger als einen Monat alt waren, zeigten noch sehr unspezifische emotionale Reaktionen. Sie spannten ihre Hand- und Armmuskeln an, atmeten schneller, machten ruckartige Beinbewegungen etc. Solche Reaktionen traten auf, wenn ihnen etwa die Sonne voll ins Gesicht schien, wenn sie plötzlich hochgehoben wurden oder wenn ihnen der Schnuller in den Mund gesteckt wurde. Bridges folgerte daraus, daß gleich nach der Geburt noch keine differenzierten Emotionen auftreten, sondern nur eine *allgemeine Erregung* vorhanden ist.

Von dieser unspezifischen Erregung können den Beobachtungen Bridges zufolge bald *Unbehagen* und etwas später auch *Wohlbehagen* unterschieden werden. Zwar weinten Babys schon im Alter von weniger als einem Monat; Bridges sah darin aber noch keinen Ausdruck des Unbehagens. Das Weinen ging anfangs meist mit Symptomen einer allgemeinen Erregung einher. Erst ab dem Alter von etwa einem Monat beobachtete Bridges, daß das Weinen in spezifischen Situationen auftrat, etwa beim Wachliegen vor der Fütterungszeit, auf Schmerzreize hin oder bei einer Behinderung der Atmung durch eine verstopfte Nase. Sie folgerte daraus, daß damit Unbehagen von einer unspezifischen Erregung zu unterscheiden ist. Als Ausdruck des Wohlbehagens interpretierte Bridges ein Lächeln, das sie schon bei zwei Monate alten Babys beobachtete, wenn sie angesprochen wurden. Mit drei Monaten ist der Autorin zufolge das Wohlbehagen relativ deutlich sowohl von einer allgemeinen Erregtheit als auch von Ruhe zu unterscheiden. Die Babys gaben bestimmte Laute von sich, wenn sie gefüttert wurden und lächelten, wenn sich ein Erwachsener näherte.

Die weitere Entwicklung der Emotionen ist nach Bridges durch eine Differenzierung zunächst des Unbehagens und dann auch des Wohlbehagens gekennzeichnet. Neben Unbehagen trete (in dieser Reihenfolge) auch Wut, Ekel und Angst, deutlich später auch Eifersucht auf. Erste Anzeichen für *Wut* stellte Bridges bereits mit drei Monaten fest, wenn ein körperliches Bedürfnis der Kinder offensichtlich nicht befriedigt wurde. Richtige Wutanfälle sah sie erst mit vierzehn Monaten. Eine am Ausdrucksverhalten erkennbare Abneigung gegen bestimmte Nahrungsmittel (besonders Spinat) konnte sie erstmals im Alter von fünf Monaten beobachten. Sie betrachtete dies als den Beginn der Emotion *Ekel*. Bei sieben Monate alten Kindern erkannte Bridges deutliche

Anzeichen von *Angst*, wenn sich ein Fremder näherte. Die Kinder hielten zunächst in ihren Bewegungen inne und fingen manchmal nach einigen Sekunden an zu weinen. Bei einigen wenigen Kindern über vierzehn Monaten stellte sie fest, daß sie sogar Angst vor spezifischen Personen oder Objekten (z.B. Spielzeugtieren) entwickelten. Erste Anzeichen von *Eifersucht* beobachtete sie mit fünfzehn bis achtzehn Monaten. So kam es vor, daß ein Erwachsener seine Aufmerksamkeit einem anderen Kind zuwandte und das so vernachlässigte Kind daraufhin regungslos dastand, seinen Kopf neigte und in Tränen ausbrach.

Der Bereich der positiven Emotionen beginnt sich nach Bridges mit etwa sieben Monaten zu differenzieren. Die Kinder griffen nach kleinen Objekten, und wenn sie dabei Erfolg hatten, lächelten sie oft, atmeten tief durch und drückten ihre Zufriedenheit durch eine Art von Grunzen aus. Bridges hielt es für möglich, daß sich damit erstmals *freudige Erregung* (elation) von einem allgemeinen Wohlbehagen abhebt. Sehr deutlich war dieser Zustand erkennbar, wenn die Kinder mit etwa zwölf bis fünfzehn Monaten Laufen lernten und ihnen einige Schritte gelangen. Sie gaben dann Laute von sich, lächelten und bewegten sich ekstatisch hin und her. Bridges interpretierte diese Reaktionen aber nicht als Ausdruck von *Freude* im engeren Sinne. Erst zwischen fünfzehn und zwanzig Monaten bemerkte sie ein Verhalten, daß sie als Vorläufer für eine reifere Form der Freude (joy) ansah. Die Kinder hatten offenbar Spaß daran, mit Spielsachen und anderen Objekten zu manipulieren oder bestimmte Dinge zu sammeln. Spontane *Zuneigung* beobachtete Bridges erstmals mit etwa elf Monaten. Sie sah, daß die Kinder ihnen vertrauten Erwachsenen den Arm um den Hals legten. Manchmal näherten sie sich mit ihren Lippen deren Gesicht und machten eine Art Kußbewegung. Mit fünfzehn Monaten zeigten sie auch anderen Kindern gegenüber deutliche Zuneigung. Sie hielten Hände, setzten sich eng nebeneinander, legten ihre Arme einander um den Hals und lächelten sich an.

Insgesamt wird deutlich, daß Bridges auf das Vorliegen einer bestimmten Emotion geschlossen hat, wenn sie ein bestimmtes Ausdrucksverhalten beobachtete. Dabei berücksichtigte sie immer den situativen Kontext. Sie vermied feste Zuordnungsregeln. So beschrieb sie, wie sich der Ausdruck von Wohlbehagen im Laufe der Entwicklung änderte und wie immer wieder neue situative Auslöser hinzukamen. Ein und demselben Verhalten schrieb sie je nach Situation unterschiedliche Bedeutungen zu. So kann ein Lächeln in einer frühen Entwicklungsphase allgemeines Wohlbehagen ausdrücken und später, in einem anderen Kontext, ein Indikator für Zuneigung sein.

Da Bridges immer angegeben hat, auf welchen Beobachtungen sich ihre Schlußfolgerungen gründen, ist ihr Vorgehen nachvollziehbar. Es steht anderen Forschern frei, ihr dabei zu folgen oder zu sagen, daß sie unter diesen Umständen nicht auf diese Emotion schließen würden. Bei einer Würdigung dieser wichtigen Studie ist zu bedenken, daß Bridges die Kinder nur in den Situationen beobachten konnte, die in einem Krankenhaus auftreten können. Wenn also eine Reaktion in einem bestimmten Alter noch nicht festgestellt werden konnte, so wäre es immerhin denkbar, daß sie in einer anderen Situation aufgetreten wäre. Eine weitere Einschränkung liegt darin, daß sich Kinder, die für einige Monate ins Krankenhaus müssen, vielleicht anders entwickeln als Kinder, die zu Hause bei ihren Eltern sind.

Beobachtungen im Alltag durch Erziehungspersonen. Im häuslichen Alltag, im Kindergarten oder später in der Schule zeigen Kinder Verhaltensweisen, die als Ausdruck von Emotionen verstanden werden können. Es liegt daher nahe, Erziehungspersonen nach ihren Beobachtungen zu fragen. Allerdings wären Eltern oder Erzieher überfordert, wenn sie auf alle Emotionen achten sollten. Die Fremdbeobachtung durch psychologische Laien wurde daher bei ausgewählten Emotionen eingesetzt. Eine besondere Rolle spielt sie bei der Untersuchung von spezifischen Ängsten. Zumindest bei jüngeren Kindern kann die Frage, wovor sie sich fürchten, kaum anders als durch die Befragung von Erziehungspersonen beantwortet werden.

Das wesentliche Ergebnis solcher Befragungen, die bei älteren Kindern teilweise durch Selbstauskünfte ergänzt wurden, ist eine starke Veränderung der bedeutsamen angstauslösenden Reize oder Situationen mit dem Alter. Kinder bis zu einem halben Jahr zeigen demnach kaum Angst. Dann treten Angst vor Tiefen, vor Fremden, vor Trennung und vor ungewohnten Objekten auf, wobei sich diese Ängste nicht simultan entwickeln. Diese Ängste nehmen im Vorschulalter stark ab. Dafür kommen andere Ängste auf. Im Alter von zwei bis vier Jahren ist die Angst vor Tieren die am häufigsten anzutreffende Angst. Sie nimmt etwa mit neun bis elf Jahren wieder ab. Mit vier bis sechs Jahren kommt relativ oft die Angst vor Dunkelheit und vor Phantasiegeschöpfen vor. Angst vor Sex, vor Mißerfolg sowie vor öffentlichen Plätzen spielt meist erst in der Jugendzeit eine Rolle (Marks, 1987, S. 148 ff.).

7.1.2 Beobachtungen in definierten Situationen

Freie Beobachtungen des Emotionsausdrucks sind nützlich, haben aber auch gewisse Grenzen. Befragungen von Erziehungspersonen zum Auftreten bestimmter Emotionen sind methodisch problematisch. Woran erkennt ein Beobachter beispielsweise, daß ein Kind Angst hat? Die Kriterien für das Vorliegen einer bestimmten Emotion werden gerade bei Laien sehr unterschiedlich sein. Eltern wird es zudem schwer fallen, ihre Kinder unvoreingenommen zu beobachten. Sie können sich bei der Beobachtung vermutlich nicht ganz von Meinungen und Vorurteilen lösen ("ein richtiger Junge hat keine Angst"). Ferner besteht die Gefahr, daß manche Veränderungen von den Erziehungspersonen überhaupt nicht bemerkt werden. So hat man durch einen Vergleich mit den Angaben von Kindern festgestellt, daß Eltern die Häufigkeit kindlicher Ängste deutlich unterschätzen (Marks, 1987, S. 150).

Es liegt deshalb nahe, Experten als Beobachter heranzuziehen. Diese können jedoch nicht wie Eltern oder andere Erziehungspersonen in das Leben der Kinder eindringen. Die Beobachtung beschränkt sich zwangsläufig auf einige wenige Situationen. Dies hat den Nachteil, daß nur beschränkte Einblicke in das emotionale Verhalten der Kinder möglich sind. Die Studien sind zwangsläufig wesentlich "enger" angelegt als die von Bridges (1932).

Für die Untersuchung von Kindern in natürlichen Situationen wurde bereits gesagt, daß nur dann eine emotionale Reaktion beobachtet werden kann, wenn ein geeigneter Auslöser vorhanden ist. Diese Feststellung trifft genauso für Laboruntersuchungen zu. Die Untersucher müssen geeignete emotionsauslösende Reize finden. Einfallsreichtum und ethische wie pragmatische Überlegungen zur Durchführbarkeit im Labor stellen hier Grenzen dar. Wenn also ein bestimmtes Ausdrucksverhalten in einem Altersabschnitt noch nicht beobachtet worden ist, bleibt immer noch die Möglichkeit, daß dieses Verhalten unter anderen Umständen aufgetreten wäre. Schlußfolgerungen, daß ein bestimmtes emotionales Verhalten erst ab einem bestimmten Alter auftritt, sind daher als vorläufig anzusehen.

Ebenfalls nicht befriedigend gelöst ist die Frage, welche Verhaltensweisen als Ausdruck einer Emotion anzusehen sind. Ein wichtiges, aber nicht ausreichendes Kriterium ist die Ähnlichkeit mit entsprechenden Verhaltensweisen von Erwachsenen. Ein Lächeln, auch wenn es morphologisch dem von Erwachsenen gleicht, ist nicht unbedingt als Ausdruck der Freude anzusehen. Unter welchen situativen Umständen es auftritt, spielt eine wichtige Rolle. So lächeln wenige Tage alte Kinder im Schlaf. Dieses "endogene", nicht durch äußere Reize verursachte Lächeln wird allgemein nicht als Emotionsausdruck angesehen.

Diesen Einschränkungen und Problemen steht ein wesentlicher Vorteil entgegen. Die Beobachtungen finden immer unter gleichen Bedingungen statt. Damit ist es möglich, Vergleiche anzustellen. Unterscheiden sich Kinder unterschiedlicher Alterstufen? Gibt es Unterschiede zwischen Jungen und Mädchen oder zwischen Kindern unterschiedlicher Herkunft?

Neugeborene. Untersuchungen mit Neugeborenen zeigen, daß man bei ihnen mit Hilfe verschiedener Geruchs- und Geschmacksstoffe zwei Arten von mimischen Reaktionen auslösen kann. Steiner (1979) konnte oft ein Lächeln beobachten, wenn den Säuglingen eine Zuckerlösung auf die Zunge geträufelt wurde. Die gleiche Reaktion konnte auch ausgelöst werden, wenn ihnen ein mit angenehmen Lebensmittelaromen (z.B. Banane, Vanille) präparierter Tupfer unter die Nase gehalten wurde. Wurden bittere Geschmacksstoffe oder unangenehme Gerüche (z.B. Geruch nach faulen Eiern) dargeboten, trat oft ein Gesichtsausdruck auf, der dem Ekelausdruck Erwachsener vergleichbar ist.

Eine andere Kategorie von Reizen sind plötzliche laute Geräusche und plötzlicher Haltverlust. Watson (1930/1968) beschrieb schreckähnliche Reaktionen auf diese Reize hin. Die Kinder zuckten zusammen und schlossen die Augen.

Demnach ist das emotionale Reaktionsrepertoire von Neugeborenen noch klein, aber doch differenzierter als Bridges (1932) angenommen hatte. Die beschriebenen Reaktionen sind stimulusspezifisch und qualitativ deutlich voneinander unterscheidbar. Sie können als frühe Ausdrucksformen der Freude, des Ekels und des Schrecks angesehen werden. Dies ist natürlich eine Interpretation, und es steht anderen frei, die gleichen Verhaltensweisen anders zu interpretieren.

Kinder bis zu einem Jahr. Zum Altersbereich bis zu einem Jahr liegen relativ viele Ausdrucksuntersuchungen vor. Wir betrachten zunächst einige ausgewählte Untersuchungen und kommen dann zu einer überblicksartigen Beschreibung der Entwicklung im ersten Lebensjahr. Der Forschungsschwerpunkt zum frühen Emotionsausdruck liegt eindeutig auf der Mimik. Am Ende dieses Abschnitts wird ergänzend kurz auf die Vokalisation eingegangen.

Ausgewählte Untersuchungen. Es gibt eine Reihe von emotionsauslösenden Situationen, die unter kontrollierten Bedingungen realisiert werden können. Eine solche Situation stellt das (nicht schmerzhafte) Festhalten der Arme dar. Camras et al. (1992) beobachteten dabei den Gesichtsausdruck, Körperbewegungen und die Vokalisation von Kindern im Alter von fünf und zwölf Monaten. Der Gesichtsausdruck wurde mit dem Facial Action Coding System FACS codiert. Die Laute wurden danach eingestuft, wieviel Unbehagen sie ausdrückten. Zur Erfassung der körperlichen Aktivität diente eine Skala, die von passivem Verhalten bis zu extrem aktivem Widerstand reichte. In allen Maßen fanden sich signifikante Unterschiede zwischen den beiden Altersgruppen. Die älteren Kinder reagierten wesentlich schneller als die jüngeren. Vergingen bei den fünf Monate alten amerikanischen Kindern noch im Durchschnitt (je nach Variable) zwischen 45 und 63 Sekunden bis sie reagierten, so traten die Reaktionen bei den zwölfmonatigen Kindern schon nach durchschnittlich 6 bis 8 Sekunden auf.

Die mimischen Reaktionen erwiesen sich als relativ vielfältig. Die Autoren entdeckten zwölf Konfigurationen (Kombinationen von verschiedenen Action Units). Diese können als Ausdruck von Wut, Vergnügen sowie "Mischformen" von Wut, Angst, Traurigkeit oder Unbehagen/Schmerz interpretiert werden. Auffällig war, daß eine bestimmte mimische Aktivität sehr oft zu beobachten war, nämlich ein Hochschieben der Unterlippe (Action Unit 17). Manchmal trat gleichzeitig ein Herabziehen der Mundwinkel (Action Unit 15) auf, was im Erscheinungsbild zu einem hufeisenförmigen Mund führt. Das Hochschieben der Unterlippe war an elf der zwölf Konfigurationen beteiligt (die zwölfte kann als freudiges Lächeln interpretiert werden) und stellt sich somit als globaler Indikator für einen negativen Emotionszustand dar. Für die drei häufigsten "negativen" Konfigurationen wurden Gruppenvergleiche durchgeführt. Diese ergaben, daß die älteren Kinder mehr negative Emotionsausdrücke zeigten als die jüngeren.

Als wesentliches Ergebnis dieser Studie können wir festhalten, daß zwölfmonatige Kinder auf einen aversiven Reiz (Festhalten der Arme) deutlich schneller und heftiger mit einem negativen Emotionsausdruck reagieren als fünfmonatige. Das Hochschieben der Unterlippe erwies sich als ein relativ globaler Indikator für negative Emotionen.

Ein anderer potentiell emotionsauslösender Reiz ist der Gesichtsausdruck der Mutter. Haviland und Lelwica (1987) trainierten Mütter, einen glücklichen, traurigen und wütenden Gesichtsausdruck zu zeigen. Im Experiment schauten die Mütter ihre zehn Wochen alten Babys an und produzierten jeden dieser Ausdrücke für 15 Sekunden, während sie mit entsprechender Stimme einen Satz sagten. Die Mimik der Kinder wurde mit Hilfe des Codiersystems MAX analysiert. Außerdem wurde ihre Blickrichtung registriert. Die Kinder reagierten auf die drei Emotionsausdrücke ihrer Mütter sehr unterschiedlich. Die mimischen Veränderungen wurden teilweise über Zuordnungsregeln als Ausdruck einer bestimmten Emotion interpretiert. Demnach führte der mütterliche Freudeausdruck zu Freude und Interesse, verbunden mit Blickzuwendung. Der traurige Gesichtsausdruck der Mutter bewirkte, daß die Kinder den Mund verzogen und dabei oft den Blick senkten. Der wütende Gesichtsausdruck der Mutter schließlich führte oft zu einem Nachlassen jeglicher Gesichtsbewegungen und von Interesse; der Blick ging oft zur Seite. Auch ein Wutausdruck war zu beobachten.

Ein Verhalten der Mutter, daß die Kinder sichtlich in ihrem Ausdrucksverhalten beeinflußt, ist das "Einfrieren" des Gesichtsausdrucks. Diese Methode wurde verschiedentlich in entwicklungspsychologischen Untersuchungen verwendet, so auch von Toda und Fogel (1993) bei Kindern im Alter von drei und später mit sechs Monaten. Die Mütter wurden aufgefordert, zunächst drei Minuten lang normal mit ihrem Kind zu reden und es dabei anzuschauen. Dann sollten sie ihr Kind ebenfalls zwei Minuten lang schweigend mit neutralem Gesichtsausdruck anschauen. Es folgte eine weitere normale Phase wie zu Beginn. Während die Mutter mit "eingefrorenem" Gesichtsausdruck verharrte, zeigten die Kinder häufiger als in den beiden anderen Phasen einen neutralen Gesichtsausdruck. Gleichzeitig lächelten sie weniger. Weinen nahm von der ersten zur zweiten und noch einmal zur dritten Phase zu. Es konnten auch häufiger negative mimische Reaktionen (u.a. Traurigkeit und Ärger) beobachtet werden. Das Blickverhalten veränderte sich ebenfalls. Die Kinder blickten die "starre" Mutter weniger an als die normal kommunizierende und schauten dafür mehr im Raum umher. Bemerkenswert ist, daß die Kinder im Alter von drei Monaten mehr negative mimische Reaktionen zeigten als ein Vierteljahr später. Möglicherweise hatte das ausdruckslose Gesicht der Mutter für die älteren Kinder eine andere Bedeutung.

Diese beiden Studien machen deutlich, daß Kinder im Alter zwischen zehn Wochen und sechs Monaten schon sehr differenziert auf das Gesicht ihrer Mutter reagieren. Ihr Verhalten stellt mehr als eine bloße Imitation des mütterlichen Ausdrucks dar. Wenn man das Ausdrucksverhalten der Kinder interpretiert, kommt man zu den Schluß, daß in diesem Altersbereich bereits Freude, Interesse, Wut/Ärger und Traurigkeit auftreten.

Eine Situation, die für kleine Kinder offenbar eine herausragende Bedeutung hat, ist die Annäherung einer fremden Personen. Mit zwei bis drei Monaten lächeln die meisten Kinder, wenn sich jemand nähert. Das Verhalten ändert sich langsam mit dem Alter. Mit sechseinhalb Monaten reagieren die meisten Kinder argwöhnisch. Wenn sie gar von der fremden Person hoch genommen werden, lächeln sie kaum noch, und viele weinen (Marks, 1987, S. 134 ff.).

Überblick. Diese Beispiele zeigen, wie Forschungsergebnisse zum Emotionsausdruck im ersten Lebensjahr zustande kommen. Im folgenden soll in Anlehnung an eine Übersichtsarbeit von Camras, Malatesta und Izard (1991) die Entwicklung einzelner Emotionen bzw. deren Ausdrucksindikatoren im ersten Lebensjahr skizziert werden. Die Autoren fragen erstens, ab welchem Alter ein spezifisches Ausdrucksverhalten zu beobachten ist, welches dem von Erwachsenen ähnelt, und zweitens, ob dieses Verhalten in spezifischen Situationen auftritt. Kriterien für eine Interpretation als Emotionsausdruck sind dabei morphologische und situative Spezifität. Die Forderung nach Situationsspezifität des Verhaltens wird verständlich, wenn man bedenkt, daß ein Verhalten, welches in völlig verschiedenen Situationen auftritt, kaum als Ausdruck einer bestimmten Emotion gelten kann.

Lächeln wird oft als ein Indikator für *Freude* angesehen. Ein Lächeln, das dem Erwachsener gleicht (Beteiligung der Augenpartie, fokussierter Blick), kann schon in der dritten Woche beobachtet werden. Ab Ende des ersten Monats tritt dieses Lächeln auf verschiedene externe Reize hin auf. Es kann durch milde akustische, visuelle, kinästhetische oder taktile Stimulation ausgelöst werden. Mit drei Monaten lächeln Kinder selektiv, wenn vertraute Personen auftauchen oder wenn ihnen eine Aktivität gelingt.

Überraschung kann im Ausdruck durch hochgezogene Augenbrauen und einen deutlich geöffneten Mund definiert werden. Diese mimischen Reaktionen wurden, zumindest in voller Ausprägung, bisher bei Kindern unter einem Jahr kaum in Laborsituationen beobachtet. In zwei Studien zeigte ein Teil der acht bis zehn bzw. zehn bis zwölf Monate alten Kinder zumindest Elemente eines Überraschungsausdrucks, wenn ein Objekt vor ihnen verschwand oder ihre Mutter in einem Versteckspiel plötzlich mit einer Maske vor dem Gesicht auftauchte.

Ein Ausdruck des *Ekels*, der sich wie bei Erwachsenen durch Naserümpfen und Hochziehen der Oberlippe auszeichnet, wurde nicht nur bei Neugeborenen, sondern auch bei achtwöchigen Kindern als Reaktion auf bestimmte Geschmacksstoffe (Zitronensäure) beobachtet. Allerdings sprechen Beobachtungen in alltäglichen Situationen dafür, daß dieses Ausdrucksverhalten auch bei einer Reihe von Auslösern auftaucht, die von Erwachsenen normalerweise nicht mit Ekel in Verbindung gebracht werden (z.B Waschen des Gesichts, Nase putzen). Hier stellt sich die Frage, ob solche Situationen für die Kinder auch als Ekelauslöser fungieren oder ob die Forderung der Situationsspezifität nicht erfüllt ist. Im zweiten Fall wäre es nicht statthaft, das Verhalten als Ekelausdruck zu interpretieren.

Ein Gesichtsausdruck der *Angst* (Anheben und Zusammenziehen der Augenbrauen, Weiten der Augen durch Anheben des Oberlids sowie Öffnen und Zurückziehen der Mundwinkel) wurde in Laborsituationen selten beobachtet. Selbst in relativ eindeutigen Situationen wie Annäherung eines Fremden oder Wahrnehmung eines Abgrunds zeigten nur wenige (6 bzw. 15 Prozent) der zehn bis zwölf Monate alten Kinder diese mimische Reaktion. Andere Verhaltensweisen der Kinder (Vermeidungsverhalten) sprachen in diesen Situationen für das Vorliegen von Angst. In alltäglichen Situationen konnte der Gesichtsausdruck in verschiedenen angsttypischen Situationen (z.B. Erwartung eines lauten Geräusches) beobachtet werden. Offenbar gehört diese mimische Reaktion zum Verhaltensrepertoire der Kinder, wird aber aus irgendwelchen Gründen nicht immer gezeigt, wenn andere Indikatoren für das Vorliegen von Angst sprechen.

Der Ausdruck von *Wut/Ärger* (anger) ist sowohl morphologisch als auch situativ schwer von *Schmerz/Unbehagen* zu unterscheiden. Nach Camras et al. (1991) zeichnen sich beide durch Herunterziehen der Augenbrauen, Anheben der Wangen und Öffnen des Mundes zu einer rechteckigen Form aus. Der Unterschied liegt in den Augen; bei Wut sind sie zusammengekniffen und bei Unbehagen geschlossen. Beide Ausdrucksformen wurden bei Kindern im Alter von zwei Monaten und auch bei älteren Kindern beobachtet, deren Arme festgehalten wurden oder die geimpft wurden. Jüngere Kinder (ein oder zwei Monate alt) hielten die Augen meist geschlossen. Mit zunehmendem Alter dominiert der Ausdruck mit geöffneten Augen. Möglicherweise liegt hier keine Verschiebung der Emotionsqualität von Schmerz zu Wut vor. Es ist denkbar, daß die Veränderung des Gesichtsausdrucks lediglich eine Tendenz der Kinder widerspiegelt, mit zunehmendem Alter ihre Augen vorwiegend geöffnet zu halten. Ein Ärgerausdruck wurde bei siebenmonatigen Kindern auch in anderen Laborsituationen (Wegnehmen eines Kekses, Konfrontation mit einer ungewöhnlichen Maske) beobachtet. Bei zehn Monate alten Kindern löste eine kurze Trennung von der Mutter sowie die Annäherung eines Fremden oft den Ärgerausdruck aus. Insgesamt läßt sich festhalten, daß ab zwei Monaten durch unterschiedliche Reize ein Ärgerausdruck ausgelöst werden kann, wobei eher nur graduelle Unterschiede zum Ausdruck des Unbehagens bestehen, der bei jüngeren Kindern dominiert.

Mimische Indikatoren für *Traurigkeit* (Heben der inneren Augenbrauen, Verengung der Augen, Heben der Wangen und Herunterziehen der Mundwinkel) wurde nur gelegentlich bei Versuchen beobachtet, andere Emotionen zu induzieren. Systematische Studien fehlen. Ob der "traurige" Gesichtsausdruck tatsächlich spezifisch für Traurigkeit ist, kann gegenwärtig nicht definitiv beantwortet werden, da das Kriterium der Situationsspezifität nicht hinreichend geklärt ist.

Legt man die von Camras et al. (1991) hervorgehobenen Kriterien des spezifischen Gesichtsausdrucks (wie er von ihnen näher bestimmt wird) und der Situationsspezifität zugrunde, kann man mehr oder weniger gute Belege dafür finden, daß im ersten Lebensjahr Freude, Interesse/Überraschung, Ekel, Angst, Wut/Unbehagen und (wahrscheinlich) Traurigkeit vorkommen. Mit diesen sechs Emotionen sind im ersten Lebensjahr alle mimischen Ausdrucksformen beobachtbar, die sich in Untersuchungen mit Erwachsenen als relativ gut erkennbar und unterscheidbar erwiesen haben (vgl. Kapitel 4.3.1).

Die Ausführungen zur Entwicklung des mimischen Emotionsausdrucks bedürfen einer Ergänzung. Wir wenden uns der Stimme zu, die ebenfalls als ein Emotionsindikator angesehen wird, der schon im ersten Lebensjahr eine Rolle spielt (vgl. Malatesta, 1981). Im ersten Lebensjahr ist Schreien die einzige vokale Ausdrucksform von negativen Emotionen. Drückt das Schreien der Kinder nur allgemein Unbehagen aus oder lassen sich verschiedene Formen unterscheiden? Zur Beantwortung dieser Frage wurden unter verschiedenen situativen Bedingungen Aufnahmen gemacht. Diese Bedingungen können z.B. als Schmerz, Hunger, Erschrecken oder Frustration definiert werden. Die Lautäußerungen wurden teilweise physikalisch (Spektralanalyse) oder nach dem Höreindruck klassifiziert. Die Ergebnisse der spektralanalytischen Untersuchungen sind nicht eindeutig. Nach statistischen Kriterien gelang die Unterscheidung verschiedener Schreiarten nicht; allerdings war in dieser Untersuchung der Vergleich auf die Grundfrequenz beschränkt. Andere Untersucher haben die Spektrogramme frei beurteilt und konnten so jeweils vier verschiedene Typen unterscheiden (Geburtsschrei, Hunger, Schmerz und Lust/Vergnügen bzw. Hunger, Schmerz, Wut und Frustration in einer anderen Studie). Wurden die Lautäußerungen Beurteilern vorgespielt, konnten diese in zwei Studien mit Aufnahmen von wenige Tage alten Kindern nicht zwischen verschiedenen Arten des Schreiens unterscheiden. In vier von fünf Untersuchungen, in denen das Durchschnittsalter der Kinder bei etwa fünf Monaten lag, konnten die Zuhörer dagegen verschiedene Formen des Schreiens diskriminieren. Ein wichtiger Faktor scheint dabei zu sein, daß die Beurteiler Erfahrung mit Kindern haben.

Im positiven Emotionsbereich sind zwei Lautäußerungen beschrieben worden, unterschiedlich gurrende Laute und Lachen. Die Angaben, wann diese Vokalisationen erstmals auftreten, gehen auseinander. Die frühesten Datierungen liegen für das Lachen beim Ende des zweiten Lebensmonats.

Insgesamt liefern die Untersuchungen zum vokalen Emotionsausdruck zumindest starke Hinweise dafür, daß im ersten Lebensjahr nicht nur positive und negative Emotionen unterscheidbar sind, sondern innerhalb des Spektrums negativer Zustände verschiedene Qualitäten unterscheidbar sind.

Ältere Kinder. Die wesentlichen Entwicklungen des mimischen Emotionsausdrucks finden im ersten Lebensjahr statt. Die weitere Entwicklung des Emotionsausdrucks ist erstens dadurch gekennzeichnet, daß neue Auslöser für eine

Emotion hinzukommen und alte ihre ursprüngliche Funktion verlieren können. Zweitens können einige emotionale Reaktionen beobachtet werden, die im ersten Lebensjahr noch nicht vorkommen. Allerdings müssen dazu andere Verhaltensindikatoren als die Mimik herangezogen werden.

Die Funktion eines emotionsauslösenden Ereignisses kann sich mit der weiteren motorischen, kognitiven und sozialen Entwicklung des Kindes ändern. Ein Beispiel mag genügen, diese Abhängigkeit emotionaler Reaktionen von anderen Entwicklungsbedingungen zu verdeutlichen. Wenn ein zweijähriges Kind mit anderen Kindern spielt und dabei den höchsten Turm aus Bauklötzchen gebaut hat, wird es durch seine Mimik und Körperhaltung Freude und Stolz ausdrücken. Eine solche Situation kam aus mehreren Gründen in einer früheren Entwicklungsphase nicht als Auslöser dieser positiven Emotionen in Frage. Die Feinmotorik des Kindes muß so weit entwickelt sein, daß es zu dieser Leistung fähig ist. Ein motorisch ungeschicktes Kind kann sich die Möglichkeit eines solchen Erfolgserlebnisses noch nicht erschließen. Weiterhin muß das Kind Vergleiche anstellen können. Sein Turm ist höher als der anderer Kinder. Schließlich muß das Bedürfnis vorhanden sein, sich mit anderen Kindern in einem Wettkampf zu messen.

Das Auftreten neuer emotionaler Reaktionen hängt vermutlich ebenfalls mit der Entwicklung in anderen Bereichen zusammen. Emotionen, die erstmals im zweiten Lebensjahr oder sogar erst später beobachtet werden, sind Verlegenheit, Scham, Schuld, Neid und Eifersucht. Die Angaben, wann diese Reaktionen erstmals auftreten, gehen aber auseinander (siehe dazu Geppert & Heckhausen, 1990, S. 173-187). Diese Emotionen setzen insbesondere kognitive Fähigkeiten voraus, die beim jüngeren Kind noch nicht weit genug entwickelt sind. So ist Scham nur möglich, wenn sich das Kind bewußt ist, daß es eine Erwartung oder einen Standard verletzt hat. Bei Schuld kommt hinzu, daß es sich um einen moralischen Standard wie etwa eine religiöse Norm handeln muß. Das Auftreten von Schuld ist damit abhängig von der moralischen Entwicklung des Kindes.

7.1.3 Ausdruckskontrolle

Erwachsene können ihren Emotionsausdruck steuern. Sie zeigen oft unabhängig von ihrem Gefühlszustand ein situationsadäquates Ausdrucksverhalten. Wenn beispielsweise jemand an einer Beerdigung teilnimmt und den Hinterbliebenen sein Beileid ausdrückt, wird er einen traurigen Gesichtsausdruck zeigen - auch wenn er sich nicht traurig fühlt. Ein Sprichwort sagt, daß Kinder und Narren die Wahrheit sagen. Stimmen bei Kindern Ausdruck und Erleben noch überein? Wann lernen sie, ihren Ausdruck zu kontrollieren? Um diese Fragen zu beantworten, wurden Kinder unterschiedlichen Alters befragt, ob sie "Verstellungsregeln" kennen und anwenden. Weiterhin wurde untersucht, wann sie ihren Emotionsausdruck willentlich kontrollieren können. Schließlich wurden Kinder in Situationen beobachtet, in denen sie möglicherweise ihr Ausdrucksverhalten kontrollieren. Allerdings stellt sich beim letztgenannten Ansatz die Frage, wie der "wahre" Zustand der Kinder erfaßt werden soll.

Wissen über Täuschung mittels Emotionsausdruck. Was Kinder unterschiedlichen Alters über eine bewußte Verstellung des nonverbalen Ausdrucks wissen, hat Saarni (1979) untersucht. Sie schilderte ihren Versuchspersonen, die im Durchschnitt 6.7, 8.6 und 10.7 Jahre alt waren, unterschiedliche Situationen. Darin war immer ein Kind in Anwesenheit einer anderen Person einem Konflikt ausgesetzt. Beispielsweise wurde geschildert, daß ein Kind ein enttäuschendes Geburtstagsgeschenk bekommt. Zu jeder Geschichte wurden vier Szenenfotos vorgelegt. Die Kinder sollten unter vier Portraits das mit dem passenden Gesichtsausdruck auswählen und anschließend ihre Wahl begründen. Von Interesse waren die Gründe, welche die Kinder dafür nannten, daß der Darsteller seine wahren Gefühle verbirgt. Beispielsweise führten im Durchschnitt 28 Prozent der Kinder bei der Geburtstagsgeschichte Gründe dafür auf, daß sich die Hauptperson verstellt. Schon die jüngsten Versuchspersonen zeigten durch ihre Antworten, daß sie wußten, daß man manchmal einen "falschen" Gesichtsausdruck zeigt. Allerdings nannten die Zehnjährigen öfter spontan Gründe für ein Verstellen als die jüngeren Kinder. Auch fielen ihre Begründungen differenzierter aus. Wurden auch die Antworten auf Nachfragen berücksichtigt, verschwand der Alterseffekt. Die Studie zeigt somit, daß bereits viele Kinder im Alter von sechs Jahren wissen, daß man seinen Gesichtsausdruck der Situation anstatt dem eigenen Befinden anpassen kann. In dem berücksichtigten Altersbereich erwies sich die Gruppe der ältesten Kinder den jüngeren lediglich darin als überlegen, daß sie häufiger spontan Gründe dafür nannten und diese komplexer waren.

Mit noch jüngeren Kindern haben sich Gross und Harris (1988) befaßt. Ihre Versuchspersonen waren durchschnittlich vier bis fünf bzw. fünf bis sieben Jahre alt. Die Kinder hörten kurze Geschichten, in denen zur Hälfte nonverbales Täuschungsverhalten beschrieben wurde. Dazu ein Beispiel: "Diana spielt mit ihren Freunden. Eines der älteren Kinder spritzt Diana mit einer Wasserpistole naß. Alle lachen, aber Diana findet das nicht lustig. Diana weiß, daß die älteren Kinder sagen werden, sie sei ein Baby, wenn sie zeigt, wie sie sich wirklich fühlt. Deshalb versucht Diana zu verbergen, wie sie sich wirklich fühlt."

Den Kindern wurden nun verschiedene Fragen gestellt, um zu erkunden, was sie über die nonverbale Täuschung dachten. Es zeigte sich, daß die Kinder beider Altersgruppen verstanden hatten, wie sich die Person in der Geschichte wirklich fühlt. Sie erkannten meist auch, daß sich die Zuschauer am Ausdrucksverhalten des Kindes orientieren, wenn sie etwas über dessen Gefühlszustand wissen wollen. Die Altersunterschiede kamen in den Begründungen der Kinder zum Tragen. Die älteren Kinder verstanden offenbar, daß jemand andere Menschen bewußt über seinen wahren Zustand täuschen kann, indem er einen Gesichtsausdruck zeigt, der nicht zum Gefühlszustand paßt. Die jüngeren Kinder lieferten dagegen meist unplausible Gründe für den "falschen" Emotionsausdruck. Sie machten das Ereignis und nicht die Motivation zur Täuschung für den "falschen" Ausdruck verantwortlich.

In den beiden geschilderten Untersuchungen wurden relativ einfache Situationen zum Anlaß genommen, das Wissen der Kinder über nonverbale Täuschung zu erfassen. Die Welt der Erwachsenen ist weitaus komplizierter. Es gehört manchmal sehr viel Erfahrung dazu, um beurteilen zu können, welche Emotionen situationsangemessen sind. Deshalb ist zu vermuten, daß Kinder zwar mit etwa sechs Jahren das Prinzip der nonverbalen Täuschung verstehen, mit zunehmendem Alter aber erst lernen, in welchen Situationen welche Emotionen angemessen sind.

Fähigkeit zur willentlichen Produktion von Emotionsausdrücken. Ein Kind, das andere Menschen über seinen wahren Zustand täuschen will, muß nicht nur "Regeln" kennen, sondern auch fähig sein, den passenden Gesichtsausdruck willentlich zu produzieren. Mit der Fähigkeit, bestimmte Gesichtsausdrücke zu produzieren, haben sich Lewis, Sullivan und Vasen (1987) befaßt. Die von ihnen untersuchten Kinder waren zwei bis fünf Jahre alt. Zum Vergleich wurden auch Erwachsene herangezogen. Die Versuchsleiterin forderte sie auf, nacheinander sechs verschiedene Emotionen durch ihre Mimik auszudrücken. Dabei wurden sie gefilmt. Die Aufnahmen wurden später danach eingestuft, ob bestimmte mimische Veränderungen sichtbar waren, die als typisch für diese Emotionen angesehen wurden. Insgesamt erwies sich die Fähigkeit, Gesichtsausdrücke von Emotionen zu produzieren, als altersabhängig. Je älter die Kinder waren, desto besser gelang ihnen die Aufgabe. Die Fähigkeiten der Zweijährigen, die verlangten Gesichtsausdrücke zu stellen, waren noch gering. Bemerkenswert ist, daß die Vier- und Fünfjährigen bei der Darstellung von Traurigkeit, Angst und Ekel nicht von den Erwachsenen übertroffen wurden. Deutlich schwerer als den Erwachsenen fiel ihnen jedoch die Darstellung von Ärger. Bei Überraschung und Glück erreichten sie ebenfalls nicht die Leistungen der Erwachsenen.

In anderen Untersuchungen wurden den Kindern schwerere Aufgaben gestellt. Sie sollten nicht wie bei Lewis et al. (1987) in einem neutralen Zustand bestimmte Gesichtsausdrücke produzieren, sondern unter dem Einfluß emotionsauslösender Reize. Dazu wurden Kindern angenehme oder unangenehme Dias gezeigt oder sie erhielten gut oder schlecht schmeckende Getränke. Ihre Aufgabe bestand jeweils darin, Zuschauer über die wahre Qualität der Reize, denen sie gerade ausgesetzt waren, zu täuschen. In diesen Untersuchungen erwiesen sich Erstklässler noch als schlechte nonverbale Täuscher. Die Fähigkeit, einen Emotionsausdruck zu zeigen, der nicht dem eigenen Erleben entsprach, nahm mit dem Alter (die ältesten Kinder gingen in die siebte Klasse) deutlich zu (siehe DePaulo & Jordan, 1982).

Experimentelle Induktion von "echter" Ausdruckskontrolle. Einen direkten Versuch, nonverbale Täuschung zu erfassen, unternahmen Lewis, Stanger und Sullivan (1989). Ihre Versuchspersonen waren erst drei Jahre alt. Der Versuchsleiter holte einen Spielzeugzoo und verließ den Raum. Er wies das Kind an, nicht nach dem Spielzeug zu schauen, bis er wieder kam. Durch unbemerkte Beobachtung konnte festgestellt werden, daß erwartungsgemäß fast alle Kinder trotzdem nach dem Spielzeug schauten. Der Versuchsleiter fragte sie anschließend, ob sie geschaut hätten. Ein Teil sagte wahrheitsgemäß "ja", die anderen schwiegen oder sagten wahrheitswidrig "nein". Erwachsene Beobachter, die später tonlose Videoaufnahmen der Kinder in dieser Situation sahen, konnten nicht erkennen, welche Kinder die Unwahrheit sagten. Weiterhin wurden einzelne Komponenten des Ausdrucksverhaltens der Kinder analysiert. Kinder, die gelogen hatten, lächelten ebenso oft wie die anderen und zeigten ein entspanntes Gesicht. Auch in anderen Verhaltensweisen wie nervösem Anfassen der Kleidung oder von Körperteilen erwiesen sie sich nicht als auffällig. Wir kennen allerdings nicht den wahren Zustand der Kinder. Denkbar wäre, daß die Mogler aus Verlegenheit gelächelt haben. Eine andere Alternativerklärung ist, daß sich Kinder, die "nein" gesagt haben, vielleicht selbst keiner Lüge bewußt waren.

Schneider und Josephs (1991) filmten Kinder im Vorschulalter unbemerkt bei einem Spiel, das den Kindern sowohl Erfolg als auch Mißerfolg einbrachte. Im ersten Experiment, in dem die Versuchsleiterin anwesend war, lächelten die Kinder nach einem Mißerfolg sogar häufiger als nach einem Erfolg. Im zweiten Experiment wurde der soziale Kontext variiert. Die Versuchsleiterin schaute den Kindern entweder zu, oder sie setzte sich mit dem Rücken zum Kind an einen anderen Tisch. Schaute die Versuchsleiterin den Kindern zu, lächelten sie wesentlich häufiger als in der anderen Bedingung, und zwar unabhängig davon, ob sie gerade Erfolg oder Mißerfolg hatten. Wenn die Kinder sich unbeobachtet fühlten, bestand dagegen eine Tendenz, bei Erfolg mehr zu lächeln als bei Mißerfolg. Diese Untersuchung demonstriert, daß das Lächeln schon bei Kindern im Altersbereich zwischen drei und sechs Jahren eindeutig eine soziale Funktion hat. Diese dominiert sogar über den Emotionsausdruck, wenn man unterstellt, daß sich die Kinder nach einem Erfolg gefreut haben und daß sich Freude in einem Lächeln zeigt.

Fazit. Betrachtet man die hier beschriebenen Untersuchungen zur Ausdruckskontrolle, ergibt sich ein scheinbar verwirrendes Bild. Demnach können Kinder im Vorschulalter bereits auf Aufforderung bestimmte Emotionen mimisch ausdrücken. Selbst Dreijährigen gelingt das teilweise (Lewis et al., 1987). Zugleich gibt es Hinweise dafür, daß sie tatsächlich in bestimmten Situationen ihren Emotionsausdruck kontrollieren (Lewis et al., 1989; Schneider & Josephs, 1991). Und trotzdem scheinen Kinder überhaupt erst etwa ab dem Schulalter zu verstehen, was nonverbale Täuschung ist (Gross & Harris, 1988; Saarni, 1979).

In Untersuchungen zum Verstehen von Ausdruckskontrolle wird unterstellt, daß nonverbale Täuschung ein bewußter Vorgang ist und eine komplexe kognitive Leistung verlangt. Ein Kind muß wissen, daß Gefühl und Ausdruck unabhängig voneinander existieren können und daß andere Menschen nur den Ausdruck, nicht aber die Gefühle wahrnehmen können. Weiterhin muß es erkennen, daß man seinen Ausdruck an die Situation anstatt an seinen Gefühlszustand anpassen kann und daß es gute Gründe für dieses Verhalten gibt. Insofern ist es nicht verwunderlich, daß die Fähigkeit zu solchen kognitiven Operationen erst mit etwa sechs Jahren nachweisbar ist. Im Alter zwischen vier und sechs Jahren entwickeln Kinder die Fähigkeit, bewußt falsche Aussagen über physikalische Fakten zu machen, etwa darüber, wo sich ein Objekt befindet (vgl. Gross & Harris, 1988).

Das Verhalten geht offenbar dem Verstehen in der Entwicklung voraus. Die Kinder können teilweise schon einen situationsangemessenen Gesichtsausdruck produzieren, obwohl bei ihnen die kognitiven Voraussetzungen für eine kalkulierte Täuschung noch fehlen. Eine mögliche Erklärung für diesen Widerspruch liegt darin, daß die Mimik nicht nur unter dem Einfluß von inneren Zuständen steht, sondern auch von situativen Reizen gesteuert wird. Kinder lernen möglicherweise schon früh, in bestimmten sozialen Situation zu lächeln. Die Bedeutung dieses Verhaltens braucht ihnen dabei gar nicht bewußt zu sein. Obwohl ihr Verhalten die Funktion einer Täuschung hat, erfolgt es nicht aus der Überlegung heraus, den wahren Gefühlszustand verbergen zu wollen.

7.1.4 Geschlechts- und Kulturunterschiede im Emotionsausdruck

Kinder zeigen unterschiedliches Ausdrucksverhalten. Sind die Unterschiede allein auf das Alter der Kinder zurückzuführen? Genau wie bei Erwachsenen wird es auch bei gleichaltrigen Kindern interindividuelle Unterschiede im Emotionsausdruck geben. Später werden wir uns mit Erklärungsversuchen befassen (Kapitel 7.4). Hier wollen wir versuchen, interindividuelle Unterschiede im Emotionsausdruck von Kindern zu beschreiben. Dazu greifen wir zwei theoretisch besonders relevante Variablen heraus: Kulturzugehörigkeit und Geschlecht.

Unterschiede zwischen Angehörigen verschiedener Kulturen. Kagan et al. (1994) haben Vergleiche zwischen verschiedenen Kulturen angestellt. Vier Monate alte Kinder aus Boston (USA; N = 247), Dublin (Irland; N = 106)) und Peking (China; N = 80) wurden gleichen Reizen ausgesetzt. Sie hörten Sprache und später auch Silben von einem Tonband, es wurden ihnen Mobiles gezeigt, Geruchsreize dargeboten, und schließlich wurden sie durch einen platzenden Ballon erschreckt. Dabei wurden ihre motorische Aktivität, ihre Vokalisation, ihr Lächeln sowie ihr Weinen registriert. Insgesamt zeigte sich, daß die chinesischen Babys deutlich schwächer reagierten als die amerikanischen und

irischen. So gaben die irischen und die amerikanischen Babys in durchschnittlich 31 Prozent der Durchgänge positive oder neutrale Laute von sich, die chinesischen nur in 8 Prozent. 19 Prozent der chinesischen Babys weinten überhaupt nicht - im Vergleich zu weniger als einem Prozent der amerikanischen.
Lediglich in der Häufigkeit des Lächelns unterschieden sie sich nicht von den
beiden anderen Gruppen. Kagan et al. (1994) können nicht ausschließen, daß
die Kinder im Alter von vier Monaten schon unterschiedliche Erfahrungen
gesammelt haben können. Sie halten aber genetisch bedingte Temperamentsun-
terschiede für die plausibelste Erklärung für die unterschiedliche emotionale
Reagibilität.

Unterschiede zwischen amerikanischen und asiatischen (japanischen) Kindern fanden auch Camras et al. (1992). Als emotionsauslösende Situation
wurde hier das Festhalten der Arme gewählt. Im Alter von fünf Monaten reagierten die japanischen Kinder deutlich langsamer mit einem negativen Gesichtsausdruck als die amerikanischen (126 versus 63 Sekunden Latenzzeit).
Auch bei anderen Maßen wiesen die Mittelwerte (auch im Alter von 12 Monaten) auf eine größere Latenz bei den japanischen Kindern hin; die Unterschiede
waren aber angesichts der relativ kleinen Versuchspersonenzahl (N = 13 bei
den Japanern) nicht signifikant.

Geschlechtsunterschiede. In der Studie von Kagan et al. (1994) fanden sich
geringfügige Unterschiede zwischen den Geschlechtern. Männliche Babys
gaben mehr neutrale oder angenehme Laute von sich und lächelten öfter als
weibliche. Diese Unterschiede waren bei den chinesischen Kindern am ausge-
prägtesten und erwiesen sich auch nur bei ihnen als signifikant. Insgesamt
ergibt sich gegenwärtig noch kein klares Bild von eventuell vorhandenen
Geschlechtsdifferenzen im Emotionsausdruck von Kindern. Brody und Hall
(1993) berichten etwa von einer Untersuchung mit zwei- bis vierjährigen
Kindern, die beim Betrachten eines Films beobachtet wurden. Hier zeigten die
Jungen mehr Ärger und die Mädchen mehr Angst und auch Glück. In einer
anderen Studie konnten bei Kindern im Vorschulalter, die emotionsauslösende
Dias anschauten, keine Geschlechtsunterschiede festgestellt werden. Allerdings
fanden sich Hinweise, daß bei Jungen die Expressivität mit dem Alter eher
abnahm, während sie bei den Mädchen zunahm.

7.2 Entwicklung der physiologischen Reaktionen

Ähnlich wie bei Erwachsenen ergibt sich bei Kindern eher ein verwirrendes
Bild, wenn man die physiologischen Reaktionen auf emotionsauslösende Reize
untersucht. Am Beispiel der Herzfrequenz, die bei Kleinkindern bevorzugt
studiert wurde, kann dies verdeutlicht werden (siehe Maier, Ambühl-Caesar &
Schandry, 1994, S. 90 ff.; Marks, 1987, S. 128 ff.).

Betrachten wir zunächst zwei Situationen, die wohl mit positiven Emotionen einhergehen. Neugeborene erhielten eine Zuckerlösung zum Saugen. Im Vergleich zu einer Bedingung, in der ihnen lediglich Wasser zum Saugen angeboten wurde, stieg ihre Herzfrequenz an. Bei drei Monate alten Kindern wurde durch soziale Reize (Ansprechen, Anlächeln) ein Lächeln ausgelöst. Dem Lächeln ging eine Abnahme der Herzfrequenz voraus. Je intensiver das Lächeln war, desto ausgeprägter war die Dezeleration der Herzfrequenz.

Bei emotional negativen Reizen ist ebenfalls keine Systematik zu erkennen. Ab etwa zwei Monaten können Kinder Tiefe wahrnehmen, und sie reagieren mit einer Abnahme ihrer Herzfrequenz, wenn sie vor einen (mit einer durchsichtigen Scheibe abgedeckten) Abgrund gesetzt werden. Diese Reaktion scheint Ausdruck von Aufmerksamkeit zu sein; im Verhalten fehlen Anzeichen von Angst. Mit etwa sechs bis neun Monaten ändert sich ihre Reaktion. Die Kinder zeigen oft Verhaltensweisen, die als Ausdruck von Angst verstanden werden können. Nun ist oft einen Anstieg der Herzfrequenz zu beobachten. Die veränderte Reaktion ist nicht mit dem Alter der Kinder zu erklären. Sieben Monate alte Kinder, die bereits krabbeln können, reagieren in dieser Situation mit einem Anstieg der Herzfrequenz, während gleichaltrige Kinder ohne Krabbelerfahrung nicht reagieren. Der Herzfrequenzanstieg ist also möglicherweise ein Anzeichen von Angst. Eine andere Situation, die bei sieben bis zwölf Monate alten Kindern Angst auslösen kann, ist die Annäherung eines Fremden. In einer Studie wurde beobachtet, daß die Herzfrequenz in der Phase, bevor sie anfingen zu weinen, meist abfiel (vgl. Kagan, 1982). In einer Untersuchung mit zehn bis dreizehn Monate alten Kindern fiel die Herzfrequenz zunächst ab, wenn die Kinder den Fremden wahrnahmen. Diese Reaktion trat jedoch nicht auf, wenn die Mutter anwesend war. Während der weiteren Annäherung nahm die Herzfrequenz dann zu und zwar unabhängig von der Anwesenheit der Mutter (vgl. Maier et al., 1994).

In einer Längsschnittuntersuchung (Kagan, 1982) wurden Kinder zwischen dreieinhalb und 29 Monaten mehrfach verschiedenen Reizen ausgesetzt. Ob ein kleines Kind mit einer Erhöhung oder Verminderung seiner Herzfrequenz reagierte und wie stark die Herzfrequenz dabei variierte, hing hauptsächlich von der Art der Reize ab. Kagan (1982) vermutet, daß sich Kinder darin unterscheiden, wie aufmerksam sie sich neuen, unerwarteten Ereignissen zuwenden. Aufmerksamkeit zeigt sich nach Kagan (1982) in einer niedrigen Variabilität der Herzfrequenz. Unter anderem wurde untersucht, welche Beziehung zwischen der Herzfrequenz und Trennungsangstverhalten besteht. Trennungsangst wurde durch die Häufigkeit des Weinens bei einer kurzen Trennung von der Mutter operationalisiert. Wenn wichtige Merkmale wie Kulturzugehörigkeit, Geschlecht und Erziehungsbedingungen kontrolliert wurden, fanden sich Zusammenhänge mit der Herzfrequenz. Kinder, deren Herzfrequenz anstieg und dabei wenig fluktuierte, zeigten stärkere Trennungsangst als Kinder mit dem umgekehrten Muster.

Herzfrequenzveränderungen auf emotional bedeutsame Reize sind also schon bei Neugeborenen beobachtbar. Die entscheidende Frage ist, was bei kleinen Kindern eine Beschleunigung oder Verlangsamung der Herzfrequenz bedeutet. Die Befunde sind zu heterogen, als daß eine Zu- oder Abnahme der Herzfrequenz ein Indikator für eine bestimmte Emotionsqualität sein kann. Über Erklärungsversuche für kardiovaskuläre Reaktionen, die über eine alleinige Betrachtung emotionaler Prozesse hinausgehen, berichten Maier et al. (1994).

Im höheren Alter verändern sich das kardiovaskuläre System und die Schweißdrüsen der Haut (Maier et al., 1994). Die Befunde zu physiologischen Reaktionen auf emotionsauslösende Reize bei älteren Menschen sind jedoch uneinheitlich. Alterseffekte bestehen nur bei einzelnen Variablen, wobei die Richtung der Effekte unterschiedlich ist. Beispielsweise sprechen mehrere Untersuchungen dafür, daß bei älteren Menschen der systolische Blutdruck stärker ansteigt als bei jüngeren, wenn sie emotionalen Reizen ausgesetzt werden. Bei der Herzfrequenz zeigt sich das umgekehrte Bild. Sie steigt bei älteren Menschen meist weniger stark an (siehe Janke & Hüppe, 1990).

Welche Schlußfolgerungen sind im Rahmen der Emotionsforschung für die Entwicklung physiologischer Reaktionen zu ziehen? Gegenwärtig ist es nicht möglich, ein klares Bild zu zeichnen. Richtung und Intensität der Reaktionen werden von anderen Faktoren mit bestimmt. Es ist schwer, den Anteil abzuschätzen, der auf Emotionen zurückzuführen ist.

7.3 Entwicklung von Gefühlen

Ein Neugeborenes kann anderen noch nichts über seinen Zustand mitteilen. Die Frage, ob sehr kleine Kinder schon Gefühle haben, ist deshalb nicht beantwortbar. Sobald das Kind über Sprache verfügt, können wir es nach seinen Gefühlen fragen. Was meint ein Kind, wenn es von sich sagt, daß es Freude oder Traurigkeit empfindet? Um die Bedeutung einer solchen Ausssage richtig würdigen zu können, müssen wir wissen, was das Kind unter "Freude" und "Traurigkeit" versteht. Es wäre immerhin denkbar, daß sich seine Wortbedeutung nicht mit der von Erwachsenen deckt. Kinder (und Erwachsene) verwenden Wörter wie Angst, Freude oder Traurigkeit häufig auch, um den Zustand anderer Menschen oder sogar den von Tieren zu beschreiben. Aus der Tatsache, daß ein Kind solche Wörter versteht und aktiv verwendet, können wir nicht schließen, daß es *Gefühle* der Angst, der Freude oder Traurigkeit kennt.

Für die entwicklungspsychologische Forschung folgt daraus, daß Angaben zum emotionalen Erleben nicht losgelöst von Stand der Sprachentwicklung zu verstehen sind. Wir werden uns deshalb zunächst mit dem Emotionsvokabular befassen und uns dann der verbalen Beschreibung von Gefühlen mit Hilfe dieser Wörter zuwenden.

7.3.1 Erwerb des Emotionsvokabulars

Welche Emotionsbegriffe kennen Kinder unterschiedlicher Altersstufen? Um diese Frage zu beantworten, können wir Erziehungspersonen befragen. Sie geben uns Auskunft, welche Wörter die Kinder verwenden oder verstehen. Wenn wir wissen wollen, welche Bedeutung die Wörter für die Kinder haben, müssen wir den Kindern selbst bestimmte Fragen zu diesen Emotionen stellen.

Befragung von Erziehungspersonen. Mit der Verwendung von emotionsbeschreibenden Adjektiven durch Kinder haben sich Ridgeway, Waters und Kuczaj (1985) befaßt. Sie befragten die Eltern von unterschiedlich alten Kindern. In der jüngsten Gruppe betrug das Alter 18-23 Monate, in der ältesten 66-71 Monate. Jede der neun Gruppen war mit 30 Kindern besetzt. Den Eltern wurden Listen mit 125 ausgewählten Emotionswörtern ausgehändigt. Sie wurden u.a. gefragt, ob ihr Kind das Wort verstehen würde, wenn jemand damit seine Gefühle beschreiben würde. Abbildung 7.1 zeigt ausgewählte Ergebnisse dieser Studie zum Verstehen von Emotionswörtern.

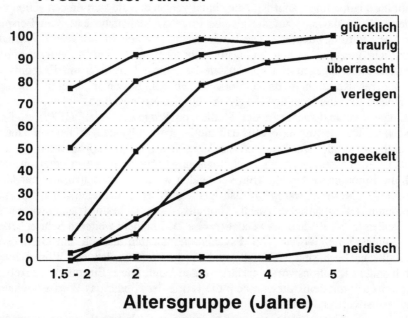

Abbildung 7.1 Verstehen von Emotionswörtern. Prozentualer Anteil der Kinder einer Altersgruppe, die ein Wort nach Angaben ihrer Eltern verstehen (modifiziert nach Ridgeway et al. (1985, S. 904 ff.; N = 30 bzw. 60 pro Altersstufe, Altersgruppen zusammengefaßt).

Insgesamt fällt auf, daß es große Unterschiede zwischen den Adjektiven gab. Einige wurden schon früh verstanden, andere erst viel später. Nimmt man als Kriterium für den Erwerb an, daß 50 Prozent der Kinder aller untersuchten Altersstufen das Wort verstehen, so stehen "glücklich" (happy) und "traurig" (sad) unter den reinen Emotionswörtern auf den ersten Plätzen. Diese Begriffe wurden also durchschnittlich am frühesten verstanden. Sogar von den eineinhalb bis zweijährigen Kinder verstanden mehr als die Hälfte diese Wörter. Mit drei Jahren wußten schon fast alle Kinder, was "glücklich" und "traurig" bedeuten (vgl. Abbildung 7.1). Ähnlich früh wurden auch einige allgemeine Zustandsbegriffe wie "hungrig" oder "müde" verstanden. Die Bedeutung vieler Emotionswörter war den Kindern aber im Alter von zwei bis drei Jahren noch nicht allgemein bekannt. Beispiele sind "verlegen" (embarrassed) und "angeekelt" (disgusted) (vgl. Abbildung 7.1). Das Verständnis für diese Begriffe nahm jedoch kontinuierlich mit dem Alter zu. Von den 125 untersuchten Wörtern wurden immerhin 75 von mehr als der Hälfte der ältesten Kindern verstanden. Einige wenige Begriffe waren den Kindern allerdings selbst gegen Ende des Vorschulalters noch relativ fremd. Dazu gehören "neidisch" (envious; vgl. Abbildung 7.1) und "hoffnungslos" (hopeless).

Daß die Kinder ein Wort nicht kennen, bedeutet keineswegs, daß ihnen eine Emotionsqualität unbekannt ist. Manchmal verstanden sie statt dessen schon ein anderes Wort, das sich auf die gleiche Emotionsqualität bezieht. Am Beispiel der Angst wird das deutlich. Die Kinder kannten schon früh das Wort "afraid" (ängstlich, bange); "anxious" (ängstlich, besorgt) und "fearful" (furchterfüllt) verstanden sie dagegen erst viel später. Bei einem Vergleich mit Ergebnissen aus anderen Kulturen ist daher Vorsicht geboten; bei einer anderen Übersetzung eines Begriffs kann der Vergleich völlig anders ausfallen.

Einige weitere Ergebnisse der Studie von Ridgeway et al. (1985) sind zu erwähnen. Die Befragung ergab, daß die Begriffe allgemein früher verstanden als aktiv verwendet wurden. Daß das Verstehen der Sprachproduktion vorausgeht, ist ein bekanntes sprachpsychologisches Phänomen. Worin unterscheiden sich die Emotionswörter, die früh verstanden wurden, von denen, die nur älteren Kindern vertraut waren? Je häufiger ein Wort in der englischen Sprache vorkommt (Worthäufigkeit nach Thorndike-Lorge), desto früher wurde es verstanden (r = .39) und verwendet (r = .42). In einem weiteren Schritt ließen die Autoren die Wörter von Psychologiestudenten danach einstufen, wie "grundlegend" sie sind. "Grundlegend" bedeutet hier, daß ein Wort schwer durch andere Emotionswörter erklärt werden kann. Diese Einstufung korrelierte jeweils .50 mit dem Alter, in dem die Hälfte der Kinder das Wort verstanden bzw. selbst verwendet hat.

In anderen Untersuchungen wurden teilweise auch Erziehungspersonen befragt. Zusätzlich wurden Tagebücher ausgewertet oder Gespräche zu Hause aufgezeichnet und analysiert. Diese Studien sprechen ebenfalls dafür, daß Kinder mit etwa 18-20 Monaten anfangen, Emotionswörter zu verstehen und sie selbst zu verwenden (siehe Bretherton, Fritz, Zahn-Waxler & Ridgeway,

1986). Aufschlußreich ist, in welchem sprachlichen Kontext Kinder die Emotionswörter verwenden. Schon im Alter von 28 Monaten verwenden Kinder Emotionswörter manchmal im Zusammenhang mit Auslösern ("es ist dunkel; ich habe Angst") oder Ausdrucksverhalten ("ich weine jetzt nicht. Ich [bin] glücklich") (Bretherton et al., 1986).

Gesichtsausdrücke benennen. Wenn die Kinder älter sind, können sie auch direkt mit standardisierten Methoden untersucht werden. Eine einfache Methode besteht darin, Kindern Fotos von Gesichtern zu zeigen, die nach übereinstimmender Ansicht von Erwachsenen bestimmte Emotionen ausdrücken. Michalson und Lewis (1985) berichten von einer Studie mit Kindern im Alter von zwei, drei, vier und fünf Jahren. Ihnen wurden Fotos von einem Mädchen gezeigt, das relativ eindeutig Glück, Überraschung, Wut, Angst, Traurigkeit und Ekel ausdrückte.

Von den zehn Zweijährigen verwendete nur eines überhaupt Emotionswörter, und zwar "glücklich" und "traurig". Diese beiden Begriffe waren auch den Dreijährigen am besten bekannt. Aber erst von den Vierjährigen bezeichnete mehr als die Hälfte die Gesichter als glücklich, traurig sowie wütend. Bei den Fünfjährigen waren es schon über 80 Prozent. Der Ekelausdruck wurde von keinem Kind richtig benannt, der Angstausdruck wurde relativ schlecht erkannt, oder es fehlten den Kindern die richtigen Worte. Wurde die Prozedur verändert, indem der Versuchsleiter ein Emotionswort nannte und das Kind ein passendes Gesicht dazu suchen mußte, stiegen die Leistungen deutlich an. Statt der Wortproduktion wurde also das Wortverstehen geprüft. Über 80 Prozent der Zweijährigen zeigten richtig auf das glückliche bzw. das traurige Gesicht, wenn sie nach dem "glücklichen" oder dem "traurigen" Mädchen gefragt wurden. "Wütend" und "überrascht" wurde in dieser Altersgruppe von 40 Prozent der Kinder verstanden. Auch mit dieser Methode zeigte sich, daß "Angst" und "Ekel" erst sehr spät, nämlich ab vier Jahren, verstanden wurden.

In Untersuchungen dieser Art hängen die Leistungen der Kinder erheblich vom verwendeten Material und der Aufgabe ab. Die vorgegebenen Gesichter können unterschiedlich typisch für die Emotionen sein, die sie ausdrücken sollen. Teilweise wurde die Aufgabe verändert, indem die Gesichter mit kurzen Situationsschilderungen verbunden wurden oder indem bewegte Videoaufnahmen anstatt statischer Fotos vorgegeben wurden. Manchmal sollten die Kinder die Stimuli frei benennen, manchmal hatten sie nur eine Auswahl unter mehreren vorgegebenen Begriffen zu treffen. Deshalb können die Ergebnisse verschiedener Untersuchungen nicht direkt verglichen werden. Es zeigt sich aber in weiteren Studien, daß bereits Vierjährige unter für sie günstigen Bedingungen (Bilder mit Situationsschilderungen) Gesichtsausdrücke von Glück, Traurigkeit, Ärger, Angst, Ekel und Überraschung benennen können. Am frühesten wird offenbar ein glücklicher Gesichtsausdruck als solcher benannt. Bezüglich der Schwierigkeit der anderen Emotionsausdrücke weichen die Ergebnisse voneinander ab (siehe Smiley & Huttenlocher, 1989).

Wissen über emotionsauslösende Ereignisse. Die Bildermethode zwingt die Untersucher, sich auf die wenigen darstellbaren Emotionen zu beschränken. Zudem sind sie von der Eindeutigkeit ihrer Bildvorlagen abhängig. Eine andere Möglichkeit besteht darin, Kindern einfache emotionsauslösende Situationen zu schildern (z. B. für Eifersucht: Du hättest gerne ein Fahrrad. Dein Freund bekommt eines und fährt die ganze Zeit damit herum). Dann kann man sie fragen, was sie in dieser Situation empfinden würden. Brody und Harrison (1987) verglichen so Kinder im Vorschulalter (durchschnittliches Alter: vier Jahre und sieben Monate) mit Kindern aus der 3. und 4. Klasse (Durchschnittsalter acht Jahre und neun Monate). Bei einigen Geschichten erkannten die Kinder beider Altersgruppen etwa gleich gut die von den erwachsenen Geschichtenschreibern intendierte Emotion (z.B. Wut, Ekel, Überraschung). Bei anderen Situationsschilderungen waren die Trefferquoten der älteren Kinder deutlich höher als die der jüngeren (z.B. Furcht, Verlegenheit). Auch andere Untersuchungen bestätigen, daß die Fähigkeit, Emotionen wie Angst, Traurigkeit oder Wut richtig mit vorgegebenen Situationsschilderungen in Verbindung zu bringen, im Alter zwischen vier und sieben Jahren stark zunimmt (vgl. Michalson & Lewis, 1985).

Camras und Allison (1989) verglichen achtjährige Kinder mit Erwachsenen. Beide sollten Geschichten erzählen, in denen jemand eine von folgenden Emotionen erlebt: Glück, Überraschung, Wut, Traurigkeit, Ekel oder Angst. Diese Schilderungen wurden anderen Kindern und Erwachsenen zur Beurteilung vorgelegt. Diese sollten herausfinden, welche Emotion die Person in der Geschichte erlebt. Die Erwachsenen erkannten die Emotionen signifikant besser als die Kinder. Die Unterschiede in den Trefferquoten sind aber nicht sehr groß. So wurden die Geschichten von Kindern zum Thema Glück von 68 Prozent der Kinder und 80 Prozent der Erwachsenen richtig erkannt. Handelte es sich um Geschichten, die von Erwachsenen produziert worden waren, betrugen die Trefferquoten 85 bzw. 90 Prozent. Insgesamt ist die Übereinstimmung zwischen den Kindern und Erwachsenen bei der Beurteilung der Geschichten beachtlich. Im Durchschnitt erkannten die Kinder 59 Prozent der Kindergeschichten richtig, die Erwachsenen 70 Prozent. Stammten die Situationsschilderungen von Erwachsenen, war der Unterschied in der Erkennensleistung mit 71 versus 73 Prozent noch geringer. Daraus folgt, daß zumindest für die hier untersuchten Emotionen gilt, daß achtjährige Kinder ähnlich gut wie Erwachsene wissen, in welchen alltäglichen Situationen Menschen normalerweise bestimmte Emotionen erleben.

Harris, Olthof, Terwogt und Hardman (1987) verwendeten weitaus mehr Emotionsbegriffe, nämlich 20 bzw. 16 (Untersuchung 2). Die Versuchspersonen, englische und holländische Kinder im Alter von fünf, sieben, zehn und vierzehn Jahren sowie (Untersuchung 2) nepalesische Kinder im Alter zwischen sechs und zehn sowie zwölf und vierzehn Jahren, sollten ebenfalls Situationen schildern, in denen diese Emotionen auftreten. Wie gut Erwachsene die Situationsschilderungen dem ursprünglich vorgegebenen Emotionswort zuordnen konnten, diente als Maß des Wortverständnisses. Einige Begriffe wie "glücklich" (happy), "wütend" (angry), "ängstlich" (afraid) wurden von allen Altersgruppen gleich gut mit passenden Situationen in Verbindung gebracht. Bei anderen fiel auf, daß sie zumindest von den jüngsten Versuchspersonen aller Nationalitäten deutlich schwerer mit einer passenden Situation verknüpft wurden. Dazu gehören "stolz" (proud) und "besorgt" (worried). Die englischen und holländischen Fünf- und teilweise auch Siebenjährigen hatten ferner Schwierigkeiten mit "angeekelt" (disgusted), "schuldig" (guilty), "eifersüchtig" (jealous), "enttäuscht" (disappointed) oder "dankbar" (grateful).

Fazit. Unabhängig davon, mit welcher Methode das Verstehen von Emotionswörtern untersucht wurde, fanden sich immer wieder gravierende Unterschiede zwischen den Begriffen. Einige Begriffe werden relativ früh verstanden, andere erst deutlich später. Was "glücklich" und "traurig" bedeutet, wird schon von vielen Zweijährigen verstanden. Begriffe wie "verlegen", "eifersüchtig" oder "neidisch" werden selbst von vielen Siebenjährigen noch nicht eindeutig mit typischen Situationen verknüpft und daher wohl noch nicht richtig verstanden. Die meisten grundlegenden Emotionsbegriffe werden jedoch gegen Ende des Vorschulalters bekannt sein.

Das Verstehen wurde in diesen Untersuchungen zwangsläufig an "Äußerlichkeiten" geprüft. Die Untersucher können nur die Zuordnung von Begriffen zu Ausdruckserscheinungen und Ereignissen beobachten. Was spricht dafür, daß die Kinder mit diesen Begriffen auch bestimmte innere Zustände verbinden? Dazu müssen wir uns mit der Frage befassen, wie man überhaupt Bezeichnungen für Zustände lernen kann, die Außenstehende nicht beobachten können (siehe Schmidt-Atzert, 1981, S. 47 ff.). Am Beispiel des Hungers (der zwar keine Emotion, aber auch ein innerer Zustand ist) läßt sich das erklären. Die Eltern beobachten ein bestimmtes Verhalten, das auch bei ihnen mit Hungergefühlen einhergeht, z.B. die Suche nach etwas Eßbarem oder hastiges Essen. Außerdem kennen sie Situationen, in denen Hungergefühle auftreten: Die letzte Mahlzeit liegt schon lange zurück, der Anblick oder der Geruch einer begehrten Speise. Wenn sie bei dem Kind solche äußeren Hinweise auf Hunger feststellen, sagen sie vielleicht: "Du hast bestimmt Hunger". Das Kind verbindet nun das Wort "Hunger" mit bestimmten Verhaltensweisen und Situationen. (Diese Verbindung wird in Untersuchungen zum Wortverständnis geprüft). Da es in diesem Kontext aber auch immer wieder ein Hungergefühl wahrnimmt, lernt es, das Wort "Hunger" mit diesem inneren Zustand zu verbinden. Später wird es auch dann von "Hunger" sprechen, wenn nur diese Empfindung vorliegt; die äußeren Hinweise können, müssen aber nicht vorhanden sein.

Für Untersuchungen zum emotionalen Erleben von Kindern ergeben sich wichtige Schlußfolgerungen aus den o.g. Befunden und diesen Überlegungen zum Lernen von Emotionswörtern. Wenn ein Kind die Verbindung zwischen den äußeren Manifestationen einer Emotion und dem "dazugehörigen" Begriff noch nicht gelernt hat, kann es seine Gefühle noch nicht adäquat benennen. Dieser Lernprozeß stellt eine notwendige Voraussetzung für die verbale Beschreibung von Gefühlen dar. Gegen Ende des Vorschulalters verstehen viele Kinder noch nicht alle Emotionsbegriffe (gemessen an "äußeren" Kriterien). Auch wenn diese Kinder Empfindungen haben sollten, die Erwachsene als "Neid" oder "Verlegenheit" bezeichnen würden, so könnten sie noch keine sprachliche Auskunft darüber geben. Die Untersuchung von Gefühlen setzt also voraus, daß die Kinder die Bedeutung der Emotionswörter kennen.

7.3.2 Sprachliche Mitteilung über Gefühle

Veränderung des emotionalen Befindens im Alltag. Larson und Ham (1993) haben Veränderungen des emotionalen Befindens über einen relativ großen Altersbereich untersucht. Sie erfaßten bei 483 amerikanischen Schülern der 5. bis 9. Klasse das emotionale Befinden im Alltag. Die Schüler trugen eine elektronische Vorrichtung, die sie eine Woche lang morgens und abends durch ein Signal aufforderte, ihr aktuelles Befinden einzustufen. Analysiert wurde, wie oft ihr Befinden über einem bestimmten Skalenwert im negativen Bereich lag. Außerdem machten die Schüler sowie ihre Eltern (Fremdurteil) Angaben zu positiven und negativen Lebensereignissen in den vergangenen sechs Monaten. Mit der zusätzlichen Erfassung von Lebensereignissen konnte der Frage nachgegangen werden, ob Veränderungen im emotionalen Befinden lediglich eine veränderte Lebenssituation widerspiegeln oder Ausdruck einer veränderten Empfindsamkeit sind.

Es zeigte sich zunächst, daß mit zunehmendem Alter sowohl nach den Angaben der Schüler selbst als auch nach denen ihrer Eltern kontinuierlich mehr negative Ereignisse vorkamen. Dabei wurde in allen Lebensbereichen (Schule, Familie, Freunde, Sonstiges) von zunehmend mehr negativen Ereignissen berichtet. Lediglich der Familienbereich war nach den Angaben der Eltern von diesem Trend ausgenommen. Bei den positiven Ereignissen änderte sich übrigens wenig.

Vor diesem Hintergrund ist es nicht verwunderlich, daß ältere Schüler häufiger über negative Gefühle berichteten als jüngere. Aufschlußreich ist eine Aufteilung der Kinder und Jugendlichen nach ihrer Belastung durch negative Ereignisse. Es wurde je eine Gruppe mit hoher, mittlerer und niedriger Belastung gebildet. In allen Gruppen war ein Anstieg des negativen Befindens von der 5. und 6. zur 7. bis 9. Klasse zu verzeichnen. Besonders ausgeprägt war dieser Anstieg bei der als stark belastet definierten Gruppe (mit vielen negativen Lebensereignissen).

Diese und weitere Analysen machen deutlich, daß die Zunahme des negativen Befindens mit dem Alter nicht allein darauf zurückzuführen sein kann, daß mit dem Alter mehr negative Ereignisse auftreten. Hinzu kommt, daß die Schüler entweder empfindlicher auf die Ereignisse reagieren, also verletzbarer werden, oder daß sie mit zunehmendem Alter tatsächlich immer schlimmeren Ereignissen ausgesetzt sind.

Häufigkeit von Ängsten. Rose und Ditto (1983) erfaßten in einem standardisierten Fragebogen bei über 2600 Personen im Alter von 10 bis 64 Jahren die Ängste vor bestimmten Ereignissen, Objekten oder Situationen. Die 51 Items des Fragebogens wurden über eine Faktorenanalyse zu sieben Faktoren zusammengefaßt. Für jede Person konnten nun Faktorenwerte berechnet werden, die anzeigen, wie stark jede Kategorie von Ängsten bei ihr ausgeprägt war. Damit war es möglich, Veränderungen von sieben Ängsten über einen breiten Altersbereich (11 Altersgruppen von 10-14 Jahren bis 60-64 Jahren) abzubilden. Mit Ausnahme der beiden jüngsten Altergruppen handelte es sich also um Erwachsene. Bei zwei Ängsten war eine relativ kontinuierliche Zunahme mit dem Alter zu beobachteten. Die Angst vor tiefem Wasser (allein Schwimmen, tiefes Wasser, Boot fahren) nahm sehr stark mit dem Alter zu. Bei Frauen war dieser Alterstrend besonders stark ausgeprägt. Eine weniger dramatische Zunahme war bei der Angst vor gefährlichen Plätzen zu verzeichnen. Eine deutliche Abnahme mit dem Alter war bei der Angst vor dem eigenen Tod festzustellen. Bei den übrigen vier Angstkategorien (Angst vor dem Unglück einer geliebten Person, vor negativen sozialen Interaktionen, vor sozialer Verantwortung, vor kleinen Lebewesen) war kein oder zumindest kein deutlicher Altersverlauf zu erkennen.

Ergänzend zu den Veränderungen "normaler" Ängste mit dem Alter ist zu berichten, daß sich pathologische Ängste (Phobien) deutlich im Zeitpunkt ihres ersten Auftretens unterscheiden (Marks, 1987). Tierphobien treten erstmals oft schon vor dem Alter von acht bis zehn Jahren auf. Ähnlich gehen die Anfänge einer Blut- oder Verletzungsphobie Erwachsener meist bis in die frühe Kindheit (durchschnittliches Alter: sieben Jahre) zurück. Eine phobische Angst vor Zahnbehandlungen beginnt meist in der Kindheit oder frühen Jugend (Altersdurchschnitt: zwölf Jahre). Soziale Phobien beginnen dagegen selten vor der Pubertät; meist wird ein Beginn mit 15 bis 21 Jahren berichtet. Eine Agoraphobie (Platzangst) schließlich beginnt in der Regel erst mit 18 bis 35 Jahren.

In verschiedenen Längs-, überwiegend aber Querschnittstudien wurde das emotionale Befinden von älteren Menschen mit dem von jüngeren verglichen. Die Ergebnisse zu verschiedenen Emotionen sind insgesamt uneinheitlich. Für einen Anstieg der selbstbeurteilten Depressivität in einigen Untersuchungen sind möglicherweise mit erfaßte körperliche Symptome verantwortlich (siehe Janke & Hüppe, 1990). Betrachtet man die Reaktion auf emotionsauslösende Reize, ergibt sich wiederum kein einheitliches Bild. Für eine allgemein erhöhte oder erniedrigte emotionale Reagibilität findet sich kein Beleg.

7.4 Erklärungsansätze

Warum tauchen bestimmte Emotionen in unterschiedlichen Phasen der Entwicklung auf? Warum unterscheiden sich Kinder und später die Erwachsenen in ihren Emotionen? Eine einheitliche Antwort ist nicht möglich. Reaktionen, die bereits unmittelbar nach der Geburt auftreten, können nur angeboren sein. Aber auch später auftretende Reaktionen können angeboren sein, wobei die Reifung von Gehirnstrukturen oder ausführenden Organen das "verspätete" Auftreten erklären. Ebenso können Lernprozesse eine Rolle gespielt haben. Soweit Reaktionsweisen angeboren sind, sind nicht zwangsläufig genetische Faktoren dafür verantwortlich. Sie können auch während der intrauterinen Entwicklung (im Mutterleib) oder bei der Geburt erworben worden sein. Diese Überlegungen machen deutlich, daß auf der Suche nach den Gründen für die Differenzierung und Veränderung emotionaler Reaktionen verschiedene Erklärungsansätze zu verfolgen sind. Die Erklärungen müssen sich dabei keineswegs gegenseitig ausschließen.

7.4.1 Angeborene Reaktionsbereitschaft

Einige Ausdruckserscheinungen sind bereits unmittelbar nach der Geburt zu beobachten (vgl. S. 221), so daß es naheliegt, daß diese Verhaltensmuster sowie die Bereitschaft, damit auf bestimmte Reize zu reagieren, zur biologischen Grundausstattung des Menschen gehören. Die meisten emotionsspezifischen mimischen Reaktionen treten aber so lange nach der Geburt auf (vgl. S. 222 ff.), daß man auch annehmen kann, daß sie gelernt wurden. Dennoch gibt es zwei Hinweise dafür, daß bestimmte mimische Reaktionen genetisch bestimmt sind.

Erstens zeigt die Beobachtung von blindgeborenen Kindern, daß bestimmte Gesichtsausdrücke wie die der Freude, der Angst, der Traurigkeit, der Überraschung oder des Ärgers den Gesichtsausdrücken Sehender extrem ähnlich sind (Charlesworth & Kreutzer, 1973; Eibl-Eibesfeldt, 1972, S. 548 ff.). Lernen durch Imitation kommt hier nicht in Frage, da diese Kinder die Modelle nicht sehen können. Konditionierungsprozesse sind zwar denkbar, dürften aber zumindest erschwert sein. Zweitens zeigen kulturvergleichende Untersuchungen, daß bestimmte Gesichtsausdrücke kulturübergreifend verstanden werden (vgl. Kapitel 4.3.1). Einige dieser Untersuchungen wurden mit Mitgliedern relativ abgeschiedener Kulturen durchgeführt, die allenfalls minimalen Kontakt zu "zivilisierten" Kulturen hatten. Damit kann weitgehend ausgeschlossen werden, daß die Übereinstimmungen auf gemeinsame Sozialisationsprozesse zurückzuführen sind.

Bisher haben wir uns mit dem Reaktionsrepertoire befaßt. Welche Verhaltensmuster sind möglicherweise genetisch bedingt? Eine andere Frage ist die nach den Auslösern. Kann die Bereitschaft, auf ganz bestimmte Reize oder auch auf eine ganze Klasse von Reizen (z.B. angstauslösene Reize) emotional zu reagieren, angeboren sein? Bereits Watson (1930/1968) hatte aus Beobachtungen von Kleinkindern gefolgert, daß es Reize gibt, die über angeborene Mechanismen Furchtverhalten auslösen. Plötzlicher Haltverlust beim Fallenlassen oder Wegziehen der Unterlage und laute Geräusche gehören dazu. Behinderung der körperlichen Bewegungsfreiheit sah er als angeborene Auslösebedingung für Wut. Als unkonditionierte Reize für "Liebe" in einem sehr weiten Sinne entdeckte er Streicheln (besonders der "erogenen Zonen"), sanftes Wiegen und Tätscheln. Auch bestimmte Geruchs- und Geschmacksreize haben offenbar das Potential, ohne jede Lernerfahrung emotionale Reaktionen auszulösen (vgl. S. 221).

Wie kann man bei älteren Kindern oder gar Erwachsenen feststellen, ob bestimmte Reiz-Reaktions-Verbindungen angeboren sind? Hier stellt sich das Problem, daß man bei älteren Kindern Reifungs- und Lernprozesse nicht mehr auseinanderhalten kann.

Allein in Tierversuchen ist es möglich, durch isolierte Aufzucht bestimmte Lernprozesse eine Weile auszuschalten. Eine solche Untersuchung (Sackett, 1966) zeigt, daß Rhesusaffen, die keine soziale Erfahrung haben, auf lebensgroße Bilder von erwachsenen Artgenossen in einer Drohgebärde mit Furcht reagieren. Der visuelle Drohausdruck hat hier offenbar die Funktion eines angeborenen Furchtreizes. Bei Tieren kann der Einfluß genetischer Faktoren auf emotionales Verhalten auch auf andere Weise erbracht werden. In Züchtungsversuchen mit Ratten, Mäusen und Hunden etwa ist es möglich, Stämme heranzuziehen, die sich in bestimmten Angstindikatoren (z.B. Vermeidungsverhalten, Fliehen, Urinieren) unterscheiden (siehe Fuller, 1986; Marks, 1987). Ein anderes Merkmal ist Aggressivität. Bei Hunden hat der Mensch schon lange Rassen gezüchtet, die sich durch besondere Aggressivität auszeichnen. Für wissenschaftliche Zwecke wurden mit Mäusen erfolgreich Züchtungsversuche durchgeführt (siehe Fuller, 1986).

Beim Menschen kommen nur andere Untersuchungsstrategien in Frage. Erkenntnisse über genetische Faktoren basieren vor allem auf Zwillings- und Adoptionsstudien. Allerdings wurden hier nicht Emotionen sondern nur Persönlichkeitsmerkmale untersucht, die mit Emotionen in Beziehung stehen (vgl. Kapitel 3.2). Die Ergebnisse solcher Studien sprechen für einen beträchtlichen Einfluß genetischer Faktoren auf die individuelle Ausprägung der Emotionalität und Extraversion (Plomin, Chipuer & Loehlin, 1990). In einer Studie mit 354 ein- oder zweieiigen gleichgeschlechtlichen Zwillingspaaren konnte für sieben Kategorien von Ängsten ein zum Teil beträchtlicher Einfluß genetischer Faktoren nachgewiesen werden. Die Erblichkeitsschätzungen liegen zwischen 28 Prozent (Angst vor Tod, Krankheit oder Verletzung einer geliebten Person) und 72 Prozent (Angst vor dem eigenen Tod) (Rose & Ditto, 1983).

Wenn eine Reaktion angeboren ist, muß sie nicht unbedingt genetisch bedingt sein. Grundsätzlich kommen auch Einflüsse vor und während der Schwangerschaft sowie während der Geburt als Ursache in Frage. Krankheiten der Mutter, toxische Substanzen oder Komplikationen bei der Geburt sind hier zu nennen. So ist bekannt, daß starker Alkoholkonsum der Mutter während der Schwangerschaft beim Kind zu einer Vielzahl von Symptomen führt, darunter auch Hyperaktivität (Majewski, 1987). In einer Studie von Alessandri, Sullivan, Imaizumi und Lewis (1993) wurden differenzierte emotionale Effekte einer anderen Rauschgiftexposition während der Schwangerschaft untersucht. Insgesamt 72 Kinder, deren Mütter zur Hälfte während der Schwangerschaft Kokain genommen hatten, wurden im Alter von vier bis acht Monaten unter-sucht. In einer standardisierten Untersuchungssituation wurde ihre Mimik gefilmt und später mit einem Codiersystem (MAX) analysiert. Kinder, die im Mutterleib Kokain ausgesetzt waren, zeigten deutlich weniger Interesse als die gleichaltrigen Kontrollkinder. In bestimmten Phasen der Untersuchung waren bei ihnen weiterhin signifikant weniger Anzeichen für Freude, Ärger, Traurig-keit und Überraschung zu beobachten. Insgesamt stellten sie sich somit als emotional weniger erregbar dar. Durch zusätzliche Analysen konnte ausge-schlossen werden, daß die schwächere emotionale Reagibilität auf ein geringe-res Geburtsgewicht oder eine längere Geburtsdauer zurückzuführen war. Mög-licherweise hatte das Kokain einen direkten neurotoxischen Effekt. Insgesamt macht diese Studie deutlich, daß auch andere als genetische Faktoren zur Erklä-rung von angeborenen emotionalen Reaktionen herangezogen werden sollten.

Die Angst vor Spinnen und Schlangen ist weit verbreitet. Lernpsychologisch läßt sich das schwer erklären. Die Ergebnisse von Lernexperimenten sprechen dafür, daß bestimmte Reize ein größeres Potential als andere haben, eine emotionale Reaktion auszulösen (siehe Öhman, 1993). Untersucht wurden Reize, auf die relativ viele Menschen eine Phobie entwickeln. Spinnen und Schlangen sind als Beispiele zu nennen. Wenn in einem Konditionierungsver-such mit "normalen" (nichtphobischen) Versuchspersonen auf das Bild einer Schlange ein schwacher elektrischer Reiz folgt, so zeigen die Versuchspersonen nach einigen Durchgängen auch allein bei der Darbietung des Bildes eine physiologische Reaktion (z.B. einen Anstieg der elektrischen Hautleitfähigkeit). Diese konditionierte Reaktion schwächt sich ab, wenn das Bild weiter allein, also ohne einen elektrischen Reiz, dargeboten wird. Soweit handelt es sich um ein normales Phänomen, das aus der Lernpsychologie bekannt ist. Wird nun statt des Schlangenbildes das Bild eines Pilzes oder das einer Blume verwendet, wird auch auf diesen Reiz eine physiologische Reaktion gelernt, die sich beim Ausbleiben des elektrischen Reizes abbaut. Der Unterschied zwischen den konditionierten Reaktionen auf den potentiell phobischen Reiz (z.B. Spinne) und den konditionierten Reaktionen auf den nicht potentiell phobischen Reiz (z.B. Blume) besteht darin, daß letztere leichter gelöscht werden können. Die Verbindung zwischen dem potentiell angstauslösenden Reiz und der gelernten "Angstreaktion" ist also fester. Vermutlich hat sich der Mensch im Laufe der Evolution so entwickelt, daß er eine genetisch verankerte Bereitschaft besitzt, auf bestimmte "gefährliche" Reize eher zu reagieren als auf andere. Zu dieser evolutionsbiologischen Erklärung paßt, daß Reize wie Pistolen oder Gewehre, die erst in neuerer Zeit zu einer Bedrohung geworden sind, nicht diese Eigenschaft haben. Die konditionierten physiologischen Reaktionen auf Schlangen und Spinnen sind schwerer zu löschen als die auf Waffen.

Zusammenfassend läßt sich sagen, daß verschiedenartige empirische Befunde dafür sprechen, daß emotionale Reaktionen angeboren sein können. Die hier aufgeführten Belege sind aber nur geeignet, die Frage nach angeborenen Reaktionen grundsätzlich positiv zu beantworten. Wie groß der Anteil genetischer und intrauteriner Faktoren ist, läßt sich gegenwärtig nicht abschätzen.

7.4.2 Einfluß von Reifungsprozessen

Andere emotionale Reaktionen, die erst später beobachtbar sind, sind möglicherweise genetisch vorprogrammiert, treten aber aus bestimmten Gründen erst später auf. Denkbar ist, daß sie von der Reifung psychomotorischer Programme abhängen oder daß der Organismus erst später mit geeigneten Reizen konfrontiert wird. Ein Auslöser für Freude ist die erfolgreiche Eigenaktivität. Diese ist erst möglich, wenn die Motorik des Kindes so weit entwickelt ist, daß es mit Spielsachen oder anderen Objekten manipulieren kann oder sich aufrichten oder fortbewegen kann. Manchmal setzt eine emotionale Reaktion auch voraus, daß bei dem Kind bestimmte kognitive Voraussetzungen erfüllt sind. Eine Angstreaktion beim Anblick eines Fremden setzt voraus, daß das Kind verschiedene Personen unterscheiden kann und bekannte Personen wiedererkennt. Emotionen wie Neid oder Eifersucht setzen relativ komplexe kognitive Operationen voraus, zu denen sehr kleine Kinder noch nicht in der Lage sein werden. Neid etwa kann nur aufkommen, wenn eine Ungleichheit erkannt und als ungerecht bewertet worden ist (vgl. Ulich & Mayring, 1992). Die Entstehung solcher Emotionen hängt also von der Reifung des kognitiven Systems ab. In vielen Fällen wird es daher nicht möglich sein, Reifungs- von Lernprozessen zu trennen.

Die Rolle von Reifungsprozessen und deren Einfluß auf Emotionen kann am Hormonsystem exemplarisch untersucht werden. Im Hormonsystem treten vor und während der Pubertät dramatische Veränderungen ein, die möglicherweise mit emotionalen Veränderungen in der Pubertät in einer kausalen Beziehung stehen. Wir folgen bei der Bearbeitung der Thematik den Übersichtsarbeiten von Buchanan, Eccles und Becker (1992) sowie von Paikoff und Brooks-Gunn (1990).

Die Ausschüttung der "Geschlechtshormone" wird vom Gehirn gesteuert und zwar vom Hypothalamus und dem Hypophysenvorderlappen. Der Hypothalamus stimuliert mit einem speziellen Releasing-Hormon (Gonadotropin-releasing-Hormon) den Hypophysenvorderlappen zur Ausschüttung von Hormonen, die wiederum die Gonaden (Keimdrüsen; bei den Jungen sind dies die Hoden, bei den Mädchen die Ovarien) zur Produktion von "Geschlechtshormonen" anregen. In der Kindheit ist die Ausschüttung der Hypophysenvorderlappenhormone luetinisierendes Hormon (LH) und Follikelstimulierendes Hormon (FSH) weitgehend gehemmt. Zu Beginn der Pubertät kommt es zunächst nur im Schlaf zu episodischen Ausschüttungen von LH und FSH, in der mittleren und späten Pubertät auch tagsüber. Diese Hormone bewirken hauptsächlich, daß bei Jungen Testosteron und bei Mädchen Östradiol produziert wird. Bei Jungen steigt die Testosteronkonzentration im Blut besonders zwischen 12 und 14 Jahren stark an und kann dabei 20mal höher sein als vor der Pubertät. Die körperlichen Veränderungen in der Pubertät wie Beginn der Scham- und Achselbehaarung und bei den Mädchen das Einsetzen der Menstruation hängen eng mit diesen hormonellen Veränderungen zusammen.

Die hormonellen Veränderungen sind komplexer, als dies bisher beschrieben wurde. Zu erwähnen ist etwa, daß auch bei Jungen Östradiol (hauptsächlich als Abbauprodukt von Testosteron) und bei Mädchen Testosteron (von den Ovarien produziert) in geringeren Konzentrationen vorkommen. Bei Mädchen stellt Progesteron ein weiteres wichtiges Hormon dar.

Vergleicht man Jugendliche in der Pubertät mit Kindern vor der Pubertät und mit Erwachsenen, finden sich einige Hinweise auf Unterschiede. Für die Phase der Pubertät scheinen Stimmungsschwankungen, ein niedrigeres oder stärker schwankendes Energieniveau und stärkere Unruhe, möglicherweise auch mehr Angst, charakteristisch zu sein. Besonders Mädchen scheinen in dieser Zeit für depressive Stimmung anfälliger zu sein (Buchanan et al., 1992). Damit ist aber noch nicht die Frage beantwortet, ob die hormonellen Veränderungen während der Pubertät dafür verantwortlich sind.

Bisher liegen erst wenige Untersuchungen an gesunden und nicht verhaltensauffälligen Jugendlichen zur Beziehung zwischen Hormonen und hormonrelevanten psychologischen Variablen vor. Der Hormonspiegel wurde meist durch Blutproben, aber auch über Speichel- oder Urinproben bestimmt.

Mit sexueller Motivation und Sexualverhalten hat sich eine Studie mit Jugendlichen im Alter von 12 bis 16 Jahren befaßt. Bei männlichen Personen stand freies Testosteron im Blut am engsten mit sexueller Motivation (Intention zum Geschlechtsverkehr) in Verbindung. Bei den weiblichen Jugendlichen fand sich eine Beziehung zwischen verschiedenen Androgenen (darunter auch freies Testosteron) und sexueller Motivation sowie sexueller Erregung. Insgesamt erwies sich das Sexualverhalten der Jungen stärker als das der Mädchen durch Hormone kontrolliert.

Zur Aggressivität liegen mehrere Studien vor. Diese sprechen für einen Zusammenhang zwischen Testosteron und Ungeduld sowie Irritierbarkeit bei Jungen. Bei Mädchen findet sich dieser Zusammenhang nicht. Es wurde sogar (bei Mädchen im Alter von 9 und 10 Jahren) der umgekehrte Zusammenhang berichtet; ein niedriger Testosteronspiegel stand mit Ungeduld in Beziehung. Dafür fand sich bei 12 bis 16 Jahre alten Mädchen ein positiver Zusammenhang zwischen Progesteron und Ungeduld bzw. Aggressivität.

Die Annahme, daß bei Jungen Testosteron für eine erhöhte Aggressivität verantwortlich sein könnte, wird durch verschiedene Befunde unterstützt. Es gibt deutliche Geschlechtsunterschiede bezüglich Aggressivität und Delinquenz. Bei Jungen steigt die Delinquenz im Alter von etwa 13 bis 15 Jahren stark an. Schließlich wurden für aggressive Jugendliche und erwachsene Delinquenten höhere Testosteronwerte ermittelt als für nichtaggressive. Möglicherweise führt bei Jungen ein erhöhter Testosteronspiegel über eine gesteigerte Reizbarkeit und niedrige Frustrationstolerenz zu Aggressivität und Delinquenz.

Die Beziehungen zwischen verschiedenen Hormonen und positivem bzw. negativem Befinden war Gegenstand einer Studie mit 9 bis 14 Jahre alten Jugendlichen. Bei den Mädchen fand sich keine Beziehung, bei den Jungen standen niedrige Hormonspiegel allgemein mit mehr positivem Befinden in Beziehung. In einer anderen Untersuchung mit Mädchen im Alter von 9 bis 10 Jahren stand allein FSH in einem positiven Zusammenhang mit dem Befinden über den Untersuchungszeitraum von einem Monat. Wurde direkt nach Stimmungsschwankungen im Verlauf des Tages gefragt, so zeigte sich ein anderer Zusammenhang. Niedrige und stark schwankende Östradiolwerte sowie stark schwankende FSH-Werte gingen mit diesen eher kurzfristigen Stimmungsänderungen einher.

Insgesamt liefern diese und weitere Untersuchungen Hinweise dafür, daß sexuelle Erregung, Aggressivität oder Gereiztheit, positive und negative Stimmung sowie Depressivität im Jugendalter mit verschiedenen Hormonen in Beziehung stehen. Es wäre aber voreilig, den Hormonen eine wesentliche Rolle bei der Entstehung von emotionalen Veränderungen zuzuschreiben. Erstens liegen nur wenige Untersuchungen mit zum Teil widersprüchlichen Ergebnissen vor. Zweitens sind die Effekte teilweise gering. In einer Studie zeigte sich, daß durch den Hormonspiegel gerade vier Prozent des negativen Befindens von Mädchen erklärt werden konnten; soziale Faktoren klärten dagegen 8 bzw. 18 Prozent der depressiven und aggressiven Stimmung auf. Drittens sind die beobachteten Zusammenhänge korrelativer Art. Ob die Hormone Ursache des Befindens sind, kann damit nicht geklärt werden. Es sind zumindest auch andere Kausalbeziehungen denkbar. Beispielsweise führen Hormone zur Ausbildung von körperlichen Geschlechtsmerkmalen, die wiederum die sexuelle Attraktivität für das andere Geschlecht erhöhen. Dies wiederum kann dazu führen, daß sich mehr Gelegenheiten zu Sexualkontakten ergeben und daß sich dadurch das emotionale Befinden verändert.

Man kann sicherlich gegenwärtig nicht sagen, daß in der Pubertät das emotionale Befinden unter der Kontrolle von Hormonen steht, deren Ausschüttung sich drastisch verändert. Es bleibt aber festzuhalten, daß die Veränderungen eines System, die auf einen biologischen Reifungsprozeß zurückzuführen sind, mit verschiedenen Veränderungen in den Emotionen einhergeht.

7.4.3 Sozialisierungsprozesse

Eltern, Großeltern, Kindergärtnerinnen, Lehrer, Freunde und Klassenkameraden sind wichtige Bezugspersonen für Heranwachsende. Sie alle haben einen Einfluß auf die Entwicklung der Emotionen von Kindern und Jugendlichen. Die Mechanismen dieses Sozialisierungsprozesses sind sehr unterschiedlich. Der Effekt ist aber der gleiche. Den Heranwachsenden werden die Standards der Erwachsenen vermittelt, welche Emotionen man in welcher Situation zeigen und welche man erleben sollte.

Mechanismen. *Verstärkung* ist ein bekanntes Lernprinzip. Die Eltern wie auch andere Bezugspersonen können die emotionale Reaktion des Kindes durch Belohnung und Bestrafung verstärken. Sie reagieren etwa mit Zuwendung, wenn das Kind sagt, es sei traurig. Dadurch wird sich die Wahrscheinlichkeit erhöhen, daß das Kind in einer ähnlichen Situation wieder angibt, traurig zu sein. Oder sie ziehen das Kind von seinem Spielkameraden weg, wenn es sich mit einem wütenden Gesichtsausdruck auf diesen zubewegt. Dieses Verhalten wird geeignet sein, in vergleichbaren Situationen einen Wutausdruck unwahrscheinlicher zu machen. Wenn das Kind sagt und zeigt, daß es sich über die Einladung zu einem Geburtstag freut, sagen sie "prima" und zeigen durch ihr eigenes Ausdrucksverhalten Anteilnahme. Diese Reaktion auf den Emotionsausdruck des Kindes wird als positiver Verstärker fungieren.

Erwachsene wie auch Gleichaltrige fungieren oft als *Modell*. Wenn sich ein Fremder einer Mutter mit Kind nähert, wird das Kind auf den Gesichtsausdruck seiner Mutter achten. Zeigt sie Freude oder Angst? Es lernt so, welche emotionale Reaktion bei dieser Person angemessen ist. Die Mimik hat offensichtlich auch andere Funktionen als nur Emotionen auszudrücken (vgl. Kapitel 5.2.3). Das Kind wird auch lernen, einen bestimmten Gesichtsausdruck zu anderen Zwecken einzusetzen. So kann es vielleicht beobachten, daß Erwachsene einen Ekelausdruck zeigen, um anderen mitzuteilen, daß eine Speise nicht gut schmeckt. Es wird sehen, daß jemand mit einem ärgerlichen Gesicht einer Forderung Nachdruck verleiht oder einen eher ungeliebten Verwandten mit einem freudigen Lächeln begrüßt. Erwachsene steuern manchmal auch das Verhalten ihrer Kinder durch einen Emotionsausdruck. Ein entsetzter Ausdruck warnt das Kind davor, etwas Gefährliches zu tun. Ein Ekelausdruck soll verhindern, daß das Kind etwas in den Mund steckt. Auf diese Weise werden möglicherweise die Grundlagen dafür gelegt, daß später Ausdruck und Gefühlszustand nicht immer zusammen passen.

Ein dritter Mechanismus ist die *Kommunikation von Erwartungen.* Eltern reden mit ihrem Kind über die Angemessenheit seiner Gefühle und seines Ausdrucksverhaltens. Die Ratschläge oder Kommentare können etwa lauten: "Es ist nicht gut für dich, wenn du dich so sehr darüber ärgerst, daß du verloren hast". "Man freut sich nicht über das Unglück anderer Menschen". "Laß dir nicht anmerken, daß du Angst vor dem kleinen Hund hast". Erwartungen an das emotionale Verhalten der Kinder wie auch Kommentare zum aktuellen Ausdrucksverhalten oder kommunizierten Erleben können auch über nonverbale Signale ausgedrückt werden. Ein Kopfschütteln, ein Hochziehen der Augenbrauen oder der erhobene Zeigefinger sind Beispiele dafür, daß Erwartungen auch ohne Sprache mitgeteilt werden können.

Kinder lernen also, sowohl ihre Gefühle als auch ihren Ausdruck an die Gegebenheiten anzupassen und zu kontrollieren. Beide Reaktionsweisen können dabei differentiell beeinflußt werden. Eltern können etwa ihr Kind durch auffordernde Blicke dazu bewegen, Dankbarkeit und Freude über ein Geschenk zu zeigen. Wenn sie mit ihm allein sind, können sie Verständnis dafür zeigen, daß es sich über dieses Geschenk nicht gefreut hat. Vielleicht verstärken sie sogar seine Ärgergefühle.

Die Sozialisationsprozesse wirken nicht bloß auf das verbale oder nonverbale "Zeigen" von Emotionen hin. Kinder lernen auch, die Entstehung ihrer Emotionen zu steuern. Sie lernen, bestimmte Situationen zu meiden oder sie durch ihr Verhalten so zu gestalten, daß sie beispielsweise keine Angst haben müssen. Wenn etwa ein älteres Kind einem jüngeren Spielsachen wegnimmt oder diese beschädigt, bestehen mögliche Strategien darin, kein eigenes Spielzeug mitzunehmen, den Aggressor durch freundliches Verhalten zu besänftigen oder auf Anwesenheit einer Erziehungsperson hinzuwirken. Auch die Interpretation oder Bewertung einer Situation kann emotionsregulierend wirken. Kleine Kinder sind oft traurig, wenn sie bei einem Spiel verlieren. Erwachsene helfen durch Kommentare wie "andere verlieren doch auch einmal" (Bezugssystem ändern), "das ist doch nur ein Glücksspiel" (externe Attribution des Mißerfolgs) oder "das nächste Mal hast du mehr Glück" (Zukunftsperspektive entwickeln), die Niederlage zu verkraften. Durch solche Ratschläge wie auch durch Beobachtung von anderen Kindern und Erwachsenen in vergleichbaren Situationen lernen die Kinder, die Situation besser zu bewältigen.

Beobachtung der Reaktionen von Eltern auf die Emotionen ihrer Kinder. Sozialisationsprozesse kann man durch direkte Beobachtung der Interaktion von Eltern und Kindern erforschen. Dabei ist von Interesse, wie die Erwachsenen auf das Zeigen von Emotionen ihrer Kinder reagieren. In zahlreichen Untersuchungen wurde das Ausdrucksverhalten von Kindern sowie das der Erziehungsperson, meist der Mutter, gemeinsam erfaßt. Malatesta und Kollegen haben insgesamt 72 Mutter-Kind-Paare zu verschiedenen Zeitpunkten untersucht. Unter standardisierten Bedingungen fanden Mutter-Kind-Interaktionen statt. Das Verhalten wurde mit einer Videokamera aufgenommen und später analysiert, wobei ein objektives Codiersystem (MAX) zum Einsatz kam. Diese Studien sind zusammenfassend bei Malatesta-Magai (1991) dargestellt.

In ihrem ersten Lebensjahr wurden die Kinder mit zweieinhalb, fünf und mit siebeneinhalb Monaten in einer standardisierten Interaktionssituation mit ihrer Mutter gefilmt. Die Mutter spielte mit ihrem Kind, trennte sich von ihm und kehrte wieder zurück. Diese Situation war geeignet, bei den Kindern verschiedene Emotionen auszulösen. Das Verhalten der Mütter erwies sich als abhängig vom Ausdrucksverhalten der Kinder. Positive Signale wie Freude und Interesse wurden von der Mutter oft mit dem gleichen Ausdrucksverhalten beantwortet. Umgekehrt hatte auch das Verhalten der Mütter einen Einfluß auf den Gesichtsausdruck ihrer Kinder. Imitierten die Mütter häufig Freude und Interesse, zeigten ihre Kindern diese Gesichtsausdrücke zunehmend häufiger.

Die nächste Beobachtung erfolgte mit etwa zwei Jahren. Nun zeigte sich, daß die Mütter unterschiedlich auf den Emotionsausdruck von Jungen und Mädchen reagierten. Die Mütter lächelten mit ihren Töchtern mehr und zeigten sich ihnen gegenüber insgesamt expressiver als gegenüber ihren Söhnen.

Welche Funktion hat nun das emotionale Ausdrucksverhalten der Mutter? Malatesta-Magai (1991) vermutet, daß ihr Gesichtsausdruck nicht nur dazu dient, einen Zustand zu kommunizieren. Er dient auch dazu, den Emotionsausdruck ihres Kindes zu beeinflussen. Zwei Menschen, die miteinander auskommen wollen, müssen zu einer für beide befriedigenden Interaktion finden. Zu einer befriedigenden Interaktion gehört auch, daß die emotionalen Reaktionen adäquat sind. Zuwendung sollte mit Freude und Interesse beantwortet werden, eine Trennung (besonders von einem Mädchen) mit Traurigkeit oder Ärger. Deshalb wird die Mutter ihr Kind so sozialisieren, daß sein Emotionsausdruck dazu beiträgt, daß Interaktionen angenehm verlaufen. Umgekehrt wird auch das Kind mit dem gleichen Ziel seine Eltern sozialisieren. In der vorsprachlichen Phase kommt dem Ausdrucksverhalten und speziell dem Emotionausdruck dabei notwendigerweise eine besondere Bedeutung zu.

Bei der Interpretation der Befunde muß berücksichtigt werden, daß sowohl das Kind auf den Emotionsausdruck seiner Mutter reagieren kann als auch umgekehrt die Mutter auf den ihres Kindes. Deshalb sind Experimente aufschlußreich, in denen das Ausdrucksverhalten der Mutter unter kontrollierten Bedingungen variiert wurde. Oben (S. 223) wurde bereits das Experiment von Haviland und Lelwica (1987) vorgestellt, in dem Mütter ihre zehn Wochen alten Babys mit unterschiedlichem Emotionsausdruck ansprachen. Die Kinder reagierten sehr differenziert auf die unterschiedlichen Emotionsausdrücke. Teilweise imitierten sie sogar den mütterlichen Ausdruck. Diese Untersuchung macht deutlich, daß Erziehungspersonen den Emotionsausdruck ihrer Kinder schon sehr früh durch ihr Verhalten beeinflussen können.

Ein Merkmal von Müttern, das besonderes Interesse gefunden hat, ist Depressivität. In zwei Untersuchungen zeigte sich, daß Kinder von depressiven Müttern bereits im Alter von drei Monaten weniger positive und dafür mehr negative Emotionen zeigen als Kinder von nichtdepressiven Müttern (vgl. Pickens & Field, 1993). Die Autoren haben ebenfalls Kinder von "depressiven" und "nichtdepressiven" Müttern untersucht. Bei den "Depressiven" handelte es sich um Frauen mit erhöhten Werten in einem Depressionsfragebogen (Beck Depression Inventory), die aber nicht im klinischen Sinne depressiv waren. Die mimischen Reaktionen der Mütter sowie die ihrer drei Monate alten Kinder wurden in einer kurzen Spielsituation mit separaten Kameras aufgenommen. Unabhängige Beurteiler stuften ein, wie oft die Kinder im Beobachtungszeitraum jede von acht Emotionen zeigten. Bei der Mimik der Mütter begnügte man sich mit einer globalen Valenzeinstufung. Die "depressiven" Mütter zeigten erwartungsgemäß einen negativeren Gesichtsausdruck als die "nichtdepressiven". Im Emotionsaussdruck der Kinder fanden sich mehrere Unterschiede zwischen den Gruppen. Die Kinder der "depressiven" Mütter drückten häufiger Traurigkeit und Ärger sowie seltener Interesse aus als die der "nichtdepressiven". Eine mögliche Erklärung lautet, daß die "depressiven" Mütter durch ihr Ausdrucksverhalten den negativen Emotionsausdruck der Kinder provoziert haben. Sie könnten damit als Modell für ihre Kinder fungiert haben. Allerdings kann nicht ganz ausgeschlossen werden, daß die Kinder der "depressiven" Mütter aus genetischen Gründen mehr negative Emotionen gezeigt haben. Eine Kontrollbedingung mit einer nichtdepressiven Interaktionspartnerin, die diesbezüglich Aufschluß gegeben hätte, fehlt leider.

In der frühen Kindheit spielt die sprachliche Kommunikation von Emotionen noch keine Rolle. Sobald das Kind Sprache versteht, kann auch der sprachliche Gefühlsausdruck Gegenstand des Sozialisationsprozeß werden. Analysen des Sprachverhaltens von Eltern haben ergeben, daß Jungen und Mädchen bei der sprachlichen Kommunikation über Emotionen unterschiedlich behandelt werden (zusammenfassend siehe Brody & Hall, 1993, S. 435). So wurden Eltern gebeten, ihren Kindern im Vorschulalter aus wortlosen Märchenbüchern "vorzulesen". Väter verwendeten bei ihren Töchtern mehr Emotionswörter als bei ihren Söhnen, wenn sie Geschichten erfanden. Mütter vermieden das Wort "Ärger", wenn sie ihren Töchtern "vorlasen". Dazu paßt das Ergebnis einer anderen Studie zum Sprachverhalten. Mütter vermeiden demnach, mit ihren Töchtern über Ärger zu sprechen. Dafür sprechen sie mit ihnen mehr als mit ihren Söhnen über Traurigkeit. In anderen Untersuchungen zum Sprachverhalten wurde deutlich, daß Mütter in der Interaktion mit ihren Töchtern mehr Emotionswörter verwenden als mit ihren Söhnen.

Befragungen zu Emotionsstereotypen. Eine relativ einfache Untersuchungsstrategie besteht darin, Erwachsene oder auch Kinder zu fragen, welche Emotionen jemand in bestimmten Situationen haben wird. Dabei kann man Merkmale der zu beurteilenden Person, etwa das Geschlecht oder das Alter, variieren. Auf diese Weise erhält man Hinweise, ob etwa von Männern und Frauen unterschiedliche Emotionen erwartet werden. Es spielt keine Rolle, ob die Vermutungen der Befragten zutreffend sind. Es geht hier nur darum, welche Vorstellungen in den Köpfen der Menschen existieren. Die Relevanz der so ermittelten Stereotypen für den Sozialisationsprozeß liegt auf der Hand. Vermutlich werden sie sich im Erziehungsverhalten niederschlagen. Eltern möchten "normale" Kinder haben. Und was ihrer Meinung nach "normal" ist, verraten die Befragungen zu den Emotionsstereotypen.

Brody und Hall (1993) haben die Literatur zu Geschlechtsstereotypen ausgewertet. Sie unterscheiden konsequent zwischen emotionalem Erleben und

Emotionsausdruck. Soweit beide Variablen berücksichtigt wurden zeigte sich, daß die Beurteiler beim Ausdruck größere Geschlechtsunterschiede vermuten als im Erleben. Die allgemeine Vorstellung ist demnach, daß sich Männer und Frauen nicht sehr stark darin unterscheiden, welche Gefühle sie haben und wie intensiv diese Gefühle sind. In einer dieser Studien fand sich nur bei einer von sechs Gefühlszuständen ein Unterschied: Frauen empfinden demnach häufiger Liebe als dies Männer tun. Die Befragten glaubten aber, daß sich Männer und Frauen deutlich in ihrem Emotionsausdruck unterscheiden. Frauen galten als expressiver.

Eine Ausnahme scheint dabei aber der Ärger zu sein. In einer Studie waren sowohl Eltern aus der Arbeiterklasse als auch Studierende der Meinung, daß Männer häufiger Ärger zeigen als Frauen. Die Elterngruppe war sogar der Meinung, daß dieser Unterschied erwünscht ist. Selbst bei drei- bis fünfjährigen Kindern fanden sich solche Geschlechtsstereotype. Die Kinder glaubten, daß Männer mehr Ärger ausdrücken und Frauen mehr Angst, Traurigkeit und Glück.

"Ausdruck" war in diesen Untersuchungen sehr global definiert. In einer Arbeit wurde explizit nach dem nonverbalen Ausdruck gefragt, wobei zusätzlich zwischen verschiedenen Komponenten unterschieden wurde. Nach Auffassung der befragten Collegestudenten haben Frauen ausdrucksvollere Gesichter, Hände und Stimmen, lachen und lächeln mehr und sind insgesamt fähiger, nonverbale Signale zu senden und auch zu empfangen. Lediglich bei einem Ausdruck vermuteten die Studenten keine Geschlechtsunterschiede: beim finsteren Blick. Dies ist eine weiterer Hinweis darauf, daß das Zeigen von Ärger davon ausgenommen wird, wenn Frauen als ausdrucksvoller oder -freudiger beurteilt werden.

Auch wenn Erwachsene nach ihrem eigenen Verhalten befragt werden, zeigen sich die bekannten Geschlechtsunterschiede. Frauen schildern sich bezüglich fast aller Emotionen als expressiver. Lediglich bei Haß und Ärger verschwinden die Unterschiede zu den Männern, oder sie sind zumindest kleiner als bei den übrigen Emotionen (vgl. Brody & Hall, 1993).

Insgesamt lassen diese Untersuchungen den Schluß zu, daß psychologische Laien annehmen, daß Frauen und Männer sich in ihren Gefühlen weitgehend ähnlich sind, daß Frauen jedoch, mit Ausnahme von Ärger, ihre Emotionen mehr zeigen.

Befragung der Eltern über ihre Interventionsstrategien. Der Nachweis von Emotionsstereotypen läßt die Frage offen, wie solche Vorstellungen in konkretes Erziehungsverhalten umgesetzt werden kann. Casey und Fuller (1994) haben versucht, durch die Befragung von Müttern herauszufinden, wie sie die Emotionen ihrer Kinder regulieren. Befragt wurden je 20 Mütter von Kindern im Alter von drei, fünf, sieben und neun Jahren. Für jede von vier Emotionen (Glück, Wut, Traurigkeit und Angst) konstruierten sie drei Situationsbeschreibungen. Dazu zwei Beispiele: "Ihr Kind bekommt etwas, das es unbedingt wollte; es darf z.B. irgendwo hingehen oder erhält ein besonderes Geschenk" (Freude), "der beste Freund ihres Kindes oder sein liebster Verwandter zieht weg, so daß sie sich nicht mehr sehen können" (Traurigkeit). Zunächst sollten die Mütter angeben, ob sie in einer solchen Situation überhaupt in irgendeiner Weise intervenieren würden. Dann sollten sie sagen, was sie tun würden. Ihre Antworten wurden bestimmten Interventionsstrategien zugeordnet, die in der Literatur beschrieben worden sind.

Die Mütter gaben an, in der überwiegenden Zahl der Fälle in irgendeiner Weise zu reagieren. Am häufigsten sagten sie bei Glück (92 Prozent), Traurigkeit (95 Prozent) und Angst (89 Prozent), daß sie etwas unternehmen würden. Bei Ärger lag diese Angabe etwas niedriger (in 85 Prozent der Fälle). Eine klare Abhängigkeit vom Alter oder Geschlecht der Kinder war übrigens nicht zu erkennen.

Wie würden die Mütter genau auf den Emotionsausdruck ihrer Kinder reagieren? Hier zeigte sich, daß es große Unterschiede zwischen den Emotionen gab (siehe Tabelle 7.1).

Tabelle 7.1 Strategien von Müttern zur Regulation des Emotionsausdrucks

Strategie der Mutter	Emotionsausdruck des Kindes			
	Glück	Ärger	Traurigkeit	Angst
Kurze Bemerkung machen	●●●●●	●	●	
Die gleiche Emotion zeigen	●●●●●			
Zustimmung, Anerkennung	●			
Diskussion über Situation	●●	●●●●	●●●●●	●●●●●
Praktisches Handeln		●●●●		●
Hilfe gewähren			●●●●	●
Beruhigen, trösten		●	●●●●●	●●●●●●
Anweisungen geben	●●	●●	●	●
Ablenken		●		●
Ignorieren, nichts tun	●	●●	●●	●

Anmerkung. Angaben in Prozent der Situationen, in denen die Mütter den Gebrauch einer bestimmten Strategie angaben (modifiziert nach Casey & Fuller, 1994, S. 71). Keine Angabe = unter 5 Prozent, ● = 5-10 Prozent, jeder weitere Punkt = weitere 5 Prozent.

In Tabelle 7.1 ist die Häufigkeit der einzelnen Strategien durch Punkte symbolisiert. Je mehr Punkte in einem Kästchen stehen, desto häufiger wurde die

Strategie als Reaktion auf eine Emotion berichtet. Die Darstellung zeigt, daß die Mütter angaben, je nach Emotionsausdruck unterschiedliche Strategien zu bevorzugen. Ihren Berichten zufolge reagieren sie auf einen glücklichen Ausdruck ihres Kindes überwiegend mit einer kurzen Bemerkung (z.B. "gut") oder durch Zeigen der gleichen Emotion (z.B. "ich freue mich auch"). Bei anderen Emotionen wurden diese Reaktionen dagegen sehr selten genannt. Beruhigend auf das Kind einzuwirken scheint die typische Reaktion auf Traurigkeit und Angst zu sein. Für Traurigkeit gibt es eine weitere typische Reaktion: aktiv helfen (z.B. ein anderes Kind wegschicken, das etwas Böses gesagt hat). Bei Ärger gaben die Mütter an, relativ oft einzuschreiten ("praktisches Handeln").

Casey und Fuller (1994) haben die Frage nach der Wirksamkeit der von ihnen beschriebenen Interventionsstrategien nicht gestellt. Offensichtlich besteht ein Bezug zum Prinzip des operanten Konditionierens. Viele Strategien haben vermutlich die Funktion von Verstärkern (vgl. S. 248). Die Wahrscheinlichkeit, mit der ein Verhalten wieder auftritt, hängt davon ab, welche Konsequenzen es hat. Zustimmung und Anerkennung werden als positive Konsequenzen die Auftretenswahrscheinlichkeit erhöhen. Einen ähnlichen Effekt wird das Zeigen eines positiven Emotionsausdrucks durch die Mutter haben. Beruhigen und Trösten sowie Hilfe gewähren werden ebenfalls die Funktion von positiven Verstärkern haben und damit das Zeigen von Traurigkeit und Angst (zumindest gegenüber der Mutter) fördern. Ignorieren kann bedeuten, daß für das Kind ein erwarteter positiver Effekt ausbleibt. Dieses Prinzip hat sich bewährt, unerwünschte Verhaltensweisen abzubauen.

7.4.4 Klassisches Konditionieren

Operantes Konditionieren und Lernen am Modell sind zwei Lernprinzipien, mit denen man teilweise das Verhalten von Erziehungspersonen beschreiben und erklären kann. Ein weiteres Lernprinzip wird dagegen in der Sozialisierung von Emotionen durch Erziehungspersonen kaum eine Rolle spielen: das klassische Konditionieren. Damit läßt sich aber erklären, warum manchmal jemand auf einen Reiz emotional reagiert, der bei den meisten Menschen keine Emotion auslöst. Auch die Wirkung von Werbemaßnahmen (siehe auch Kapitel 8.3) läßt sich damit erklären.

Das Prinzip der Konditionierung einer emotionalen Reaktion beim Menschen wurde bereits von Watson und Raynor (1920; siehe Watson, 1930/1968) eindrucksvoll dokumentiert. Der kleine Albert griff zunächst nach einer weißen Ratte, wie er nach allem griff, was in seine Nähe kam. Durch ein lautes Geräusch (Schlag mit einem Hammer auf eine Eisenstange) wurde der zuvor neutrale Reiz "weiße Ratte" zu einem furchtauslösenden Reiz. "In dem Augenblick, wo die Ratte gezeigt wurde, fing das Baby an zu schreien. Es drehte sich abrupt zur linken Seite, fiel vornüber, begab sich auf alle viere und krabbelte so schnell davon, daß man es gerade noch festhalten konnte, bevor es den Rand

der Matratze erreichte" (Watson, 1968, S. 172). Es fand sogar eine Generalisierung der Furchtreaktion auf ähnliche Reize (Kaninchen, Pelzmantel) statt.
Emotionale Reaktionen können schon durch eine einmalige Erfahrung erworben werden. Jemand kann etwa aufgrund eines einmaligen traumatischen
Erlebnisses (gebissen werden) Angst vor Hunden entwickeln. Experimentell gut
belegt ist dieses Lernen in einem Durchgang (*one trial learning*) im Bereich der
Nahrungsaversion bei Tieren (siehe Milgram, Krames & Alloway, 1977). Eine
einmalige Nahrungsaufnahme, die mit einem sehr negativen Zustand gekoppelt
wird, kann dazu führen, daß diese Nahrung weiterhin gemieden wird.

7.5 Zusammenfassung und Schlußfolgerungen

In diesem Kapitel wurde die Entwicklung des Ausdrucks und Erlebens von
Emotionen beschrieben und zu erklären versucht. Auch physiologische Reaktionen wurden kurz berührt.
Zur Erforschung des Ausdrucks wurden Kinder in ihrem Alltagsleben beobachtet. Bridges (1932) hat in einer klassischen Studie aufgrund der Beobachtung
kleiner Kinder in einem Krankenhaus beschrieben, in welchem Alter einzelne
Emotionen erstmals auftreten. Sie entwickelte ein Modell der zunehmenden
Differenzierung der Emotionen in den ersten beiden Lebensjahren. Sie nahm
an, daß zunächst nur eine unspezifische Erregung vorhanden ist, von der sich
später Unbehagen und Wohlbehagen unterscheiden lassen und davon allmählich
auch spezifische Emotionen.
Bereits Bridges hatte festgestellt, daß die Auslöser einer Emotion im Laufe
der Entwicklung wechseln können. Befragungen von Erziehungspersonen zur
Angst zeigen ebenfalls, daß sich vom ersten Auftreten mit etwa einem halben
Jahr bis zum Jugendalter die wichtigen Auslöser ständig ändern.
Viele Untersuchungen zum Emotionsausdruck von Kindern wurden in genau
definierten Situationen durchgeführt. So kann festgestellt werden, in welchem
Alter ein Ausdrucksverhalten durch einen bestimmten Reiz ausgelöst werden
kann. Dabei können die Kindern in Situationen gebracht werden, in die sie im
Alltag oft noch nicht kommen würden. Beispiele sind das Einbringen von Ge-
schmacksstoffen in den Mund, das Festhalten der Arme oder das starre Anschauen durch die Mutter. Insofern darf es nicht verwundern, daß in solchen
"Provokationsstudien" ein bestimmtes Ausdrucksverhalten oft schon deutlich
früher beobachtet werden kann als im Alltag. Wie schon in der Studie von
Bridges bleibt es den Untersuchern dabei überlassen, über eine reine Beschreibung hinauszugehen und ein Verhalten als Anzeichen für eine Emotion zu
interpretieren. Kriterien sind dabei die Ähnlichkeit mit den Ausdruckserscheinungen von Erwachsenen und ein spezifischer situativer Kontext.
Einigen Ergebnisse zufolge kann demnach schon bei Neugeborenen ein
Ausdruck der Freude, des Ekels und des Erschreckens ausgelöst werden.

Andere Emotionen können erst später ausgelöst werden. Insgesamt sprechen die Untersuchungen dafür, daß im ersten Lebensjahr bereits alle mimischen Ausdrücke mehr oder weniger deutlich beobachtet werden können, die bei Erwachsenen bestimmten Emotionen zugeordnet werden (Freude, Traurigkeit, Ärger/Wut, Angst, Ekel und Überraschung). Lautäußerungen der Kinder lassen nicht nur eine Unterscheidung von positiven und negativen Emotionen zu, sondern im Bereich negativer Emotionen auch eine Differenzierung verschiedener Arten des Schreiens.

Emotionen wie Eifersucht, Neid, Schuld oder Scham können frühestens im zweiten Lebensjahr aus spezifischen Verhaltensweisen erschlossen werden. Ihr Auftreten hängt von der Entwicklung in anderen Bereichen ab, etwa bei Schuld und Scham von der moralischen Entwicklung.

Der Emotionsausdruck wird zunächst spontan sein. Untersuchungen zur willentlichen Kontrolle des Ausdrucks zeigen, daß Kinder bereits im Vorschulalter ihren mimischen Emotionsausdruck relativ gut kontrollieren können. In anderen Untersuchungen wurde deutlich, daß sie ihren Ausdruck auch tatsächlich an die Situation anpassen (z.B. bei Anwesenheit eines Erwachsenen lächeln, auch wenn sie einen Mißerfolg erlitten haben). Allein die verstandesmäßige Erfassung des Täuschungsvorgangs gelingt erst im Schulalter, wobei die Begründungen zunehmend differenzierter werden. Offenbar hängt auch bei jüngeren Kindern das Ausdrucksverhalten nicht nur von ihrem emotionalen Zustand ab. Zu einer bewußten Verstellung des Ausdrucks mit dem Ziel, die Interaktionspartner über den wahren Gefühlszustand zu täuschen, sind die Kinder vermutlich erst im Schulalter fähig.

Die Erforschung von physiologischen Reaktionen auf emotionsauslösende Reize hat zu uneinheitlichen Ergebnissen geführt. So wurde festgestellt, daß kleine Kinder auf positive wie auch auf potentiell angstauslösende Reize sowohl mit einem Anstieg als auch einem Abfall der Herzfrequenz reagieren können.

Die Kinder lernen, ihre Emotionen und die anderer Menschen sprachlich zu benennen. Aufschluß darüber, wann welche Wörter verstanden werden, geben Befragungen von Eltern. Diese werden ergänzt durch Studien, in denen Kinder etwa Zuordnungen zu Gesichtsbildern oder Situationsschilderungen treffen sollen. Bereits im Alter von zwei Jahren verstehen schon viele, was "glücklich" und "traurig" bedeuten. Neben einer allgemeinen Zunahme des Sprachverständnisses ist aber nicht zu verkennen, daß es große Unterschiede zwischen den Begriffen gibt. Einige Emotionswörter (z.B. "neidisch") werden selbst von den meisten Sechsjährigen noch nicht verstanden.

Zwei Untersuchungen zu Veränderungen des Befindens wurden dargestellt. Die eine ergab, daß im Schulalter (5. bis 9. Klasse) zunehmend häufiger von negativen Gefühlen berichtet wurde. Als Erklärungen kamen zunehmend häufigere negative Ereignisse sowie zusätzlich eine erhöhte Empfindsamkeit in Frage. Die andere Studie zeigte, daß sich die Häufigkeit bestimmter Ängste über einen weiten Altersbereich zum Teil deutlich verändert. Dazu paßt, daß auch für verschiedene Phobien festgestellt wurde, daß sie in unterschiedlichem Alter beginnen. Das emotionale Befinden verändert sich also im Laufe der Entwicklung, wobei die Gründe für diese Veränderungen oft schwer zu eruieren sind.

Verschiedene Erklärungsansätze wurden bemüht, um das Auftreten und die Veränderung emotionaler Reaktionen zu verstehen. Diese ergänzen sich gegenseitig. Allerdings ist schwer auszumachen, wie groß der Beitrag ist, den jeder leistet.

Für die Existenz angeborener Verhaltensmuster spricht, daß einige Ausdruckserscheinungen bereits bei Neugeborenen beobachtbar sind. Ein weiterer Hinweis darauf ist, daß der emotionale Gesichtsausdruck von blindgeborenen Kindern dem sehender gleicht. Zwillingsstudien zu genetischen Faktoren von Emotionen sind noch selten. Bestimmte Ängste scheinen zum Teil genetisch bedingt zu sein. Schließlich sprechen Konditionierungsexperimente dafür, daß auch die Bereitschaft, auf ganz bestimmte Reize (z.B. Spinnen) emotional zu reagieren, genetisch mitbedingt sein kann. Angeborene Merkmale sind nicht immer genetisch bedingt. Auch im Mutterleib können Einflußfaktoren wirksam werden. So fanden sich in einer Studie Belege dafür, daß sich Kokainkonsum der Mutter auf das spätere emotionale Ausdrucksverhalten der Kinder auswirken kann.

Emotionale Reaktionen, die erst lange nach der Geburt beobachtbar sind, können grundsätzlich auf Lernprozesse oder auf angeborene Faktoren zurückzuführen sein. Der empirische Nachweis von Reifungsprozessen ist aber schwer zu erbringen, solange man die ihnen zugrunde liegenden Mechanismen nicht kennt. Relativ gut erforscht sind die hormonellen Veränderungen, die vor und während der Pubertät stattfinden. Da die Pubertät auch mit einer stürmischen Entwicklung im emotionalen Bereich in Verbindung gebracht wird, liegt es nahe, den Zusammenhang zwischen Geschlechtshormonen und Emotionen zu untersuchen. Es fanden sich einige Hinweise, die für einen solchen Zusammenhang sprechen.

Erziehungspersonen nehmen Einfluß auf die emotionale Entwicklung ihrer Kinder. Wie funktioniert dieser Sozialisierungsprozeß? Als mögliche Mechanismen wurde die Bekräftigung "angemessener" emotionaler Reaktionen, die Modellwirkung sowie die Kommunikation von Erwartungen (welche Gefühle und Ausdrucksweisen sind angemessen?) beschrieben. Die Beobachtung von Eltern-Kind-Interaktionen zeigt, daß tatsächlich Verstärkungs- und Modelleffekte stattfinden. Die Vorstellungen der Eltern, wann welche Gefühle und Ausdruckserscheinungen angemessen sind, können durch Befragungen ermittelt werden. Ergebnis solcher Studien ist beispielsweise der Nachweis von geschlechtsspezifischen Stereotypen. Eine andere Frage ist, wie Eltern sich verhalten, wenn ihre Kinder bestimmte Emotionen zeigen. Eine Befragung von Müttern zeigte, das sie über zahlreiche Strategien für den Umgang mit den Emotionen ihrer Kinder verfügen und diese emotionspezifisch einsetzen.

Ein weiteres Lernprinzip, das klassische Konditionieren, spielt in der Sozialisierung kaum eine Rolle. Es hilft aber generell zu verstehen, wie emotionale Reaktionen an neue Reize gekoppelt werden können.

Kapitel 8 Anwendungsperspektiven der Emotionsforschung

Bei manchen Disziplinen der Psychologie können Außenstehende leicht den Eindruck gewinnen, daß die Forschung nur der Forschung willen betrieben wird. Grundlagenforschung hat ihre Berechtigung, und man sollte ein Forschungsthema nicht danach bewerten, ob unmittelbar eine praktische Relevanz zu erkennen ist. Andererseits ist es gerade für Studierende oftmals motivierend, sich mit einem Thema zu befassen, wenn auch ein Anwendungsbezug vorhanden ist. Dies ist ein Grund, warum das letzte Kapitel Anwendungsperspektiven vorbehalten bleibt.

Eine angewandte Emotionspsychologie im engeren Sinne gibt es nicht. Mehr oder weniger verstreut finden sich aber Belege dafür, daß emotionspsychologische Methoden und Forschungsergebnisse anwendungsrelevant sind. In diesem Kapitel werden einige Beispiele aufgeführt und Überlegungen zu Perspektiven einer angewandten Emotionsforschung angestellt. Dies geschieht nicht mit einem Anspruch auf Vollständigkeit.

Gehen wir von der einfachen Annahme aus, daß Emotionen ein Produkt von Ereignissen oder Merkmalen der Umwelt und Merkmalen der Person sind. Nehmen wir einmal an, daß jemand auf den Anblick von gebratenem Kalbshirn mit Ekel reagiert. Der Ekel kann etwas über den Umweltreiz und etwas über die Person verraten. Über den Umweltreiz "gebratenes Kalbshirn" erfahren wir etwas, indem wir die emotionalen Reaktionen auf andere Speisen zum Vergleich heranziehen. Generell könnte man Speisen dadurch beschreiben, bei wieviel Prozent der Menschen sie Ekel, Freude, Ärger etc. auslösen und wie stark diese Emotionen sind. Für jeden, der Essen für andere zubereitet, wäre dies unter Umständen sogar informativer als der Nährstoffgehalt der Speisen.

Über die Person erfahren wir etwas, wenn wir andere Menschen in der gleichen Situation beobachten. Wenn die meisten keinen Ekel zeigen und sich sogar freuen, wissen wir, daß sich die Person in dieser Hinsicht von anderen unterscheidet. Andersen (1984) hat festgestellt, daß psychologische Laien die Emotionen anderer Menschen als besonders informativ ansehen, ja sogar aussagekräftiger als deren Verhalten.

Diagnosen. Dieses einfache Beispiel macht deutlich, daß Emotionen diagnostisch relevant sein können. Emotionen können der Beschreibung und Klassifikation von Personen, aber auch von Umweltfaktoren dienen. Wir werden den ersten Aspekt später wieder aufgreifen, wenn wir uns mit der Diagnostik von psychischen und somatischen Störungen befassen. Den zweiten Aspekt, die Beschreibung von Umweltreizen, werden wir am Beispiel von Arbeitsbedingungen und Werbemaßnahmen verfolgen.

Prognosen. Manchmal gehen Emotionen einem anderen Verhalten voraus. Wenn ein einigermaßen stabiler Zusammenhang besteht, können Emotionen für prognostische Zwecke verwendet werden. Emotionen spielen eine Rolle bei der Vorhersage von bestimmten Erkrankungen und der Genesung, von sportlichen und beruflichen Leistungen sowie des ökonomischen Verhaltens, das sich im Konjunkturverlauf widerspiegelt.

Interventionsmaßnahmen. Wenn auf eine Emotion ein spezifisches Verhalten folgt, stellt sich die Frage der Kausalität. Beispielsweise findet man einen Zusammenhang zwischen Angst und sportlicher Leistung. Wirkt die Angst leistungsmindernd? Solche Kausalbeziehungen gilt es zu erforschen. Am Ende kann eine begründete Intervention stehen, die eine Modifikation von Emotionen zum Ziel hat. So könnte man bei Sportlern die Angst reduzieren, um ihre sportlichen Leistungen zu steigern. Da wir Emotionen als ein Produkt von Umweltreizen und Merkmalen der Person verstehen, können Modifikationen sowohl an den externen emotionsauslösenden Faktoren ansetzen als auch an der Person. Wir werden uns eingehender mit der Modifikation von Emotionen in der Psychotherapie, bei der Prävention und Therapie von somatischen Krankheiten sowie bei der Steuerung des Konsumentenverhaltens befassen.

8.1 Diagnostische Relevanz von Emotionen

Psychische Störungen Bei psychischen Störungen, die sich durch besondere Veränderungen im emotionalen Bereich auszeichnen, wird man zuerst an die sogenannten affektiven Störungen mit Depression und Manie als Unterformen denken. In depressiven Phasen können depressive Verstimmungen, Verminderung von Freude und Interesse, sowie Schuldgefühle auftreten. Manische Episoden sind dagegen durch eine gehobene oder reizbare Stimmung gekennzeichnet.

Bei einer Vielzahl anderer Störungen dienen bestimmte Auffälligkeiten im emotionalen Verhalten oder Erleben als diagnostische Kriterien. Die Veränderungen können verschiedene Emotionsqualitäten betreffen, wie die folgenden Beispiele aus dem verbreiteten Diagnostischen und Statistischen Manual psychischer Störungen DSM-III-R (American Psychiatric Association, 1991/1987) zeigen. In diesem Manual werden für die einzelnen Störungen diagnostische Kriterien genannt. Weiterhin wird spezifiziert, wieviele dieser Kriterien erfüllt sein müssen, damit eine bestimmte Diagnose gerechtfertigt ist. Wir wollen hier exemplarisch für einen Teilbereich psychischer Störungen, die Persönlichkeitsstörungen, die Bedeutung emotionaler Auffälligkeiten betrachten. Dazu sind in Tabelle 8.1 die spezifischen Persönlichkeitsstörungen aus dem DSM-III-R mit jeweils einem diagnostischen Kriterium aus dem emotionalen Bereich aufgeführt. Es muß betont werden, daß hier nur eine Auswahl vorgenommen wurde;

im Manual finden sich weitere emotionsrelevante Kriterien für die Diagnose von Persönlichkeitsstörungen.

Tabelle 8.1 Emotionale Auffälligkeiten bei spezifischen Persönlichkeitsstörungen

Persönlichkeitsstörung	Beispiel für ein diagnostisches Kriterium
Paranoide P.	lange anhaltender Groll gegen andere
Schizoide P.	selten starke Emotionen wie Zorn und Freude
Schizotypische P.	extreme soziale Ängstlichkeit
Antisoziale P.	reizbar und aggressiv
Borderline-P.	chronisches Gefühl der Leere oder Langeweile
Histronische P.	rasch wechselnde und oberflächliche Emotionen
Narzißtische P.	reagiert auf Kritik mit Wut, Scham oder Demütigung
Selbstunsichere P.	befürchtet, durch Erröten, … in Verlegenheit zu geraten
Dependente P.	hat gewöhnlich Angst davor, verlassen zu werden
Zwanghafte P.	eingeschränkter Ausdruck von Gefühlen
Passiv-aggressive P.	reagiert mit … Verachtung auf Autoritätspersonen

Anmerkung. Ausgewählte diagnostische Kriterien nach dem DSM-III-R (modifiziert nach American Psychiatric Association, 1991, S. 407-432).

Die Angaben in Tabelle 8.1 machen deutlich, daß die Auffälligkeiten vielfältig sind und sowohl das emotionale Erleben als auch das Verhalten betreffen können. Übermäßig starke Emotionen wie auch das Fehlen von Emotionen können ein diagnostischer Hinweis sein. Einige Emotionen wie Wut oder Angst tauchen bei verschiedenen Persönlichkeitsstörungen auf, während andere (z.B. Langeweile) spezifisch für eine bestimmte Form sind. Das emotionale Erleben und Verhalten einer Person liefert also wichtige diagnostische Hinweise für das Vorliegen einer spezifischen Persönlichkeitsstörung. Auch bei anderen Formen psychischer Störungen, auf die hier aus Platzgründen nicht weiter eingegangen wird, werden verschiedene Auffälligkeiten im emotionalen Bereich als diagnostische Kriterien genannt.

Auch wenn emotionale Auffälligkeiten in der Praxis seit langem zur Diagnostik psychischer Störungen herangezogen werden, bleiben doch viele Fragen ungeklärt. Emotionale Reaktionen müssen immer vor dem Hintergrund der Situation interpretiert werden, in der sie auftreten. Ein Ziel der Forschung besteht darin, die emotionalen Reaktionen von Personen mit unterschiedlichen psychiatrischen Diagnosen auf standardisierte Reize hin zu untersuchen. Beispielsweise haben Berenbaum und Oltmanns (1992) die mimischen Reaktionen und das emotionale Erleben von Schizophrenen, Depressiven und gesunden Kontrollpersonen verglichen. Als emotionsauslösende Reize verwendeten sie angenehme oder unangenehme Getränke und Filmausschnitte. Ein Ergebnis war, daß sich Schizophrene, die als affektiv verflacht diagnostiziert worden waren, in ihren Angaben zum Erleben nicht von Gesunden unterschieden. Deutliche Unterschiede bestanden aber im mimischen Emotionsausdruck, der bei diesen Schizophrenen auffällig schwach ausgeprägt war. Untersuchungen dieser Art sind wichtig für die Entwicklung von standardisierten Reaktionsproben. Solche Verfahren können dazu beitragen, psychiatrische Diagnosen zu objektivieren und Veränderungen unter einer Therapie genau zu beschreiben.

Somatische Erkrankungen Aus eigener Erfahrung weiß jeder, daß sich das Befinden selbst bei harmlosen Erkältungskrankheiten verändern kann. Allerdings dominieren dabei emotionsunspezifische Veränderungen wie Müdigkeit und mangelnde Energie. Zusammen mit körperlichen Symptomen liefern sie Hinweise auf das Vorliegen und die Schwere einer Erkrankung. In bestimmten Fällen können aber auch Veränderungen im emotionalen Bereich auf das Vorliegen einer gesundheitlichen Beeinträchtigung hinweisen.

In unserer Umwelt sind wir zahlreichen neurotoxisch wirkenden Substanzen ausgesetzt. Pestizide, Herbizide und Insektizide, bestimmte Lösungsmittel, Schwermetalle wie Blei und Quecksilber sind nur einige Beispiele. Zu den Symptomen, die auf eine erhöhte Exposition neurotoxischer Substanzen hinweisen können, gehören auch Veränderungen im emotionalen Bereich, insbesondere Angst, Depression, Erregbarkeit und Reizbarkeit (Hartman, 1988). Bei einer Bleivergiftung können beispielsweise Depression, Anspannung und Ärger auftreten. Diese Symptome wurden nicht nur bei chronischen Bleivergiftungen beobachtet, sondern auch bei Personen, die Blei für einen Zeitraum von nur zwei Wochen bis acht Monaten ausgesetzt waren. Aufgrund gewisser Ähnlichkeiten mit dem Erscheinungsbild einer Depression sind leicht Fehldiagnosen möglich (Hartman, 1988). Nur ein sehr kleiner Teil der Substanzen, die uns als Nahrungsmittelzusätze, als Bestandteile von Kosmetika oder etwa in Chemikalien im Haushalt oder am Arbeitsplatz begegnen, sind bisher auf mögliche neurotoxische Effekte untersucht worden. Für Psychologen ergibt sich hier ein weites Aufgabenfeld, das die Entwicklung sensibler Meßinstrumente, systematische Forschung zu einzelnen Substanzen und Einzelfalldiagnostik einschließt. Die Aufmerksamkeit wird dabei Auffälligkeiten im emotionalen und kognitiven Bereich sowie der Motorik gelten.

Viele Menschen reagieren bereits auf geringste Mengen bestimmter Substanzen allergisch. Bisher wurden überwiegend die körperlichen Symptome von Allergien beachtet. Inzwischen ist aber bekannt, daß bei einer Allergie auch psychische Symptome auftreten können. Allergologen berichten, daß viele ihrer Patienten Depressionen oder angstbesetzte Unruhezustände entwickeln (siehe Marshall, 1993; Schmidt-Traub, 1989).

Auf einen Zusammenhang zwischen Depressionen und Allergien weisen auch Befragungen und medizinische Tests mit Depressiven hin. Im Vergleich zu nicht depressiven Kontrollpersonen fand man unter ihnen relativ viele mit Allergien. In Experimenten wurden Patienten mit Allergenen in Kontakt gebracht. Beispielsweise erhielten in einer der Untersuchungen allergische Patienten eine Suppe, die Allergene enthalten konnte (ohne daß die Patienten dies genau wußten). Immerhin acht der zwölf Testpersonen reagierten mit depressiven Symptomen auf die Allergene. Insgesamt legen die Untersuchungen nahe, daß zwar nicht bei allen, aber doch bei bestimmten Personen durch Allergene depressive Symptome hervorgerufen werden können. In diesen Fällen besteht die Gefahr, daß die wahre Ursache der Störungen, die Allergie, verkannt wird und die Patienten erfolglos psychotherapeutisch oder psychiatrisch behandelt werden. Schmidt-Traub (1989) berichtet von einem Patienten, der lange Zeit erfolglos psychiatrisch und psychotherapeutisch behandelt wurde, bis sich herausstellte, daß er an einer schweren Allergie litt, die für seine psychischen Störungen verantwortlich war.

Bei der Diagnose einer Allergie sollte folglich psychischen Symptomen und darunter emotionalen Veränderungen mehr Aufmerksamkeit geschenkt werden. In der Anamnese kann nach solchen Symptomen gefragt werden. Wenn Provokationstests durchgeführt werden, können Messungen des emotionalen Befindens vorgenommen werden. Für die Forschung stellt sich die Aufgabe, die emotionalen Veränderungen, welche nach Kontakt mit Allergenen auftreten, zu spezifizieren. Welche Emotionen treten auf, wie intensiv sind sie, mit welcher Latenzzeit treten sie auf, und wie lange dauern sie an?

Arbeitsbedingungen. In Organisationen können die Arbeitsbedingungen eines Mitarbeiters durch objektive Merkmale wie Helligkeit, Lärm, Art der Tätigkeit, Anzahl der Kollegen, Gehalt etc. beschrieben werden. Es hat sich gezeigt, daß die subjektive Wahrnehmung der Arbeitsbedingungen ebenfalls wichtig ist. Die Arbeitsleistung, der Umfang von Fehlzeiten (Absentismus) und das Wechseln des Arbeitsplatzes (Fluktuation) hängen mit der Arbeitszufriedenheit zusammen. Unter Arbeitszufriedenheit wird teilweise die emotionale Reaktion auf Arbeitsbedingungen oder das Ausmaß des Wohlbefindens, das bei der Arbeit erfahren wird, verstanden (vgl. Six & Kleinbeck, 1989). Betrachtet man die Instrumente zur Erfassung von Arbeitszufriedenheit, so wird deutlich, daß die Valenz des emotionalen Erlebens ein zentrales Merkmal darstellt. In vielen Instrumenten wird zusätzlich nach dem Anlaß der Zufriedenheit bzw. Unzufriedenheit unterschieden (z.B. Kollegen, Vorgesetzte, Bezahlung).

Aus der emotionspsychologischen Perspektive stellt die Beschränkung auf die Valenzdimension eine starke Vereinfachung und damit einen Informationsverlust dar. Die Qualität des emotionalen Erlebens wird in vielen Fällen informativ sein. Hinter der "Unzufriedenheit" mit Kollegen kann sich etwa Angst, Ärger, Abneigung oder Scham verbergen. Eine hohe "Zufriedenheit" mit dem Gehalt kann darauf zurückzuführen sein, daß jemand Stolz empfindet oder sich einfach nur darüber freut, so viel Geld für seine Arbeit zu bekommen. Eine differenzierte Erfassung verschiedener Emotionsqualitäten ist bisher eher unüblich. Als positives Beispiel sei eine Arbeit von Apenburg (1986) erwähnt, der einen Befindlichkeitsfragebogen eingesetzt hat, um berufliche Beanspruchungen zu erfassen. In mehreren Erhebungen konnte er feststellen, daß sich verschiedene berufliche Beanspruchungen wie ein typischer neunstündiger Ausbildungstag, Bildschirmarbeit oder Büroarbeiten auf Sachbearbeiterebene im Befinden unterschiedlich niederschlagen.

Eine mehrdimensionale Messung des emotionalen Befindens kann also dazu beitragen, die subjektiven Auswirkungen von Arbeitsbedingungen abzubilden. Damit besteht die Möglichkeit, Arbeitsplätze innerhalb eines Unternehmens zu vergleichen, ungünstige Arbeitsbedingungen ausfindig zu machen oder Maßnahmen zur Verbesserung der Arbeitsbedingungen zu evaluieren.

Werbemaßnahmen. Bei Kaufentscheidungen spielen emotionale Faktoren eine Rolle. Werbemaßnahmen werden deshalb oft so konzipiert, daß sie eine bestimmte emotionale Wirkung haben. Diese Wirkung gilt es zu evaluieren (siehe Kroeber-Riel, 1990). Im Grunde können dazu alle in der Emotionsforschung üblichen Methoden (vgl. Kapitel 4) verwendet werden. In der Praxis wird auf eine ökonomische Durchführung und Auswertung Wert gelegt. Ein Verfahren, das diesen Anforderungen gerecht wird, ist der Programmanalysator. Dies ist ein Gerät, mit dessen Hilfe Testpersonen durch Drücken von Tasten oder Hebelbewegungen kontinuierlich Angaben zu ihrem Erleben machen können. Es handelt sich um eine Variante der nichtverbalen Erlebnisbeschreibung durch Hebelbewegung, die in der emotionspsychologischen Forschung Verwendung findet (vgl. Kapitel 4.1.2). Die Testperson sieht beispielsweise Werbespots auf einem Monitor und zeigt dabei ihr Gefallen durch die Bewegung eines Hebels an. Das Betrachten der Werbespots wird durch die Befindensmessung kaum beeinträchtigt. Die Auswertung basiert auf einer exakten zeitlichen Zuordnung der emotionalen Eindrücke zu einzelnen Sequenzen der Werbespots (vgl. Kroeber-Riel, 1990).

Eine differenzierte Erfassung verschiedener Emotionsqualitäten ist mit dem Programmanalysator nicht möglich. Manchmal wird es aufschlußreich sein, welche Emotionsqualität durch eine Werbebotschaft angesprochen wird. Anzeigen und Fernsehspots sind oft so aufgebaut, daß ein spezifisches Produkt mit einem emotionalen Reiz gekoppelt wird. Die zur Auswahl stehenden Reize können näher bestimmt werden. Welche Emotionen lösen sie aus? Gibt es bei einem Teil der Testpersonen vielleicht unerwünschte emotionale Nebeneffekte (z.B. Ärger bei einem Bild, das bei vielen Belustigung auslöst)? Wie stark sind die Emotionen?

Wie eine solche Evaluierung durchgeführt werden kann, soll exemplarisch an einer Studie von Konert (1984) erläutert werden. Das Werbematerial zu einem Kühlschrank wurde experimentell variiert. Der Kommunikationsinhalt bestand in der bildhaften Darstellung von Natur und Frische (u.a. Naturlandschaft mit Gebirgsbach) oder in Argumenten zum Produktnutzen (z.B. Hinweis auf drei Kühlzonen). Die Versuchspersonen sahen die Anzeigen und stuften dann ein, wie gut verschiedene Emotionen (Freude, Überraschung, Trauer, Ärger, Angst und Ekel) zu der gerade gesehenen Werbeanzeige passen. Dazu machten sie Angaben auf verbalen Emotionsskalen und wählten passende emotionale Gesichtsausdrücke und Piktogramme von Gesichtern aus. Es zeigte sich, daß der Kommunikationsinhalt einen Effekt auf die Emotionen hatte. Wurde das Produkt mit Naturdarstellungen und Frische verbunden, hatte dies insgesamt einen positiven emotionalen Effekt. Auch wurde beispielsweise der Produktname später besser erinnert.

8.2 Prognostische Relevanz von Emotionen

Vorhersage und Erklärung von Erkrankungen. Für die Krankheiten, an denen die meisten Menschen sterben, nämlich Herz-Kreislauf-Erkrankungen und Krebs, wurde immer wieder die Lebensweise mit verantwortlich gemacht. Falsche Ernährung und Rauchen sind bekannte Risikofaktoren. Daß auch psychische Faktoren eine Rolle spielen können, ist den meisten Menschen weniger bewußt. Dabei liegen zahlreiche Untersuchungen vor, die eindrucksvoll zumindest einen korrelativen Zusammenhang zwischen emotionalen Faktoren und Erkrankungswahrscheinlichkeiten oder Sterberaten belegen.

Feindseligkeit/Ärger und koronare Herzerkrankungen. Eine solche Untersuchung stammt von Shekelle, Gale, Ostfeld und Paul (1983). Insgesamt 1877 männliche Beschäftigte einer amerikanischen Elektrizitätsgesellschaft hatten früher einen Persönlichkeitsfragebogen (MMPI) ausgefüllt. Aus 50 Items wurde ein Wert für Feindseligkeit gebildet (die sog. Cook-Medley Skala). Zwanzig Jahre später wurde ermittelt, wieviele von den Männern inzwischen verstorben waren. Von den 718 Personen mit einem niedrigen Feindseligkeitswert (0 bis 12 Punkte) waren inzwischen 131 oder 18.2 Prozent tot. In der Gruppe mit einer hohen Ausprägung von Feindseligkeit (18 bis 44 Punkte) lag die Sterblichkeit dagegen bei 28.3 Prozent; 206 der 727 feindseligen Personen waren in den 20 Jahren gestorben. Auch wenn andere Risikofaktoren wie Cholesterinwert, Blutdruck, Zigaretten- und Alkoholkonsum berücksichtigt wurden, blieb eine positive Beziehung zwischen Feindseligkeit und Sterberate bestehen. Insgesamt erwiesen sich koronare Herzerkrankungen (durch Verengung oder Verschluß der Herzkranzgefäße bedingt, die den Herzmuskel mit Blut versorgen) als die häufigste Todesursache. Auch innerhalb dieser Gruppe war die Sterblichkeit bei Personen mit niedriger Feindseligkeit am geringsten.

Die Beziehung zwischen Feindseligkeit und koronaren Herzerkrankungen hat in der Forschung besondere Aufmerksamkeit gefunden. Angeregt wurde die Forschung u.a. durch das Konzept des Typ-A-Verhaltens, das auf klinischen

Beobachtungen zweier amerikanischer Kardiologen (Friedman und Rosenman; siehe Faller & Verres, 1990) beruht. Menschen, die dieses Verhaltensmuster zeigen, befinden sich ständig in Eile, möchten am liebsten mehrere Dinge gleichzeitig tun, sind sehr leistungsorientiert und auf soziale Anerkennung erpicht, zeigen keine Schwäche, setzen sich gegen Widerstände aggressiv durch und wirken reizbar und impulsiv (Faller & Verres, 1990). Ein strukturiertes Interview, daß zur Erfassung von Typ-A-Verhalten entwickelt worden ist, mißt bestimmten Verhaltensweisen gegenüber dem Interviewer eine besondere Bedeutung bei. Dazu gehören ein sehr kräftiger Händedruck, schnelle, laute und explosive Sprechweise oder feindseliges Verhalten (z.B. Kommentare im Interview wie "was soll das"). Die Heterogenität dieser Indikatoren für Typ-A-Verhalten weist darauf hin, daß es sich um ein komplexes Konstrukt handelt, in dem Feindseligkeit/Ärger nur eine Teilkomponente darstellt. Diese erwies sich aber als besonders bedeutsam für die Vorhersage von koronaren Herzerkrankungen, so daß später spezielle Auswertungsvorschriften dafür entwickelt wurden. Zur Abschätzung des "Feindseligkeitspotentials" werden Äußerungen des Interviewten über Ärger und Gereiztheit in frustrierenden Situation, Ärger im Sprachgebrauch und Ausdruck sowie bestimmte Merkmale des Interaktionsstils (z.B. offen aggressive Äußerungen) herangezogen (vgl. Faller & Verres, 1990).

Insbesondere Untersuchungen, in denen das "Feindseligkeitspotential" im strukturierten Interview erfaßt wurde, weisen auf einen Zusammenhang zwischen Feindseligkeit und dem Auftreten von koronaren Herzerkrankungen hin. Helmers, Posluszny und Krantz (1994) fanden in sieben von acht Studien einen Beleg für eine positive Beziehung. Dagegen waren die Ergebnisse von Studien, in denen wie bei Shekelle et al. (1983; s.o.) die Cook-Medley Skala zur Feindseligkeit verwendet worden ist, relativ uneinheitlich. Einige entdeckten einen Zusammenhang mit koronaren Herzerkrankungen, andere nicht. Ähnlich war die Befundlage bei Verwendung anderer Fragebogenmaße.

Die Studien zeigen insgesamt, daß Typ-A-Verhalten bzw. Feindseligkeit als eine Komponente dieses Verhaltens mit koronaren Herzerkrankungen in Beziehung steht. Da solche Zusammenhänge auch in prospektiven Studien gefunden wurden (die Feindseligkeit wird viele Jahre vor dem Gesundheitszustand gemessen), kann Feindseligkeit auch als ein Prädiktor angesehen werden.

Matthews (1988) hat die vorhandenen prospektiven Untersuchungen mit der Frage ausgewertet, ob vielleicht allgemein negative Emotionen mit diesen Erkrankungen in Beziehung stehen. Für Depression fand sich kein Zusammenhang (wenn die Untersuchungen nach der Probandenzahl gewichtet wurden), wohl aber für Feindseligkeit und Angst. Allerdings kam der Zusammenhang mit Angst nur durch eine Studie zustande, in der Angina pectoris untersucht worden war. Es handelte sich um "weiche" Daten, da hier Patienten Angaben zu Brustschmerzen gemacht hatten. Feindseligkeit und Ärger sind also nach dem gegenwärtigen Stand der Forschung der einzige zuverlässige Prädiktor für koronare Herzerkrankungen.

Es stellt sich die Frage, wie dieser Zusammenhang zustande kommt und ob psychologische Interventionsmethoden zur Reduktion von Ärger das Risiko einer koronaren Herzerkrankung senken können. Gegenwärtig weiß man noch nicht, warum Personen, die hohe Feindseligkeitswerte haben, ein erhöhtes Erkrankungsrisiko aufweisen. Denkbar sind sowohl physiologische Wirkungsmechanismen als auch ein Zusammenhang zwischen Feindseligkeit und gesundheitsbezogenem Verhalten oder anderen Risikofaktoren für koronare Herzerkrankungen.

Negative Emotionen und Immunsystem. Zahlreiche Erkrankungen treten eher auf, wenn das Immunsystem schlecht funktioniert. Dazu gehören vor allem Infektionskrankheiten. Aber auch die Entstehung bestimmter Krebsarten (durch Viren bedingte) hängt vom Zustand des Immunsystems ab. Es liegt also nahe, Faktoren, die sich negativ auf die Effizienz des Immunsystems auswirken, als potentiell krankheitsfördernd anzusehen. Cohen und Williamson (1991) haben sich in einer Metaanalyse mit dem Einfluß psychologischer Streßfaktoren auf das Auftreten von Infektionskrankheiten befaßt. Die Indikatoren für Streß waren relativ heterogen und reichten von Lebensereignissen und kleineren Alltagsproblemen über Befindensmaße bis hin zu Persönlichkeitsmerkmalen wie Depressivität. Obwohl die Ergebnisse keineswegs einheitlich waren, kommen die Autoren doch zu dem Schluß, daß Streß beim Ausbruch einer Infektionskrankheit und bei der Reaktivierung von latenten Viren (Herpes) eine Rolle spielen kann.

So ergaben mehrere Untersuchungen, daß nach dem Tod des Partners oft gesundheitliche Probleme auftreten (siehe Melnechuk, 1988, S. 200 ff.). Sogar die Todesrate steigt nach Trauerfällen an. In einer Untersuchung an 4486 Witwern lag sie in den ersten sechs Monaten nach dem Tod der Partnerin 40 Prozent höher als bei gleichaltrigen verheirateten Männern. Bemerkenswert ist, daß Männer gesundheitlich wesentlich stärker unter einem Partnerverlust leiden als Frauen. Möglicherweise sind sie stärker auf die emotionale Unterstützung durch einen Partner angewiesen als Frauen. Auf der Suche nach Erklärungen für die gesundheitlichen Probleme nach einem Verlust des Partners fand man verschiedentlich Veränderungen des Immunsystems. Die Frage, warum manche Menschen an einem "gebrochenen Herzen" erkranken oder sogar sterben, ist aber noch nicht befriedigend beantwortbar.

Das Immunsystem selbst ist sehr komplex. Es gibt verschiedene Typen von Immunzellen mit spezifischen Aufgaben. Bestimmte Zellen produzieren Antikörper oder Botenstoffe (Interleukine). Die Methoden zur Feststellung des Zustandes des Immunsystems sind dementsprechend sehr unterschiedlich. Beispielsweise können in Blutproben bestimmte Zellen ausgezählt werden. Antikörper lassen sich im Blut und teilweise auch im Speichel nachweisen (für eine ausführliche Darstellung der gebräuchlichen Methoden siehe Herbert & Cohen, 1993; O'Leary, 1990). Für die psychologische Forschung ist das Immunsystem besonders interessant geworden, weil es mit dem Hormon- und dem Nervensystem in einer engen Wechselbeziehung steht. Das Zentralnervensystem hat über Nervenfasern und über verschiedene Hormone einen Einfluß auf das Immunsystem (für eine ausführliche Darstellung siehe Ader, Felten & Cohen, 1991). Die meisten Hormone, deren Ausschüttung sich durch Streß verändert, haben auch immunologische Effekte. Deshalb liegt es nahe, die Auswirkungen psychologischer Stressoren direkt am Immunsystem zu untersuchen. Ob es auch zum Auftreten von Krankheitssymptomen kommt, ist bei diesem Ansatz von untergeordneter Bedeutung.

O'Leary (1990) hat zahlreiche Untersuchungen ausgewertet, die insgesamt dafür sprechen, daß psychologische Stressoren einen Effekt auf das Immunsystem haben. Die Ergebnisse fielen aber je nach Untersuchungsansatz unterschiedlich aus. Relativ uneinheitlich waren die Auswirkungen akuter Stressoren wie etwa akademische Prüfungen oder Annäherung an ein phobisches Objekt. Beispielsweise fand sich sowohl ein Anstieg als auch ein Abfall der Lymphozytenzahl. Ständige Stressoren wie die Pflege von Angehörigen, die an der Alzheimer-Krankheit litten, und Streß durch Trennung (Tod eines Angehörigen, Scheidung) hatten dagegen meist deutliche Auswirkungen auf das Immunsystem.

Viele Untersuchungen galten der Frage, ob sich klinisch Depressive von gesunden Kontrollpersonen unterscheiden und ob ein Zusammenhang zwischen depressiver Stimmung und dem Immunsystem besteht. In einer Metaanalyse der vorliegenden Untersuchungen fanden Herbert und Cohen (1993), daß Depression und depressive Stimmung deutlich mit einer verminderten Effizienz des Immunystems einhergehen. Wie dieser Zusammenhang zustande kommt, ist noch nicht geklärt. Da Nerven-, Hormon- und Immunsystem miteinander in Verbindung stehen, sind direkte biologische Wirkungsmechanismen denkbar. Da Depressive sich oft schlechter ernähren, weniger schlafen und mehr Alkohol trinken als nichtdepressive Personen, kommt auch eine Einschränkung des Immunsystems über solche Verhaltensweisen in Frage.

Gefühlsarmut und psychosomatische Störungen. Abschließend ist eine interessante Hypothese zur Prädiktion von Krankheiten durch emotionale Faktoren zu erwähnen. Besonders in psychoanalytisch orientierten Erklärungsansätzen wird behauptet, daß ein gehemmter Emotionsausdruck typisch für bestimmte ("psychosomatische") Erkrankungen sei. Es wurde ein Störungsbild beschrieben, das durch die Unfähigkeit, die eigenen Gefühle wahrzunehmen oder auszudrücken, gekennzeichnet sein soll. Es wurde *Alexithymie* genannt (siehe Kapitel 3.2, S. 65). Sind Menschen, die anderen ihre Emotionen schwer mit Worten oder durch ihr Ausdrucksverhalten mitteilen können, tatsächlich besonders gefährdet, körperlich zu erkranken? Die empirischen Befunde sind keineswegs eindeutig, und es scheint Skepsis bezüglich voreiliger Schlußfolgerungen angebracht zu sein. Für eine Darstellung von Untersuchungen und theoretischen Überlegungen sei auf Traue und Pennebaker (1993) verwiesen.

Fazit. Zusammenfassend läßt sich festhalten, daß zahlreiche Hinweise dafür vorliegen, daß Emotionen ein Prädiktor für bestimmte Krankheiten sind. Bei koronaren Herzerkrankungen spielen Ärger und Feindseligkeit eine Rolle, bei Krankheiten, die mit einer mangelnden Effizienz des Immunsystems zusammenhängen, sprechen viele Befunde für eine besondere Bedeutung der Depressivität. Wahrscheinlich ist die Liste der Krankheiten noch länger. Friedman und Booth-Kewley (1987) haben insgesamt 101 Studien analysiert, die sich mit dem Zusammenhang von "Persönlichkeitsvariablen" und verschiedenen Krankheiten befaßt haben. Außer zu koronaren Herzerkrankungen lagen Studien zu Asthma und Arthritis (die beide mit Dysfunktionen des Immunsystems in Verbindung gebracht werden) sowie zu Magengeschwüren und Kopfschmerzen vor. Angst, Depressivität und Ärger/Feindseligkeit wurden in diesen Studien teilweise als habituelle Merkmale erfaßt, teilweise aber auch als Zustandsvariablen. Ergebnis der Metaanalyse war, daß zuverlässige Zusammenhänge zwischen einer oder mehreren dieser "Persönlichkeitsvariablen" und jeder der genannten Krankheiten bestehen.

Vorhersage des Genesungsverlaufs. Jede Operation stellt ein Risiko für den Patienten dar. Es ist deshalb natürlich, wenn die Patienten vor der Operation Angst haben. Allerdings gibt es diesbezüglich interindividuelle Unterschiede; manche Menschen haben eher starke Angst, die mit dem Näherrücken des Operationstermins noch zunehmen kann, andere haben eher wenig Angst. Der präoperative Angstverlauf wurde als Prädiktor für die Genesung nach Operationen verwendet (siehe Faller & Verres, 1990; S. 741 f.). In einer dieser Studien zeigte sich, daß Patienten mit relativ starker Angst, die vor der Operation zunahm, einen günstigen somatischen Genesungsverlauf hatten.

Nicht nur Operationen stellen eine emotionale Belastung dar, auf die man emotional sehr unterschiedlich reagieren kann. Schwere Erkrankungen (z.B. Herzinfarkt, Krebs) und Unfallverletzungen können bei den Patienten zu starker Angst, aber auch zu Wut oder Schuldgefühlen führen. Es liegt nahe, auch hier die Qualität, Intensität und den Verlauf von Emotionen nach Eintritt der Erkrankung bzw. Verletzung mit dem Genesungsverlauf in Beziehung zu setzen. Zahlreiche Untersuchungen haben sich mit solchen Fragen befaßt. Es liegen Hinweise vor, daß negative Emotionen, insbesondere Depressivität, ein Prädiktor für einen ungünstigen Heilungsverlauf bei Krebserkrankungen darstellen. Positive Emotionen sprechen eher für einen günstigen Heilungsverlauf bei Krebs sowie bei der Heilung von Wunden (siehe Melnechuk, 1988).

Vorhersage von sportlichen Leistungen. Im Zusammenhang mit sportlichen Leistungen hat man sich besonders für negative Emotionen und hier überwiegend für Angst interessiert. Die Annahme ist dabei, daß Angst leistungsmindernd wirkt - zumindest im oberen Intensitätsbereich. Mittelstarke Angst könnte unter Umständen aktivierend und damit leistungsfördernd wirken, während bei schwacher Angst möglicherweise der Ansporn zur Leistung fehlt.

Ein solcher Zusammenhang zwischen Angst und Leistung wird oft als "umgekehrt u-förmig" bezeichnet.

Zum Zusammenhang zwischen der Leistung in verschiedenen Sportarten und der Angst von Sportlern wurden zahlreiche Untersuchungen durchgeführt. Kleine (1990) hat 50 Untersuchungen einer Metaanalyse unterzogen. Angst wurde mit verschiedenen Verfahren erfaßt; die Messungen basierten aber immer auf Angaben der Sportler selbst. Für die sportliche Leistung wurden ebenfalls sehr verschiedene Maße verwendet, wie das bei Einbezug sehr unterschiedlicher Sportarten nicht anders möglich ist (Noten, Punkte, Zeiten, Beurteilungen durch die Trainer etc.). Über alle Untersuchungen gemittelt fand er eine schwache negative Korrelation zwischen Angst und Leistung ($r = -.19$; $N = 3589$).

Teilweise erfaßten die verwendeten Tests Angst als Persönlichkeitsmerkmal, was für unsere Fragestellung weniger von Interesse ist. Aber in 37 Untersuchungen mit insgesamt 1574 Sportlern wurde explizit ein Zustandsmaß (STAI; Skala Zustandsangst) verwendet. Kleine ermittelte für diese Teilgruppe eine mittlere gewichtete Korrelation von $-.23$. Je mehr Angst die Sportler angaben, desto schlechter waren ihre Leistungen. Bei Frauen war dieser Zusammenhang übrigens etwas höher als bei Männern ($r = -.32$ bzw. $-.13$). Die Stärke des Zusammenhangs zwischen Angst und Leistung variierte auch in Abhängigkeit von weiteren Randbedingungen. Erfolgte die Angstmessung lange oder kurz vor der sportlichen Leistung, war der Zusammenhang nicht so eng ($r = -.14$ bzw. $-.15$) wie bei einer Messung danach ($r = -.48$). Möglicherweise wurden bei der Messung nach dem sportlichen Ereignis emotionale Auswirkungen von Erfolg und Mißerfolg mit erfaßt. Für eine Prädiktion von sportlicher Leistung ist daher nur der Zusammenhang von vorher erfaßter Angst und Leistung relevant.

Die Frage, ob eine umgekehrt u-förmige Beziehung zwischen Angst und Leistung besteht, wurde nur in einigen Untersuchungen behandelt. Die Ergebnisse waren uneinheitlich und lassen deshalb keine endgültige Beantwortung der Frage zu. Einige Studien sprachen für eine lineare Beziehung (je stärker die Angst, desto schlechter die Leistung), andere legten eine nichtlineare Beziehung nahe.

Zur Höhe der dargelegten Korrelationen könnte man einwenden, daß diese doch sehr niedrig und damit praktisch nicht relevant seien. Dem ist entgegenzuhalten, daß im Spitzensport die Leistung der Sportler sehr eng beieinander liegen. Die Leistungen der Sieger unterscheiden sich oft nicht stark von denen der schlechter plazierten Konkurrenten. Wenn es gelingt, eine kleine Leistungssteigerung herbeizuführen, so kann dies für einen Sieg ausschlaggebend sein.

Die hier beschriebene Beziehung zwischen Angst und Leistung bedarf weiterer Aufklärung. Die naheliegende Hypothese, daß sich die Angst hemmend auf die sportlichen Leistungen auswirkt, kann in experimentellen Anordnungen überprüft werden. Denkbar wäre, daß sowohl zusätzliche Angst induziert wird als auch daß die Angst von Sportlern (vor richtigen Wettkämpfen) reduziert wird. Diese Forschung könnte dazu beitragen, Interventionsstrategien zu entwickeln, die über eine Angstreduktion zu einer Steigerung von sportlichen Leistungen führen.

Das Forschungsinteresse galt überwiegend negativen Emotionen und hier speziell der Angst. Das Spektrum der positiven Emotionen wurde bisher weitgehend vernachlässigt. Daß unterschiedliche positive Emotionen zumindest nach sportlichen Leistungen auftreten, zeigt eine kleine Untersuchung von McAuley und Duncan (1990). Collegestudenten stuften ihre Emotionen nach gerade durchgeführten Turnübungen ein. Negative Emotionen wie Ärger und Scham waren sehr niedrig ausgeprägt. Im Bereich positiver Emotionen wurden relativ intensive Zufriedenheit, Dankbarkeit und Stolz angegeben. Je besser die Sportler ihre eigene Leistung einstuften, desto kompetenter und stolzer fühlten sie sich, und desto weniger Scham, Schuld und Enttäuschung kamen vor. Leider werden keine Zusammenhänge mit objektiven Leistungen berichtet. Die Ergebnisse können aber als Hinweis darauf verstanden werden, daß verschiedene positive Emotionen leistungsrelevant sind. Emotionen wie Stolz könnten sich als Prädiktor für weitere Trainingsanstrengungen und damit verbundene Leistungssteigerungen erweisen.

Vorhersage von Verhalten im Beruf. Bestimmte Berufe verlangen neben anderen Fertigkeiten auch eine besondere emotionale Belastbarkeit. Es liegt nahe, bei Eignungsuntersuchungen für solche Berufe auch emotionale Reaktionen auf berufsähnliche Anforderungen mit zu erfassen. Die Überlegung ist, daß inadäquate emotionale Reaktionen ein Prädiktor dafür sind, daß ein Stelleninhaber später zu Absentismus neigt, den Beruf aufgibt oder eine schlechtere Arbeitsleistung zeigt. Biersner, McHugh und Rahe (1984) haben bei Tiefseetauchern der US-amerikanischen Marine die subjektiven emotionalen Reaktionen im Training erfaßt und mit den Tauchaktivitäten während der folgenden sieben Jahre in Beziehung gesetzt. Angst und Glück erwiesen sich als brauchbare Prädiktoren. Je intensivere Glücksgefühle und je schwächere Angst die Taucher im Training angaben, desto länger blieben sie als Taucher in ihrem Beruf.

Die Arbeitszufriedenheitsforschung hat gezeigt, daß die Arbeitsleistung, Absentismus und Fluktuation mit klassischen Maßen der Arbeitszufriedenheit korrelieren, die Zusammenhänge aber eher schwach sind (vgl. Six & Kleinbeck, 1989). Arbeitszufriedenheit und emotionaler Zustand der Mitarbeiter am Arbeitsplatz dürfen nicht gleichgesetzt werden. Arbeitszufriedenheit hat neben der emotionalen Komponente auch eine kognitive. Außerdem werden in der Regel Emotionen (Zufriedenheit) in bezug auf spezifizierte Objekte (z.B. Vorgesetzte) erfaßt. Empirisch besteht aber eine erhebliche Überlappung zwischen beiden Variablen. In einer Diplomarbeit (Herrmann, 1993) fanden wir zahlreiche Korrelationen in der Größenordnung von .50 zwischen Komponenten der Arbeitszufriedenheit (Kollegen, Vorgesetzte, Bezahlung etc.) und dem emotionalen Befinden am Arbeitsplatz (insbesondere Abneigung, Ärger,

Traurigkeit, Freude und Stolz). Es wäre denkbar, daß speziell das emotionale Befinden am Arbeitsplatz einen guten Prädiktor für das Verhalten am Arbeitsplatz darstellt.

George und Brief (1992) haben sich in einem Beitrag mit dem Titel "feeling good - doing good" mit potentiellen Auswirkungen von positiver Stimmung am Arbeitsplatz befaßt. Untersuchungen in Organisationen sowie zumindest indirekt für diese Frage relevante Laboruntersuchungen sprechen dafür, daß sich positives Befinden auf mehrere Verhaltensweisen von Mitarbeitern günstig auswirkt. Gut gelaunte Personen werden ihren Kollegen eher helfen. Sie werden die Organisation weniger durch Vandalismus, Diebstahl etc. schädigen. Da gute Stimmung die Kreativität fördert, werden sie häufiger konstruktive Vorschläge machen. Sie werden sich eher durch eigene Initiative weiterbilden und schließlich eine positivere Einstellung zum Unternehmen und seinen Produkten entwickeln und diese auch verbreiten. Die teilweise spekulativen Überlegungen von George und Brief (1992) sowie die wenigen einschlägigen Untersuchungen, auf die sie verweisen, lassen das emotionale Befinden der Mitarbeiter als einen potentiell bedeutsamen Prädiktor für ihr Verhalten im Beruf erscheinen. In diesem Bereich ist aber noch intensive Forschung nötig, um zu guten Vorhersagen und Erklärungen zu kommen.

Vorhersage der wirtschaftlichen Entwicklung. Die Wirtschaftsleistung unterliegt periodischen Schwankungen. Warum solche Konjunkturzyklen auftreten, kann von den Wirtschaftswissenschaften nicht befriedigend erklärt werden. Für Unternehmen und die Regierung wäre es von großem Nutzen, wenn die Wirtschaftsentwicklung für den Zeitraum von einem Jahr (oder besser noch länger) einigermaßen genau vorhergesagt werden könnte. Die Unternehmen könnten dann rechtzeitig Investitionen tätigen oder den Personalstand an den künftigen Bedarf anpassen. Für die Regierung läge der Vorteil einer genauen Prognose darin, daß wirtschaftspolitische Maßnahmen zeitgerecht realisiert werden könnten oder etwa das Steueraufkommen besser abzuschätzen wäre.

Die wirtschaftliche Entwicklung hängt ganz wesentlich vom Verhalten der Menschen ab, die am Wirtschaftsprozeß beteiligt sind. Unternehmer entscheiden etwa, die Produktion in Erwartung einer größeren Nachfrage zu erhöhen. Sie investieren Geld in neue Produktionsanlagen oder entwickeln neue Produkte in der Erwartung, daß in Zukunft eine Nachfrage vorhanden sein wird. Die Konsumenten schieben vielleicht geplante Anschaffungen auf, weil sie momentan lieber eine größere finanzielle Reserve halten möchten oder weil sie auf sinkende Preise hoffen. Sie bevorzugen einmal benzinsparende und preiswerte Autos, zu einer anderen Zeit sind sie bereit, für eine Luxusausstattung wesentlich mehr Geld auszugeben. Anhand dieser Beispiele wird deutlich, daß wirtschaftliche Entscheidungen von subjektiven Einschätzungen abhängen. Weder der Anbieter noch der Abnehmer irgendwelcher Produkte kann wissen, wie die Zukunft aussieht. Deshalb werden bei Versuchen, die wirtschaftliche Entwicklung vorherzusagen, auch subjektive Einschätzungen von Wirtschaftsteilnehmern (z.B. Konsumentenstimmung, Geschäftsklima) herangezogen. Bei der Neujahrsumfrage des Allensbacher Instituts wird die Einschätzung der Zukunft sehr stark auf die Stimmung reduziert. Eine repräsentative Auswahl von Bundesbürgern wird einfach nur gefragt, ob sie dem neuen Jahr eher mit Hoffnungen oder Befürchtungen entgegensieht. Die so ermittelte emotionale Einstellung zur nahen Zukunft variiert von Jahr zu Jahr. Sie hat sich als ein guter Prädiktor für das wirtschaftliche Wachstum im kommenden Jahr erwiesen, der sich mit den Prognosen von wirtschaftlichen Forschungsinstituten und Sachverständigen messen kann (z.B. Noelle-Neumann, 1986).

Aus psychologischer Sicht kann man Vermutungen anstellen, warum eine derart globale Stimmungseinschätzung als Prädiktor geeignet ist. Wir wissen, daß Risikoeinschätzungen, die Risikobereitschaft und Bewertungen vom momentanen Befinden abhängen (vgl. Kapitel 6.2 und 6.3). Möglicherweise besteht eine kausale Beziehung zwischen der allgemeinen Stimmung eines Menschen und seinem ökonomisch relevanten Verhalten. Es ist eine Aufgabe für die Forschung, die Beziehung zwischen einem Stimmungsurteil und späterem Verhalten als Konsument oder Anbieter zu präzisieren und mögliche Einflußfaktoren aufzuzeigen.

8.3 Relevanz von Emotionen für Interventionsmaßnahmen

Psychotherapie. Da es verschiedene Therapieschulen gibt, darf es nicht verwundern, daß die Annahmen über die Entstehung, Funktion und Modifikation von Emotionen weit auseinandergehen. Wir betrachten, welche Ansichten in wichtigen Therapierichtungen über das Wesen und die Funktion von Emotionen sowie den Umgang damit herrschen. Anschließend werden wir auf Emotionen im therapeutischen Prozeß eingehen. Die Ausführungen lehnen sich an Überblicksarbeiten von Greenberg (1993) sowie Schelp und Kemmler (1988) an.

In der klassischen psychoanalytischen Sichtweise stellen Emotionen eine Art instinkthafte psychische Energie dar, die entladen oder gezähmt werden kann. Sie entstehen aus dem Konflikt von unbewußten Triebregungen und dem Versuch, diese zu kontrollieren. In der Verhaltenstherapie werden Emotionen als angeborene oder gelernte Reaktionen verstanden, die auf bestimmte Reize hin auftreten. Inadäquate Emotionen gilt es zu modifizieren. Kognitive Ansätze betonen, daß zwischen den Ereignissen und den emotionalen Reaktionen kognitive Prozesse ablaufen. Folglich wird in der Therapie versucht, die Kognitionen, etwa irrationale Überzeugungen, zu verändern. In humanistischen Therapieformen werden Emotionen als sinnvolle und nützliche Informationen für den Organismus begriffen. Deshalb sollen sie nicht eliminiert werden, sondern die Klienten sollen befähigt werden, ihre Gefühle als Orientierungshilfe in der Auseinandersetzung mit ihrer Umwelt besser wahrzunehmen. Je nach psychotherapeutischer Schule gelten Emotionen also als irrational, destruktiv, als

Randphänomen oder als nützlich. Die einzelnen Therapieformen kennen dabei sehr unterschiedliche Techniken, die sie im Umgang mit Emotionen einsetzen (siehe dazu Schelp & Kemmler, 1988).

Sowohl Greenberg (1993) als auch Schelp und Kemmler (1988) bemühen sich um eine Integration verschiedener Ansätze. Greenberg schlägt vor, verschiedene Funktionen von Emotionen zu unterscheiden und diesen mit unterschiedlichen therapeutischen Maßnahmen gerecht zu werden. Zunächst wären die biologisch nützlichen "primären" emotionalen Reaktionen, wie etwa Traurigkeit nach einem Verlust, zu nennen. Diese spielen für die Therapie keine Rolle. Daneben gibt es nach Greenberg aber auch gelernte unnütze "primäre" Reaktionen. Dazu gehört die Angst vor harmlosen Dingen. Solche emotionalen Reaktionen sollten modifiziert werden. Die "sekundären" emotionalen Reaktionen unterscheiden sich von den "primären", indem sie keine unmittelbare Reaktion des Organismus auf seine Umwelt darstellen. Sie können Reaktionen auf primäre Prozesse darstellen (jemand zeigt etwa einen Wutausdruck, wenn er Angst hat) oder können auf kognitive Prozesse zurückzuführen sein. Diese "sekundären" emotionalen Reaktionen würden oft mit den Problemen des Klienten zusammenhängen und seien deshalb zu analysieren. Schließlich verweist Greenberg auf die instrumentellen emotionalen Reaktionen. Diese dienen dazu, andere Menschen zu beeinflussen. Beispielsweise kann Wut dazu eingesetzt werden, sich anderen gegenüber durchzusetzen, oder Weinen, um Zuwendung zu bekommen. Hier schlägt sie Konfrontation oder Interpretation als geeignete Maßnahme vor.

Therapeutische Interventionsstrategien können darauf abzielen, Emotionen zu verändern oder sie als Mittel für einen anderen Zweck benutzen. Welche Strategien gibt es im Umgang mit Emotionen? Greenberg (1993) unterscheidet die Bewußtmachung, Auslösung bzw. Intensivierung sowie Umstrukturierung von Emotionen. Bewußtmachung kann beispielsweise erreicht werden, indem der Therapeut den Klienten anleitet, darauf zu achten, durch welche Ereignisse bei ihm bestimmte Emotionen ausgelöst werden. Der Bewußtmachung dient auch, wenn der Therapeut empathisch auf Gefühlsäußerungen eingeht.

Man kann die Rolle von Emotionen im therapeutischen Prozeß sicherlich auch anders sehen, als es hier geschehen ist. Die Ausführungen sollten aber deutlich gemacht haben, daß Emotionen sowohl in klassischen therapeutischen Ansätzen wie auch in solchen, die sich um eine Integration verschiedener Denkweisen bemühen, eine wichtige Rolle spielen. Die Grundlagenforschung kann dazu beitragen, die hier als emotionsrelevant postulierten kognitiven Prozesse näher zu bestimmen und deren Funktion für die Entstehung von Emotionen zu klären (vgl. Kapitel 3). Darüber hinaus können sich die Methoden zur Induktion und zur Messung von Emotionen (vgl. Kapitel 2 und 4) in der Therapie als hilfreich erweisen. Wenn etwa eine Bewußtmachung oder Intensivierung von Emotionen angestrebt wird, sollte der Erfolg einer solchen Maßnahme auch überprüfbar sein. Dazu sei auf die Meßmethoden verwiesen. Umgekehrt kann auch die Grundlagenforschung davon profitieren, was bei der

Analyse von therapeutischen Prozessen über die Auslösung und Modifikation von Emotionen in Erfahrung gebracht wird.

Prävention und Therapie von somatischen Erkrankungen. Bei vielen Krankheiten läßt sich das Erkrankungsrisiko relativ einfach verringern. Das Risiko, an Krebs zu erkranken, kann etwa durch Inanspruchnahme von Vorsorgeuntersuchungen, durch rechtzeitigen Arztbesuch beim Auftauchen bestimmter Symptome oder eine Veränderung von Lebensgewohnheiten (Rauchen aufgeben) reduziert werden. Eine AIDS-Infektion läßt sich durch simple Vorsichtsmaßnahmen weitgehend vermeiden. Offensichtlich verhalten sich viele Menschen nicht rational, was die Aufrechterhaltung ihrer Gesundheit angeht.

Die Informationen darüber, daß bestimmte Verhaltensweisen oder deren Unterlassung das Erkrankungsrisiko verändern, liegen den meisten Menschen vor. Was kann man unternehmen, damit solche Informationen auch berücksichtigt werden? Die Strategie, Verhaltensempfehlungen mit Furchtappellen zu verbinden, hat sich als sehr problematisch erwiesen. Angst kann sowohl motivierend als auch abschreckend wirken (siehe Faller & Verres, 1990).

Maßnahmen zur Prävention von Krankheiten sowie bestimmte Therapieverfahren können selbst negative emotionale Konsequenzen haben. Bestimmte Vorsorgeuntersuchungen lösen vielleicht Schamgefühle aus. Jede Untersuchung, ob sie der Vorsorge dient oder der Überprüfung eines Anfangsverdachts, birgt das Risiko einer schlechten Nachricht und kann somit Angst hervorrufen. Ein Verzicht auf Rauchen bedeutet auch ein Verzicht auf die positiven emotionalen Effekte, die Nikotin hat. Mangelnde Sicherheitsmaßnahmen gegen eine AIDS-Infektion lassen sich vielleicht manchmal damit erklären, daß ein eingeschränkter Lustgewinn befürchtet wird. Die Möglichkeiten, emotionale Effekte von Vorsorgemaßnahmen zu identifizieren, sind sicherlich noch nicht ausgeschöpft.

Forschung in diesem Bereich könnte dazu beitragen, die Akzeptanz von Vorsorgemaßnahmen zu erhöhen. Medizinische Maßnahmen wie operative Eingriffe, bestimmte Zahnbehandlungen und die Chemotherapie bei Krebserkrankungen sind für die meisten Patienten emotional belastend. Aber auch einige diagnostische Verfahren wie Herzkatheteruntersuchungen oder die Untersuchung von Magen oder Darm mit Hilfe einer Sonde können bei den Patienten Angst auslösen. Andere Untersuchungsmethoden können Schamgefühle hervorrufen. Selbst eine Röntgenuntersuchung, die völlig schmerzlos ist, kann für manche Menschen Anlaß für starke Besorgnis und Angst, unter Umständen auch Ärger sein (wenn sie als unnötig erachtet wird). Hier kann eine Reduktion negativer Emotionen, insbesondere von Angst, den Patienten helfen. Erstens können die medizinischen Maßnahmen dadurch erträglicher werden. In manchen Fällen wird dies sogar eine wichtige Voraussetzung dafür sein, daß eine Behandlung nicht vorzeitig abgebrochen wird. Zweitens kann damit erreicht werden, daß eine dringend notwendige Untersuchung oder Therapie rechtzeitig durchgeführt wird. Ansonsten besteht die Gefahr, daß gesundheitliche Risiken durch ein Hinauszögern der Entscheidung oder gar einer völligen Vermeidung eingegangen werden.

Die Maßnahmen zur Reduktion von Angst oder anderen negativen Emotionen müssen nicht zwangsläufig am Patienten ansetzen. Es sind viele Maßnahmen denkbar, die an der Gestaltung von Untersuchungs- und Behandlungsräumen oder dem Verhalten von Ärzten und Pflegepersonal ansetzen.

Beeinflussung des Konsumentenverhaltens. Viele Produkte unterscheiden sich qualitativ kaum von ihren Konkurrenzprodukten. Produkte wie Seifen, Bier oder Zigaretten sind auch nicht erklärungsbedürftig. Dementsprechend sind die Konsumenten oftmals wenig an sachlichen Informationen über ein Produkt interessiert. Unter solchen Bedingungen kommt der Vermittlung emotionaler Konsumerlebnisse in der Werbung eine große Bedeutung zu (siehe Kroeber-Riel, 1990). Die dabei angewandte Strategie folgt dem Prinzip der klassischen Konditionierung (vgl. Kapitel 7.4.4).

Am einfachsten läßt sich dies an einem Experiment erläutern (Kroeber-Riel, 1990, S. 128 ff.). Versuchspersonen sahen Kinofilme, vor denen die übliche Kinowerbung dargeboten wurde. Darunter befanden sich Anzeigen für künstlich geschaffene Marken wie "HOBA-Seife". Diese Markennamen waren für die Versuchspersonen neu und emotional neutral, wie vorher überprüft worden war. Bei einem Teil der Anzeigen wurde die Marke mit emotional stark ansprechenden Bildern zur Thematik Erotik, soziales Glück und Urlaubsstimmung dargeboten. Jede Versuchsperson sah über mehrere Tage verteilt insgesamt 30 Anzeigen zu einer Marke, die unter zahlreiche andere Anzeigen gemischt waren. Ein Tag nach der letzten Kinovorführung wurde u.a. mit einem Semantischen Differential gemessen, wie das Produkt bewertet wurde. Es zeigte sich, daß der Seife nun Eigenschaften wie zärtlich, fröhlich und erregend zugeschrieben wurden, die vorher zumindest in diesem Ausmaß nicht vorhanden gewesen waren.

Die Einstellung zu einer Marke läßt sich also auch ohne sachliche Produktinformationen allein durch emotionsauslösende Reize verändern. Eine Marke kann damit von einem anderen Produkt, mit dem es ansonsten viele sachliche Merkmale teilt, abgegrenzt werden. Neben Bildern kann bei der Werbung auch eine angenehme Stimme oder Musik eingesetzt werden, um die Einstellung zum Produkt positiv zu beeinflussen. Zur emotionalen Wirkung können auch das Design, die Verpackung oder Duftstoffe (z.B. bei Reinigungsmitteln) beitragen. Schließlich wird bei der Präsentation des Produktes auf einer Messe oder im Verkaufsregal eines Supermarktes der Kontext eine Rolle spielen.

Wie sich Produkte verkaufen, wird auch von emotionalen Faktoren abhängen. In Kapitel 6 wurden Ergebnisse zum Einfluß von Emotionen auf Risikoeinschätzung, Entscheidungen und Bewertungen dargelegt. Mit Hilfe dieser Befunde läßt sich möglicherweise erklären, wie eine Beeinflussung des Konsumentenverhalten funktioniert (siehe Gardner, 1985). Der Grundgedanke ist, daß sich die Stimmung eines Konsumenten auf die Bewertung der angebotenen

Produkte auswirkt und somit hilft, eine positive Kaufentscheidung herbeizuführen. Auch ein direkter Effekt der Stimmung auf das Verhalten wäre denkbar. In
der Regel wird eine positive Stimmung von Vorteil sein. Zu einer guten
Stimmung können die Raumgestaltung, Musik oder das Verhalten des Verkaufs-
personals beitragen. In bestimmten Fällen wird auch eine negative Stimmung
verkaufsfördernd sein. Beim Verkauf von Lebensversicherungen, Alarmanlagen
oder anderen Produkten, mit denen man sich gegen verschiedene Risiken ab-
sichern kann, könnte eine negative Stimmung zur Überschätzung der tatsächlichen Risiken führen. Es muß betont werden, daß es sich hierbei noch um
Spekulationen handelt. Gardner (1985) weist darauf hin, daß empirische Untersuchungen notwendig sind, um zu überprüfen, ob die Ergebnisse der Grundlagenforschung auf den Marketingbereich übertragen werden können.

8.4 Zusammenfassung und Schlußfolgerungen

Die Emotionsforschung hat einige Ergebnisse und Methoden hervorgebracht,
die anwendungsrelevant sind. Ziel dieses Kapitels war es, auf bereits bestehende und auch auf denkbare Ansätze einer "angewandten Emotionspsychologie"
hinzuweisen.

Die Kenntnis vom emotionalen Erleben und Verhalten eines Menschen kann
dazu beitragen, bestimmte Diagnosen treffender zu stellen als ohne dieses
Wissen. Dies trifft besonders für den Bereich der psychischen Störungen zu.
Wie am Beispiel der spezifischen Persönlichkeitsstörungen demonstriert wurde,
gehören bestimmte Auffälligkeiten im emotionalen Erleben und Verhalten zu
den Diagnosekriterien. Aber auch für die Feststellung einiger somatischer Erkrankungen können Veränderungen im emotionalen Bereich diagnostisch relevant sein. Bestimmte Veränderungen können auf eine Belastung durch Umwelt-
gifte oder Allergene hinweisen. Emotionen können allgemein als eine Reaktion
auf Umweltbedingungen oder -reize verstanden werden. Umweltbedingungen
und -reize kann man daher auch durch ihre emotionalen Effekte beschreiben.
Als Beispiele wurden die Evaluation von Arbeitsbedingungen sowie von
Werbemaßnahmen genannt.

Zur Prognose sind Emotionen brauchbar, wenn sie anderen Verhaltensweisen vorausgehen. Im Gesundheitsbereich wurden einige solcher Zusammenhänge beschrieben. Ärger oder Feindseligkeit können ein Prädiktor für spätere
koronare Herzerkrankungen sein, negatives Befinden bzw. Depressivität
können Erkrankungen vorausgehen, die mit einer mangelnden Effizienz des
Immunsystems zusammenhängen. Weiterhin gibt es einige Belege dafür, daß
der Genesungsverlauf nach Operationen sowie bei bestimmten Erkrankungen
mit dem emotionalen Befinden zusammenhängt. Für die Forschung liegt eine
große Aufgabe darin, diese Zusammenhänge noch präziser zu beschreiben
sowie Erklärungsmodelle zu entwickeln und zu überprüfen. Vielleicht wird es

einmal möglich sein, einen Beitrag zur Verhütung und zur Behandlung bestimmter Krankheiten zu leisten.

Drei weitere Bereiche wurden angesprochen, in denen Emotionen für (begrenzte) Vorhersagen verwendet werden können. Angst ist ein Prädiktor für sportliche Leistungen. Bestimmte Aspekte beruflichen Verhaltens (z.B. Wechsel des Berufs oder des Arbeitsplatzes) sind möglicherweise schon vorher zu erkennen. Die Erfassung des emotionalen Befindens stellt daher eine Ergänzung zur herkömmlichen Messung der Arbeitszufriedenheit dar. Schließlich wurde dargelegt, daß viele wirtschaftlich relevante Entscheidungen (Investitionen, Anschaffungen von Konsumenten) von subjektiven Einschätzungen abhängen, die wiederum stimmungsabhängig sein können. Folglich kann das emotionale Befinden von Wirtschaftsteilnehmern prognostische Bedeutung für die wirtschaftliche Entwicklung haben.

Emotionen können außer für Diagnosen und Prognosen auch für bestimmte Interventionsmaßnahmen relevant sein. In der Psychotherapie herrschen je nach Schule unterschiedliche Vorstellungen über die Funktion und die Notwendigkeit der Veränderung von Emotionen. Alle großen Therapieschulen thematisieren die Rolle von Emotionen bei der Behandlung von Störungen. Mit welchen Mitteln und zu welchem Zweck Emotionen in einer Psychotherapie verändert werden sollen, wird jedoch unterschiedlich beantwortet. Auch bei der Prävention und Behandlung somatischer Erkrankungen wird Emotionen eine gewisse Bedeutung beigemessen. Die Beachtung von Empfehlungen zu gesundheitsbewußtem Verhalten und die Akzeptanz von Vorsorge- und Therapiemaßnahmen können möglicherweise über eine Modifikation von Emotionen verbessert werden. Ein dritter Bereich, in dem die Veränderung von Emotionen eine Rolle spielt, ist das Konsumentenverhalten. Die Werbung kann einem Produkt, das anderen weitgehend gleichwertig ist, durch Konditionierung einen positiven emotionalen Bedeutungsgehalt geben. Die emotionale Wirkung eines Produktes kann auch durch weitere Maßnahmen, die an der Verpackung, dem Design oder der Präsentation ansetzen, verändert werden.

Anwendungs- und grundlagenorientierte Forschung schließen sich nicht aus. Beide können zum gegenseitigen Nutzen betrieben werden.

Literaturverzeichnis

Ader, R., Felten, D.L. & Cohen, N. (Eds.). (1991). *Psychoneuroimmunology* (2nd ed.). San Diego, CA: Academic Press.

Alessandri, S.M., Sullivan, M.W., Imaizumi, S. & Lewis, M. (1993). Learning and emotional responsivity in cocaine-exposed infants. *Developmental Psychology, 29,* 989-997.

American Psychiatric Association (Eds.). (1991). *Diagnostisches und statistisches Manual psychischer Störungen DSM-III-R (H.-U. Wittchen, H. Saß, M. Zaudig & K. Koehler, Übersetzer).* Weinheim: Beltz. (Original erschienen 1987: Diagnostic and statistical manual of mental disorders, 3rd ed., rev.)

Andersen, S.M. (1984). Self-knowledge and social inference: II. The diagnosticity of cognitive/affective and behavioral data. *Journal of Personality and Social Psychology, 46,* 294-307.

Anderson, C.A. (1989). Temperature and aggression: Ubiquitous effects of heat on occurrence of human violence. *Psychological Bulletin, 106,* 74-96.

Andrews, V.H. & Borkovec, T.D. (1988). The differential effects of inductions of worry, somatic anxiety, and depression on emotional experience. *Journal of Behavior Therapy & Experimental Psychiatry, 19,* 21-26.

Apenburg, E. (1986). Befindlichkeitsbeschreibung als Methode der Beanspruchungsmessung: Untersuchungen zur Entwicklung und Validierung einer modifizierten Fassung der Eigenzustandsskala von Nitsch. *Psychologie und Praxis: Zeitschrift für Arbeits- und Organisationspsychologie, 30,* 3-14.

Arnold, M.B. (1950). An excitatory theory of emotion. In M.L. Reymert (Ed.), *Feelings and emotions* (pp. 11-33). New York: McGraw-Hill.

Arnold, M.B. (1970). Perennial problems in the field of emotion. In M.B. Arnold (Ed.), *Feelings and emotions: The Loyola Symposium* (pp. 169-185). New York: Academic Press.

Averill, J.R. (1969). Autonomic response patterns during sadness and mirth. *Psychophysiology, 5,* 399-414.

Averill, J.R. (1975). A semantic atlas of emotional concepts. *Catalog of Selected Documents in Psychology, 5,* 330.

Ax, A. (1953). The physiological differentiation between fear and anger in humans. *Psychosomatic Medicine, 15,* 433-442.

Baron, R.M. & Kenny, D.A. (1986). The moderator-mediator variable distinction in social psychological research: Conceptual, strategic, and statistical considerations. *Journal of Personality and Social Psychology, 51,* 1173-1182.

Bauerfeind, A., Ellgring, H., Günthner, B., Hieke, S. & Hiebinger, S. (1982). *Mimische Schemata.* Unveröffentlichtes Manuskript. Max-Planck-Institut für Psychiatrie, München.

Becker, P. (1988). Skalen für Verlaufsstudien der emotionalen Befindlichkeit. *Zeitschrift für Experimentelle und Angewandte Psychologie, 35,* 345-369.

Becker, P. (1991). Theoretische Grundlagen. In A. Abele & P. Becker (Hrsg.), *Wohlbefinden: Theorie-Empirie-Diagnostik* (S. 13-49). Weinheim: Juventa.

Bem, D.J. (1972). Self-perception theory. In L. Berkowitz (Ed.), *Advances in Experimental Social Psychology* (Vol. 6, pp. 1-62). New York: Academic Press.

Ben-Zur, H. & Zeidner, M. (1991). Anxiety and bodily symptoms under the threat of missile attacks: The Israeli scene. *Anxiety Research, 4,* 79-95.

Berenbaum, H. & Oltmanns, T.F. (1992). Emotional experience and expression in schizophrenia and depression. *Journal of Abnormal Psychology, 101,* 37-44.

Berkowitz, L. (1989). Frustration-aggression hypothesis: Examination and reformulation. *Psychological Bulletin, 106*, 59-73.

Berkowitz, L. (1993). *Aggression: Its causes, consequences, and control.* New York: Mc Graw-Hill.

Berntson, G.G., Cacioppo, J.T. & Quigley, K.S. (1991). Autonomic determinism: The modes of autonomic control, the doctrine of autonomic space, and the laws of autonomic constraint. *Psychological Review, 98*, 459-487.

Biersner, R.J., McHugh, W.B. & Rahe, R.H. (1984). Biochemical and mood responses predictive of stressful diving performance. *Journal of Human Stress, 10*, 43-49.

Birbaumer, N. & Schmidt, R.F. (1990). *Biologische Psychologie.* Berlin: Springer.

Bischof, N. (1989). Emotionale Verwirrungen oder: Von den Schwierigkeiten im Umgang mit der Biologie. *Psychologische Rundschau, 40*, 188-205.

Blanchard, D.C. & Blanchard, R.J. (1988). Ethoexperimental approaches to the biology of emotion. *Annual Review of Psychology, 39*, 43-68.

Blaney, P.H. (1986). Affect and memory: A review. *Psychological Bulletin, 99*, 229-246.

Bloom, L.J., Houston, B.K., Holmes, D.S. & Burish, T.G. (1977). The effectiveness of attentional diversion and situational redefinition for reducing stress due to nonambiguous threat. *Journal of Research in Personality, 11*, 83-94.

Bölling, K. (1982). *Die letzten 30 Tage des Kanzlers Helmut Schmidt: Ein Tagebuch.* Reinbek: Rowohlt.

Bohner, G., Hormuth, S.E. & Schwarz, N. (1991). Die Stimmungs-Skala: Vorstellung und Validierung einer deutschen Version des "Mood Survey". *Diagnostica, 37*, 135-148.

Borod, J.C., Koff, E., Lorch, M.P. & Nicholas, M. (1986). The expression and perception of facial emotion in brain-damaged patients. *Neuropsychologica, 24*, 169-180.

Boucsein, W. (1991). Arbeitspsychologische Beanspruchungsforschung heute - eine Herausforderung an die Psychophysiologie. *Psychologische Rundschau, 42*, 129-144.

Bower, G.H. (1981). Mood and memory. *American Psychologist, 36*, 129-148.

Bower, G.H. (1991). Mood congruity of social judgments. In J.P. Forgas (Ed.), *Emotion and social judgments* (pp. 31-53). Oxford: Pergamon Press.

Bower, G.H. (1992). How might emotions affect learning? In S.A. Christianson (Ed.), *The handbook of emotion and memory: Research and theory* (pp. 3-31). Hillsdale, NJ: Lawrence Erlbaum Associates.

Bower, G.H., Gilligan, S.G. & Monteiro, K.P. (1981). Selectivity of learning caused by affective states. *Journal of Experimental Psychology: General, 110*, 451-473.

Boyle, G.J. (1989). Sex differences in reported mood states. *Personality and Individual Differences, 10*, 1179-1183.

Bradley, M.M. & Vrana, S.R. (1993). The startle probe in the study of emotions and emotional disorders. In N. Birbaumer & A. Öhman (Eds.), *The structure of emotion: Psychophysiological, cognitive and clinical aspects* (pp. 270-287). Seattle: Hogrefe.

Brandstätter, H. (1991). Emotions in everyday life situations. Time sampling of subjective experience. In F. Strack, M. Argyle & N. Schwarz (Eds.), *Subjective well-being: An interdisciplinary perspective* (pp. 173-192). Oxford: Pergamon Press.

Breggin, P.R. (1964). The psychophysiology of anxiety with a review of the literature concerning adrenaline. *Journal of Nervous and Mental Disease, 139*, 558-568.

Bretherton, I., Fritz, J., Zahn-Waxler, C. & Ridgeway, D. (1986). Learning to talk about emotions: A functionalist perspective. *Child Development, 57*, 529-548.

Bridges, K.M.B. (1932). Emotional development in early infancy. *Child Development, 3*, 324-341.

Brody, L.R. & Hall, J.A. (1993). Gender and emotion. In M. Lewis & J.M. Haviland (Eds.), *Handbook of emotions* (pp. 447-460). New York: Guilford Press.

Brody, L.R. & Harrison, R.H. (1987). Developmental changes in children's abilities to match and label emotionally laden situations. *Motivation and Emotion, 11*, 347-365.

Buchanan, C.M., Eccles, J.S. & Becker, J.B. (1992). Are adolescents the victims of raging hormones: Evidence for activational effects of hormones on mood and behavior at adolescence. *Psychological Bulletin, 111*, 62-107.

Buck, R. (1993). Emotional communication, emotional competence, and physical illness: A developmental-interactionist view. In H.C. Traue & J.W. Pennebaker (Eds.), *Emotion inhibition and health* (pp. 32-56). Seattle: Hogrefe & Huber Publishers.

Buirski, P. & Plutchik, R. (1991). Measurement of deviant behavior in a gombe chimpanzee: Relation to later behavior. *Primates, 32*, 207-211.

Bullinger, M., Heinisch, H., Ludwig, M. & Geier, S. (1990). Skalen zur Erfassung des Wohlbefindens: Psychometrische Analysen zum "Profile of Mood States" (POMS) und zum "Psychological General Wellbeing Index" (PGWI). *Zeitschrift für Differentielle und Diagnostische Psychologie, 11*, 53-61.

Cacioppo, J.T., Klein, D.J., Berntson, G.G. & Hatfield, E. (1993). The psychophysiology of emotion. In M. Lewis & J.M. Haviland (Eds.), *Handbook of emotions* (pp. 119-142). New York: Guilford Press.

Cacioppo, J.T., Uchino, B.N., Crites, S.L., Snydersmith, M.A., Smith, G., Berntson, G.G. & Lang, P.J. (1992). Relationship between facial expressiveness and sympathetic activation in emotion: A critical review, with emphasis on modeling underlying mechanisms and individual differences. *Journal of Personality and Social Psychology, 62*, 110-128.

Camras, L.A. & Allison, K. (1989). Children's and adults' beliefs about emotion elicitation. *Motivation and Emotion, 13*, 53-70.

Camras, L.A., Malatesta, C.Z. & Izard, C.E. (1991). The development of facial expressions in infancy. In R.S. Feldman & B. Rimé (Eds.), *Fundamentals of nonverbal behavior* (pp. 73-105). Cambridge: Cambridge University Press.

Camras, L.A., Oster, H., Campos, J.J., Miyake, K. & Bradshaw, D. (1992). Japanese and American infants' responses to arm restraint. *Developmental Psychology, 28*, 578-583.

Cannon, W.B. (1929). *Bodily changes in pain, hunger, fear and rage: An account of recent researches into the function of emotional excitement.* New York: Appleton-Century Company.

Carli, M., Delle Fave, A. & Massimini, F. (1988). The quality of experience in the flow channels: Comparison of Italian and U.S. students. In M. Csikszentmihalyi & I.S. Csikszentmihalyi (Eds.), *Optimal experience: Psychological studies of flow in consciousness* (pp. 288-306). Cambridge: Cambridge University Press.

Carlson, J.G. & Hatfield, E. (1992). *Psychology of emotion.* New York: Holt, Rinehart and Winston.

Carlson, M. & Miller, N. (1987). Explanation of the relationship between negative mood and helping. *Psychological Bulletin, 102*, 91-108.

Casey, R.J. & Fuller, L.L. (1994). Maternal regulation of children's emotions. *Journal of Nonverbal Behavior, 18*, 57-89.

Cason, H. (1930). Common annoyances: A psychological study of every-day aversions and irritations. *Psychological Monographs, 40*, whole no. 182.

Charlesworth, W.R. & Kreutzer, M.A. (1973). Facial expressions of infants and children. In P. Ekman (Ed.), *Darwin and facial expression: A century of research in review.* New York: Academic Press.

Christianson, S.A. (1992). Emotional stress and eyewitness memory: A critical review. *Psychological Bulletin, 112*, 284-309.

Christianson, S.A., Goodman, J. & Loftus, E.F. (1992). Eyewitness memory for stressful events: Methodological quandaries and ethical dilemmas. In S.A. Christianson (Ed.), *The handbook of emotion and memory: Research and theory* (pp. 217-268). Hillsdale, NJ: Lawrence Erlbaum Associates.

Christianson, S.A. & Loftus, E.F. (1991). Remembering emotional events: The fate of detailed information. *Cognition and Emotion*, 5, 81-108.

Christianson, S.A. & Mjörndal, T. (1985). Adrenalin, emotional arousal and memory. *Scandinavian Journal of Psychology*, 26, 237-248.

Chwalisz, K., Diener, E. & Gallagher, D. (1988). Autonomic arousal feedback and emotional experience: Evidence from the spinal cord injured. *Journal of Personality and Social Psychology*, 54, 820-828.

CIPS Collegium Internationale Psychiatriae Scalarum (Hrsg.). (1986). *Internationale Skalen für Psychiatrie* (3. Aufl.). Weinheim: Beltz Test GmbH.

Clark, D.M. & Teasdale, J.D. (1985). Constraints on the effects of mood on memory. *Journal of Personality and Social Psychology*, 48, 1595-1608.

Clark, L.A. & Watson, D. (1988). Mood and the mundane: Relations between daily life events and self-reported mood. *Journal of Personality and Social Psychology*, 54, 296-308.

Clark, M.S. & Williamson, G.M. (1989). Moods and social judgements. In H. Wagner & A. Manstead (Eds.), *Handbook of social psychophysiology* (pp. 347-370). Chichester: Wiley & Sons.

Clore, G.L., Ortony, A. & Foss, M.A. (1987). The psychological foundations of the affective lexicon. *Journal of Personality and Social Psychology*, 53, 751-766.

Clynes, M. (1977). *Sentics: The touch of emotions*. Garden City, NY: Anchor Press.

Cohen, J. (1977). *Statistical power analysis for the behavioral sciences* (rev. ed.). Orlando: Academic Press.

Cohen, S. & Williamson, G.M. (1991). Stress and infectious disease in humans. *Psychological Bulletin*, 109, 5-24.

Costa, P.T. & McCrae, R.R. (1980). Influence of extraversion and neuroticism on subjective well-being: Happy and unhappy people. *Journal of Personality and Social Psychology*, 38, 668-678.

Cotton, J.L. (1981). A review of research on Schachter's theory of emotion and the misattribution of arousal. *European Journal of Social Psychology*, 11, 365-397.

Cranach, M. von & Frenz, H.G. (1969). Systematische Beobachtung. In C.F. Graumann (Hrsg.), *Handbuch der Psychologie: Bd. 7, 1. Halbband. Sozialpsychologie* (S. 269-331). Göttingen: Hogrefe.

Csikszentmihalyi, M. & Csikszentmihalyi, I.S. (Eds.). (1988). *Optimal experience: Psychological studies of flow in consciousness*. Cambridge: Cambridge University Press.

Csikszentmihalyi, M. & Wong, M.M. (1991). The situational and personal correlates of happiness: A cross-national comparison. In F. Strack, M. Argyle & N. Schwarz (Eds.), *Subjective well-being: An interdisciplinary perspective* (pp. 193-212). Oxford: Pergamon Press.

Darwin, C. (1884 [^{1}1872]). *Der Ausdruck der Gemüthsbewegungen bei dem Menschen und den Thieren*. Stuttgart: E. Schweizerbart'sche Verlagshandlung. (Original erschienen 1872: The expression of the emotions in man and animals)

Davidson, R.J. (1993). The neuropsychology of emotion and affective style. In M. Lewis & J.M. Haviland (Eds.), *Handbook of emotions* (pp. 143-154). New York: Guilford Press.

Davidson, R.J., Ekman, P., Saron, C.D., Senulis, J.A. & Friesen, W.V. (1990). Approach-withdrawal and cerebral asymmetry: Emotional expression and brain physiology. *Journal of Personality and Social Psychology*, 58, 330-341.

Delgado, J.M.R. (1971). *Gehirnschrittmacher*. Frankfurt a.M.: Ullstein. (Original erschienen 1969: Physical control of the mind)

DeLongis, A., Folkman, S. & Lazarus, R.S. (1988). The impact of daily stress on health and mood: Psychological and social resources as mediators. *Journal of Personality and Social Psychology, 54,* 486-495.

DePaulo, B.M. (1992). Nonverbal behavior and self-presentation. *Psychological Bulletin, 111,* 203-243.

DePaulo, B.M. & Jordan, A. (1982). Age changes in deceiving and detecting deceit. In R.S. Feldman (Ed.), *Development of nonverbal behavior in children.* New York: Springer.

Diener, E. (1984). Subjective well-being. *Psychological Bulletin, 95,* 542-575.

Dietze, A.G. (1963). Types of emotions or dimensions of emotion? A comparison of typal analysis with factor analysis. *Journal of Psychology, 56,* 143-159.

Digman, J.M. (1990). Personality structure: Emergence of the five-factor model. *Annual Review of Psychology, 41,* 417-440.

Dimsdale, J.E., Alpert, B.S. & Schneiderman, N. (1986). Exercise as a modulator of cardiovascular reactivity. In K.A. Matthews et al. (Eds.), *Handbook of stress, reactivity, and cardiovascular disease* (pp. 365-384). New York: Wiley & Sons.

Donnerstein, E. (1983). Erotica and human aggression. In R.G. Geen & E.I. Donnerstein (Eds.), *Aggression: Theoretical and empirical reviews* (Vol. 2, pp. 127-154). New York: Academic Press.

Donnerstein, E. & Wilson, D.W. (1976). Effects of noise and perceived control on ongoing and subsequent aggressive behavior. *Journal of Personality and Social Psychology, 34,* 774-781.

Eckenrode, J. (1984). Impact of chronic and acute stressors on daily reports of mood. *Journal of Personality & Social Psychology, 46,* 907-918.

Edelmann, R.J. & Hampson, S.E. (1981). Embarrassment in dyadic interaction. *Social Behavior and Personality, 9,* 171-177.

Eibl-Eibesfeldt, I. (1972). *Grundriß der vergleichenden Verhaltensforschung.* München: Piper.

Eisenberg, N., Fabes, R.A., Bustamante, D., Mathy, R.M., Miller, P.A. & Lindholm, E. (1988). Differentiation of vicariously induced emotional reactions in children. *Developmental Psychology, 24,* 237-246.

Ekman, G. (1954). Eine neue Methode zur Erlebnisanalyse. *Zeitschrift für Experimentelle und Angewandte Psychologie, 2,* 167-174.

Ekman, G. (1955). Dimensions of emotion. *Acta Psychologica, 11,* 279-288.

Ekman, P. (1972). Universals and cultural differences in facial expressions of emotion. In J.K. Cole (Ed.), *Nebraska Symposium on Motivation 1971* (pp. 207-283). Lincoln: University of Nebraska Press.

Ekman, P. (1982). Methods for measuring facial action. In K.R. Scherer & P. Ekman (Eds.), *Handbook of methods in nonverbal behavior research* (pp. 45-90). Cambridge: Cambridge University Press.

Ekman, P. (1988). *Gesichtsausdruck und Gefühl: 20 Jahre Forschung von Paul Ekman.* Paderborn: Innfermann-Verlag.

Ekman, P., Davidson, R.J. & Friesen, W.V. (1990). The Duchenne smile: Emotional expression and brain physiology II. *Journal of Personality and Social Psychology, 58,* 342-353.

Ekman, P. & Friesen, W.V. (1975). *Unmasking the face: A guide to recognizing emotions from facial clues.* Englewood Cliffs, NJ: Prentice-Hall.

Ekman, P. & Friesen, W.V. (1978). *Investigator's guide: Facial Action Coding System.* Palo Alto, CA : Consulting Psychologists Press.

Ekman, P. & Friesen, W.V. (1978). *Manual: Facial Action Coding System.* Palo Alto, CA: Consulting Psychologists Press.

Ekman, P. & Friesen, W.V. (1986). A new pan-cultural facial expression of emotion. *Motivation & Emotion, 10,* 159-168.

Ekman, P., Friesen, W.V. & Ancoli, S. (1980). Facial signs of emotional experience. *Journal of Personality and Social Psychology, 39*, 1125-1134.

Ekman, P., Friesen, W.V. & Ellsworth, P. (1974). *Gesichtssprache: Wege zur Objektivierung menschlicher Emotionen.* Wien: Böhlau. (Original erschienen 1972: Emotion in the human face: guidelines for research and integration of findings)

Ekman, P., Friesen, W.V., O'Sullivan, M., Chan, A., Diacoyanni-Tarlatzis, J., Heider, K., Krause, R., LeCompte, W.A., Pitcairn, T., Ricci-Bitti, P.E., Scherer, K., Tomita, M. & Tzavaras, A. (1987). Universals and cultural differences in the judgments of facial expressions of emotion. *Journal of Personality and Social Psychology, 53*, 712-717.

Ekman, P., Friesen, W.V. & Simons, R.C. (1985). Is the startle reaction an emotion? *Journal of Personality and Social Psychology, 49*, 1416-1426.

Ellenbogen, G.C. (1977). The effect of selective external nasal pressure upon the elicitation of sexually repressed libidinal energies. *Journal of Irreproducible Results, 23*, 16-17.

Engel, R.R. (1986). *Aktivierung und Emotion: Psychophysiologische Experimente zur Struktur physiologischer Reaktionsmuster unter psychischer Belastung.* München: Minerva.

Epstein, S. (1977). Versuch einer Theorie der Angst. In N. Birbaumer (Hrsg.), *Psychophysiologie der Angst* (2. Aufl.). München: Urban & Schwarzenberg.

Erdmann, G. (1983). *Zur Beeinflußbarkeit emotionaler Prozesse durch vegetative Variationen.* Weinheim: Beltz.

Erdmann, G. & Janke, W. (1978). Interaction between physiological and cognitive determinants of emotions: Experimental studies on Schachter's theory of emotions. *Biological Psychology, 6*, 61-74.

Erdmann, G., Janke, W., Köchers, S. & Terschlüsen, B. (1984). Comparison of the emotional effects of a beta-adrenergic blocking agent and a tranquilizer under different situational conditions. *Neuropsychobiology, 12*, 143-151.

Ewert, O. (1983). Ergebnisse und Probleme der Emotionsforschung. In H. Thomae (Hrsg.), *Enzyklopädie der Psychologie: Bd. C IV 1. Theorien und Formen der Motivation* (S. 397-452). Göttingen: Hogrefe.

Eysenck, H. J. & Eysenck, M. W. (1987). *Persönlichkeit und Individualität: Ein naturwissenschaftliches Paradigma.* München-Weinheim: Psychologie Verlags Union. (Original erschienen 1985: Personality and individual differences: A natural science approach)

Fahrenberg, J. (1986). Psychophysiological individuality. A pattern analytic approach to personality research and psychosomatic medicine. *Advances in Behaviour Research and Therapy, 8*, 43-100.

Fairbanks, G. & Hoaglin, L.W. (1941). An experimental study of the durational characteristics of the voice during the expression of emotion. *Speech Monographs, 8*, 85-90.

Faller, H. & Verres, R. (1990). Emotion und Gesundheit. In K.R. Scherer (Hrsg.), *Enzyklopädie der Psychologie: Bd. C IV 3. Psychologie der Emotion* (S. 706-765). Göttingen: Hogrefe.

Fehr, B. & Russell, J.A. (1984). Concept of emotion viewed from a prototype perspective. *Journal of Experimental Psychology: General, 113*, 464-486.

Fiedler, K. (1991). On the task, the measures and the mood in research on affect and social cognition. In J.P. Forgas (Ed.), *Emotion and social judgements* (pp. 83-104). Oxford: Pergamon Press.

Fillenbaum, S. & Rapoport, A. (1971). *Structures in the subjective lexicon.* New York: Academic Press.

Folkman, S. & Lazarus, R.S. (1988). Coping as a mediator of emotion. *Journal of Personality and Social Psychology, 54*, 466-475.

Forgas, J.P. & Bower, G.H. (1987). Mood effects on person-perception judgments. *Journal of Personality and Social Psychology*, *53*, 53-60.

Forgas, J.P. & Moylan, S. (1988). After the movies: Transient mood and social judgements. *Personality and Social Psychology Bulletin*, *13*, 467-477.

Frederick, C.F. (1987). Psychic trauma in victims of crime and terrorism. In G.R. VandenBos & B.K. Bryant (Eds.), *Cataclysms, crises, and catastrophes: Psychology in action* (pp. 59-108). Washington, DC: American Psychological Association.

Fridlund, A.J. (1991). Sociality of solitary smiling: Potentiation by an implicit audience. *Journal of Personality and Social Psychology*, *60*, 229-240.

Fridlund, A.J. (1992). The behavioral ecology and sociality of human faces. In M.S. Clark (Ed.), *Review of Personality and Social Psychology: Vol. 13. Emotion* (pp. 90-121). Newbury Park, CA: Sage Publications.

Fridlund, A.J. & Cacioppo, J.T. (1986). Guidelines for human electromyographic research. *Psychophysiology*, *23*, 567-589.

Fridlund, A.J. & Izard, C.E. (1983). Electromyographic studies of facial expressions of emotions and patterns of emotions. In J.T. Cacioppo & R.E. Petty (Eds.), *Social psychophysiology*. New York: Guilford Press.

Friedman, H.S. & Booth-Kewley, S. (1987). The "disease-prone personality": A meta-analytic view of the construct. *American Psychologist*, *42*, 539-555.

Frijda, N.H. (1986). *The emotions*. Cambridge: Cambridge University Press.

Frijda, N.H., Kuipers, P. & ter Schure, E. (1989). Relations among emotion, appraisal, and emotional action readiness. *Journal of Personality and Social Psychology*, *57*, 212-228.

Frijda, N.H., Mesquita, B., Sonnemans, J. & van Goozen, S. (1991). The duration of affective phenomena or emotions, sentiments and passions. In K.T. Strongman (Ed.), *International Review of Studies on Emotion* (Vol. 1, pp. 187-225). Chichester: Wiley & Sons.

Frodi, A. (1978). Experimental and physiological responses associated with anger and aggression in women and men. *Journal of Research in Personality*, *12*, 335-349.

Fuenzalida, C., Emde, R.N., Pannabecker, B.J. & Stenberg, C. (1981). Validation of the Differential Emotions Scale in 613 mothers. *Motivation and Emotion*, *5*, 37-45.

Fujita, F., Diener, E. & Sandvik, E. (1991). Gender differences in negative affect and well-being: The case for emotional intensity. *Journal of Personality and Social Psychology*, *61*, 427-434.

Fuller, J.L. (1986). Genetics and emotions. In R. Plutchik & H. Kellermann (Eds.), *Emotion: Theory, research, and experience: Vol. 3. Biological foundations of emotion* (pp. 199-216). Orlando: Academic Press.

Gambaro, S. & Rabin, A.I. (1969). Diastolic blood pressure responses following direct and displaced aggression after anger arousal in high- and low-guilt subjects. *Journal of Personality and Social Psychology*, *12*, 87-94.

Gardiner, H.M., Metcalf, R.C. & Beebe-Center, J.G. (1937). *Feeling and emotion: A history of theories*. New York: American Book Company.

Gardner, M.P. (1985). Mood states and consumer behavior: A critical review. *Journal of Consumer Research*, *12*, 281-300.

Geer, J.H. (1980). Measurement of genital arousal in human males and females. In I. Martin & P.H. Venables (Eds.), *Techniques in psychophysiology* (pp. 431-458). Chichester: Wiley & Sons.

Gellhorn, E. (1964). Motion and emotion: The role of proprioception in the physiology and pathology of emotions. *Psychological Review*, *71*, 457-472.

George, J.M. & Brief, A.P. (1992). Feeling good - doing good: A conceptual analysis of the mood at work-organizational spontaneity relationship. *Psychological Bulletin*, *112*, 310-329.

Geppert, U. & Heckhausen, H. (1990). Ontogenese der Emotionen. In K.R. Scherer (Hrsg.), *Enzyklopädie der Psychologie: Bd. C IV 3. Psychologie der Emotion* (S. 115-213). Göttingen: Hogrefe.

Gerhards, F. (1988). *Emotionsausdruck und emotionales Erleben bei psychosomatisch Kranken.* Opladen: Westdeutscher Verlag.

Gerrards-Hesse, A., Spies, K. & Hesse, F.W. (1994). Experimental inductions of emotional states and their effectiveness: A review. *British Journal of Psychology, 85,* 55-78.

Gilligan, S.G. & Bower, G.H. (1984). Cognitive consequences of emotional arousal. In C.E. Izard, J. Kagan & R.B. Zajonc (Eds.), *Emotions, cognition, and behavior* (pp. 547-588). Cambridge : Cambridge University Press.

Gist, R. & Lubin, B. (Eds.). (1989). *Psychological aspects of disaster.* New York: Wiley & Sons.

Goldberg, L.R. (1990). An alternative "description of personality": The big-five factor structure. *Journal of Personality and Social Psychology, 59,* 1216-1229.

Gräser, H. (1979). Überprüfung der faktoriellen Struktur einer deutschsprachigen Version des "Eight State Questionnaire" mittels Ketten-P-Technik. *Diagnostica, 25,* 49-58.

Graham, F.K. (1979). Distinguishing among orienting, defense, and startle reflexes. In H.D. Kimmel, E.H. van Olst & J.F. Orlebeke (Eds.), *The orienting reflex in humans.* Hillsdale, NJ: Lawrence Erlbaum Associates.

Greenberg, L.S. (1993). Emotion and change processes in psychotherapy. In M. Lewis & J.M. Haviland (Eds.), *Handbook of emotions* (pp. 499-508). New York: Guilford Press.

Griffith, R.R. & Woodson, P.P. (1988). Caffeine physical dependence and reinforcement in humans and laboratory animals. In M. Lader (Ed.), *The psychopharmacology of addiction* (pp. 141-156). Oxford: Oxford University Press.

Gross, D. & Harris, P.L. (1988). False reliefs about emotion: Children's understanding of misleading emotional displays. *International Journal of Behavioral Development, 11,* 475-488.

Gross, J.J. & Levenson, R.W. (1993). Emotional suppression: Physiology, self-report, and expressive behavior. *Journal of Personality and Social Psychology, 64,* 970-986.

Guttman, L. & Levy, S. (1983). Dynamics of three varieties of morale: The case of Israel. In S. Breznitz (Ed.), *Stress in Israel.* New York: Van Nostrand.

Hamm, A.O. & Vaitl, D. (1993). Emotionsinduktion durch visuelle Reize: Validierung einer Stimulationsmethode auf drei Reaktionsebenen. *Psychologische Rundschau, 44,* 143-161.

Hare, R.D. & Blevings, G. (1975). Defensive responses to phobic stimuli. *Biological Psychology, 3,* 1-13.

Harris, P.L., Olthof, T., Terwogt, M. & Hardman, C.E. (1987). Children's knowledge of the situations that provoke emotion. *Journal of Behavioral Development, 10,* 319-343.

Hartmann, D.E. (1988). *Neuropsychological toxicology: Identification and assessment of human neurotoxic syndromes.* New York: Pergamon Press.

Haviland, J.M. & Lelwica, M. (1987). The induced affect response: 10-week-old infants' responses to three emotion expressions. *Developmental Psychology, 23,* 97-104.

Helmers, K.F., Posluszny, D.M. & Krantz, D.S. (1994). Associations of hostility and coronary artery disease: A review of studies. In A.W. Siegman & T.W. Smith (Eds.), *Anger, hostility, and the heart* (pp. 67-96). Hillsdale, NJ: Lawrence Erlbaum Associates.

Herbert, T.B. & Cohen, S. (1993). Depression and immunity: A meta-analytic review. *Psychological Bulletin, 113,* 472-486.

Herrmann, A. (1993). *Arbeitszufriedenheit: Ein empirischer Vergleich zwischen Tätigkeitsbereichen.* Unveröff. Diplomarbeit, Julius-Maximilians-Universität, Würzburg.

Hess, W.R. (1954). *Das Zwischenhirn: Syndrome, Lokalisation, Funktionen.* Basel: Schwabe.

Hesse, F.W., Spies, K., Hänze, M. & Gerrards-Hesse, A. (1992). Experimentelle Induktion emotionaler Zustände - Alternativen zur Velten-Methode. *Zeitschrift für Experimentelle und Angewandte Psychologie, 34,* 559-580.

Heuer, F. & Reisberg, D. (1992). Emotion, arousal, and memory for detail. In S.A. Christianson (Ed.), *The handbook of emotion and memory: Research and theory* (pp. 151-180). Hillsdale, NJ: Lawrence Erlbaum Associates.

Himer, W., Schneider, F., Köst, G. & Heimann, H. (1991). Computer-based analysis of facial action: A new approach. *Journal of Psychophysiology, 5,* 189-195.

Hirschman, R. & Clark, M. (1983). Bogus physiological feedback. In J.T. Cacioppo & R.E. Petty (Eds.), *Social psychophysiology* (pp. 177-214). New York: Guilford Press.

Hodapp, V., Bongard, S., Heinrichs, A. & Oltmanns, K. (1993). Theorie und Messung der Ärgeremotion: Ein experimenteller Ansatz. In V. Hodapp & P. Schwenkmezger (Hrsg.), *Ärger und Ärgerausdruck* (S. 11-33). Bern: Huber.

Hodgkinson, P.E. & Stewart, M. (1991). *Coping with catastrophe: A handbook of disaster management.* London: Routledge.

Höge, H. (1984). *Emotionale Grundlagen ästhetischen Urteilens.* Frankfurt: Lang.

Hohmann, G.W. (1966). Some effects of spinal cord lesions on experienced emotional feelings. *Psychophysiology, 3,* 143-156.

Huber, G. (1987). *Psychiatrie: Systematischer Lehrtext für Studenten und Ärzte* (4.Aufl.). Stuttgart: Schattauer.

Hüppe, M. & Janke, W. (1993). Empirische Befunde zur Wirkung von Umweltkatastrophen auf das Erleben und die Streßverarbeitung von Männern und Frauen unterschiedlichen Alters. In K. Aurand, B.P. Hazard & F. Trettner (Hrsg.), *Umweltbelastungen und Ängste: Erkennen, Bewerten, Vermeiden* (S. 133-144). Opladen: Westdeutscher Verlag.

Hugdahl, K. (1981). The Three-Systems-Model of fear and emotion: A critical examination. *Behavior Research and Therapy, 19,* 75-85.

Hull, J.G. & Bond, C.F., Jr. (1986). Social and behavioral conseqences of alcohol consumption and expectancy: A meta-analysis. *Psychological Bulletin, 99,* 347-360.

Ingram, R.E. (1990). Self-focused attention in clinical disorders: Review and a conceptual model. *Psychological Bulletin, 107,* 156-176.

Isen, A.M. (1993). Positive affect and decision making. In M. Lewis & J.M. Haviland (Eds.), *Handbook of emotions* (pp. 261-277). New York: Guilford Press.

Isen, A.M., Daubman, K.A. & Nowicki, G.P. (1987). Positive affect facilitates creative problem solving. *Journal of Personality and Social Psychology, 52,* 1122-1131.

Isen, A.M. & Means, B. (1983). The influence of positive affect on decision making strategy. *Social Cognition, 2,* 18-31.

Isen, A.M. & Patrick, R. (1983). The effect of positive feelings on risktaking: When the chips are down. *Organizational Behavior and Human Performance, 31,* 194-202.

Isen, A.M., Shalker, T.E., Clark, M. S. & Karp, L. (1978). Affect, accessibility of material in memory, and behavior: A cognitive loop? *Journal of Personality and Social Psychology, 36,* 1-12.

Izard, C.E. (1971). *The face of emotion.* New York: Appleton-Century-Crofts.

Izard, C.E. (1981). *Die Emotionen des Menschen.* Weinheim: Beltz. (Original erschienen 1977: Human emotions)

Izard, C.E. (1990). Facial expressions and the regulation of emotions. *Journal of Personality and Social Psychology*, *58*, 487-498.

Izard, C.E. (1992). Basic emotions, relations among emotions, and emotion-cognition relations. *Psychological Review*, *99*, 561-565.

Izard, C.E., Dougherty, F.E., Bloxom, B.M. & Kotsch, W.E. (1974). *The Differential Emotions Scale: A method of measuring the subjective experience of discrete emotions.* Unpublished manuscript, Vanderbilt University.

Izard, C.E. & Dougherty, L.M. (1982). Two complementary systems for measuring facial expressions in infants and children. In C.E. Izard (Ed.), *Measuring emotions in infants and children* (pp. 97-126). Cambridge: Cambridge University Press.

Izard, C.E. & Haynes, O.M. (1988). On the form and universality of the contempt expression: A challenge to Ekman and Friesen's claim of discovery. *Motivation and Emotion*, *12*, 1-16.

James, W. (1884). What is an emotion? *Mind*, *9*, 188-205.

James, W. (1890). *The principles of psychology* (Vol. 2). New York: Holt. (Reprinted 1950: New York: Dover Publications)

Janke, W. (1983). Pharmaka und Emotionen. In H.A. Euler & H. Mandl (Hrsg.), *Emotionspsychologie*. München: Urban & Schwarzenberg.

Janke, W. & Debus, G. (1978). *Die Eigenschaftswörterliste EWL.* Göttingen: Hogrefe.

Janke, W., Erdmann, G. & Kallus, W. (1985). *Der Streßverarbeitungsfragebogen (SVF)*. Göttingen: Hogrefe.

Janke, W. & Hüppe, M. (1990). Emotionalität bei alten Personen. In K.R. Scherer (Hrsg.), *Enzyklopädie der Psychologie: Bd. C IV 3. Psychologie der Emotion* (S. 215-289). Göttingen: Hogrefe.

Johnson, E.J. & Tversky, A. (1983). Affect, generalization, and the perception of risk. *Journal of Personality and Social Psychology*, *45*, 20-31.

Kagan, J. (1982). Heart rate and heart rate variability as signs of a temperamental dimension in infants. In C.E. Izard (Ed.), *Measuring emotions in infants and children* (pp. 38-66). Cambridge: Cambridge University Press.

Kagan, J., Arcus, D., Snidman, N., Feng, W.Y., Hendler, J. & Greene, S. (1994). Reactivity in infants: A cross-national comparison. *Developmental Psychology*, *30*, 342-345.

Kahle, W., Leonhardt, H. & Platzer, W. (1979). *Taschenatlas der Anatomie: Bd. 1. Bewegungsapparat* (3. Aufl.). Stuttgart: Thieme.

Kanner, A.D., Coyne, J.C., Schaefer, C. & Lazarus, R.S. (1981). Comparison of two modes of stress measurement: Daily hazzles and uplifts versus major life events. *Journal of Behavioral Medicine*, *4*, 1-39.

Katkin, E. (1966). The relationship between a measure of transistory anxiety and spontaneous autonomic activity. *Journal of Abnormal Psychology*, *71*, 142-146.

Keinan, G. (1987). Decision making under stress: Scanning of alternatives under controllable and uncontrollable threats. *Journal of Personality and Social Psychology*, *52*, 639-644.

Keltner, D., Ellsworth, P.C. & Edwards, K. (1993). Beyond simple pessimism: Effects of sadness and anger on social perception. *Journal of Personality and Social Psychology*, *64*, 740-752.

Kenealy, P.M. (1986). The Velten Mood Induction Procedure: A methodological review. *Motivation and Emotion*, *10*, 315-335.

Kirouac, G., Bouchard, M. & St. Pierre, A. (1986). Facial expressions of emotions and ethological behavioral categories. *Perceptual and Motor Skills*, *62*, 419-423.

Kleine, D. (1990). Anxiety and sport performance: A meta-analysis. *Anxiety Research*, *2*, 113-131.

Kleinginna, P.R. & Kleinginna, A.M. (1981). A categorized list of emotion definitions, with suggestions for a consensual definition. *Motivation and Emotion*, *5*, 345-379.

Kleinginna, P.R. & Kleinginna, A.M. (1985). Cognition and affect: A reply to Lazarus and Zajonc. *American Psychologist*, *40*, 470-471.

Klorman, R. (1974). Habituation of fear: Effects of intensity and stimulus order. *Psychophysiology*, *11*, 15-26.

Koch, U. (1980). Möglichkeiten und Grenzen einer Messung von Affekten mit Hilfe der inhaltsanalytischen Methode nach Gottschalk und Gleser. *Medizinische Psychologie*, *6*, 81-94.

Kolb, B. & Whishaw, I.Q. (1993). *Neuropsychologie*. Heidelberg: Spectrum Akademischer Verlag. (Original erschienen 1990: Fundamentals of human neuropsychology, 3. ed.)

Konert, F.J. (1984). *Vermittlung emotionaler Erlebniswerte in der Anzeigenwerbung* (Schriften aus dem Arbeitskreis Betriebswirtschaftliche Verhaltensforschung). Paderborn: Universität-Gesamthochschule, Fachbereich Wirtschaftswissenschaften.

Korff, J. & Geer, J.H. (1983). The relationship between sexual arousal experience and genital response. *Psychophysiology*, *20*, 121-127.

Kotlyar, G.M. & Morozov, V.P. (1976). Acoustical correlates of the emotional content of vocalized speech. *Soviet Physics Acoustics*, *22*, 208-211.

Kraut, R.E. & Johnston, R.E. (1979). Social and emotional messages of smiling: An ethological approach. *Journal of Personality and Social Psychology*, *37*, 1539-1553.

Kroeber-Riel, W. (1990). *Konsumentenverhalten* (4. Aufl). München: Franz Vahlen.

Krohne, H.W. (1974). Untersuchungen mit einer deutschen Form der Repression-Sensitization-Skala. *Zeitschrift für Klinische Psychologie*, *3*, 238-260.

Krohne, H.W. & Kohlmann, C.W. (1990). Persönlichkeit und Emotion. In K.R. Scherer (Hrsg.), *Enzyklopädie der Psychologie: Bd. C IV 3. Psychologie der Emotion* (S. 486-559). Göttingen: Hogrefe.

Krüger, H.P. (1993). Zur Psychobiologie des Sprechens als zeitstrukturiertes Verhalten - eine Methode und ihre Aussagekraft. In G. Nissen (Hrsg.), *Psychotherapie und Psychopharmakotherapie als integriertes Behandlungskonzept* (S. 58-68). Würzburg: Königshausen & Neumann.

Laird, J.D. (1974). Self-attribution of emotion: The effects of expressive behavior on the quality of emotional experience. *Journal of Personality and Social Psychology*, *29*, 475-486.

Laird, J.D. (1984). The real role of facial response in the experience of emotion: A reply to Tourangeau and Ellsworth, and others. *Journal of Personality and Social Psychology*, *47*, 909-917.

Laird, J.D. & Bresler, C. (1992). The process of emotional experience: A self-perception theory. In M.S. Clark (Ed.), *Review of Personality and Social Psychology: Vol. 13. Emotion* (pp. 213-234). Newbury Park, CA: Sage Publications.

Lang, P.J., Bradley, M.M. & Cuthbert, B.N. (1990). Emotion, attention and the startle reflex. *Psychological Review*, *97*, 377-395.

Lang, P.J., Greenwald, M.K., Bradley, M.M. & Hamm, A.O. (1993). Looking at pictures: Affective, facial, visceral, and behavioral reactions. *Psychophysiology*, *30*, 261-273.

Lang, P.J., Levin, D.N., Miller, G.A. & Kozak, M.J. (1983). Fear behavior, fear imagery and the psychophysiology of emotion: The problem of affective response integration. *Journal of Abnormal Psychology*, *92*, 276-306.

Lange, C. (1885). *Die Gemütsbewegungen*. Würzburg: Kabitsch. (Original erschienen 1885: Om Sindsbevoegelser: Et psykofisiologiske Studie)

Lanzetta, J.T., Cartwright-Smith, J. & Kleck, R.E. (1976). Effects of nonverbal dissimulation on emotional experience and autonomic arousal. *Journal of Personality and Social Psychology, 33,* 354-370.

Lanzetta, J.T. & Kleck, R.E. (1970). Encoding of nonverbal affect in humans. *Journal of Personality and Social Psychology, 16,* 12-19.

Larsen, R.J. & Diener, E. (1987). Affect intensity as an individual difference characteristic: A review. *Journal of Research in Personality, 21,* 1-39.

Larsen, R.J. & Diener, E. (1992). Promises and problems with the circumplex model of emotion. In M.S. Clark (Ed.), *Review of Personality and Social Psychology: Vol. 13. Emotion* (pp. 25-59). Newbury Park, CA: Sage Publications.

Larsen, R.J., Diener, E. & Emmons, R.A. (1986). Affect intensity and reactions to daily life events. *Journal of Personality and Social Psychology, 51,* 803-814.

Larsen, R.J. & Ketelaar, T. (1989). Extraversion, neuroticism and susceptibility to positive and negative mood induction procedures. *Personality and Individual Differences, 10,* 1221-1228.

Larson, R. & Ham, M. (1993). Stress and "storm and stress" in early adolescence: The relationship of negative events with dysphoric affect. *Developmental Psychology, 29,* 130-140.

Laux, L. & Weber, H. (1990). Bewältigung von Emotionen. In K.R. Scherer (Hrsg.), *Enzyklopädie der Psychologie: Bd. C IV 3. Psychologie der Emotion* (S. 560-629). Göttingen: Hogrefe.

Lavond, D.G., Kim, J.J. & Thompson, R.F. (1993). Mammalian brain substrates of aversive classical conditioning. *Annual Review of Psychology, 44,* 317-342.

Lazarus, R.S. (1966). *Psychological stress and the coping process.* New York: McGraw-Hill.

Lazarus, R.S. (1982). Thoughts on the relations between emotion and cognition. *American Psychologist, 37,* 1019-1024.

Lazarus, R.S. (1984). On the primacy of cognition. *American Psychologist, 39,* 124-129.

Lazarus, R.S. (1990). Constructs of the mind in adaptation. In N.L. Stein, B. Leventhal & T. Trabasso (Eds.), *Psychological and biological approaches to emotion* (pp. 3-19). Hillsdale, NJ: Lawrence Erlbaum Associates.

Lazarus, R.S. (1991a). Cognition and motivation in emotion. *American Psychologist, 46,* 352-367.

Lazarus, R.S. (1991b). Progress on a cognitive-motivational-relational theory of emotion. *American Psychologist, 46,* 819-834.

Lazarus, R.S. & Alfert E. (1964). The short-circuiting of threat by experimentally altering cognitive appraisal. *Journal of Abnormal and Social Psychology, 69,* 195-205.

Lazarus, R.S., Speisman, J.C., Mordkoff, A.M. & Davison, L.A. (1962). A laboratory study of psychological stress produced by a motion picture film. *Psychological Monographs: General and Applied, 76 (whole no. 553).*

Lazarus, R.S., Tomita, M., Opton, E.M., Jr. & Kodama, M. (1966). A cross-cultural study of stress-reaction patterns in Japan. *Journal of Personality and Social Psychology, 4,* 622-633.

LeDoux, J.E. (1993). Emotional networks in the brain. In M. Lewis & J.M. Haviland (Eds.), *Handbook of emotions* (pp. 109-117). New York: Guilford Press.

Leschke, E. (1911). Die körperlichen Begleiterscheinungen seelischer Vorgänge. *Archiv für die Gesamte Psychologie, 21,* 435-463.

Levenson, R.W. (1986). Alcohol, reactivity, and the heart: Implications for coronary health and disease. In K.A. Matthews et al. (Ed.), *Handbook of stress, reactivity, and cardiovascular disease* (pp. 345-363). New York: Wiley & Sons.

Levenson, R.W., Ekman, P. & Friesen, W.V. (1990). Voluntary facial action generates emotion-specific autonomic nervous system activity. *Psychophysiology, 27,* 363-384.

Levenson, R.W., Ekman, P. Heider, K. & Friesen, W.V. (1992). Emotion and autonomic nervous system activity in the MinangKaban of West Sumatra. *Journal of Personality and Social Psychology, 62*, 972-988.
Lewinsohn, P.M. & Graf, M. (1973). Pleasant activities and depression. *Journal of Consulting and Clinical Psychology, 41*, 261-268.
Lewinsohn, P.M. & Libet, J. (1972). Pleasant events, activity schedules and depressions. *Journal of Abnormal Psychology, 79*, 291-295.
Lewis, M., Stanger, C. & Sullivan, M.W. (1989). Deception in 3-year-olds. *Developmental Psychology, 25*, 439-443.
Lewis, M., Sullivan, M.W. & Vasen, A. (1987). Making faces: Age and emotion differences in the posing of emotional expressions. *Developmental Psychology, 23*, 690-697.
Lobel, T.E., Gilat, I. & Endler, N.S. (1993). The Gulf war: Distressful reactions to scud missiles attacks. *Anxiety, Stress, and Coping, 6*, 9-23.
Lundberg, U. & Devine, B. (1975). Negative similarities. *Educational and Psychological Measurement, 35*, 797-807.

Machleidt, W., Gutjahr, L. & Mügge, A. (1989). *Grundgefühle: Phänomenologie, Psychodynamik, EEG-Spektralanalytik.* Berlin: Springer.
Macht, M. (1993). *Emotionale Reaktivität im Hungerzustand. Experimentelle Untersuchungen zur Wirkung kurzzeitig verminderter Energiezufuhr auf psychische und somatische Vorgänge unter Ruhe und Belastung.* Unveröff. Diss., Julius-Maximilians-Universität, Würzburg.
Maier, K., Ambühl-Caesar, G. & Schandry, R. (1994). *Entwicklungsphysiologie: Körperliche Indikatoren psychischer Entwicklung.* Weinheim: Psychologie Verlags Union.
Majewski, F. (1987). Teratogene Schäden durch Alkohol. In K.P. Kisker, H. Lauter, J.E. Meyer, C. Müller & E. Strömgren (Hrsg.), *Psychiatrie der Gegenwart 3* (3. Aufl.) (S. 243-272) . Berlin: Springer.
Malatesta, C.Z. (1981). Infant emotion and the vocal affect lexicon. *Motivation and Emotion, 5*, 1-23.
Malatesta-Magai, C.Z. (1991). Development of emotion expression during infancy: General course and patterns of individual differences. In J. Garber & K.A. Dodge (Eds.), *The development of emotion regulation and dysregulation* (pp. 49-68). Cambridge: Cambridge University Press.
Mandler, G. (1979). Emotion. In E. Hearst (Ed.), *The first century of experimental psychology* (pp. 275-321). Hillsdale, N.J.: Lawrence Erlbaum Associates.
Mann, L. (1992). Stress, affect, and risk taking. In J.F. Yates (Ed.), *Risk-taking behavior* (pp. 201-230). Chichester: Wiley & Sons.
Mannhaupt, H.R. (1983). Produktionsnormen für verbale Reaktionen zu 40 geläufigen Kategorien. *Sprache und Kognition, 2*, 264-278.
Manstead A.S.R. (1988). The role of facial movement in emotion. In H.L. Wagner (Ed.), *Social psychophysiology: Theory and clinical applications* (pp. 105-129). Chichester: Wiley & Sons.
Manstead, A.S.R. (1991). Expressiveness as an individual difference. In R.S. Feldman & B. Rimé (Eds.), *Fundamentals of nonverbal behavior* (pp. 285-328). Cambridge: Cambridge University Press.
Marks, I.M. (1987). *Fears, phobias, and rituals: Panic, anxiety, and their disorders.* Oxford: Oxford University Press.
Marshall, P.S. (1993). Allergy and depression: A neurochemical threshold model of the relation between the illnesses. *Psychological Bulletin, 113*, 23-43.
Martin, I. & Venables, P.H. (Eds.). (1980). *Techniques in psychophysiology.* Chichester: Wiley & Sons.

Martin, L.L., Ward, D.W., Achee, J.W. & Wyer, R.S.,Jr. (1993). Mood as input: People have to interpret the motivational implications of their moods. *Journal of Personality and Social Psychology*, *64*, 317-326.

Martin, M. (1990). On the induction of mood. *Clinical Psychology Review*, *10*, 669-697.

Marx, W., Enzinger, A., Paszyna, C., Rauh, R., Sattler, H. & Schröger, E. (1987). Dimensionen der Gefühlsbegriffe: Eine Reanalyse auf der Basis einer Zufallsbeziehung von Emotionsbegriffen. *Archiv für Psychologie*, *139*, 15-22.

Massimini, F. & Carli, M. (1988). The systematic assessment of flow in daily experience. In M. Csikszentmihalyi & I.S. Csikszentmihalyi (Eds.), *Optimal experience: Psychological studies of flow in consciousness* (pp. 266-287). Cambridge: Cambridge University Press.

Mathews, A. & Sebastian, S. (1993). Supression of emotional stroop effects by fear arousal. *Cognition and Emotion*, *7*, 517-530.

Matsumoto, D. (1987). The role of facial response in the experience of emotion: More methodological problems and a meta-analysis. *Journal of Personality and Social Psychology*, *52*, 769-774.

Matthews, K.A. (1988). Coronary heart disease and Type A behaviors: Update on and alternative to the Booth-Kewley and Friedman (1987) quantitative review. *Psychological Bulletin*, *104*, 373-380.

Mauro, R. (1992). Affective dynamics: Opponent processes and excitation transfer. In M.S. Clark (Ed.), *Review of Personality and Social Psychology: Vol. 13. Emotion* (pp. 150-173). Newbury Park, CA: Sage Publications.

Mauro, R., Sato, K. & Tucker, J. (1992). The role of appraisal in human emotions: A cross-cultural study. *Journal of Personality and Social Psychology*, *62*, 301-317.

May, J.L. & Hamilton, P.A. (1980). Effects of musically evoked affect on woman's interpersonal attraction toward and perceptual judgements of physical attractiveness of men. *Motivation and Emotion*, *4*, 217-228.

Mayer, J.D., Gaschke, Y.N., Braverman, D.L. & Evans, T.W. (1992). Mood-congruent judgment is a general effect. *Journal of Personality and Social Psychology*, *63*, 119-132.

McAuley, E. & Duncan, T.E. (1990). Cognitive appraisal and affective reactions following physical achievement outcomes. *Journal of Sport and Exercise Psychology*, *12*, 415-426.

McCanne, T.R. & Anderson, J.A. (1987). Emotional responding following experimental manipulation of facial electromyographic activity. *Journal of Personality and Social Psychology*, *52*, 759-768.

McDougall, W. (1923). *Outline of psychology*. New York: Charles Scribner's Sons.

McGaugh, J.L. (1992). Affect, neuromodulatory systems, and memory storage. In S.A. Christianson (Ed.), *The handbook of emotion and memory: Research and theory* (pp. 245-268). Hillsdale, NJ: Lawrence Erlbaum Associates.

McHugo, G.J., Smith, C.A. & Lanzetta, J.T. (1982). The structure of self-reports of emotional responses to film segments. *Motivation and Emotion*, *6*, 365-385.

Mecklenbräuker, S. & Hager, W. (1986). Zur experimentellen Variation von Stimmungen: Ein Vergleich einer deutschen Adaptation der selbstbezogenen Velten-Aussagen mit einem Musikverfahren. *Zeitschrift für Experimentelle und Angewandte Psychologie*, *33*, 71-94.

Mees, U. (1985). Was meinen wir, wenn wir von Gefühlen reden? Zur psychologischen Textur von Emotionswörtern. *Sprache und Kognition*, *1*, 2-20.

Mehrabian, A. & Russell, J.A. (1974). *An approach to environmental psychology*. Cambridge: MIT Press.

Melnechuk, T. (1988). Emotions, brain, immunity, and health: A review. In M. Clynes & J. Panksepp (Eds.), *Emotions and psychopathology*. New York: Plenum.

Meyer, M.F. (1933). That whale among the fishes - the theory of emotions. *Psychological Review*, *40*, 292-300.

Meyer, W.U., Schützwohl, A. & Reisenzein, R. (1993). *Einführung in die Emotionspsychologie* (Bd. 1). Bern: Huber.

Michalos, A.C. (1991). *Global report on student well-being: Vol.1. Life satisfaction and happiness*. New York: Springer.

Michalson, L. & Lewis, M. (1985). What do children know about emotions and when do they know it? In M. Lewis & C. Saarni (Eds.), *The socialization of emotions* (pp. 117-139). New York: Plenum.

Milgram, N.W., Krames, L. & Alloway, T.M. (Eds.). (1977). *Food aversion learning*. New York: Plenum.

Moore, B.S., Underwood, B. & Rosenhan, D.L. (1973). Affect and altruism. *Developmental Psychology, 8,* 99-104.

Morokoff, P.J. (1985). Effects of sex guilt, repression, sexual "arousability", and sexual experience on female sexual arousal during erotica and fantasy. *Journal of Personality and Social Psychology, 49,* 177-187.

Morris, W.N. (1989). *Mood: The frame of mind*. New York: Springer.

Morris, W.N. (1992). A functional analysis of the role of mood in affective systems. In M.S. Clark (Ed.), *Review of Personality and Social Psychology: Vol. 13. Emotion* (pp. 256-293). Newbury Park, CA: Sage Publications.

Mueller, C. & Donnerstein, E. (1977). The effects of humor-induced arousal upon aggressive behavior. *Journal of Research in Personality, 11,* 73-82.

Natale, M. (1977). Effects of induced elation-depression on speech in the initial interview. *Journal of Consulting and Clinical Psychology, 45,* 45-52.

Noelle-Neumann, E. (1986, 10. Februar). Allensbach-Umfrage: In den Prognosewerten nach der Neujahrsstimmung kündigen sich langfristige Umbrüche an. *Handelsblatt,* S.4.

Nowlis, V. (1965). Research with the Mood Adjective Check List. In S.S. Tomkins & C.E. Izard (Eds.), *Affect, cognition and personality*. New York: Springer.

O'Connor K., Hallam, R. & Rachmann, S. (1985). Fearlessness and courage: A replication experiment. *British Journal of Psychology, 76,* 187-197.

Öhman, A. (1993). Stimulus prepotency and fear learning: Data and theory. In N. Birbaumer & A. Öhman (Eds.), *The structure of emotion: Psychophysiological, cognitive and clinical aspects* (pp. 218-239). Seattle: Hogrefe.

Öhman, A. & Birbaumer, N. (1993). Psychophysiological and cognitive-clinical perspectives on emotion: Introduction and overview. In N. Birbaumer & A. Öhman (Eds.), *The structure of emotion: Psychophysiological, cognitive and clinical aspects* (pp. 3-17). Seattle: Hogrefe.

Öst, L.G., Sterner U. & Lindahl I.L. (1984). Physiological responses in blood phobics. *Behaviour Research and Therapy, 22,* 109-117.

O'Grady, K.E. & Janda, L.H. (1989). The effects of anonymity and dissimulation on the Differential Emotions Scale. *Personality and Individual Differences, 10,* 1033-1040.

O'Leary, A. (1990). Stress, emotion, and human immune function. *Psychological Bulletin, 108,* 363-382.

Ortony, A., Clore, G.L. & Foss, M.A. (1987). The referential structure of the affective lexicon. *Cognitive Science, 11,* 341-364.

Ortony, A. & Turner, T.J. (1990). What's basic about basic emotions? *Psychological Review, 97,* 315-331.

Osgood, C.E. (1966). Dimensionality of the semantic space for communication via facial expressions. *Scandinavian Journal of Psychology, 7,* 1-30.

Osgood, C.E., Suci, G.J. & Tannenbaum, P.H. (1957). *The measurement of meaning*. Urbana: University of Illinois Press.

Otto, J.H. (1991). *Befindensänderung durch emotionsbezogene und aufgabenbezogene Streßbewältigung*. Pfaffenweiler: Centaurus-Verlagsgesellschaft.

Otto, J.H. & Schmitz, B.B. (1993). Veränderungen positiver Gefühlszustände durch analytische und kreative Informationsverarbeitung. *Zeitschrift für Experimentelle und Angewandte Psychologie*, *40*, 235-266.

Paikoff, R.L. & Brooks-Gunn, J. (1990). Associations between pubertal hormones and behavioral and affective expression. In C.S. Holmes (Ed.), *Psychoneuroendocrinology: Brain, behavior, and hormonal interactions* (pp. 205-226). New York: Springer.

Panksepp, J. (1989). The neurobiology of emotions: Of animal brains and human feelings. In H. Wagner & A. Manstead (Eds.), *Handbook of Social Psychophysiology* (pp. 5-26). Chichester: Wiley & Sons.

Panksepp, J. (1993). Neurochemical control of moods and emotions: Amino acids to neuropeptides. In M. Lewis & J.M. Haviland (Eds.), *Handbook of emotions* (pp. 87-107). New York: Guilford Press.

Parkinson, B. (1985). Emotional effects of false autonomic feedback. *Psychological Bulletin*, *98*, 471-494.

Philippot, P. (1993). Inducing and assessing differentiated emotion-feeling states in the laboratory. *Cognition and Emotion*, *7*, 171-193.

Phillips, E. & Whissell, C. (1986). "What makes you feel?": Children's perceptions of the antecedents of emotion. *Journal of Social Behavior and Personality*, *1*, 587-592.

Pickens, J. & Field, T. (1993). Facial expressivity in infants of depressed mothers. *Developmental Psychology*, *29*, 986-988.

Piderit, T. (1886). *Mimik und Physiognomik* (2., neubearbeitete Aufl.). Detmold: Verlag der Meyer'schen Hofbuchhandlung (H. Denecke).

Pignatiello, M.F., Camp, C.J. & Rasar, L.A. (1986). Musical mood induction: An alternative to the Velten technique. *Journal of Abnormal Psychology*, *95*, 295-297.

Plomin, R., Chipuer, H.M. & Loehlin, J.C. (1990). Behavioral genetics and personality. In L.A. Pervin (Ed.), *Handbook of personality: Theory and research* (pp. 225-243). New York: Guilford Press.

Ploog, D. (1990). Neuronale Substrate der Lust und Unlust. In H. Heimann (Hrsg.), *Anhedonie: Verlust der Lebensfreude* (S. 31-57). Stuttgart: G. Fischer Verlag.

Pohl, J., Janke, W., Erdmann, G. & Capek, D. (1988). The problem of influencing specific or unspecific emotional states by drugs: Effects of a tranquilizer and two beta-blocking agents under noise conditions. *Pharmacopsychiatry*, *21*, 350-352.

Prinz, W. & Bulst, N. (Hrsg.). (1989). *Theodor Piderit: Wissenschaftliches System der Mimik und Physiognomik (Wiederabdruck der Erstausgabe Detmold 1867)*. Göttingen: Hogrefe.

Raichle, M.E. (1994). Images of the mind: Studies with modern imaging techniques. *Annual Review of Psychology*, *45*, 333-356.

Rapaport, D. (1961). *Emotions and memory* (2nd ed.). New York: Science Editions.

Rehm, L.P. (1978). Mood, pleasant events and unpleasant events: Two pilot studies. *Journal of Consulting & Clinical Psychology*, *46*, 854-859.

Reisenzein, R. (1983). The Schachter theory of emotion: Two decades later. *Psychological Bulletin*, *94*, 239-264.

Reisenzein, R. & Hofmann, T. (1990). An investigation of dimensions of cognitive appraisal in emotion using the repertory grid technique. *Motivation and Emotion*, *14*, 1-26.

Revelle, W. & Loftus, D.A. (1992). The implication of arousal effects for the study of affect and memory. In S.A. Christianson (Ed.), *The handbook of emotion and memory: Research and theory* (pp. 113- 149). Hillsdale, NJ: Lawrence Erlbaum Associates.

Ridgeway, D., Waters, E. & Kuczaj, S.A.II. (1985). Acquisition of emotion-descriptive language: Receptive and productive vocabulary norms for ages 18 months to 6 years. *Developmental Psychology, 21,* 901-908.

Rimé, B., Boulanger, B., Laubin, P., Richir, M. & Stroobants, K. (1985). The perception of interpersonal emotions originated by patterns of movement. *Motivation and Emotion, 9,* 241-260.

Rimé, B. & Schiaratura, L. (1991). Gesture and speech. In R.S. Feldman & B. Rimé (Eds.), *Fundamentals of nonverbal behavior* (pp. 239-281). Cambridge: Cambridge University Press.

Rinn, W.E. (1984). The neuropsychology of facial expression: A review of the neurological and psychological mechanism for producing facial expressions. *Psychological Bulletin, 95,* 52-77.

Rogers, R.W. & Deckner, C.W. (1975). Effects of fear appeals and physiological arousal upon emotion, attitudes and cigarette smoking. *Journal of Personality and Social Psychology, 32,* 222-230.

Rose, R.J. & Ditto, W.B. (1983). A developmental-genetic analysis of common fears from early adolescence to early adulthood. *Child Development, 54,* 361-368.

Rosenthal, R. (1982). Conducting judgment studies. In K.R. Scherer & P. Ekman (Eds.), *Handbook of methods in nonverbal behavior research* (pp. 287-361). Cambridge: Cambridge University Pres.

Russell, J.A. (1980). A circumplex model of affect. *Journal of Personality and Social Psychology, 39,* 1161-1178.

Russell, J.A. (1991a). In defense of a prototype approach to emotion concepts. *Journal of Personality and Social Psychology, 60,* 37-47.

Russell, J.A. (1991b). Culture and the categorization of emotions. *Psychological Bulletin, 110,* 426-450.

Russell, J.A. & Bullock, M. (1986). Fuzzy concepts and the perception of emotion in facial expressions. *Social Cognition, 4,* 309-341.

Russell, J.A., Weiss, A. & Mendelsohn, G.A. (1989). Affect Grid: A single-item-scale of pleasure and arousal. *Journal of Personality and Social Psychology, 57,* 493-502.

Saarni, C. (1979). Children's understanding of display rules for expressive behavior. *Developmental Psychology, 15,* 424-429.

Sackett, G.P. (1966). Monkeys reared in isolation with pictures as visual input: Evidence for an innate releasing mechanism. *Science, 154,* 1468-1473.

Salovey, P. & Birnbaum, D. (1989). Influence of mood on health-relevant cognitions. *Journal of Personality and Social Psychology, 57,* 539-551.

Salovey, P., Mayer, J.D. & Rosenhan, D.L. (1991). Mood and helping: Mood as a motivator of helping and helping as a regulator of mood. In M.S. Clark (Ed.), *Review of Personality and Social Psychology: Vol. 12. Prosocial Behavior* (pp. 215-237). Newbury Park, CA: Sage Publications.

Santibanez-H., G. & Bloch, S. (1986). A qualitative analysis of emotional effector patterns and their feedback. *Pavlovian Journal of Biological Science, 21,* 108-116.

Schachter, S. & Singer, J.E. (1962). Cognitive, social and physiological determinants of emotional state. *Psychological Review, 69,* 379-399.

Schandry, R. (1989). *Lehrbuch der Psychophysiologie: Körperliche Indikatoren psychischen Geschehens.* München: Psychologie Verlags Union.

Schelp, T. & Kemmler, L. (1988). *Emotion und Psychotherapie: Ein kognitiver Beitrag zur Integration psychotherapeutischer Schulen.* Bern: Huber.

Scherer, K.R. (1986). Vocal affect expression: A review and a model for future research. *Psychological Bulletin, 99,* 143-165.

Scherer, K.R. (1988). Criteria for emotion-antecedent appraisal: A review. In V. Hamilton, G.H. Bower & H. Frijda (Eds.), *Cognitive perspectives on emotion and motivation* (pp. 89-126). Dordrecht: Kluwer Academic Publishers.

Scherer, K.R. (1989). Vocal correlates of emotional arousal and affective disturbance. In H. Wagner & A. Manstead (Eds.), *Handbook of social psychophysiology* (pp. 165-197). Chichester: Wiley & Sons.

Scherer, K.R. & Ekman, P. (Eds.) (1982). *Handbook of methods in nonverbal behavior research*. Cambridge: Cambridge University Press.

Scherer, K.R., Summerfield, A. & Wallbott, H.G. (1983). Cross-national research on antecedents and components of emotion: A progress report. *Social Science Information*, *22*, 355-385.

Scherer, K.R. & Wallbott, H.G. (1990). Ausdruck von Emotionen. In K.R. Scherer (Hrsg.), *Enzyklopädie der Psychologie: Bd. C IV 3. Psychologie der Emotion* (S. 345-422). Göttingen: Hogrefe.

Schimmack, U. (1993). *Typizität von Emotionen und Stimmungen*. Vortrag gehalten auf der 35. Tagung experimentell arbeitender Psychologen, Münster.

Schmidt-Atzert, L. (1980). *Die verbale Kommunikation von Emotionen: Eine Bedingungsanalyse unter besonderer Berücksichtigung physiologischer Prozesse*. Unveröff. Diss., Justus-Liebig-Universität, Gießen.

Schmidt-Atzert, L. (1981). *Emotionspsychologie*. Stuttgart: Kohlhammer.

Schmidt-Atzert, L. (1987). Zur umgangssprachlichen Ähnlichkeit von Emotionswörtern. *Psychologische Beiträge*, *29*, 140-163.

Schmidt-Atzert, L. (1988). Affect and cognition: On the chronological order of stimulus evaluation and emotion. In K. Fiedler & J.P. Forgas (Eds.), *Affect, cognition and social behavior: New evidence and integrative attempts* (pp. 153-164). Toronto: Hogrefe.

Schmidt-Atzert, L. (1989). Ein Fragebogen zur Erfassung emotional relevanter Alltagsereignisse. *Diagnostica*, *35*, 354-358.

Schmidt-Atzert, L. (1993). *Die Entstehung von Gefühlen: Vom Auslöser zur Mitteilung*. Berlin: Springer.

Schmidt-Atzert, L. (1995). Mimischer Ausdruck und Emotionen aus psychologischer Sicht. In G. Debus, G. Ermann & K.W. Kallus (Hrsg.), *Biopsychologie von Streß und emotionalen Reaktionen: Ansätze interdisziplinärer Forschung* (S. 53-66). Göttingen: Hogrefe.

Schmidt-Atzert, L. & Ströhm, W. (1983). Ein Beitrag zur Taxonomie der Emotionswörter. *Psychologische Beiträge*, *25*, 126-141.

Schmidt-Traub, S. (1989). Psychoneuroimmunologische Störungen am Beispiel allergisch determinierter psycho-vegetativer Beschwerden. *Psychologische Rundschau*, *40*, 141-149.

Schneider, K. & Josephs, I. (1991). The expressive and communicative functions of preschool children's smiles in an achievement-situation. *Journal of Nonverbal Behavior*, *15*, 185-198.

Schwartz, G.E. (1982). Psychophysiological patterning and emotion from a systems perspective. *Social Science Information*, *21*, 781-817.

Schwartz, G.E., Brown, S.L. & Ahern, G.L. (1980). Facial muscle patterning and subjective experience during affective imagery. *Psychophysiology*, *17*, 75-82.

Schwartz, G.E., Fair, P.L., Salt, P., Mandel, M. & Klerman, G.L. (1976). Facial muscle patterning to affective imagery in depressed and nondepressed subjects. *Science*, *192*, 489-491.

Sedikides, C. (1992). Mood as a determinant of attentional focus. *Cognition and Emotion*, *6*, 129-148.

Sem-Jacobsen, C.W. (1976). Electrical stimulation and self-stimulation in man with chronic implanted electrodes: Interpretation and pitfalls of results. In A. Wauquier & E.T. Rolls (Eds.), *Brain-stimulation reward*. Amsterdam: North-Holland.

Shaver, P.R., Schwartz, J.C., Kirson, D. & O'Connor, C. (1987). Emotion knowledge: Further exploration of a prototype approach. *Journal of Personality and Social Psychology*, *52*, 1061-1086.

Shaver, P.R., Wu, S. & Schwartz, J.C. (1992). Cross-cultural similarities and differences in emotion and its representation: A prototype approach. In M.S. Clark (Ed.), *Review of Personality and Social Psychology: Vol. 13. Emotion* (pp. 175-212). Newbury Park, CA: Sage Publications.

Shekelle, R.B., Gale, M., Ostfeld, A.M. & Paul, O. (1983). Hostility, risk of coronary heart disease, and mortality. *Psychosomatic Medicine, 45,* 109-114.

Sherrington, C.S. (1900). Experiments on the value of vascular and visceral factors for the genesis of emotion. *Proceedings of the Royal Society of London, 66,* 390-403.

Singer, J.A. & Salovey, P. (1988). Mood and memory: Evaluating the network theory of affect. *Clinical Psychology Review, 8,* 211-251.

Six, B. & Kleinbeck, U. (1989). Arbeitsmotivation und Arbeitszufriedenheit. In E. Roth (Hrsg.), *Enzyklopädie der Psychologie: Bd. D III 3. Organisationspsychologie* (S. 348-398). Göttingen: Hogrefe.

Smiley, P. & Huttenlocher, J. (1989). Young children's acquisition of emotion concepts. In C. Saarni & P.L. Harris (Eds.), *Children's understanding of emotion* (pp. 27-49). Cambridge: Cambridge University Press.

Smith, C.A. & Ellsworth, P.C. (1985). Patterns of cognitive appraisal in emotion. *Journal of Personality and Social Psychology, 48,* 813-838.

Smith, C.A. & Ellsworth, P.C. (1987). Patterns of appraisal and emotion related to taking an exam. *Journal of Personality and Social Psychology, 52,* 475-488.

Snyder, S.H. (1988). *Chemie der Psyche: Drogenwirkung im Gehirn.* Heidelberg: Spektrum der Wissenschaft (Original erschienen 1986: Drugs and the brain)

Sogon, S. & Izard, C.E. (1987). Sex differences in emotion recognition by observing body movements: A case of American students. *Japanese Psychological Research, 2,* 89-93.

Solomon, R.C. (1993). The philosophy of emotions. In M. Lewis & J.M. Haviland (Eds.), *Handbook of emotions* (pp. 3-28). New York: Guilford Press.

Solomon, R.L. (1980). The opponent-process theory of acquired motivation: The cost of pleasure and the benefits of pain. *American Psychologist, 35,* 691-712.

Spoont, M.R. (1992). Modulatory role of serotonin in neural information processing: Implications for human psychopathology. *Psychological Bulletin, 112,* 330-350.

Stein, N.L. & Oatley, K. (Eds.). (1992). Basic emotions [Special issue]. *Cognition and Emotion, 6 (3&4).*

Steiner, J.E. (1979). Human facial expressions in response to taste and smell stimulation. In H.W. Reese & L.P. Lipsitt (Eds.), *Advances in Child Development and Behavior* (Vol. 13, pp. 257-295). New York: Academic Press.

Stemmler, G. (1984). *Psychophysiologische Emotionsmuster: Ein empirischer und methodischer Beitrag zur inter- und intraindividuellen Begründbarkeit spezifischer Profile bei Angst, Ärger und Freude.* Frankfurt: Lang.

Stepper, S. & Strack, F. (1993). Proprioceptive determinants of emotional and non-emotional feelings. *Journal of Personality and Social Psychology, 64,* 211-220.

Sternbach, R.A. (1962). Assessing differential autonomic patterns in emotions. *Journal of Psychosomatic Research, 6,* 87-91.

Steyer, R. & Schmidt-Atzert, L. (1993). Allgemeine Probleme der mehrdimensionalen Befindensmessung. In L. Montada (Hrsg.), *Bericht über den 38. Kongreß der Deutschen Gesellschaft für Psychologie in Trier 1992* (Bd. 2, S. 978-981). Göttingen: Hogrefe.

Stone, A.A. (1987). Event content in a daily survey is differentially associated with concurrent mood. *Journal of Personality and Social Psychology, 52,* 56-58.

Stone, A.A., Helder, L. & Schneider, M.S. (1988). Coping with stressful events: Coping dimensions and issues. In L.H. Cohen (Ed.), *Life events and psychological functioning: Theoretical and methodological issues* (pp. 182-210). Newbury Park, CA: Sage Publications.

Stone, A.A. & Neale, J.M. (1984). Effects of severe daily events on mood. *Journal of Personality and Social Psychology, 46,* 137-144.

Storm, C. & Storm, T. (1987). A taxonomic study of the vocabulary of emotions. *Journal of Personality and Social Psychology, 53,* 805-816.

Strack, F., Martin, L.L. & Stepper, S. (1988). Inhibiting and facilitating conditions of the human smile: A nonobtrusive test of the facial feedback hypothesis. *Journal of Personality and Social Psychology, 54,* 768-777.

Strongman, K.T. (1987). *The psychology of emotion* (3rd ed.). Chichester: Wiley & Sons.

Sullivan, M.J.L. & Brender, W. (1986). Facial electromyography: A measure of affective processes during sexual arousal. *Psychophysiology, 23,* 182-188.

Termine, N.T. & Izard, C.E. (1988). Infants' responses to their mothers' expressions of joy and sadness. *Developmental Psychology, 24,* 223-229.

Thayer, R.E. (1989). *The biopsychology of mood and arousal.* New York: Oxford University Press.

Tiller, D.K. & Campbell, J.F. (1986). Biased adjective selection criteria as a factor in mood adjective check lists? *Psychological Reports, 58,* 619-626.

Toates, F.M. (1988). Motivation and emotion from a biological perspective. In V. Hamilton, G.H. Bower & N.H. Frijda (Eds.), *Cognitive perspectives on emotion and motivation* (pp. 3-35). Dordrecht: Kluwer Academic Publishers.

Toda, S. & Fogel, A. (1993). Infant response to the still-face situation at 3 and 6 month. *Developmental Psychology, 29,* 532-538.

Tomkins, S.S. (1962). *Affect imagery consciousness: Vol.1. The positive affects.* New York: Springer.

Tourangeau, R. & Ellsworth, P.C. (1979). The role of facial response in the experience of emotion. *Journal of Personality and Social Psychology, 37,* 1519-1531.

Traue, H.C. & Pennebaker, J.W. (Eds.). (1993). *Emotion, inhibition, and health.* Seattle: Hogrefe & Huber Publishers.

Traxel, W. & Heide, H.J. (1961). Dimensionen der Gefühle. Das Problem der Klassifikation der Gefühle und die Möglichkeit seiner empirischen Lösung. *Psychologische Forschung, 26,* 179-204.

Ulich, D. & Mayring, P. (1992). *Psychologie der Emotionen.* Stuttgart: Kohlhammer.

Valins, S. (1966). Cognitive effects of false heart-rate feedback. *Journal of Personality and Social Psychology, 4,* 400-408.

Vehrs, W. (1986). *Nicht-verbale Erlebnisbeschreibung.* Göttingen: Hogrefe.

Velten, E. (1968). A laboratory task for induction of mood states. *Behavior Research and Therapy, 6,* 473-482.

Viney, L.L. (1983). The assessment of psychological states through content analysis of verbal communications. *Psychological Bulletin, 94,* 542-563.

Vrana, S.R. (1993). The psychophysiology of disgust: Differentiating negative emotional contexts with facial EMG. *Psychophysiology, 30,* 279-286.

Wagner, H.L., MacDonald, C.J. & Manstead, A.S.R. (1986). Communication of individual emotions by spontaneous facial expressions. *Journal of Personality and Social Psychology, 50,* 737-743.

Walk, R.D. & Homan, C.P. (1984). Emotion and dance in dynamic light displays. *Bulletin of the Psychonomic Society, 22,* 437-440.

Wallbott, H.G. (1990). *Mimik im Kontext: Die Bedeutung verschiedener Informationskomponenten für das Erkennen von Emotionen.* Göttingen: Hogrefe.

Wallbott, H.G. & Scherer, K.R. (1986). The antecedents of emotional experiences. In K.R. Scherer, H.G. Wallbott & A.B. Summerfield (Eds.), *Experiencing emotion: A cross-cultural study* (pp. 69-83). Cambridge: Cambridge University Press.

Warburton, D.M. (1988). The puzzle of nicotine use. In M. Lader (Ed.), *The psychopharmacology of addiction* (pp. 27-49). Oxford: Oxford University Press.
Warburton, D.M. (1990). All substance use pleasures are not the same. In D.M. Warburton (Ed.), *Addiction controversies* (pp. 45-52). Chur: Harwood Academic Publishers.
Watson, D. & Clark, L.A. (1984). Negative affectivity: The disposition to experience aversive emotional states. *Psychological Bulletin, 96*, 465-490.
Watson, D. & Clark, L.A. (1992). Affects separable and inseparable: On the hierarchical arrangement of the negative affects. *Journal of Personality and Social Psychology, 62*, 489-505.
Watson, J.B. (1968). *Behaviorismus*. Köln: Kiepenheuer & Witsch. (Original erschienen 1930: Behaviorism)
Weiner, B. (1985). An attribution theory of achievement motivation and emotion. *Psychological Review, 92*, 548-573.
Wenger, M.A., Jones, F.N. & Jones, M.H. (1962). Emotional behavior. In D.K. Candland (Ed.), *Emotion: Bodily change*. Princeton, NJ: Van Nostrand.
Westhoff, G. (1993). *Handbuch psychosozialer Meßinstrumente: Ein Kompendium für epidemiologische und klinische Forschung zu chronischer Krankheit*. Göttingen: Hogrefe.
Wierzbicka, A. (1992). Defining emotion concepts. *Cognitive Science, 16*, 539-581.
Wieser, S. (1961). Das Schreckverhalten des Menschen. *Beiheft zur Schweizerischen Zeitschrift für Psychologie und ihre Anwendungen, 42*.
Williams, D.G. (1989). Neuroticism and extraversion in different factors of the affect intensity measure. *Personality and Individual Differences, 10*, 1095-1100.
Williams, D.G. (1990). Effects of psychoticism, extraversion, and neuroticism in current mood: A statistical review of six studies. *Personality and Individual Differences, 11*, 615-630.
Williams, D.G. (1993). Are personality effects upon average mood due to personality effects upon mood variation? *Personality and Individual Differences, 14*, 199-208.
Winton, W.M. (1986). The role of facial response in self-reports of emotion: A critique of Laird. *Journal of Personality and Social Psychology, 50*, 808-812.
Woods, D.J. (1977). The repression-sensitization variable and self-reported emotional arousal: Effects of stress and instructional set. *Journal of Consulting and Clinical Psychology, 45*, 173-183.
Wortman, C.B. & Silver, R.C. (1987). Coping with irrevocable loss. In G.R. VandenBos & B.K. Bryant (Eds.), *Cataclysms, crises, and catastrophes: Psychology in action* (pp. 189-235). Washington, DC: American Psychological Association.
Wundt, W. (1903). *Grundzüge der Physiologischen Psychologie* ((Bd. 3; 5., völlig umgearbeitete Aufl.). Leipzig: Verlag von Wilhelm Engelmann.

Yuille, J.C. & Tollestrup, P.A. (1992). A model of the diverse effects of emotion on eyewitness memory. In S.A. Christianson (Ed.), *The handbook of emotion and memory: Research and theory* (pp. 201-215). Hillsdale, NJ: Lawrence Erlbaum Associates.

Zajonc, R.B. (1980). Feeling and thinking: Preferences need no inferences. *American Psychologist, 35*, 151-175.
Zajonc, R.B. (1984). On the primacy of affect. *American Psychologist, 39*, 117-123.
Zajonc, R.B. (1985). Emotion and facial efference: A theory reclaimed. *Science, 228*, 15-21.
Zajonc, R.B., Murphy, S.T. & Inglehart, M. (1989). Feeling and facial efference: Implications of the vascular theory of emotion. *Psychological Review, 96*, 395-416.
Zillmann, D. (1978). Attribution and misattribution of excitatory reactions. In J.H. Harvey, W. Ickes & R.F. Kidd (Eds.), *New directions in attribution theory* (Vol. 2, pp. 335-368). Hillsdale, NJ: Lawrence Erlbaum Associates.

Zillmann, D. (1983). Arousal and aggression. In R.G. Geen & E.I. Donnerstein (Eds.), *Aggression: Theoretical and methodological issues* (Vol. 1, pp. 75-101). New York: Academic Press.
Zuckerman, M. (1979). *Sensation seeking: Beyond the optimal level of arousal*. Hillsdale, NJ: Lawrence Erlbaum Associates.
Zuckerman, M. (1991). One person's stress is another person's pleasure. In C.D. Spielberger, I.G. Sarason, Z. Kulcsár & G.L. van Heck (Eds.), *Stress and emotion: Anxiety, anger, and curiosity* (Vol. 14, pp. 31-45). New York: Hemisphere Publishing Corporation.

Autorenverzeichnis

Solomon, R.C. 13
Solomon, R.L. 59
Sonnemans, J. 26
Speisman, J.C. 45
Spies, K. 45, 46
Spoont, M.R. 172
St-Pierre, A. 111
Stanger, C. 230
Stein, N.L. 19, 27
Steiner, J.E. 53, 221
Stemmler, G. 51, 52
Stenberg, C. 99
Stepper, S. 157, 159
Sternbach, R.A. 46
Sterner, U. 45, 140
Steward, M. 42
Steyer, R. 99
Stone, A.A. 34, 36, 79, 80
Storm, C. 91, 92
Storm, T. 91, 92
Strack, F. 157, 159
Ströhm, W. 91, 92
Strongman, K.T. 12, 145
Suci, G.J. 89
Sullivan, M.J.L. 48
Sullivan, M.W. 229, 230, 244
Summerfield, A. 32

Tannenbaum, P.H. 89
Teasdale, J.D. 48
Ter Schure, E. 24
Termine, N.T. 54
Terschlüsen, B. 152
Terwogt, M. 238
Thayer, R.E. 24, 38, 44, 101
Thompson, R.F. 166
Tiller, D.K. 87
Toates, F.M. 24
Toda, S. 223
Tollestrup, P.A. 198, 199
Tomita, M. 45
Tomkins, S.S. 154
Tourangeau, R. 46
Traue, H.C. 268
Traxel, W. 89
Tucker, J. 77
Turner, T.J. 18, 27
Tversky, A. 48, 188

Ulich, D. 13, 245
Underwood, B. 205

Vaitl, D. 45, 96, 97, 98
Valins, S. 153
Van Goozen, S. 26
Vasen, A. 229
Vehrs, W. 96
Velten, E. 50, 51
Venables, P.H. 104
Verres, R. 266, 269, 275
Viney, L.L. 123
Vrana, S.R. 105, 128, 129

Wagner, H.L. 135, 136
Walk, R.D. 112, 113
Wallbott, H.G. 32, 33, 107, 122, 161
Warburton, D.M. 38, 39, 53
Ward, D.W. 194
Waters, E. 235
Watson, D. 35, 44, 61, 62, 65, 94
Watson, J.B. 221, 243, 254, 255
Weber, H. 26, 79, 80, 81
Weiner, B. 68
Weiss, A. 96
Wenger, M.A. 18
Westhoff, G. 98, 100
Whishaw, I.Q. 163, 165, 166, 167, 169
Whissell, C. 57
Wierzbicka, A. 93
Wieser, S. 52
Williams, D.G. 61, 62, 63, 64
Williamson, G.M. 184, 185, 267
Wilson, D.W. 209, 213
Winton, W.A. 158
Wong, M.M. 35, 68
Woods, D.J. 67, 161
Woodson, P.P. 53
Wortman, C.B. 41
Wu, S. 90
Wundt, W. 16, 17, 29
Wyer, R.S. 194

Yuille, J.C. 198, 199

Zahn-Waxler, C. 236
Zajonc, R.B. 19, 72, 73, 155, 156, 157
Zeidner, M. 67
Zillmann, D. 59, 212
Zuckerman, M. 64

Sachverzeichnis